隋唐
五代史

新编中国史

隋唐五代史

世界帝国　开明开放

王小甫◎著

中信出版集团｜北京

图书在版编目（CIP）数据

隋唐五代史：世界帝国　开明开放 / 王小甫著 . --
北京：中信出版社，2017.10（2025.1 重印）
ISBN 978-7-5086-7032-4

I. ①隋… II. ①王… III. ①中国历史－隋唐时代 ②
中国历史－五代十国时期 IV. ① K24

中国版本图书馆 CIP 数据核字（2016）第 284111 号

隋唐五代史：世界帝国　开明开放
著者：　　王小甫
出版发行：中信出版集团股份有限公司
　　　　　（北京市朝阳区东三环北路 27 号嘉铭中心　邮编　100020）
承印者：　河北鹏润印刷有限公司

开本：880mm×1230mm 1/32　　印张：16.5　　　　字数：354 千字
版次：2017 年 10 月第 1 版　　印次：2025 年 1 月第 8 次印刷
书号：ISBN 978–7–5086–7032–4
　　　　　　　　　　　　定价：92.00 元

目 录

自　序

差不多两年半以前，三民书局约我参加编写这套新教材的隋唐五代史分册，我当时就很痛快地答应了。主要是我自 20 世纪 90 年代以来就在北京大学历史系讲"隋唐史专题"这门课，也给研究生开"隋唐五代史研究"课程，早就想编一本教材却没有适当机会。现在三民书局约稿，正中下怀，所以我们是一拍即合。

我之所以愿意编教材，一方面是长期上课，积累了一些素材和自己的想法。这些看法由于不见于现有的教科书，上课时就会有些麻烦。由于没有相应的教材，有些学生听课后感到无所适从。有时候他们会问：考试的时候是答课堂上讲的呢，还是按一般教科书上写的答？尽管我回答都可以，可是我明白，我在课堂上讲的和现行教科书上的内容差别比较大了。另一方面，我和我的一些同事们都感到，现行教科书虽然有纲目清晰的优点，但毕竟是几十年前编的，内容太陈旧了。几十年来，尤其是世纪之交以来的学术发展显示，旧教材的理论观点姑且不说，其涉及的范围远不能反映学术和社会演进现状，即使是选用史料，好多都应该更新，采用更合适的甚至新发现的材料。教材应该重编，修修补补不行，要重打锣鼓另开张，另起炉灶，连整个结构框架都应该重新创建。我感到这是我们这一代学人的责任。

谈到涉足隋唐五代史，我应该说是从上大学才开始的。尽管中国文化有悠久的史学传统，无奈我由于家庭和社会的原因，早年没有受过太好的文化教育。跟历史相关的，也就读过一些故事小说，如冯梦龙《东周列国志》、林汉达《西汉故事》《三国演义》连环画册，以及《西游记》《水浒传》（"文革"中因为要批《水浒》，所以看了不止一个版本）等。上大学以后选择研究方向，现代史怕犯政治错误，近代史让人一想起来就是军阀混战、一片黑暗，于是就选了古代。为什么古代史中要学习隋唐史呢？就是感到那是中国历史上最光明、最自由、最开放、最发达的时代。想想中国人也曾经光荣过，尽管是一千多年前的事了，自己也感到兴奋起来。

我认为，从隋统一到唐前期，中国社会的主要特征是统一、整合、开明、开放。不仅是东汉末以来几近四百年的政治分裂局面得以结束，而且统一格局在地域上更加扩大，多元一体的社会联系进一步加强。隋唐社会文化的发展并非只是不同地域或民族文化因素的凑集，而是在前代北族入主强劲的中央集权趋势拉动下，社会的统治人群发生巨大变化，从而整合各种因素形成新的文化，并赋予其绚丽多彩的新特点。处在不同发展阶段的新因素的加入，给中国社会带来了蓬勃的生机与旺盛的活力，为政者充满自信、开明豁达，在唐前期造成了持续一百多年的繁荣昌盛局面，其间著名的

"贞观之治"和"开元之治"都是中国历史上少有的治世。唐人的开放也是全方位的，不仅华夷无碍，三教并行，更可贵的是其一往无前的开拓进取精神。中国历代王朝多有修长城作为防御设施之举，唐朝不修，不唯如此，中宗景龙年间（707—710）在河套北岸一线筑三受降城，竟不置瓮门（即瓮城）及守城设备，意在有进无退。这些都显示中国社会、中华文化演进到了一个新的历史时期。

十多年前，美国企业家罗杰伟（Roger E. Covey）先生出资创立唐研究基金会（The Tang Research Foundation）。有人问罗杰伟先生，一个美国人，为什么对中国的唐代特别感兴趣？他回答说，就是感到唐代中国的文化精神和今天美国的文化精神很接近、很像。我赞成罗杰伟先生的观点，所以本书的副标题为"世界帝国　开明开放"。希望读者在读这本书时也能感受到唐代中国人的这种精神。

在本书的编写中，我是尽可能把自己的观点、看法和有关研究成果写进去，例如对于隋末动乱的文化史分析，关于"二世而亡"与长治久安的关系，"贞观之治"的文化史地位，卫官与府兵，东部鲜卑与女主当政，玄宗初年的政治转向，安禄山的宗教信仰，两税法"税入三分"的政治意义，唐末新藩镇及内蕃的历史作用，契丹建国与摩尼教的关系，拜火教（祆教）与突厥兴衰，西域的"三方四角"关系，从遣唐使看日本外交变化，拜火教传入中国，等等。但这毕竟是编写教材，不允许全面展开论证。我在书后列出了必要的参考文献，有兴趣的读者可以进一步参看。

尽管如此，摆在读者面前的这本教材也未必尽如人意。首先，它至少目前还没有完全突破传统历史教科书的编排框架，如前所述，这不是我个人能随意做主的，这需要学界同仁的共同努力。其次，由于教材一般要求尽量采用已为学界接受或公认的观点，我也不能任意别出心裁、故意标新立异。况且，很多权威观点我也是心悦诚服的，读者可以看出来，这方面我参考利用最多的是陈寅恪先生的论著和《剑桥中国隋唐史》。最后，我自己治学领域有限，尤其是经济史和文学史方面，只能利用学界相关已有成果进行编排，取舍凭个人一知半解，未必得当，不妥之处，请读者批评。

惴惴小心的两年多过去了，战战兢兢地把书稿交给了书局。洋洋三十余万言，是耶非耶，读者明鉴。是为序。

第一章

隋·统一国家的再建

开皇九年（589）隋平陈，结束了中国自西晋末年以来近三百年的政治分裂局面。隋朝虽然"二世而亡"，但隋统一的格局和规制为唐朝所继承，从而开创了中国社会长期稳定发展的新局面。

第一节 隋朝的建立

一、杨隋代周及其历史文化评价

581年，杨坚废周静帝自立，这一行动得到了汉人官僚的支持。杨坚本是周宣帝天元大皇后杨丽华的父亲，580年宣帝死，汉族官僚刘昉、郑译等即矫诏以杨坚辅政。[1] 杨坚执掌政权以后，相继讨平了相州总管尉迟迥、郧州总管司马消难、益州总管王谦等人的反叛，尽诛宇文氏宗室诸王，翦灭宇文氏势力，仅九个月多，便攘夺了北周皇位。杨坚在北周为隋国公，于是定国号为"隋"。杨坚即隋文帝（581—604）。

关于杨坚以隋代周，不同于魏晋南北朝时代那些短命王朝的更替，有必要放到经过长期的政治分裂、族群融合和文化整合，中华民族、中国社会发展到了一个新阶段这样一个大的历史背景下来观察。

南北朝后期，尽管全国尚未实现政治统一，但各地对统一文化的认同感却日趋增强。例如，北朝自魏孝文帝改制以后，中原文化发达[2]，虽然后来东、西魏分裂，但文化之正统仍在山东，遥与江左南朝并为衣冠礼乐之所萃。西魏权臣宇文泰则采取别一系统之汉文化，以笼络其部下之汉人，而这种汉化又有异于高氏治下洛阳邺都及萧氏治下建康江陵承袭之汉魏晋系统。[3] 宇文泰"此新途径即就其割据之土依附古昔，称为汉化发源之地（魏孝文之迁都洛阳，意亦如此，唯不及宇文泰之彻底，故仍不忘南侵也），不复以山东江左为汉化之中心"，史家称之为"关中本位政策"。[4] 所以，所谓"关中本位政策"，实际是一种自树正统的形鲜卑、实汉化政策。

宇文泰以这种政策融合关陇区域内之鲜卑六镇族群以及其他胡汉土著，使之成为一个不可分离的集团，不但物质上处于同一利害关系，精神上亦必具同出一源之信仰，受同一文化之熏习，此即所谓"关陇集团"。北周、隋、唐三代皇室均出此同一集团。[5] 北周、隋、唐三代皇室姻亲关系如下表（等号间为婚姻关系，单线连家族，灰线连独孤氏，双线连宇文氏，同行为同辈）。

表1-1　北周、隋、唐三代皇室姻亲关系表

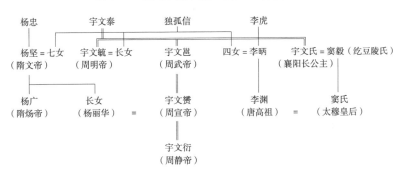

由表可见，唐高祖李渊与隋炀帝杨广为姨表兄弟，其妻与周宣帝宇文赟为姑表兄妹，而周宣帝又是隋炀帝的亲姐夫。因此可以说，周、隋、唐三朝的改朝换代，其实只是政权在同一集团的不同家族间易手换位。

隋唐两朝继承宇文氏之遗业，仍旧实行"关中本位政策"，即继续在南北朝族群融合与文化整合的历史进程上向前推进。因此隋唐文化实际上继承了"南北朝正统"，是一种统一混合的文化。如史家所言："李唐一族之所以崛兴，盖取塞外野蛮精悍之血，注入中原文化颓废之躯，旧染既除，新机重启，扩大恢张，遂能别创空前之世局。"[6]隋唐时代中华文明之所以超迈往古而繁荣昌盛，就因为它并不仅仅继承了此前数百年的中原文化遗产，而且还是与周边众多族群融合、多种文化整合的结果，甚至还吸纳摄取了许多外来文明的成果。

隋文帝杨坚著籍弘农杨氏[7]，协助他修治国政的谋臣主要有苏威、高颎。苏威系出武功苏氏，为关陇汉人世家[8]；高颎自言渤海蓚人，为入关的山东武人[9]。他们都属于"关陇集团"内与北镇武将合作的汉人豪族。隋文帝掌握政权以后，颁布过两道重要的政令：

（1）取消西魏、北周功臣所赐的鲜卑姓氏。

（2）废除北周"六官"制度，复行魏晋官制。

第一道政令颁布于杨坚讨平尉迟迥等人叛乱、翦灭宇文氏诸王以后的周静帝大象二年（580）十二月癸亥，已是杨坚受禅称帝的前夕；第二道政令则颁布于隋文帝即位的当天。这说明，北周后期，关陇汉人期望打破北镇武将集团的垄断，争取更高的政治地位。周宣帝暴崩，权力出现真空，汉人豪族便发挥力量，共同拥戴与汉人关系密切的外戚杨坚，建立以关陇汉人豪族为本位的隋朝新政权。新政权以继承汉人传统政治、文化自居，力求打破以武将为主体的北周政治体制，于是进行了一系列改革，而隋朝政权就在这个基础上向大一统进展。[10]

关　中

关中指以今陕西渭河平原为中心的地区。渭河平原又称关中盆地，旧说以为其地"东函谷，南武关，西散关，北萧关"，居四关之中。自古以来灌溉农业发达，号称"八百里秦川"。文王都丰，武王都镐，秦都咸阳，汉都长安，都在这里。汉张良称，关中"所谓金城千里，天府之国"。周、隋、唐三代均以此为帝王基业、统治中心。

关陇，即关中。其西大陇山，又叫陇阪、陇坻，即六盘山，为今陕、甘、宁三省区交界之处。广义的关中泛指秦岭以北旧秦故地，包括陇西和陕北。如项羽分关中封三秦降将，翟王在陕北，而雍王辖有陇西。

二、隋初政治经济措施

中国文物典章至隋有一大变，这是不争之事实。不过，"李唐传世将三百年，而杨隋享国为日至短，两朝之典章制度传授因袭几无不同，故可视为一体，并举合论"[11]；加之有关资料也以唐代为完备，故具体制度内容到唐代再详细讲，这里先交代一些变化情况。

（一）制定律令

史家以为："隋唐之制度虽极广博纷复，然究析其因素，不出三源：一曰（北）魏、（北）齐，二曰梁、陈，三曰（西）魏、周。所谓（北）魏、（北）齐之源者，凡江左承袭汉、魏、西晋之礼乐政刑典章文物，自东晋至南齐其间所发展变迁，而为北魏孝文帝及其子孙模仿采用，传至北齐成一大结集者是也。其在旧史往往以'汉魏'制度目之，实则其流变所及，不止限于汉魏，而东晋南朝前半期俱包括在内。旧史又或以'山东'目之者，则以山东之地指北齐言，凡北齐承袭元魏所采用东晋南朝前半期之文物制度皆属于此范围也。又西晋永嘉之乱，中原魏晋以降之文化转移保存于凉州一隅，至北魏取凉州，而河西文化遂输入于魏，其后北魏孝文、宣武两代所制定之典章制度遂深受其影响，故此（北）魏、（北）齐之源其中亦有河西之一派。所谓梁、陈之源者，凡梁代继承创作陈氏因袭无改之制度，迄为杨隋统一中国吸收采用，而传之于李唐者，易言之，即南朝后半期内其文物制度之变迁发展乃王肃等输入之所不及，故魏孝文及其子孙未能采用，而北齐之一大结集中遂无此因素者也。旧史所称之'梁制'实可兼该陈制，盖陈之继梁，其典章制度多因仍不改，其事旧史言之详矣。所谓（西）魏、周之源者，凡西魏、北周之创作有异于山东及江左之旧制，或阴为六镇鲜卑之野俗，或远承魏、（西）晋之遗风，若就地域言之，乃关陇区内保存之旧时汉族文化，以适应鲜卑六镇势力之环境，而产生之混合品。所有旧史中关陇之新创设及依托周官诸制度皆属此类。"[12] 这是隋唐制度继承前代的大致情况。

《隋书·刑法志》略云："高祖既受周禅，开皇元年，乃诏尚书左仆射、勃海公高颎……更定新律，奏上之，多采后齐之制而颇有损益。三年，又敕苏威、牛弘更定新律，自是刑纲简要，疏而不失。"开皇三年（583）修改颁布的新律就叫《开皇律》，与此同时还制定了《开皇令》。

《开皇律》中有"户婚律"[13]，其中对立户、婚姻等问题做了规定，这些规定直接关系到均田令的实施。

《开皇令》中有关于中央机构"三省六部制"的规定，具体情况可以从唐代制度及唐人和后世学者的论述、考据中推知梗概。隋朝对魏晋省制的重要改革主要有以下两点：

（1）中书、门下二省由宫中近臣转变为朝官。

（2）三省长官"参掌朝政"成为定制。

隋避杨忠讳，称中书省为内史省，中书令为内史令。《唐六典》卷九"中书令"条："（隋）文帝废三公府寮，令中书令与侍中知政事，遂为宰相之职。"《通典》卷二一《职官典》三"宰相"条："隋有内史、纳言，是为真宰相。"这意味着宰相由一人独任改为多人合议制，这是隋朝的创举。因此可以认为，隋文帝改定三省制之后，"秦汉以来的个人开府宰相制的残余（就被）彻底荡除"[14]了。

三省六部之外，还有九寺三监。寺、监的名称和职能许多都是从前代继承下来的，如太常、光禄、卫尉、宗正、太仆、鸿胪、司农、太府等。那么尚书六部和寺、监是什么关系呢，其职权差异在哪里呢？一般认为："尚书六部二十四司上承君相之制命，制为政令，颁下于寺、监，促其执行，而为之节制；寺、监则上承尚书六部之政令，亲事执行，复以成果申于六部。故六部为上级机构，掌政务（即政令）；寺、监为下级机关，掌事务。……尚书六部既为政务机关，掌政令，故官员不必多，而地位权势特隆；九寺诸监为事务机关，故地位权势不甚隆，而组织常庞杂。"[15]

避　讳

关于避讳，可以看陈垣《史讳举例》。掌握了避讳可以帮助我们鉴别史料时代、真伪。如《隋书·韩擒传》实际是平陈名将韩擒虎的本传，唐人修史，为太祖李虎（李渊祖父）避讳，索性省去"虎"字；更有甚者，传文中竟然还有这样一句："擒，本名豹。"《史讳举例》卷三有这一条："唐人讳虎，多改为武，或改为兽，或为彪。此独改为豹。"这是避讳改动前朝人名的例子，这类例子在陈垣书中还举了很多。该书共有八卷八十二类例，所以本身就可以当工具书使用。

（二）改革地方官制

开皇三年（583）十一月，杨尚希、苏威等请废郡，文帝乃下诏正式将汉以来的州、郡、县三级制改为州、县两级制行政机构，将州府与军府合一，由刺史统领，废罢境内五百余郡，改变了地方"民少官多，十羊九牧"的情况；大业三年（607），又改为郡、县两级。

地方行政机构的简化，节省了国家的开支，加强了中央对地方的直接控制。但中国地域辽阔，地方行政仅设两级，未免鞭长莫及，这是后来盛唐时代使职差遣大肆兴起的重要原因之一。中国在历史上多次出现地方行政两级与三级的反复。尽管三级制放权，有利于地方发展，但大臣权重，往往于中央集权不利，这是一个值得思考的问题。

隋朝削弱地方官吏权力，加强中央集权的另一个措施是在《开皇令》中规定：凡九品以上地方官，一律由中央任免，并每年由吏部考核殿最[16]。此后又规定：州、县佐官三年一换，不得重复任用。有隋一代，吏部选用地方官全都用外地人。由此结束了世族豪强垄断地方政权的局面。

大家知道，自汉代以来，地方官有辟召属吏的权力，因而结成地方势力，形成世族、豪门。至曹魏行"九品中正"，更增强了这种趋势。然而，北齐后主时"帑藏空竭，乃赐诸佞幸卖官，或得郡两三，或得县六七，各分州郡，下逮乡官亦多降中旨，故有敕用州主簿、敕用郡功曹"[17]。这本来是北齐时的一件败政，隋朝因袭之并加以普遍化，将一切官吏任命之权归于省司（吏部）以加强中央集权，堪称善于扬弃。史家评价此事"悉废汉以来州郡辟署僚佐之制，改归吏部铨授，乃中国政治史上中央集权之一大变革也"[18]，也就是说，在秦统一将地方政府变成中央的派出机构之后，隋朝又使地方吏员全都变成了中央的派出人员，故后来中国人习惯把任职当差统统说成是吃"皇粮"。

（三）创立并实行科举制

除了上述任官制度之外，隋朝在选举制即人才选拔制度方面进行了中国历史上的重大变革，这就是实行科举制。在魏晋南北朝时期，官吏选任实行的是九品中正制，其本意也是为了给战乱中的人才任用提供一个客观的标准。可是，随着士族势力的发展，这一制度逐渐被世家大族所把持，对官吏的任用实际上是只看门第，不论才学，使九品中正制沦为巩固门阀政治的工具，形成了"上品无寒门，下品无势族"的局面。

开皇三年（583），隋朝废除了九品中正制，先改为荐举，后来代之以由中央直接考选人才的科举制。一般认为，科举制始于隋炀帝创立进士科。这项制度从大业元年（605）诏复国学开进士科起，到1905年清朝光绪皇帝发表上谕"自丙午科为始，所有乡、会试一律停止，各省岁、科考试亦即停止"，延续了一千三百年。文职官吏实行考试选拔的任期制，这是隋唐统治者在政治制度上的一大创新。这种办法是开一个科目考试，因此又叫"开科取士"，即"科举"。

与此前选举制度（察举制、九品中正制）相比，科举制有两个特点：

（1）选人不限家世，庶族寒人可以投牒[19]自举，通过考试进入仕途，不需要预先经过地方世族豪门的推荐和评定。

（2）由中央政府考选人才，地方官吏只能奉行中央命令，负责考选而无辟用之权。白丁能否释褐任官,以考试合格与否为准。

科举制度不仅使官员的选拔有了一个确定的标准(考试成绩),使参政机会更加公正,还开拓了社会人才资源,扩展了人才流动空间,使政治更为透明、公开。这在当时对于强化国家权威和广开才路都是有积极意义的。

(四)改革府兵制

府兵制产生于西魏大统(535—551)年间,废于唐天宝(742—756)年间,前后经历凡二百多年,其间变易增损之处不少。然而后代研究历史的人往往忽略时代前后的变化,只依据该制度后期即唐代的材料,推说其前期即隋以前的史实,这样以孤立、静止的观念去解说一项前后有很大不同的制度,不利于认识理解这一中古史上的重要问题,反而容易增加误会。

隋文帝开皇十年(590)下诏:"凡是军人,可悉属州县,垦田籍帐,一与民同。军府统领,宜依旧式。"[20]一般认为,隋代府兵制度变革有两个特点:

(1)比北周武帝以府兵为侍官番上宿卫更进一步君主直辖化,即禁卫军化。

(2)比北周武帝募百姓(即汉人)为兵更进一步扩大征调,即实行兵农合一。

这样的制度与西魏初创府兵时"自相督率,不编户贯"的兵农分离之制已经根本不同了。如史家所说:"府兵制之前期为鲜卑兵制,为大体兵农分离制,为部酋分属制,为特殊贵族制;其后期为华夏兵制,为大体兵农合一制,为君主直辖制,为比较平民制。其前后两期分划之界限，则在隋代。周文帝（宇文泰）、苏绰则府兵制创建之人，周武帝、隋文帝其变革之人，唐玄宗、张说其废止之人，而唐之高祖、太宗在此制度创建、变革、废止之三阶段中，恐俱无特殊地位者也。"[21]

（五）大索貌阅、输籍定样

这是为强化国家权威、解决"隐户"问题所实行的措施。

东汉以来形成的豪强地主，其经济基础是庄园经济，他们用"诈老诈小"的办法隐蔽户口，逃避租赋徭役。北朝末年，山东地区由于赋重役勤、刑罚苛刻，农民隐漏户口、投靠世族豪强的情况相当普遍。如《北史·李灵传》附其曾孙李元忠传记载："及葛荣起，元忠率宗党作垒以自保，坐于大槲树下，前后斩违命者凡三百人。"所斩如此，其宗党人数可想而知。北周武帝曾简括户口，督正、长进行检索，管内隐漏户口过五户十丁者斩。

隋文帝开皇二年（582）颁布了关于均田和租调的新令，次年又下令将成丁年龄由十八岁提高到二十一岁，并降低役调额，规定可以纳庸代役。庸即代役租，一般是缴纳绢帛。开皇三年令为大规模检括户口准备了条件。开皇五年（585）大索貌阅，即按照户籍簿上登记的年龄，和本人的体貌相核对，检验是否诳报年龄，诈老诈小；查出户口不实，保长、里正、党正都要发配远方。隋朝还鼓励百姓互相检举，规定堂兄弟（即祖父以下）一律分居立户，以杜绝再发生户口不实的情况。经过检索搜括，户口又有所增加。[22]

"输籍定样"也是高颎建议的，就是由中央颁发划分课户（输籍）的标准，称为"输籍定样"；地方官吏根据户口检查的情况，确定各户等第与相应的赋役标准，一般来说是"就低不就高"，使农民比较愿意脱离荫蔽的豪强而成为国家的编民。具体做法是每年正月初五由县令派人到乡下去，以三党或五党为一团，按"定样"自估后确定户等，加载计帐。这样做的好处是：一则民众无法逃脱；二则地方官难以上下其手；三则可以使劳动者较之做豪族荫户负担为轻；四则由于增加了纳税人，原有纳税人的负担进一步均摊，也就稍微减轻一些。

隋初其他改革和建设性措施还有令"当社共立义仓"，更铸"五铢"新钱等。[23]

总之，这些措施使隋朝在开国后短短九年中迅速恢复了人力，积累了财力，增强了国力，于开皇九年（589）完成了重新统一中国的事业。

有关隋唐时代户口制度，有以下几个专有名词应该注意：

一个是"计帐"，这是根据当年家庭情况造成的统计册。

另一个是"户籍"，规定三年一造。

唐代还有"手实"，是每年居民自报家庭情况的登记表。

《周书·苏绰传》说，西魏北周时苏绰就制定了"计帐、户籍之法"。按唐代法令规定，大体上是各乡每年根据当年各里所造的手实，总汇成乡帐；乡帐再总成县账，县帐总成州帐，最后由尚书户部汇总成全国计帐，供度支司做财政预算。户籍则三年一造，由各县户曹带上本县前两年的手实、计帐到州府去造一州之籍，造完后一份申报尚书户部，州、县各存一份。这些实物在敦煌文书中都有发现，日本律令中也有类似制度。

第二节　隋统一及其原因

一、统一战争

南北朝后期，草原上的突厥汗国（552—630）曾倚仗其强盛，凌驾于分裂对立的北方各小王朝之上。开皇元年（581）隋代周，同年突厥大可汗佗钵病死，后继者互不相让，突厥汗国出现了五可汗并立的混乱局面。隋用长孙晟"远交近攻，离强合弱"之策，服则怀柔，叛则攻伐，到开皇三年（583）末，突厥正式分裂成了东、西两个汗国[24]。开皇五年（585）七月，突厥沙钵略可汗为西边达头可汗所困，遣使向隋朝告急，请求准许其率部徙居漠南（今内蒙古），归附隋朝。得隋文帝同意，沙钵略遂上表称："天无二日，土无二王，大隋皇帝真皇帝也，岂敢阻兵恃险，偷窃名号！今感慕淳风，归心有道，屈膝稽颡，永为藩附。"隋文帝乃下诏宣布："沙钵略往虽与和，犹是二国；今作君臣，便成一体。"[25]因而下令祭祀天地祖宗，向天下宣告这件大事。开皇六年（586）正月，隋朝向突厥颁发历法，表明自己是突厥正统合法的统治者。这种关系一直保持到隋朝后期。

北方稳定以后，隋朝开始转向统一南方。开皇七年（587），隋出兵灭后梁，在荆州（今湖北荆州）建立水军。同年，开山阳渎[26]。开皇八年（588），在寿春（今安徽寿县）建立大营，派晋王杨广和杨素立镇，准备南进。江南的陈朝地狭、人少、兵寡（只有人口二百万，兵十万），而隋有人口三千多万，用兵近五十二万。开皇八年冬，隋军分五路临江，向江南的陈朝发动总攻；在上游新建立的水军这时也顺流而下，直趋建康（今江苏南京）。开皇九年（589）正月，隋军下建康，消灭了陈朝，接着又陆续平定了南方全部州县，结束了自西晋末年以来近三百年的政治分裂局面。

二、统一得以实现的原因

（一）政治

1. 北朝

一般说来，古代游牧经济由于所需技术低，经济结构单一，内部转化产品的途径太窄，因而其发展有赖于对外交换的实现，南侵即其表现形式之一。现在看来，古代北方游牧族群一批又一批前赴后继地奔向南部农耕地区的边缘地带，并不全是为了进行经济掠夺，也不是由于受到政治排挤，而只是想要寻求更为适宜的生存环境条件。"逐水草而居"是游牧族群迁徙活动的根本动因。当然，南部炎热的气候和农耕定居族群的抵抗对游牧族群南侵形成阻力，所以历史上不同经济文化汇聚线（如长城）的移动和不同经济文化群体迁徙分布的原因很值得研究。这里所要涉及的并不仅仅是战争，更多的还是社会生活、生存条件、经济营生、文化取向等问题。

当内地中央集权削弱时，边疆族群便侵入中原，乃至取中原王朝而代之。但由于游牧生产的特殊情况（要求活动空间大，不得不共同占有以及共同抵御外辱等），需要氏族血缘关系的维系；而进入定居农耕地区则受到农业社会的影响，产生政治集权趋势，出现了北魏拓跋珪的称帝，直至孝文帝的改革。而文化相互冲突，矛盾激化，激起六镇暴动，北镇武人进入中原，反而进一步促进了族群整合。为了加强、巩固自己的统治，北朝各代尤其是后来统一了北方的北周竭力采取逐步融合群体矛盾的政策。北方统治者自身尚处于社会发展的上升阶段，因而在政治上充满了活力。

2. 南朝

晋室南渡，形成了三个集团：

（1）"流民兵团"，如祖逖等。

（2）江南土著，朱张顾陆。

（3）过江侨姓，王谢袁萧，社会地位崇高，乃至有"王与（司）马，共天下"之说。

这些集团各有根据地，所以东晋有"北府""西府"之说。其北者，镇守江北（侨置豫州、徐州）一带；其西者，即长江中游如荆州之镇守者（如王敦、桓温等）。

总之，政治上南不如北。

（二）经济

北朝由于连年战乱，有大量空地，得以推行"均田制"，计口授田，使小农能占有一些土地，发展生产，增加国家财力。南方没有这些条件，反而由于经济发展而扩大土地兼并，到梁、陈之际，甚至寒人地主也割据自保。

（三）军事

北方，鲜卑统治者本为游牧族人，善于骑马打仗，后来虽然氏族组织被强行离散，但仍维持军事地域定居，以后便演成府兵制。

这种类似部落的军队组织以及精湛的骑射技术，是北方军队战斗力强于南方的重要原因之一。史家有言："李唐一族之所以崛兴，盖取塞外野蛮精悍之血，注入中原文化颓废之躯。"就文化状况及府兵制度而言，隋、唐其实是同一的。

南方却没有这种条件。东晋末年，门阀制度高度发展，以至于出身第一流高门、以清辩过人著称的太原王恭竟然说："名士不必须奇才，但使常得无事，痛饮酒，熟读《离骚》，便可称名士。"[27]至南齐，明帝也曾说："学士（指沈约、王融等士族名士）不堪治国，唯大读书耳。"[28]实际上，士族子弟中连有志读书的都很少，一片衰颓之气。

（四）统一趋势

中国自形成统一国家之后，尽管经历长期分裂，但仍然存在统一趋向，南北仍有往来。虽然最后是北方南下，但南方北伐也有多次。南北朝后期，双方关系更出现了明显的变化：

（1）南北朝使节往还日益频繁，充任使节的人往往是特别遴选出来的南北闻名的高门名士。[29]可见双方的文化是同一的，有共性。

（2）南北互市交易越来越多，沿淮河、汉江边境有"大市""小市"，要求打破关禁的要求日益迫切。

（3）南北交往趋于正常，北人不再因种族压迫而南流；双方虽有政治对立，但无种族歧视。

总之，通过对此前历史的学习可以知道，无论从政治上、经济上、军事上各方面看，南朝的国力均不如北朝；南朝所谓的发达文化并不是科学技术，不过是些辞章和其他文艺爱好，徒然增其腐朽。

有关隋代政治统一得以实现的原因，有的观点特别从双方经济、文化的联系发展上强调统一条件的成熟。其实社会各方面的发展并非是平行直线性的，恐怕倒更像脱氧核糖核酸（DNA）模型那样，呈双曲螺旋形，甚至还要复杂，不只是双曲而应该是多曲的。政治统一未必是经济、文化联系发展的结局，政治统一也未必表明社会经济、文化统一的完成。后面我们还可以从隋末动乱中进一步来讨论这个问题。

此处值得注意的是，中国之所以经历长期的政治分裂和战乱，至隋能够复归统一，除了社会发展的需要和隋朝统治者的努力之外，中华文明独特的国家意识有着不可忽视的影响和作用。例如，"正统论"是中国传统的政治学说之一，其实质是为政权或政治统治的建立和存在提供合法的历史依据。尽管不同时代不同人物对"正统"的诠释不尽相同[30]，但最终仍须以"居天下之正，合天下于一"[31]为指归。这应当是中国历史上力足问鼎的势力总要逐鹿中原，而入主中原的统治者又总要追求统一的一个重要原因。所以司马光说："窃以为苟不能使九州合为一统，皆有天子之名，而无其实者也。"[32]

或以为"南北朝分裂时期发展起来的文化差别和语言的不同"有碍统一，其实，南北习俗好尚乃至方言的差别仍是同一中国文化的不同侧面，并不构成政治统一的重大障碍。诚如《隋书·文学传》序所言："江左宫商发越，贵于清绮；河朔词义贞刚，重乎气质。气质则理胜其词，清绮则文过其意，理深者便于时用，文华者宜于咏歌，此其南北词人得失之大较也。若能掇彼清音，简兹累句，各去所短，合其两长，则文质斌斌，尽善尽美矣。"只不过，社会文化的统一、整合恐怕是一个需要更长时间的历史过程。

三、关于"二世而亡"

本节最后有一个问题想提出来讨论：中国古代史上有两个实现统一的王朝秦和隋，都是二世而亡（孺子婴、隋恭帝都不能算是一代）。加上元朝算是三个。[33] 为什么统一成功的王朝都很短促呢？这个问题还没有看到很好的研究，大概以前比较重视客观因素的动力作用，不像这样来提出问题。当然，两朝都有一些急政，如秦筑长城，隋开运河，但急政与统一并没有什么必然联系，因为其实现统一，都想传之万世而无穷，并不急于灭亡。不过有一种情况值得注意，就是历史上的统一在内涵和外延上都是发展的，其地域还没有今天这样大，其影响也不像今天这样深、这样牢固。当时的社会经济状态是自给自足的"自然经济"，统一战争有点像麻袋装土豆，先装到一起，结果后来有些问题就暴露出来了。这些问题的暴露和解决实际上是统一过程的继续和深化。问题解决了，实现统一的王朝也与之同归于尽，成了献给统一的"牺牲"。这与解决问题的方法有关。从这个角度看，所谓"急政"的本质很可能就是超越了社会发展阶段。所以，代之而起的汉、唐王朝的统一局面就相当持久和巩固了。究竟是不是这样，值得研究。

当然，汉初、唐初还有一个退回到政治文化发展的初级阶段的问题。这种现象中过去只提到对下层民众的"让步政策"。其实还有其他一些社会政策，如：汉初分封同姓诸王；唐初修《氏族志》有树立新门阀的意图，所谓"太宗以不世出之英杰，犹不免牵制于传统之范围"。退回站稳之后，再来解决社会、文化问题，反而能促进政治统一的巩固和发展，如汉代的武帝、唐代的武后时期所为。究竟如何，值得讨论。

总之，文化的统一，社会生活的统一，这都需要一个过程，并不是一场征服战争就能解决的。

第三节　隋代经济的发展

一、减轻徭赋

隋文帝在位时，采取了一些减轻民众负担的措施。开皇三年令规定，二十一岁成丁，丁男每年服役二十天。开皇十年（590）规定，男丁五十岁免役，改为收"庸"（即代役租）。这项规定对于农业生产的发展是比较有利的，因为传统农业生产季节不等人，纳庸代役可以使农民有更多的时间从事生产，加上租调徭役的减轻，其效果是显著的。

河洛一带兴建了许多仓廪。《通典·食货七》："隋氏西京太仓，东京含嘉仓、洛口仓，华州永丰仓，陕州太原仓，储米粟多者千万石，少者不减数百万石。天下义仓又皆充满。京都及并州库布帛各数千万，而锡赉勋庸，并出丰厚，亦魏晋以降之未有。国家贞观中有户三百万，至天宝末百三十余年，才如隋氏之数。"据《贞观政要》记述，隋屯有可供食用五六十年的粮食，可见其丰裕程度。

《通鉴》卷一八○记载，仁寿四年（604）炀帝登位，下诏"除妇人及奴婢、部曲之课，男子二十二成丁"。胡三省注称："以户口益多，府库盈溢，故有是诏。"就是说，由于农业生产发达，生产的粟米太多已经难以再贮存了，所以多余的部分只好设法免了。

> 这也可视为经济发展推动制度改变的一个例证。这份诏书反映，自北魏太和九年（485）开始实行的均田制至此又有所变动。因为据北魏时与均田制相应的租调制规定，从事耕织的奴婢仍属于课口，八个奴婢所课租调相当于一夫一妇（即一床）的租调数量。

二、开凿运河

（一）开凿概况

开皇四年（584），隋文帝从大兴（长安）引渭水到潼关，称"广通渠"，长三百余里，其目的是为了加强漕运。后来为了平陈，又开了"山阳渎"（邗沟）。山阳即今江苏淮安，山阳渎从淮安到扬州。

大业元年（605），隋炀帝开"通济渠"，从洛阳经洛水入黄河至荥阳板渚，由此开运河通淮水，用民工百万；同年又修邗沟，宽四十步。由此，可以从洛阳经水路到扬州。

大业四年（608），为征高句丽运输军需，开"永济渠"，由修武（今河南武陟）到涿郡（今北京），引沁水到黄河，又沟通沁水、卫河。

大业六年（610），开"江南河"，由京口（今江苏镇江）通余杭。

连接起来的大运河长四五千里，工程浩大。不过，留存至今的京杭大运河则是后来的元代所开，通济渠和邗沟由于黄河泛滥、年久失修等原因早就淤死了，不得不另开新河。

（二）运河的历史作用和意义

（1）运河的开通真正把中国两个最重要的经济区域（长江流域和黄河流域）联系起来。南方经六朝经略，已经开始成为中国的富庶地区。

（2）从政治上看，运河是南北紧密联系的标志，在中国历史上占有重要的地位。

隋统一全国，南北政治生活开始沟通。然而北朝政令通行到南方，必然要进行检校户籍，结果在政治统一的第二年即开皇十年（690），就激起了南方浙闽赣一带世族豪门的动乱，他们曾攻陷一些州县，但都被杨素讨平了。这次事件以后，隋朝停止了在江南检校户籍。但修通了运河，有利于加强对南方的控制。

过去有人评价隋炀帝时，把修运河也算在他奢侈荒淫的账上，认为他为自己游玩，动用大量民力，妨碍农时等。现在看来，这多半是后代修史的学者为了清算前代罪恶以及出于重农经济观点的偏见。评价一项制度、一个历史事件不能仅仅看当时人的反应。当时人由于身处其间难免带有感情色彩，妨碍他们客观、理智地去进行分析。尤其是在古代传统社会里，制度、事件的作用往往要经过若干代、上百年才显示出来。而对于这种作用的认识，是观察中国古代社会历史的关键。所以，有必要放长观察的时间尺度，在长时段、更长时间的范围内去发现在历史上起作用的局势或结构。人们常说"读史使人明智",就是因为大多数历史已经距我们好多年了,所以我们可以清醒地不带感情地来看这些问题,从而使我们今天再遇到类似问题时可以明智地加以处理。大运河的修建就是这样一个历史问题。

唐代的繁荣在很大程度上可以归因于它继承和改善了隋代开创的运河体系。通往东北的永济渠的开凿,不但是为了运来河北的税收,而且部分地出于重要的战略目的,即在需要军队防御北方和东北部区域时供应兵员。这一运河渠道还有政治用途。唐代,长江南面的中国东南部已经处于移民定居的过程中;运河系统延伸至杭州,就大大促进了杭州的发展,使它从一个僻远之地一跃而成为繁荣的商业城市。

唐代的这些发展导致了严重的社会对立,对立的一方是已经开始坚定地移向东南方的帝国的经济中心,另一方是战略要求(即关中本位政策)及纯粹出于行政惰性的拉力——这是唐朝灭亡以前把首都保留在长安的主要因素。炀帝兴建了东都洛阳,洛阳是水路运输的自然中心及储藏和转运租调的要地,这些因素也促使唐朝在将近三百年间以洛阳为东都。武则天经常东幸更靠近国家经济中心区的洛阳,但武则天之后,唐朝统治者纯粹出于政治的考虑又迁回了长安。开封在唐代已经是重要商业城市和运河网络的中心,到五代和宋代它就变成了首都;与此同时,自西周起就是国家政治重心所在地的西北,则逐渐衰落而成为一个死气沉沉的区域。

安史之乱以后,随着北方逃难民众的流入,南方生产的农产品在全国的比重日益增加。这种情况对中央政府来说是极为重要的，因为河北和河南部分地区的藩镇割据意味着中央政府在那里的供应来源被切断，而这一区域以前是收入的主要来源。到9世纪初期，只有长江流域和南方能定期向中央政府解缴税收，政府日益依靠通过运河北运的南粮和物资来供养京师和国家的军队。实际上，唐朝之所以在安史之乱后藩镇割据俨然敌国的情况下还能再延续一百四十多年，重要原因之一就是靠运河转运的东南财赋的支持。而唐中后期所谓平藩镇的活动，主要也是为了打通和保证东南财路，例如宪宗时平淮西吴元济和武宗平泽潞刘稹。真正与中央抗衡的河北三镇（幽州、成德、魏博），唐朝政府既没有认真去动，也不想去动。[34]

史家认为"唐亡于黄巢，而祸基于桂林"[35]，其中一个重要原因就是唐末动乱截断了唐朝的经济命脉——运河。试想：如果黄巢大军不是南下而是北上，既为唐王朝消灭了河朔叛镇，又使唐王朝保住了东南财路，那历史的发展又会是怎样？

（3）运河是古代民众劳动和智慧的结晶。几千里长的运河要通过海拔高度不同的许多地区，沿途需要设堰提水，这肯定是要很费工巧的。至于运河在民生方面的作用，要到宋代才发挥出来。

第四节　隋炀帝与隋末动乱

隋"二世而亡"缘于隋末动乱，隋末动乱源于炀帝急政。所谓"急政"就是政策超越社会、文化发展阶段，因而激起冲突爆发。经过动乱，隋炀帝代表的急躁冒进趋向受到了遏制，唐初社会退回到了统一政治文化发展的初级阶段，中国进入了长期稳定发展的历史时期。

一、隋末动乱的社会背景

（一）隋文帝时的社会状况

隋文帝时期的一些经济措施固然比较有利于生产发展，但并没有给农民带来多大实际好处，社会矛盾仍逐渐激化。开皇九年（589），苏威曾对隋文帝说：现在户口多了，是否可以将公田假贷给农民？另一个官员王谊就坚决反对，说："正恐朝臣功德不建，何患人田有不足。"[36]

据《通典》记载，开皇九年全国有耕地一千九百四十万四千顷，大业二年（606）有户口八百九十万七千户。按照这个数字计算，每户应有地两顷以上，但实际占田成丁才只二十亩，即耕地的十分之一。

隋文帝和梁武帝一样，号为"节俭皇帝"。他对贪官污吏采取了一些措施，但并不能掩盖其自身的贪暴。例如，开皇十三年（593）令杨素等人负责营建仁寿宫[37]，工程浩大，由于役使严急，丁夫死者成万。开皇十四年（594），关中大旱，可官仓不周济百姓，却将他们赶往东都"就食"。

不过，隋初的恢复，还是说明中国民众的生产潜力是非常大的，任何一个政治家对此都应有充分的估计。

（二）关于隋炀帝的昏暴

隋炀帝的某些暴虐政策是人所共知的。大概在中国稍有点历史知识的人，要让他举出中国历史上的暴君，他都会提到殷纣王、秦始皇、隋炀帝这么几位。我们今天对历史人物进行分析，并不是否认他当时的暴虐，而是要实事求是地、历史地对这个人物加以研究，从而得出比较客观的评价，供今人借鉴、参考。

对隋炀帝激化社会矛盾的急政或暴政，传世的祖君彦《为李密檄洛州文》中做了详细列举，共十大罪状，就此犹恐不足，还说是"罄南山之竹，书罪未穷；决东海之波，流恶难尽"[38]。于是，隋炀帝之贪暴淫昏在中国读书人中是无人不知、无人不晓了。一般史书提到的大致主要有以下这些：

（1）营建东都洛阳（605—606），每月用工约二百万劳动力，死亡达百分之五十。

（2）洛阳周围掘"长堑"，调发山西、河南几十万农民。

（3）经营扬州，从长安到江都（扬州）的运河沿途置离宫别院四十余所。

（4）大业三年（607）、四年（608）两次在榆林（治今内蒙古准格尔旗十二连城）以东修长城，调发丁男一百二十万，役死者过半。

（5）大业三年，征发河北十余郡丁男凿太行山，修一条通往并州的驰道。总计十余年间被征发扰动的农民不下一千万人次，平均每户就役者一人以上。

（6）进行扩张战争。

①平吐谷浑，设西海（今青海湖西岸伏俟城）、河源（治赤水，今青海兴海西南）、鄯善（今新疆若羌）、且末（在今新疆）四郡。

图1-1 隋炀帝巡江都

　　②三征高句丽。隋朝时，朝鲜半岛仍处在三国时代（313—668），高句丽、百济、新罗三国，高句丽最强。开皇十八年（598），高句丽王高元与靺鞨联兵进攻辽西，被隋朝地方官击退。文帝发兵三十万进击，高元遣使谢罪，罢兵修好。

炀帝即位后要求高元入朝未成，便决心大举东征，共三次。大业七年（611）开始准备，在山东东莱（今山东莱州）海口造船，官吏督役严急，船工久站水中，死者十之三四。大业八年（612），出兵一百一十三万多人，后勤运输人员是兵员的两倍，共动用民力五百万人。出辽东三十万五千人，回来仅两万七千人。大业九年（613）、十年（614）又连续两次征高句丽，"死者相枕，臭秽盈路"。

隋伐高句丽是隋末动乱的导火线，但并不是隋朝灭亡的根本原因（见下），唐朝继伐高句丽战争规模更大、时间更长却并未引发内乱就是明证。

> 隋朝虽然灭亡了，但后继的唐朝和新罗联军终于将高句丽彻底消灭。隋唐两代相继攻伐高句丽有其客观原因，就是高句丽"倔强边徼"，这是地缘政治问题，很难避免。而隋唐大军伐高句丽屡遭挫折，一个重要原因是中国文化传统中的"务广德者昌，务广地者亡"等观念限制了自己的战略目标。[39]

二、隋末动乱

（一）起义群雄

最早见于记载的是大业七年（611）邹平县民王薄在长白山（今山东章丘）起义，自称"知世郎"，作《无向辽东浪死歌》号召反抗；同年又有豪强刘霸道在豆子𦉥（今山东惠民）发难。山东是征高句丽的必经之地，被征发的人力物力最多；再加大业七年山东、河南大水，漂没三十余郡，社会矛盾尖锐，激烈爆发。动乱由此向西、向南发展。隋末起义有名见于记载的就有一百多起，遍及黄、淮、江、岭，有几百万人参加。[40] 这些起义者成分很复杂，如：

（1）有借"弥勒佛"旗号起义者。

（2）有破落贵族，如李密，家世为关陇贵族，曾做炀帝近侍。

（3）隋朝官僚，如杨玄感，隋重臣杨素之子。

（4）少数族群，如山西离石的刘苗王，循（今广东惠州）、潮（今广东潮州）俚酋杨世略等。

（二）发展概况

在作战过程中，这些队伍经过激烈的搏斗，分并离合，大致汇成三支主要的力量：

（1）翟让、李密领导的瓦岗军。

（2）窦建德领导的河北义军。

（3）杜伏威、辅公祏领导的江淮义军。

瓦岗军据有中原地区（瓦岗寨在今河南滑县南），是隋末起义的中坚力量，大业十二年（616）打垮了隋主力大将张须陀，改变了斗争的形势。大业十三年（617），瓦岗军占据洛阳东北最大的皇仓兴洛仓（即洛口仓，在今河南巩义境内），把粮食分给起义农民和饥民，满足了下层民众的迫切要求。

河北窦建德在动乱早期就参加了山东高鸡泊（今山东平原）队伍，斗争坚决，并采取了争取士人和隋朝下级官吏的办法。大业十三年消灭了隋涿郡留守薛世雄，自称长乐王，次年建国号

"夏"，定都河间乐寿（今河北献县）。窦建德后来被唐朝军队打败，其队伍由刘黑闼率领，又存续了一段时间。

江淮义军以历阳（今安徽和县）为根据地，扼制了隋朝的经济来源。

最后，大业十三年，在义军蜂起、隋王朝已经土崩瓦解的形势下，隋太原留守李渊等官僚及地主武装也趁势而起，加速了隋朝的灭亡。

三、隋末动乱的历史作用

（一）传统观点

对隋末动乱历史作用的认识，过去偏重于强调民众斗争的推动作用，从而迫使新建王朝暂时实行让步。确实，任何战争的主体都是下层民众，但战争的领导者、指挥者却是不同群体、阶层的代表人物，他们的文化背景决定着战争（所谓"政治的继续"）的发展方向。农民，尤其是传统社会的小农，其利益要求只能通过其代表人物反映出来。那些善于体察民情、顺应民心的代表人物，在适当的形势下就有可能赢得战争的胜利。因此，说不上是篡夺胜利果实，也谈不到什么让步。

这些代表人物实际就是些吃政治饭的政客；所谓民情、民心也不仅仅是一时的"贫富不均"或"反暴政"，还有更深的文化背景和历史趋势、社会结构问题。"暴政""贫富不均"等都是导火线，或者说是起义的借口（直接原因）。值得注意的是，在传统社会里，起义往往与直接经济原因有关，而行动口号多半也带有道义色彩，这多半因为这些是下层参加者能直接感受到的东西。从文化史观的视角来看，如果斗争是反对过激的政策措施，那么胜利后建立的政权当然顺应了历史发展的客观趋势。这并不是让步，也不是历史倒退，而是实事求是，顺应客观社会现实。

总之，今人观察往古历史就不能仅仅停留在表面现象上，更不要因为一些带有道义色彩的口号而过高地估计传统小农的自觉程度。

（二）一种文化史观的分析

所谓文化史观是以文化的性质和状态作为历史发展特征和阶段性标志的观念。这里文化是就广义文化而言，即指人们的思维方式、价值取向和行为模式。近年学界开始转而注意统治群体内部不同文化张力在隋末动乱中的作用，从而有可能把这场大乱放到一个更长的历史背景下进行分析并重新加以评价。

（1）在隋末动乱中，有三起突出的关陇贵族后裔反隋事件。

①大业九年（613）六月，楚国公杨素之子礼部尚书杨玄感起兵，掀起了隋末大乱的序幕。

②其后，西魏柱国李弼曾孙蒲山公李密成了瓦岗军首领，据有河南，威震全国。

③最后，西魏柱国李虎之孙唐国公李渊于大业十三年（617）五月起兵于太原，趁势攻入关中，代隋而立。

这些究竟是属于什么性质的问题？在直接政治动乱背后起作用的因素究竟还有哪些？以上值得深入追究，以认识历史真相。

（2）通过分析隋朝统治群体的内部关系，可以看出：隋文帝时代，隋朝通过官制及礼制的改革，已开始逐渐削减功臣集团在政治上的特权。隋炀帝依靠以杨素为首的武将集团夺储成功，登位之后，进一步巩固君主专制，提拔江南士人掌管朝政；关陇武将集团子弟的政治地位不断下降，政治特权被削减，关陇功臣子弟对隋炀帝已失去信心。也就是说，南北统一以后，由于炀帝提拔江南士人，统治群体内部开始产生了带有南、北特点的不同文化张力。

（3）宇文化及杀炀帝这一事件集中反映了南、北文化对立的官僚冲突，在扬州杀隋炀帝的主要是思念家乡的关中将卒，主要表现有[41]：

①当时炀帝方亲信南士，筑宫丹阳。而"从驾骁果多关中人，久客羁旅，见帝无西意，谋欲叛归"[42]。故关中将卒遂上下同心，共为归计，而炀帝亦因以被杀。

②炀帝巡幸江都，虽然最初的意图只是为镇压南方的反抗，后来却产生了久居江淮的想法。这从他采用裴矩的建议，检括江都境内寡妇民女婚配随从士兵可以得知。

③当时就是否过江撤退到江左，右骁卫将军赵才与内史侍郎虞世基、秘书监袁充产生过激烈争论。赵才是张掖酒泉人，而虞氏为江左会稽著姓，袁氏为过江侨姓第一流高门。所以可以认为，隋炀帝驻跸江都之时，朝廷中南人与北人已经嫌怨久著，一触即发。

④策划组织杀隋炀帝的叛党，其目标在于率众西归，由此可见，他们大多是西北人。无疑，这些人的家族产业也都在关陇。宇文化及作乱时所杀的隋朝大臣，能够查证者可分为两类，一类为炀帝所宠信昵爱的近侍亲戚，另一类为外廷将相大臣，即来护儿、虞世基、裴蕴、袁充、许善心等人，这些官僚都是南方人。

⑤宇文化及杀隋炀帝后结党北上时，又胁迫许多南方骁果随

行，显然，这些南人是很不情愿的。况且，炀帝时代南北朝臣一直都有矛盾，江都事变杀隋炀帝时，南人将相又多遭杀害。可想而知，在这种情况下南人将领必然人人自危。《隋书·越王侗传》中就说，宇文化及"拥此人徒，皆有离德，京都侍卫，西忆乡家，江左淳民，南思邦邑"。所以宇文化及渡黄河与李密相持于黎阳而兵败，就因为渡河北奔是急欲西归的士卒们所极不乐意的。

（4）隋炀帝三幸江都，虽然客观上有稳定南方的作用，究其主观意愿，其实早就产生了对江南文化的仰慕，并非只是到了李密围东都、李渊取西京之后才有久居江淮之意。有几件事实值得注意：

①平陈以后，杨广曾十年驻守江都安抚江南，集中全力展开文化战略，旨在说服南人：他们的新统治者并非夷狄，而是具有和珍视同一文化遗产的精英人物。在这一战略中，杨广个人的教养是他的本钱；他所讲的日益流利的南方主要方言吴语和他的出身名门的南方妻子萧氏无疑也是有利条件。

②虽然佛教是杨广求助的最有影响的传统，但他在江都仍然建造了两座道观，并请南方学识渊博的道长主持。他还召请曾为陈朝效劳的著名儒家学者来江都在他主持下讲课和写作，其中一人在杨广的赞助下汇编了一百二十卷关于礼仪方面的巨著。除了儒释道三教的代表人物外，杨广还聚集了一百多名南方的著名文人。显然这不仅是进一步缓和南方精英反隋情绪的巧妙行动，而且也是很合他本人心意的事。这也可以认为是杨广转向南方文化的表现之一。

③杨广集团的一个成员曾直言不讳地说："若所谋事果，自可为皇太子。如其不谐，亦须据淮海，复梁、陈之旧。"[43]

这样看来，隋末动乱与当年北魏孝文帝迁洛引起的六镇暴动在文化冲突方面确有某些相似之处。六镇暴动是对孝文迁洛急剧汉化的反动，隋末动乱是对炀帝激进南方化的反动。北朝隋唐之际经过族群融合和文化整合而开创中国历史的新局面，有三个英雄人物特别重要，即魏孝文帝、隋炀帝和武则天。

这一时期中国社会的发展趋势大致是，从入主中原的鲜卑人发展史来说，先是东部鲜卑（以代北六镇杂胡为代表）反对西部鲜卑（以迁洛元魏皇室为代表），后来又是东部鲜卑的一部分（李唐[44]）反对另一部分（杨隋，尤其是隋炀帝），但文化反动的结果都是使更多的鲜卑人卷进了汉化的潮流。从中国历史发展的视角看则是，处在建立帝制上升阶段的各胡人族群相继入主中原，摧毁了中原腐朽过时的贵族政治，顺应了中原社会恢复皇权政治的需要；然而关陇集团自树正统的政策不能适应新的大一统帝国的需要，武则天正是以李唐女系的身份和地位，承担起了在大一统格局基础上重建皇权与官僚政治结合的国家威权这样一个历史任务。此种新体制的建立就意味着关陇集团的结束，李唐皇室蜕变成"奉长安文化为中心，仰东南财赋以存立之政治集团"，入主的鲜卑人便与汉人完全融合了。

唐高祖武德元年（618）七月曾下诏："其隋代公卿以下爰及民庶，身住江都，家口在此，不预义军者，所有田宅，并勿追收。若困穷粮食交绝，其录名簿，速加赈赡。"[45] 学者以为："武德元年七月，正李密军大破宇文化及、薛举大破唐军之时，高祖此诏，旨在招徕宇文化及之将士，并团结关中之人情。"[46] 由此可见，说李唐皇室继续维持"关中本位政策"确有道理。从文化史观看来，李唐取代蜕变的杨隋（主要是隋炀帝）如同为关陇集团清理门户，而周、隋、唐三代更替亦不妨视为宫廷政变。[47]

然而事情还不止此，隋末唐初的重要政治力量除了关陇集团和南方士人之外，还有一个"山东豪杰"集团，这是一股完全不同于山东旧士族的社会力量。

（三）所谓"山东豪杰"的性质

隋末唐初有所谓"山东豪杰"，其特点及历史作用主要是：

（1）隋末唐初的英雄豪杰，有很多产生于山东地区。他们或为唐室功臣，或为李朝叛贼，政治上向背之关系虽然不同，但追究其族群来源、种类特性，明显属于同一大类，而小有区分。青、齐、徐、兖一带本为北魏屯兵营户所在。山东豪杰表现骁勇善战，其中多胡人姓氏（翟让之"翟"也是丁零姓）、胡种形貌（如徐世勣之类），大都从事农业，而组织力又强。显然，这一群体很可能就是北魏镇兵的后裔，即北方塞外胡族之子孙。

（2）徐世勣（小说中的徐茂公）在翟让死后成为此群体（瓦岗军）的实际领袖，李密不过以资望见推而居最高地位。密既降唐，其土地人众均为世勣所有，世勣当王世充、窦建德与唐高祖鼎峙竞争之际，有举足轻重之势，其绝郑（王世充所建，传称"其先西域商胡"）、夏（窦建德[48]）而归李唐，为隋唐间政权转移之关键性事件。李唐破灭王、窦，凯旋告庙，太宗为上将，世勣为下将，表明当时中国最重要的武力集团是关陇六镇及山东豪杰两系统，而太宗与世勣二人可视为其代表人物。

（3）太宗戡定内难，得此群体成员之助力，较任何其他诸役如战胜隋末群雄及摧灭当时塞外族群更多。

（4）太宗虽痛恶山东贵族，却特别重用魏徵，正以其非山东盛门，而为山东武装农民集团即所谓山东豪杰之联络人。但历来史家论魏徵事迹功业，忽视其社会群体关系，所以对当时史实不能通解。

（5）后来高宗欲立武曌为后，当年出身山东的朝臣皆赞助其事，而关陇集团代表长孙无忌及附属群体代表褚遂良等则竭力谏阻。高宗当时虽欲立武氏为后，以元舅大臣之故有所顾虑而不敢行，唯有取决于另一集团之代表即李勣（即徐世勣）之言。而勣竟以武氏为山东人赞成其事[49]，论史者往往以此为勣个人道德之污点，殊不知乃其社会关系有以致之。

由于山东豪杰集团的作用，进一步推动了贵族政治的终结。史家认为："武曌则以关陇集团外之山东寒族，一旦攫取政权，久居洛阳，转移全国重心于山东，重进士词科之选举，拔取人材，遂破坏南北朝之贵族阶级，运输东南之财赋，以充实国防之力量诸端，皆吾国社会经济史上重大之措施，而开启后数百年以至千年后之世局者也。"[50]

我们看到，隋朝在结束了国家长达三百多年的政治分裂和族群冲突之后，积极推进汉化。尤其是隋炀帝更为激进，他三下江都（扬州），甚至有迁都南方的打算。这就加重了社会上远没有弥合的文化分歧，激化了矛盾，甚至危及了胡汉混合的关陇集团自身的统治地位。所以，在由直接经济原因引发的隋末动乱中，关陇集团与有着浓厚胡化色彩的山东豪杰这两个当时中国最为强大的武力群体结成了统一战线，共同结束了隋炀帝的统治，遏止了他和南方士人协力襄进的文化冒进趋势。因此，后来唐朝初年"贞观之治"的各项政策实际上是退回到当时政治文化发展的初级阶段，顺应了社会现实，因而取得了较好的社会效果。

四、隋朝统治者评价

（一）隋文帝

一般认为，隋文帝是开明之君，这主要有三个方面：

（1）限制世族豪门乃至予以打击。

（2）实行了一些改革措施以巩固统治。

（3）实现了南北政治统一。

（二）隋炀帝

相比隋文帝而言，对隋炀帝的评价分歧较大，主要有两种意见：一种认为是暴君，一种认为有历史贡献。隋炀帝作为一个历史人物，对其评价应注意：

（1）要站到社会大众的立场，凡是专制统治者的虐民暴政都应该予以否定、批判。

（2）要放到历史条件下分析，不能强求他脱离历史时代，而要看他在当时完成的事情是否符合当时社会的发展要求。他不可能强迫历史脱离当时的社会发展。

（3）隋炀帝修大运河，应当肯定其对统一南北、促进经济文化联系的贡献。还有修东都洛阳、促进南北文化统一，也都应从长远演进的角度给予肯定。

（4）史料需要鉴定，要对当时留下史料的人做分析。《隋书》为唐太宗指定魏徵等人编修，主要特点就是全面总结隋亡教训，反映的是他们君臣的观点，带有一定的历史偏见。

史料有缺漏、讹误、偏见，所以对史料进行考证是历史研究的基本方法和学术前提。不顾史实而谈论往古，那只会是故事新编。

　　要学习考据或者说学术考证方法，可以先读梁启超先生的《中国近三百年学术史》的有关介绍，然后选读其中提到的乾嘉学者的名作，尤其是钱大昕《廿二史考异》、王鸣盛《十七史商榷》、赵翼《廿二史劄记》。读近代学者王国维的《观堂集林》，既能学习考证方法，还能学习文章写作。王国维学术的经典意义在于其倡导的"二重证据法"，见陈寅恪《王静安先生遗书序》（收入《金明馆丛稿二编》）；陈寅恪先生自己也有很多精彩的考证文章，如《莲花色尼出家因缘跋》（收入《寒柳堂集》）、《书世说新语文学类钟会撰四本论始毕条后》（收入《金明馆丛稿初编》），而其名作《柳如是别传》更是"不敢辞傅会穿凿之讥者"。胡适先生的《红楼梦考证》很值得一读，其中提到对文献要做版本、著者、家世、时代的研究，倘再加上思想研究、理论研究和比较研究，有关的学术研究就相当完备了。作为考证文章，胡先生的《荷泽大师神会传》也很值得一读。

　　最后，关于考据学的价值和意义，推荐读一读周一良先生的《日本推理小说与清朝考据之学》（收入《周一良学术文化随笔》）。其中一种观点是把考据比作破案，认为考据是知识分子生产力的体现，大家看看有没有道理。

第二章

唐朝的建立与贞观之治

　　唐高祖武德元年（618）李渊受禅代隋称帝，定都长安（今陕西西安），建立唐朝（618—907）。唐太宗贞观元年（627），分天下为十道，曰：关内、河南、河东、河北、山南、陇右、淮南、江南、剑南、岭南。至贞观十三年（639）定簿（统计），凡州府三百五十八，县一千五百五十一。贞观十四年（640），平高昌（今新疆吐鲁番），又增二州六县。盛唐开元（713—741）、天宝（742—756）之际，州县数大致与贞观年代相同，但羁縻州郡不在此数。开元二十一年（733），又由十道分山南、江南为东、西道，增置黔中道及京畿道、都畿道，为十五道采访使。复于边地置十道节度、经略使：安西、北庭、河西、朔方、河东、范阳、平卢、陇右、剑南、岭南五府。盛时疆域东至安东府（治今朝鲜平壤），西至安西府（治今新疆库车），南至日南郡（治今越南清化），北至安北府（治今蒙古哈拉和林）。安史之乱后，河西、陇右陷于吐蕃，至大中（847—860）、咸通（860—874）恢复。乾符（874—879）以后，天下大乱，唐朝衰败。至天祐四年（907），哀帝李柷逊位于梁，唐朝共传二十帝，历二百九十年（其间有武则天革唐为周十六）。

唐朝历时近三百年之久，在政治、经济、军事、文化、中外关系等各个方面都取得了辉煌的成就，在中国多元一体国家的发展壮大中占有极为重要的历史地位。尤其是在唐前期，政治统一，国力强盛，疆域辽阔，统治者开明有为，社会风气蓬勃向上，高度的物质文明和发达的精神文化增强了周边各族的向心力，全国各族群各地区之间的政治联系与经济文化交流密切发展，中华民族的大一统格局无论是在空间广度，还是在社会深度上，都超越了以往任何一个时代。

第一节　李渊建唐及平定全国

一、唐高祖李渊建立唐朝

（一）太原起兵与李唐代隋

隋末大乱，群雄并起。太原留守李渊见隋朝颓势已难挽回，遂萌生澄清天下之志。李渊的亲信裴寂、晋阳令刘文静及次子李世民等也极力鼓动举兵，促使他决意起义。大业十三年（617）五月，刘武周进据汾阳宫（在今山西宁武），李渊借此命世民、文静等募兵一万，并派人从河东（今山西永济西）召回长子李建成和四子李元吉。太原副留守王威、高君雅怀疑李渊图谋不轨，被李渊设计诱捕，以勾结突厥入寇的罪名被斩首示众。于是，李渊正式宣布起兵。六月，李渊传檄诸郡，称义兵，开大将军府，置三军；文武官吏随才授任，各有典守；开仓库赈济贫乏，远近响应。七月，李渊与建成、世民率军由太原南下，出击关中。

李渊兵南下相继攻克霍邑（今山西霍州）、临汾（今山西临汾）、绛郡（今山西新绛），渡黄河，西图关中。十月，兵临长安城下，隋京师留守卫文升等挟代王杨侑据守不降。十一月，李渊攻入长安，收图籍，约法十二条，遥尊隋炀帝为太上皇，立代王杨侑为帝，改元义宁，是为隋恭帝，以此笼络关陇贵族。同月，恭帝诏加李渊假黄钺、使持节、大都督内外诸军事、大丞相，进封唐王，总录万机。次年三月，隋炀帝在江都（今江苏扬州）被杀。五月十四日（618年6月12日）隋恭帝逊位，遣使奉皇帝玺绶于唐王李渊；二十日（6月18日），李渊即皇帝位于长安太极殿，改元武德，改郡为州，太守为刺史，大赦天下，建立唐朝。李渊即唐高祖。

庙　号

高祖是李渊的庙号。唐以前史书多书帝王谥号，唐以后史书多书帝王庙号，其主要原因在于，随着皇权政治的发展，帝王谥号的溢美之词越来越多，已经不便称呼了。如李渊，"（贞观）九年（631）五月，崩于垂拱前殿，年七十一。谥曰太武，庙号高祖。上元元年（674），改谥神尧皇帝。天宝八载（749），谥神尧大圣皇帝；十三载（754），增谥神尧大圣大光孝皇帝"[1]。后人写书，要用他的谥号来称呼就太啰唆了。谥号是美名，是死后盖棺论定，用来概括他生平特性的名称，每个字都有深意，可参看唐张守节《史记正义·谥法解》（附在标点本《史记》第十册后）。又有尊号，为皇帝生前自尊自大所加。如垂拱四年（688）武则天称帝前，加尊号为圣母神皇；天授元年（690）革唐为周，当即加尊号曰圣神皇帝。以后就变本加厉，相继加号金轮圣神皇帝、越古金轮圣神皇帝、慈氏越古金轮圣神皇帝、天册金轮大圣皇帝。到久视元年（700），武则天大概清醒过来了，宣布除去"天册金轮大圣"称号。最长的大概要数明代世宗嘉靖皇帝的尊号，有八十五个字！过犹不及，长了反而不被人称用。庙号是皇帝死后在太庙里列昭穆、树牌位、享祭祀用的，"祖有功而宗有德"。

太 原

太原，隋唐五代北方政治中心及军事重镇之一，在今山西太原西南晋源镇一带。隋文帝时为并州，炀帝大业三年（607）改为太原郡。所辖地约当今山西中部，附郭有晋阳、太原二县。地据汾水上游，山川险固。东魏北齐曾以此为别都。隋文帝时于此置并州总管或河北道行台。隋炀帝开驰道，于此建晋阳宫，置留守。隋末李渊即以太原留守起兵攻入长安，抚定关陇，建立唐朝。

唐高祖武德元年（618）复为并州，开元（713—741）以后为太原府。唐初于此置总管府或大都督府，武周及开元年间

于此置北都，天宝元年（742）改为北京，后仍称北都。开元
十八年（730）定制以太原尹、北都留守兼河东节度使。安史
之乱后，河北三镇为安史降将割据，太原遂为控扼河朔乃至左
右中原大局的雄镇，迄于宋初。

（二）削平群雄

唐初削平群雄的战略仍然是以关陇为根据地统一全国，所以——

首先是消灭关陇一带的割据势力。武德元年（618），先消灭了
据有金城（今甘肃兰州）割据陇右的薛举、薛仁杲父子；同年，幽
州罗艺降唐。第二年，利用凉州（治今甘肃武威）粟特商人安兴贵、
安修仁与汉族地主的矛盾，计擒割据者李轨，平定了河西走廊。武
德三年（620）四月，唐军消灭了勾结突厥的刘武周（定杨可汗）、
宋金刚，收复并州（治今山西太原西南）。至此，基本平定了西北。

接着，在窦建德的"夏"政权消灭了宇文化及的"许"政权，
王世充的"郑"击败瓦岗军，瓦岗首领李密降唐的情况下，李渊于
武德三年遣次子李世民出关东征，收瓦岗军之山东豪杰。武德四年
（621）在"郑""夏"结盟时围点打援，窦建德被俘，王世充出降。
后刘黑闼率领窦建德余部两度起义，但终于在武德六年（623）被俘
斩，河北平定。

江淮方面，杜伏威已于武德二年（619）降唐。武德四年唐将
李靖率军消灭了割据江陵的南梁后裔萧铣政权；武德五年（622）七
月，岭南冯盎率所部降唐；同年十月，虔州（今江西赣州）林士弘
败死，其地入唐。武德六年，杜伏威部将辅公祏又起兵称帝，明年
被执杀，江南平。

至此，唐朝以七年时间基本完成了国家的重新统一和平定。

李渊、李世民集团是比较有政治远见的地主阶层统治者，其起义的战略、策略及选择时机都经过充分的考虑，他们具有成熟的政治经验。相形之下，其他队伍尤其是下层农民，缺乏政治经验，因而在同样的形势下，李渊、李世民集团能够夺取政权。尤其是李世民，更善于体察民情，拉拢人心。

虎牢之战

唐平定西北，黄河流域形成了夏（窦建德）、郑（王世充）、唐三足鼎立的局面。李渊派秦王李世民出关东讨，武德四年二月败王世充于谷水，兵逼洛阳城下。王世充只好婴城固守，以待窦建德援军。三月，建德以兵十余万自荥阳（今河南荥阳）西上救王世充，屯于酸枣（今河南延津）。李世民力排众议，分兵继续包围洛阳，自己率步骑三千余人屯兵虎牢（今河南荥阳西北汜水镇），与建德相持二十余日。世民乃佯装草尽，牧马黄河北岸以诱敌出营。趁建德军混乱之机，世民以轻骑横击，大胜，追奔三十里，斩首三千余级，俘虏五万，生擒建德。此战奠定了唐朝在中原的胜局。五月，王世充率其官属二千余人出降，山东悉平。

虎牢关，又名成皋关、古崤关、汜水关。虎牢，唐避李虎（李渊祖父）讳称武牢。据传周穆王"射猎鸟兽于郑圃"，把进献的猛虎圈养在这里，因此名为虎牢。此地为东、西交通要道，南连嵩岳，北拒黄河，山岭夹带，沟壑纵横，历代为兵家必争之地。宋司马光有题虎牢关诗:"天险限西东,难名造化功。路邀三晋会,势压两河雄。除雪沾枯草,惊飙卷断蓬。徒观争战处,今古索然空。"现存清雍正年间竖立的"虎牢关"莲座石碑。

(三)李渊的历史作用与地位

按照两《唐书》和《资治通鉴》的说法,李渊是一个庸碌之辈,而且暮气沉沉,胸无大志。而他的次子李世民(起义时年方二十岁)倒被说成是一位高超的军事领袖:有魄力,有进取心,英明睿智。在这些记载中,李世民是大唐创业的主持人,李渊只是被迫勉强地参加了这一活动。

学界近年对文献史料重新加以研究,认为其中一些重要情况并非事实,而很可能是唐太宗时期有意编造的。做出这种判断的主要史料根据是唐初温大雅作的《大唐创业起居注》[2],该书撰成于义宁、武德年间(即隋唐王朝更替之际),下距李世民于武德九年(626)发动玄武门之变并继承皇位尚有不到十年,故能比较真实地反映李渊、李建成等人在创建唐王朝过程中的活动及其所起的作用。从《大唐创业起居注》所记述的历史事实来看,李渊不是无所作为的庸人,而是一个富有政治经验、颇具韬略的政治家,同时又是一个久经征战、老谋深算的军事家。这应当是较为可信的。

唐太宗以政变夺取帝位,得来不正,因而篡改国史欲加掩盖,这有明确证据。如《贞观政要·文史》载,贞观十四年(640),太宗欲自看国史,"(房)玄龄等遂删略国史为编年体，撰高祖、太宗实录各二十卷，表上之。太宗见六月四日事（即玄武门之变），语多微文，乃谓玄龄曰：'昔周公诛管、蔡而周室安，季友鸩叔牙而鲁国宁，朕之所为，义同此类，盖所以安社稷，利万民耳。史官执笔，何烦有隐？宜即改削浮词，直书其事。'侍中魏徵奏曰：'臣闻人主位居尊极，无所忌惮，唯有国史，用为惩恶劝善，书不以实，后嗣何观？陛下今遣史官正其辞，雅合至公之道。'"

唐高祖

　　唐高祖李渊（566—635），字叔德，唐朝的开国皇帝。陇西成纪（今甘肃秦安）人，或云陇西狄道（今甘肃临洮）人。凉武昭王李暠七世孙，西魏八柱国之一李虎孙，北周安州总管李昞子。李渊生于长安，七岁袭封唐国公。隋大业十三年（617），为太原留守，起兵攻取长安，进封唐王。次年受禅称帝，改国号为唐，年号武德。至武德七年（624），先后败薛举、薛仁杲、李密、窦建德、王世充、刘黑闼、徐元朗等，又讨刘武周、高开道、梁师都，降李轨、杜伏威、李子通、萧铣、冯盎，天下大定。在位九年，罢郡置州，重建中央及地方行政、府兵制度；废五铢钱，行开元通宝钱；废隋大业律令，颁新格及均田、租庸调等制，为唐前期制度奠定了基础。武德九年发生"玄武门之变"，被迫传位李世民，被尊为太上皇。贞观九年（635）五月卒，年七十一，谥曰太武皇帝，庙号高祖，葬于献陵。

二、关于隋末群雄与突厥的关系

《旧唐书》卷六七《李靖传》[3]载，贞观三年（629）冬，"太宗初闻靖破颉利，大悦，谓侍臣曰：'朕闻"主忧臣辱，主辱臣死"。往者国家草创，太上皇（李渊）以百姓之故，称臣于突厥，朕未尝不痛心疾首，志灭匈奴[4]，坐不安席，食不甘味。今者暂动偏师，无往不捷，单于款塞，耻其雪乎！'"温大雅《大唐创业起居注》所记载唐初史事最为实录，而其记刘文静往突厥求援事情本末，仍对高祖称臣一节隐讳不书。至颉利可汗败亡之后，太宗在大喜之余，史臣传录当时语言，才泄漏出其中真相。李唐王朝曾经向突厥称臣，这是怎么回事呢？

其实，隋末丧乱，"时中国人避乱者多入突厥，突厥强盛，东自契丹、室韦，西尽吐谷浑、高昌诸国，皆臣之，控弦百余万"[5]。所以，隋末中国北部群雄并起，全都奉突厥为宗主，包括李渊，到唐朝初年还是如此。突厥霸权的存在与中国社会的统一，这是迄至唐朝建立时亚洲政治生活中两个最主要的内容。所以，无论是学习隋唐史还是整个中国古代史，视野都不能仅局限于中原地区的历史和文化，还必须同时对周边族群的盛衰有所了解，然后对中国社会的发展演变才有可能有一个透彻的理解，才能真正有所发明、发现，从而得出有益的经验教训或真正有参考价值的结论。

这里需要特别提示的是，据研究，实际上唐朝方面力主向突厥称臣以获取外援的正是李世民。[6]李世民为唐初朝廷中"挟洋自重"之人，主要证据有：

（1）据温大雅《大唐创业起居注》的记载可知，太原起兵时向突厥称臣事为李世民一手操办。

（2）武德七年（624）反对迁都山南远离突厥，并与入侵的突利可汗结拜兄弟。

（3）趁突厥大规模入侵，发动政变杀死兄弟，逼父退位。

（4）便桥会盟轻易使兵临城下的突厥大军退兵，召来挥去，如同己出。

（5）修改史书，说对高祖称臣突厥痛心疾首，岂非欲盖弥彰？

由"太宗在当时被目为挟突厥以自重之人"[7]出发，可以进一步对"李世民和突厥的关系"加以深究，如：从史书中辑出所有有关太宗与突厥乃至周边各族各国关系的史料（注意：一定要用原始史料，不能依据经过编排剪裁的如《唐太宗传》之类的故事新编），经过简单分类就不难发现，唐太宗即位前后与突厥的关系、对突厥的态度有很大的不同，这就很令人怀疑。倘若刚刚身经百战（例如虎牢之战及平定刘黑闼所用骑兵）平定全国的唐朝军队不堪突厥一击，以致太宗即位前夕，即武德九年（626）八月，突厥大军能够攻到长安城北的渭水便桥，而仅过三年多唐朝军队就能直捣黄龙将突厥汗国彻底消灭就是不可思议的了。合理的解释是，武德九年（626）八月突厥兵临城下不过是唐太宗逼宫计的一部分而已。果然，一旦高祖禅位，太宗三言两语就把突厥"倾国而来"的大军给打发了，这反差也太强烈了，可谓弄巧成拙、欲盖弥彰！由此我们也不能不怀疑"玄武门之变"前夕所谓的突厥入侵很可能也是出于李世民等人的勾引，甚至仅仅是政变后编造的谎话，以显示起兵之迫不得已，掩盖其"蹀血禁门，推刃同气"的行径。在这种情况下，一俟太宗即位，国内大局已定，唐朝便倾力外向，突厥很快就大难临头了。

太宗即位后对周边的政策，乃至所谓"自古皆贵中华、贱夷狄，朕独爱之如一"[8]的说法，亦可一以贯之作如是观。诚如史家所言："则太宗与突利结香火之盟，即用此突厥法也。故突厥可视太宗为其共一部落之人，是太宗虽为中国人，亦同时为突厥人矣！其与突厥之关系，密切至此，深可惊讶者也。"[9]

三、关中本位政策的历史影响

唐初在稳定关陇以后，立即移兵东向逐鹿中原，并取得了具有举足轻重战略意义的东都洛阳。史家就洛阳政治地位评论道："（唐）太宗与李密虽同属关陇六镇集团，同利用此系统（山东豪杰）之人物以为其主力，然此二并世英杰所以成败互异者，即太宗能保有洛阳以为基地，而李密不能攻取东都，失去此辈豪杰政治信仰之故也。"[10]然而，唐初东征夺取洛阳并不意味着唐朝统治者对"关中本位政策"的动摇和放弃，而是出于当时荡平群雄、统一全国的需要。因为，所谓"山东豪杰"实亦北方塞外胡族之子孙，李唐出身关陇集团，其实也很忌惮此等人群。

后来形势稍微平定，从太宗时起，唐朝便开始大力经营西北乃至戍守西域，与吐蕃长期争战。对此，当时人便斥责为"糜费中华，以事无用"，而唐朝皇帝却坚持不变。[11]究其缘故，盖因李唐承袭宇文泰"关中本位政策"，全国重心本在西北一隅，而吐蕃盛强延及二百年之久。故当唐代中国极盛之时，已不能不于东北方面采维持现状之消极政略，而竭全国之武力财力积极进取，以开拓西方边境，统治中央亚细亚，借保关陇之安全为国策。而这一东北消极政策不独有关李唐一代之大局（安禄山之拥兵），即五代、赵宋数朝之国势也因以构成（契丹与晋汉周、辽与宋、宋与金对峙）。

可是，地处运河交通枢纽的洛阳的地位仍然日渐提高和加强，这与魏晋南北朝以来中国东南地区的发展繁荣有很大关系。尽管唐朝统治者顽强地坚持着把政治中心定在长安，但有唐一代一直存在着经济中心对政治中心的争夺。一旦唐朝灭亡，政治中心便移向了东方重要的商业城市和运河网络的中心开封。开封比洛阳更靠近发达的东南方，说明洛阳作为隋代东都并不单纯是成周及东汉首都的继续，而是与传统中心长安争夺的一个过渡。[12] 有一点似乎可以肯定，从唐末以后迄今千余年，西北内陆一直十分贫穷落后，而东南沿海却越来越繁荣。原因在哪里，发展趋势如何，怎样加以应对，这都是值得我们从历史角度介入探研的课题。

第二节 唐太宗与贞观之治

魏晋南北朝以来的族群大融合、隋朝完成的南北政治统一和隋末以来各种势力的重新组合等积极因素汇集在一起，终于在唐朝前期形成社会大发展的局面。唐太宗时期的"贞观之治"就是发展的第一个高潮。国家统一，社会安定，呈现一派升平景象，其成就超迈西汉"文景之治"。

一、玄武门之变

唐高祖李渊次子秦王李世民虽然功高，但因身为次子，不能继承皇位，遂于武德九年（626）六月四日伏兵长安宫城北门玄武门，击杀其兄太子李建成及其弟齐王李元吉，逼迫父亲李渊立自己为太子。八月，突厥大军兵临城下，李渊又被迫退位称太上皇。李世民继位称帝，是为唐太宗。次年，改元贞观（627—649），唐朝遂进入太宗治世的稳定发展时期。

如前所述，现存文献史料中有关"玄武门之变"的记载都经过了唐太宗御用文人们的精心篡改。早在宋代所编记载大儒朱熹言论的《朱子语类》里就说道："太宗奏建成、元吉，高祖云：'明当鞫问，汝宜早参。'及次早建成入朝，兄弟相遇，遂相杀。尉迟敬德着甲持刃见高祖。高祖在一处泛舟。程可久谓：'既许明早理会，又却去泛舟，此处有阙文，或为隐讳。'先生曰：'此定是添入此一段，与前后无情理。太宗绝不曾奏。既奏了，高祖见三儿要相杀，如何尚去泛舟！此定是加建成、元吉之罪处。又谓太宗先奏了，不是前不说。'太宗诛建成，比于周公诛管、蔡，只消以公私断之。周公全是以周家天下为心，太宗则假公义以济私欲者也。"太宗不仅要掩盖玄武门事变的罪责，还篡改了从太原起义开始的整个唐初史事，造成自己理当得天下的印象。如朱子所指出的，司马光、范祖禹这些史学家们在记述唐初史实时都未能看破。

司马光曾就"玄武门之变"评论道："立嫡以长，礼之正也。……（太宗）为群下所迫，遂至蹀血禁门，推刃同气，贻讥千古，惜哉！夫创业垂统之君，子孙之所仪刑也，彼中、明、肃、代之传继，得非有所指拟以为口实乎！"[13] 其实，唐皇室传承不遵中原传统礼法还有更深刻的文化原因，即如朱子所说"唐源流出于夷狄，故闺门失礼之事不以为异"[14]，所以后来甚至有"武则天取代李氏天子，以大周换了大唐，不可思议地以女子之身当了皇帝"。这些情况应属于统一之后新的社会文化秩序建立初期的正常现象，并非已有秩序的崩坏。从更长的时间跨度看（比如中国古代社会前后期的转型），唐前期的这些现象都处于文化整合与社会整合的同一发展阶段，具有同样的历史背景。

玄武门

唐朝长安宫城的北门。唐长安城分宫城、皇城和外郭城三部分，宫城即皇宫所在。唐初，皇帝居太极宫，宫城在长安城北部正中。宫城北面有三座门，玄武门居中，驻有重兵保护皇宫。武德九年六月四日，李世民于此发动"玄武门之变"，从而夺取了皇位。高宗时起大明宫成为唐朝的主要宫廷，在长安城东北。大明宫北面居中仍称玄武门，与夹城的重玄门相对。重玄门内有统领禁军的北衙。唐宫廷政变如中宗复辟、节愍太子除诸武、玄宗诛韦氏等皆与此有关。

二、贞观之治

贞观是唐朝第二个皇帝李世民的年号，太宗是他的庙号。贞观（627—649）前期，大乱初定，唐朝统治者极力避免重蹈隋朝二世

图 2-1　唐太宗像

而亡的覆辙，居安思危，上下齐心努力，励精图治，为政务在宽简恤民。唐太宗广任贤良，唯才是用，虚心纳谏，君臣相得，采取了一系列行之有效的政治、经济措施，去奢省费，轻徭薄赋，重视吏治，减轻刑罚，促成清廉、健康、开明、理性的政治风气，从而使国家出现了政治稳定、人民安居乐业、经济迅速发展的大好局面，被史家誉为"贞观之治"。在贞观时期的二十多年间，唐朝全国的人口增加了近百分之五十。中国再次出现了自西汉全盛以来从未有过的太平治世。

（一）产生贞观之治的原因

贞观之治的出现，是以唐太宗为首的唐朝统治集团，在深刻体认隋亡教训的基础上，逐渐形成并付诸实行的开明务实政治的产物。太宗君臣亲身经历了隋末的大动乱，看到了空前强盛、不可一世的隋王朝在转瞬之间便被民众暴动的浪潮所推翻的可怕场景，极为震惊和恐惧。因此，他们非常注意吸取历代王朝特别是隋王朝灭亡的教训，发展出一套顺应当时社会发展的开明务实的政策和策略。唐太宗在即位之初，在和群臣讨论如何才能稳定社会秩序的问题时就指出，小民之所以沦落为盗贼，完全是赋役繁重、官吏贪求、百姓饥寒切身不能生存所致，其根源在统治者身上。因此，他主张"去奢省费，轻徭薄赋，选用廉吏，使民衣食有余"，从而确定了贞观年间施政的总方针。

太宗君臣用以总结隋亡教训的开明思想和民本意识从何而来，值得讨论。史家有言："世传隋末王通讲学河汾，卒开唐代贞观之治，此固未必可信，然退之发起光大唐代古文运动，卒开后来赵宋新儒学新古文之文化运动，史证明确，则不容置疑者也。"[15] 权威学者总结韩愈对文化史的功绩，其中之一为"直指人伦，扫除章句之繁琐"[16]，人文学科能够提供对人本身的价值关怀和终极关怀，这也是人文学科的社会意义之所在。如史家所说："欧阳永叔少学韩昌黎之文，晚撰《五代史记》，作《义儿》《冯道》诸传，贬斥势利，尊崇气节，遂一匡五代之浇漓（浅薄浮躁），返之淳正。故天水一朝之文化，竟为我民族遗留之瑰宝。孰谓空文于治道学术无裨益耶？"[17] 而李唐正好兴起于河汾之地（今山西一带），甚至有说房玄龄等人都曾随王通问学，贞观政治有此渊源也未可知。

（二）开明政治的表现

1.民本思想

贞观年间开明、务实的政治作风首先表现在太宗君臣对民本思想的强调和深刻认识上。唐太宗曾经对太子说：人君好比是舟，百姓好比是水，水能载舟，也能覆舟！他还对侍臣讲：只有天子有道，百姓才能推举他做君主；如果他是无道昏君，百姓对他就可以弃之不用。在国家、君主、百姓三者的关系上，太宗的态度鲜明，即君主依附于国家，国家依附于百姓，只有百姓才是政权赖以存在的基础。他比喻说，通过刻剥百姓来满足君主的贪欲，就像是贪婪的人割自己身上的肉充饥一样，肚子虽然暂时饱了，可其生命也就此完结。因此他指出为政的根本就在于不夺农时，让百姓能够生存下去，并保证其正常的生产活动。类似的言论在太宗君臣间十分普遍。唐代史官吴兢把太宗君臣治国的思想和言论编成了《贞观政要》一书，成为历代有为帝王的政治范本。

《贞观政要》

记唐太宗政绩及君臣论政的史书，唐吴兢（约669—749）撰。书约成于唐玄宗开元八年（720）。凡十卷四十篇，每篇为一类，共二百五十八章，约八万字。书据官方卷册、实录、奏疏、档案，详参旧史，缀集旧闻，撮其要旨，记贞观（627—649）年间唐太宗与魏徵、王珪、房玄龄、杜如晦等重臣四十五人间的政论问答及重大政治设施和谏争事迹等。对唐初立国方针、君道政体、历史借鉴、刑法贡赋、官员选任、君臣作风、君民关系、道德规范、学术文化、征伐安边等多有详述。总结"贞观之治"的历史经验尤为系统，对唐太宗政绩及其晚年的颓化亦直书不讳。所记事较两《唐书》、《资治通鉴》详尽，为研究唐太宗及唐初政治的重要史料。其专题记事、分类排纂的编纂方法，亦具有独创性。

此书颇受唐朝统治者的重视，被"书之屏帷，铭之几案"，列为皇家子孙的必读教本。由宋至清，历代封建统治者皆推崇此书。9世纪左右即传入朝鲜、日本等国，备受重视，也被列为皇家、幕府的政治教本。

2. 务实亲民

贞观年间的开明政治作风还表现在太宗君臣务实、亲民的行政措施上。在深刻总结隋亡教训的基础上，太宗君臣认识到隋朝的灭亡不仅仅是由于隋炀帝个人施行的急政，还在于隋炀帝不顾社会发展的渐进性和阶段性，急于达到文化统一与社会整合的目标，脱离了其统治赖以存在的政治和社会基础。因此，刚刚平息社会动乱的太宗君臣，非常务实地退回到政治文化发展的初级阶段，以发展经济、稳定社会秩序为最主要的政治目标。太宗曾经对侍臣讲："我每天坐朝，说每一句话之前，都要仔细地考虑是不是对老百姓有利，因此不能多言。"太宗一改隋炀帝竭泽而渔的做法，实行了轻徭薄赋、与民休息的政策。大力推行均田制和租庸调制，省徭减赋，减轻农民负担；并省州县，精减吏员，节约国家财政开支；提倡俭朴，力戒奢侈，改变隋末奢靡的社会风气。这些措施都收到了良好的效果，百姓逐渐安居乐业，国家开始欣欣向荣。

3. 选贤任能

贞观年间开明、务实的政治作风还表现在太宗摒弃偏见，开放政权，广泛收罗各方人才，和他们共同治理国家上。在任命官员的标准上，唐太宗曾对房玄龄说："达到治理的根本在于审慎，所以任命官员要以道德和才能为标准。"有一次，太宗对杜正伦说："我现在命令你们举荐贤能之人，并不是我对他们有所偏爱，而是因为他们有益于百姓。因此，我对于宗亲勋旧中那些无能的人，始终是不会任用的。"唐太宗一改高祖时期单纯重用关陇集团的政策，广泛收罗各地域群体的有识之士，广任贤良，唯才是举。因此，太宗一朝人才济济，虞世南、李百药、岑文本、许敬宗等以文章进身，王珪、魏徵、来济、褚遂良等以才干显世。《旧唐书·太宗纪》称赞他"拔人物则不私于党，负志业则咸尽其才"。据统计，在贞观时期的二十三年间，唐太宗任用宰相共二十八人，除唐高祖的旧臣六人以外，其余二十二人的出身各不相同；其中从前被排斥于政权之外的山东人占了一半，而这些山东人没有一个出身于当时所谓"一流高门"的传统世家大族。

贞观年间决策机构中山东豪杰和南方士人的人数有明显大幅度上升，摆脱了隋炀帝孤家寡人背弃关陇、山东而欲逊于江左的偏向，有利于大一统的发展。

唐太宗之所以特别重用山东人士，首先是因为山东地区文化发达、人才荟萃。唐朝作为一个统一了整个华夏，汇聚了北齐、北周、南陈各种文化的大帝国，建国初期偏任关陇集团的政策，已经不能适应大一统国家发展的形势和需要了。为了治理这个在地域上如此广大、在文化上如此复杂的统一国家，会集各方面的人才，聚集全国的能人参加进来，就成为当务之急。于是，人才荟萃的山东地区自然成了唐太宗广事搜罗的首选对象。其次，这也是出于缓和山东人对李唐皇室反感的需要。山东是北齐旧地，和李唐皇室出身的关陇地区政治情势不同，对于通过政变上台的唐太宗尤多嫌忌。这个地方人才济济，如果他们不为当局所用，就会成为社会动荡的潜在因素。

在山东人中，为唐太宗拔擢重用的主要是一些庶族寒门，即隋末唐初所谓的"山东豪杰"。这是因为，山东世家大族门望清高，社会地位远在关陇集团之上，很难为李唐皇室所用；而以胡化寒人为主的山东豪杰集团和具有少数族血统的李唐皇室在文化上具有一致性，而且在隋末动乱中已经成为关陇集团反炀帝急政的同盟军。其实，也正因为李唐皇室具有少数族血统，不如中原士族名门的礼法严格，所以才能采取一些突破旧贵族观念的开明政治措施，如"盛开选举"，"选无清浊"，"用人唯才"，甚至在修《氏族志》时不以家世门第为主，而是以当代的官品为订定等第的标准等。所有这些措施，都进一步促成了世家大族政治上的衰落，拓宽了社会群体间的流动渠道和人才发展的空间，使各群体间的关系逐渐缓和，社会结构趋于合理，在客观上顺应了当时中国社会发展的需要。

4. 兼听纳谏

唐太宗开明、务实的政治作风还表现在对皇权自觉主动的限制和制约上，其中的一项措施就是兼听和善于纳谏。贞观二年（628），唐太宗问魏徵："怎样才算是明君或暗君？"魏徵回答说："能兼听就是明君，只偏信就是暗君。"兼听则明，偏信则暗，既简练地总结了传统的政治智慧，又符合处于社会上升阶段的北族习俗，所以深为太宗所信纳。《旧唐书·魏徵传》记载了这样一件事：有一天，唐太宗在丹霄楼大宴群臣，在君臣都喝得有些醉意的时候，太宗对长孙无忌说："魏徵和王珪这些人，从前在东宫尽心尽力地辅佐废太子建成，实在是太可恶了。但是我还能重用他们，一直到现在。即使是和古人相比，我也没什么可惭愧的了。可是魏徵每次向我进谏的时候，如果我不听从他的话，他就不回答我的问话，不知道这到底是怎么回事？"长孙无忌回答说："我认为是因为事情不可行，所以才向皇上进谏；如果您不听从仍然答应您的问话，恐怕这件事就会付诸实行啊。"太宗说："难道不可以当时先答应，然后再找机会陈述自己的意见吗？"魏徵说："从前舜曾经告诫群臣说：'你们千万不要当面听从，背后却有意见啊。'如果我只有当面听从陛下的话才能进谏，这就是舜所说的'背后却有意见啊'，这难道是稷、契这些圣贤服事尧、舜的本意吗？"太宗大笑道："别人都说魏徵的举动疏慢，在我看来却是妩媚无比，原因就在这里啊。"魏徵拜谢说："是陛下您引导我们，让我们大胆发言，我才敢如此直言进谏。如果陛下您不能接受为臣的进谏，我又怎么敢屡次触犯您的龙颜呢？"魏徵死后，太宗望着丧车痛哭，对侍臣说："以铜为镜，可以正衣冠；以古为镜，可以知兴替；以人为镜，可以明得失。我常常拿着这三面镜子以防止自己犯错误。现在魏徵死了，我失去了一面镜子啊！"

为了对皇权的行使进行限制和制约，太宗还确立了其他一系列行之有效的制度。比如建立谏官随宰相入阁议事的制度，即宰相入宫内议事时，必须有谏官跟随，预闻政事，参与讨论并发表意见；

五品以上京官轮宿中书内省的制度，以便他们能随时被召见，询访外事，讨论得失；皇帝诏书正式下达前先由门下省审议封驳，以及重大决定经由朝会廷议的制度。同时，唐律还专门规定皇帝临时性的诏书或对某些事情的处分不得被引用为以后断案的依据，否则相关的人员就要承担相应的法律责任。由于有制度层面的坚强保证，所以贞观时期纳谏进言，蔚然成风。这不仅对贞观时代政坛清新健康的风气起了关键的作用，而且对当时全社会言论自由风气的形成也产生了良好的影响。这种宽松的政治环境极大地影响了官僚臣属的积极性和主动性，使他们能各奉其职、各尽其才，减少决策和政务处理过程中的失误。

与这种开明、务实的政治气氛相适应，贞观君臣之间在讨论政事的时候，气氛也是非常融洽的，君臣坦诚胸襟、至诚相见蔚然成风。《旧唐书·刘洎传》里就讲到太宗每和公卿大臣们谈论问题的时候，往往要反复地进行辩论，君臣之间的关系非常亲密。

唐太宗时的君臣关系

太宗本人工于书法，尤其是王羲之的字体。有一次在玄武门宴请三品以上官员，太宗即兴挥毫泼墨，赐字给群臣。大臣们争先恐后地从太宗的手里抢字，刘洎竟然登上皇帝的御座生生地把它从太宗的手里抢了过来。其他大臣在失望之余对太宗说："刘洎竟然敢登上御床，罪当处死。"太宗笑着回答说："以前我曾经听说婕妤辞辇的故事，不想今天竟然看到了常侍登床的景象。"不久太宗提拔刘洎为摄黄门侍郎，加上护军。

在对待萧瑀的态度上，太宗也非常节制。有一次萧瑀请求出家，太宗答应了。不久萧瑀又对太宗说："我考虑了一下，觉得还是不能出家。"萧瑀还称自己的脚有毛病，时常不上朝，即使上朝也不进殿参见皇帝。太宗虽然生气，也只是将其贬官而已。

宰相王珪的儿子娶了太宗的女儿南平公主。当时公主出嫁拜见公婆的礼仪早已废弃，王珪说："现在主上英明，一切都要按照法制来办事。为了成全国家的法制，我一定要受公主的谒见之礼。"这些，在君臣之际有如天隔的专制王朝都是难以想象的。

君主开明、务实、亲民的政治作风使得唐朝的各级官吏具有前所未有的精神，敢于负责，执政为公。唐初名臣唐临在出任万泉县丞的时候，监狱里关有犯轻罪的十几个犯人，当时正赶上春暮时雨，唐临向县令请求暂时把他们放回家务农，县令不答应。唐临说："您如果有所担心的话，我请求承担因此产生的一切责任。"县令答应了唐临的请求，于是唐临召集所有的犯人让他们回家耕种，和他们约定到时自动返回监狱。犯人们都感恩戴德，到了约定的日子全部返回，没有一个人逃走。

崔仁师在贞观初期任殿中侍御史。当时青州地区发生了一起谋逆事件，州县官吏大肆追捕反党，结果监狱里人满为患。太宗诏崔仁师前往复查。崔仁师到达州府以后，为所有的犯人解去刑具，除去主犯十多人以外，其他人全部释放。复查结果上报以后，太宗又派遣使节前来复核，当时任大理少卿的孙伏伽对崔仁师说："人的本性都是好生恶死的，现在你雪免了这么多人，等朝廷使节来的时候，那些没有被释放的怎么肯甘心就死呢？万一到时他们反咬一口，你该如何是好？我真为你担心啊。"崔仁师回答说："我曾经听说治理刑狱一定要以仁恕为本，怎么能够为了求得自身的安全，明知有冤情而不为他们申理呢？如果能以我个人区区的一条性命换取十多个无辜人的性命，我是非常愿意的。"孙伏伽听了以后惭愧而退。当朝廷的使节到达以后再次审讯的时候，那些剩下的狱囚都异口同声地说："崔公仁恕，我们没有冤枉，请求伏法。"

直到中晚唐，敢于负责、执政为公的官员仍然非常之多。张镒在乾元（758—760）年间任殿中侍御史，当时内侍齐令诜诬陷华原县令卢枞，皇帝命令张镒前往按验，卢枞只应该降官，可是有关司法机关竟判处卢枞死刑。张镒对他母亲说："如果我上疏为卢枞申辩的话，卢枞肯定会免死，可是我也要被贬官。如果从私心出发办案，我有愧于担任的官职。可是一旦被贬官，我就无法向您尽孝了，您看该如何是好？"他母亲回答说："只要你能行正道，我就会安心。"于是张镒便据理上书，使卢枞免除了死罪，自己也被贬为抚州司户。

5. 遵制守法

开明、务实的政治作风还表现为太宗君臣普遍具有守法精神，重视法制的建设与稳定。贞观元年（627），唐太宗命长孙无忌、房玄龄等人在《开皇律》和《武德律》的基础上，根据省刑、慎刑、用法宽简的原则，斟酌古今，除烦去弊，修订成《贞观律》，基本完备了唐律的体系。唐太宗认为，法是天下人之法，不是君主一人之法，因此必须人人遵守。他反对君主在政治生活中一人独断，不以君主个人的好恶决定官吏任免及国事的兴废，而是按制度法规办事，强调发挥各官僚机构的作用。他主张各机构相互协调，各负其责，严肃法令，运用政治体制来保证决策和政令的正确制定和实施。这些都是权力有限观在贞观时期的具体体现。

　　唐太宗君臣勤政爱民、励精图治的业绩和言行，被后世的人们看作是理想政治的典范，成为有作为的政治家永远追思并试图达到的目标和境界。

魏　徵

　　魏徵（580—643），字玄成。巨鹿曲城（今河北曲周）人。少孤，好读书。隋末，诡为道士以避乱世。后入瓦岗军，进"十策"于李密，不用。武德元年（618），瓦岗军为王世充所败，徵随李密投唐。授秘书丞，东出关招徐世勣（李勣）归。明年，为窦建德所获，署为起居舍人。建德败，为李建成引作太子洗马。佐建成至河北平刘黑闼。见秦王功高，阴劝建成早为计。"玄武门之变"后受太宗召，拜谏议大夫，封巨鹿县男。太宗访以天下事，知无不言，前后二百余奏。劝帝以亡隋为鉴，居安思危，行圣贤之治。尝言："君所以明，兼听也；所以暗，偏信也。"贞观三年（629），以秘书监参预朝政。校定秘府图籍，进爵巨鹿郡公。贞观七年（633），迁侍中。受诏总领周、齐、隋、梁、陈五史撰修，史成，加左光禄大夫，进封郑国公。屡谏，太宗比之为镜，以为可明得失。贞观十七年（643），卒于太子太师，年六十四。同年，图形凌烟阁，为功臣第四。赠司空、相州都督，谥曰文贞，陪葬昭陵。

房玄龄

房玄龄（579—648），字乔。齐州临淄（今山东淄博）人。博览经史，工书善文，隋开皇中举进士，授羽骑尉。高祖入关，太宗攻略渭北，谒军门，署渭北道行军记室参军。每从征伐，众争取珍玩，独收人物于幕府，常典管记。封临淄侯。与杜如晦协判大计。武德九年（626）参与"玄武门之变"，事平，与杜如晦、长孙无忌、尉迟敬德、侯君集五人并功第一。太宗立，为中书令，封邢国公，迁尚书左仆射。贞观十一年（637），改梁国公。贞观十七年，图形凌烟阁。辅佐太宗，总领百司，参与制定典章制度，主持律令格式的修订，与魏徵同修唐礼等，尽心竭力，明达吏治，务宽平，用人无论贵贱，不求全责备，使皆得尽所能，时以为良相云。

太宗伐辽，留守京师，凡粮械飞输，军伍行留，悉裁总之。发病，以帝伐辽不止，上表切谏。贞观二十二年（648），卒于司空，年七十。赠太尉、并州都督，谥曰文昭，陪葬昭陵。

杜如晦

杜如晦（585—630），字克明。京兆杜陵（今陕西西安东南）人。从祖杲，有名周、隋间。少年英爽，好谈文史，内负大节，临机辄断。隋末补滏阳（今河北磁县）尉，未几弃官归家。武德元年，引为秦王府兵曹参军，徙陕州总管府长史。累迁陕东道大行台司勋郎中，封建平县男，并以本官入文学馆，为十八学士之首。武德九年，参与谋划"玄武门之变"，事平，迁兵部尚书，进封蔡国公。贞观二年（628），以本官检校侍中，摄吏部尚书，仍总监东宫兵马事。贞观三年，进位尚书右仆射，仍领选事。与房玄龄共掌朝政，台阁规模及典章文物，皆二人所定。时称玄龄善于谋，如晦长于断，誉为良相，合称"房杜"。贞观四年（630）卒，年四十六，赠司空，徙封莱国公，谥曰成。

（三）贞观《氏族志》与门阀观念

应当指出，唐太宗拉拢重用的山东豪杰多半是寒门普通地主，如魏徵、戴胄、马周、刘洎、李勣等。这些人经历了隋末动乱，对山东的政治形势和社会比较了解，有利于缓解各种张力。与此同时，唐太宗对山东旧士族即所谓"郡姓高门"却采取压抑政策。当时山东士族虽然衰落，却仍在社会上自矜阀阅，与"高门"之外者婚娶，必索取陪送赀财，被人称作"卖婚"。太宗对此十分憎恶，乃于贞观六年（632）诏高士廉等人修《氏族志》，务必进新贵，退旧望，先宗室，后外戚，右膏腴，左寒酸，进忠贤，退悖恶。然而完成以后，志中仍以博陵崔民幹为第一等。太宗大怒，责问："卿等不贵我官爵耶？不须论数世之前，止取今日官爵高下作等级。"崔民幹当时做黄门侍郎，为正四品上，是中级官员，唐太宗的意思就是他不该被列为高等。后来又重新编纂，新编要求排列氏族的等级要和其成员在唐朝官僚机构中的官职直接联系起来。贞观十二年（638），《氏族志》改定修成，以皇族为第一等（上之上），外戚为第二等（上之中），崔民幹乃列为第三等（上之下）。

对唐太宗的这一做法要予以客观、实事求是的分析，他提高皇亲国戚、山东豪杰、南方士人的地位，无疑是符合其以关陇为本，统一全国的政治需要的。但是他压抑山东士族，并不能说明传统势力就没有社会地位和文化影响，只是表明他本人不喜欢社会上有一股自北魏以来就能与皇室抗衡的力量而已。他没有也不可能认识到，从北魏以来的皇室以至关陇集团，都是多少带有挟鲜卑武力征服中原的胡化或胡汉文武混合势力，与之抗衡的却是汉末以来学在家族的汉文化传统势力。所以尽管《氏族志》降低山东士族的等第，而且王妃、公主的夫婿皆取当世勋贵名臣之家，未尝尚山东旧族，但是后来房玄龄、魏徵、李勣又找旧士族结成亲家，因而世家大族的名望仍然不减。直到高宗时，李义府为其子求婚不得，恼羞成怒，于是上奏禁止山东旧族七姓十家不得自为婚姻。结果这些没落士族反而借此高自标榜，"其后天下衰宗落谱，昭穆所不齿者，皆称'禁昏家'，益自贵，凡男女皆潜相聘娶，天子不能禁"[18]。甚至到了唐代后期，旧士族对社会的文化心理还有一定影响，以至"开成皇帝（文宗）不能禁其宰相之宁以女孙适九品卫佐之崔皋，而不愿其家人为皇太子妃。至大中朝（宣宗）藉皇室之势，夺婚卢氏"。诚如史家所指："帝王之大权不及社会之潜力，此类之事即其一例，然非求之数百年往日背景，不易解释也。"[19]

可见唐代的这些社会变化不能仅仅用特定历史群体的具体现象如门阀衰落或寒人庶族（普通地主）兴起来解释，还有更深刻的社会文化背景，有在更长时期或跨时期起作用的文化传统力量。即使是进士词科之兴标志着关陇集团的没落，参加科举的也并不都是庶族寒人，旧门阀士族的后裔也有同等的机会参加科举考试，而且在学养上还往往占有优势。无论如何，如我们所见，在历史的长河中，在中国这块土地上，各种文化最终还是融合成了统一的中国文化，成为中华民族的精神支柱和骄傲。

贞观《氏族志》

唐太宗时期的官修姓氏家族谱牒，共一百卷。隋唐之际，士族门第发生了很大变化。唐太宗有鉴于此，乃诏吏部尚书高士廉、御史大夫韦挺、中书侍郎岑文本、礼部侍郎令狐德棻，以及各地谱学名家，在全国广搜谱牒，参照史传辨别真伪，评定各姓等第。贞观十二年（638）成书，共收录二百九十三姓，一千六百五十一家，分为九等，颁于天下。贞观《氏族志》贬抑旧门阀氏族，但仍肯定氏族高下、士庶有别，即以当代官爵作为升降的主要标准，改定氏族等第，从而建立以李氏皇室为首、功臣贵族为核心的新门阀体系。这一做法对于巩固新统一王朝的统治具有一定的作用。但由于崇尚旧族望的社会习惯根深蒂固，乃至太宗朝的新贵房玄龄、魏徵、李勣等仍力求与山东旧族联姻，《氏族志》能起的作用实际是很有限的。

（四）恢复和发展经济的措施

唐太宗还采取了一系列有利于恢复和发展社会经济的措施，例如：

（1）贞观元年至三年（627—629），关中、山东连年大灾，关中受灾最重，灾民有卖儿卖女的。太宗当即令灾区开仓救灾，并准许灾民到非灾区就食。贞观二年（628），太宗还拿出御府金帛，赎回因灾荒卖掉的灾民子女，归还其父母。

（2）隋末，华北有不少人被北方的突厥掳掠。唐太宗贞观四年（630）派兵消灭了东突厥汗国，次年又派使者用金帛赎回被掳男女八万口。

（3）省并许多州县，并把中央官员从两千人精简到六百人，整顿吏治，节约国家开支。

（4）不夺农时，以利于农业生产的恢复和发展。贞观五年（631）二月，官吏要调动府兵充当皇太子举行冠礼（成年礼）的仪仗队，当时正值春耕季节，唐太宗说："农时最急，不可失也。"便下令改在十月举行。

通过这些政策和措施，贞观时期形成了中国古代史上少有的"治世"。史载当时是"海内升平，路不拾遗"，"外户经月不闭"，"马羊遍野，旅途不赍粮"，"几致刑措"。据《通志》记载，贞观初，斗米匹绢；经过九年发展，达到了"斗米不过四五钱"。

> 对这个物价，学界有不同看法。彭信威《中国货币史》认为，尽管不排除当时经济富裕、物价低廉的情况，但更主要的原因还是市面货币紧缩，流通不足，物贱钱贵。大家知道，金属货币本身也是一种商品，一种作为一般等价物的特殊商品。有两个事实可以证明彭信威的说法是有道理的：一是绢帛在唐代长期作为货币流通；二是从吐鲁番出土文书可以知道，

唐前期当地主要流通的金属货币仍是银钱（很可能就是萨珊银币），直到武周初年（7世纪90年代初）才出现了铜钱与银钱的固定比价。[20]

开元通宝

武德四年（621），唐废隋五铢钱，铸新钱，钱文"开元通宝"，意为开辟新纪元的流通宝货（钱币）。钱径八分，重二铢四絫，每十文重一两，千文重六斤四两。字为著名书法家欧阳询书写。从此以后，"钱"成为"两"下一级的重量单位，一钱即开元通宝一文的重量。中国钱币自此改称通宝、元宝或重宝，不再以重量为名；钱文也由篆书改为以楷书为主。开元通宝钱轻重大小都比较适中，从此广为流通，也是现在最为常见的古钱之一。

应当指出，唐太宗仍然是从巩固和加强李唐王朝的目的出发而采取上述开明政策的。一旦他感到自己的统治已经巩固时，便开始发生变化。贞观后期，社会状况明显不如前期。[21]

三、唐初与边疆诸族的关系

《新唐书·四夷传总序》略云："唐兴，蛮夷更盛衰。尝与中国亢衡者有四：突厥、吐蕃、回鹘、云南是也。……凡突厥、吐蕃、回鹘以盛衰先后为次；东夷、西域又次之，迹用兵之轻重也；终之以南蛮，记唐所繇亡云。"记住这一段话，就大致记住了唐代周边先后兴起的主要族群及其与唐朝关系的大势。但这一段概述忽视了契丹的作用。安禄山、史思明因抵御奚、契丹两蕃而积聚力量，安史叛将割据河朔又为契丹的勃兴创造了条件，唐朝因而衰亡。北宋正与契丹对峙，宋人修唐史却忽视了契丹勃兴，是何原因，值得讨论。[22] 有关这些族群的习俗，本书第十章有专门介绍。这里我们只涉及诸族盛衰与内政的关系。

（一）突厥

隋末唐初，突厥是北边最强盛的族群政权，自然在中原各个武装政权的争斗中具有举足轻重的地位，因此被当时活跃在政治舞台上的许多人物所结交。史载："隋大业之乱，始毕可汗咄吉嗣立，华人多往依之，契丹、室韦、吐谷浑、高昌皆役属，窦建德、薛举、刘武周、梁师都、李轨、王世充等倔起虎视，悉臣尊之。控弦且百万，戎狄炽强，古未有也。高祖起太原，遣府司马刘文静往聘，与连和，始毕使特勒（勤）康稍利献马二千、兵五百来会。帝平京师，（突厥）遂恃功，使者每来多横骄。"[23] 由于这些人在当时的地位、势力以及与突厥的关系不尽相同，所以突厥对他们的支持程度、出兵规模也有较大差异。

但是突厥介入中原政治斗争主要是为了得到贿赂和通过战争获得更多的财利，所以不管是什么性质的武装，突厥都有求必应。而对隋末群雄来说，主要也是拉突厥以壮声势，如当时人所说："中原丧乱，分为数国，势均力弱，所以北附突厥。"[24] 因此，双方的关系只能是相互利用的关系。总之，这似乎已经成了中国历史上的一条规律：一旦中原衰落分裂，则周边分崩离析；反之，只要中原强盛统一，则周边内属归附，"荒服来王"。由于特殊的地理、历史原因，中国是东亚的文化中心，但如果不成为经济中心，就没有吸引力。

唐初，东突厥对中原地区的威胁很大。如前所述，武德九年（626）玄武门之变前后，突厥大小可汗倾国出动，长驱直入抵达渭水北岸，唐太宗与之订立城下之盟。然而，贞观元年至二年（627—628），突厥连年大雪，六畜多死，内部分裂，其北薛延陀、回纥等铁勒部落趁机崛起，威胁突厥。贞观三年（629）十一月，唐派李靖、李勣等六路大军出击消灭东突厥。唐军连战连胜，于次年三月生擒颉利缚送京师。东突厥被灭后，太宗采用温彦博的建议，依照东汉光武帝安置匈奴降部的做法，把突厥降部安置在从幽州（今北京）到灵州（今宁夏灵武）的长城以外沿线，设立羁縻都督府、州，由效忠唐朝的酋长首领担任大小官职来进行管辖，希望这样使突厥人既能继续过游牧生活，又能为唐朝捍卫边疆。其他投降唐朝的突厥酋长首领，唐太宗都安排他们在长安任皇帝的禁卫军，而且全都担任将军、中郎将这样的职务。于是，突厥官员遍布朝廷，仅五品以上高官就有一百多人，长安城里居住的突厥人达到了几千家。铁勒诸部又共尊唐太宗为"天可汗"。有日本学者认为这标志着唐帝国建立起包括胡、汉两个不同世界而共存的统治方式。[25]究竟如何，值得讨论。[26]

然而，从唐灭东突厥这一类事件当中，我们不应该仅仅看到贞观盛世、太宗英武，还应该注意突厥本身腐朽衰弱乃至招致唐朝武力攻取的另一面，实事求是方能得出有益借鉴的历史经验教训。如史家所言："北突厥或东突厥之败亡除与唐为敌外，其主因一为境内之天灾及乱政，二为其他邻接部族回纥薛延陀之兴起两端，故授中国以可乘之机。否则，虽以唐太宗之英武，亦未必能致如是之奇迹，斯外族盛衰连环性之一例证也。"[27] 这可以说是一条规律，古代史上草原帝国败亡大都与天灾、人祸、邻近又有强大部落兴起这三方面问题有关，一个重要的原因就在于，游牧经济生产力技术构成太低，受自然条件的限制和影响太大。

天可汗

唐代中国周边诸族向唐朝皇帝所上尊号。可汗一名本为西、北诸族最高首领的称号。贞观四年（630）三月，唐灭东突厥，周边各国国王、各部酋长齐集长安，请唐太宗称天可汗，意为周边各国各部共同的盟主。唐太宗矜持地说："我是大唐天子，又降尊再做可汗！"意思是勉从众人之请。于是唐朝群臣与四裔君长山呼万岁。是后唐朝诸帝以玺书赐西北君长，皆称天可汗。这一事件意味着唐朝皇帝在新的统治秩序中的地位变化，标志着亚洲大陆上一个新的政治时期的到来。由于承认唐朝皇帝是北方各族的最高君长，各族与唐朝便结成了直接关系。天可汗在西域的影响尤其深远，降至天宝年间还有这种称呼。

唐平薛延陀

东突厥败亡以后，北方空虚，薛延陀真珠可汗将牙帐东移至都尉犍山以北、独逻水以南（今蒙古乌兰巴托附近），兵力达到二十万。贞观十二年（638），唐册可汗两子为小可汗，并赐鼓纛，以分其势。贞观十九年（645），真珠可汗死，子拔灼袭杀其兄，自立为多弥可汗。多弥即位后，趁唐太宗出征高句丽之机，领兵到河套以南抢掠，被唐军击退。又发兵进攻夏州（今陕西靖边白城子）未遂。多弥还大肆诛杀异己，搞得人人自危，诸部离心。于是回纥等铁勒部落共起反抗薛延陀，多弥大败。在这种形势下，唐朝于贞观二十年（646）出兵漠北（今蒙古），在九姓铁勒的配合下消灭了薛延陀汗国。是年九月，唐太宗特意为此巡幸灵州，接受铁勒诸部使者数千人的朝拜，并刻石纪念。十二月，回纥等部落酋长又都亲自到长安朝见。明年，在酋长们的一再恳求下，唐朝在漠北普遍设立羁縻都督府、州。

（二）吐谷浑

唐朝初年，据有青海地区的吐谷浑可汗伏允屡为边患。贞观八年（634）十二月，太宗诏李靖为西海道行军大总管，统六道总管，并突厥、契苾之众击吐谷浑。唐军兵分两路，深入大碛及空虚之地几千里，屡败吐谷浑军，获其名王多人。贞观九年（635）闰四月，伏允子慕容顺穷蹙，斩其国相天柱王，举国降唐。伏允与千余骑遁于碛中，自缢而死。国人乃立顺为可汗，唐封其为西平郡王。明年，顺为臣下所杀，其子诺曷钵继立。诺曷钵年幼，大臣争权，国中大乱。唐太宗遣兵援之，册封为河源郡王，授可汗位号，赐以鼓纛。贞观十三年（639）十二月，诺曷钵亲自入朝谢册拜，并请婚，献马牛羊上万。次年，唐以宗室女弘化公主妻之。至高宗咸亨元年（670）薛仁贵兵败大非川（今青海共和县西切吉草原），吐蕃乃尽有吐谷浑之地。

（三）西域

贞观中，焉耆（在今新疆南疆）王请开大碛道（经今罗布泊一带）以方便行人商旅，影响了高昌（今新疆吐鲁番）对东西商道的垄断，双方发生冲突。高昌王非但不听唐朝劝告，反而投靠西突厥，不来唐廷朝见。于是，唐于贞观十四年（640）派侯君集率军击灭高昌，置西州，又于可汗浮图城置庭州（今新疆吉木萨尔），并置安西都护府于西州交河城。贞观十八年（644）唐又取焉耆，贞观二十二年（648）取龟兹（今新疆库车）。到高宗显庆二年（657）灭西突厥，唐朝乃移安西府至龟兹，统安西四镇，并设羁縻府州，统治西域。

应当指出的是，唐朝并不是一开始就"留兵镇守"西域。当时唐朝的府兵制亦兵亦农，统归中央十二卫，作战是派"行军"出征，仗打完了便解甲归田。除了少数在烽燧候铺的防人之外，并没有后来由于应付频繁作战而产生的"镇守军"以及节度使之类。尤其在西域这样的边疆地区作战，早年多半都是派汉将（如四镇的镇将、安西都护之类）兴发由当地土著组成的蕃兵蕃将来进行。所以土著的向背对战局的影响很大，安西四镇在唐前期与吐蕃的争夺中几次弃置就是这样发生的。[28] 到武周长寿元年（692）派王孝杰武威道行军击败吐蕃恢复四镇，留汉兵三万镇守，西域的形势才稳定下来，直到安史之乱以后。

安西四镇

唐朝在西域地区设置、由安西都护府统辖的四个军镇。贞观十四年（640）唐灭高昌国，于其地置安西都护府，留兵镇之。显庆二年（657）平阿史那贺鲁，消灭了西突厥汗国及其对绿洲地区的霸权统治。次年，迁安西都护府于龟兹，迄至显庆四年（659），先后设立了四镇，即焉耆、龟兹、于阗、疏勒。此后由于吐蕃军队进入西域与西突厥余众通谋连兵，安西四镇屡经弃置。由于军事形势的变化，调露元年（679）唐重置四镇为碎叶（在今吉尔吉斯斯坦北部）、龟兹、于阗、疏勒。开元七年（719）西突厥十姓可汗请居碎叶城，四镇节度使汤嘉惠建议以焉耆代碎叶为四镇之一。此后迄德宗贞元（785—805）年中陷于吐蕃，四镇未变。

（四）吐蕃

7世纪初，西藏高原上兴起吐蕃王朝（629—846），开始统一各部。贞观十五年（641），唐太宗将宗室女封为文成公主嫁给吐蕃赞普松赞干布，密切了双方的关系。但从高宗时起，吐蕃长期成了唐朝之最大边患，以致以关陇为本位的唐王朝不得不倾全力向西应付，从而在东北采取消极防御政策。于是，不仅安禄山、史思明因守幽燕（今河北北部和辽西）而趁机积聚兵力叛乱，其降将后来长期割据河朔，也给东北的契丹等族群造成机会，从而影响到五代、赵宋国势（失去长城边防线，南北长期对峙）。[29]

图 2-2　唐阎立本画《步辇图》 贞观十四年，吐蕃赞普松赞干布派使臣禄东赞赴长安向唐太宗求亲。

（五）高句丽

从贞观十九年（645）太宗亲征起，唐朝多次进攻高句丽，是唐蕃大规模争战前唐朝用兵最多、规模最大的战场。至总章元年（668），唐朝在新罗军队的配合下终将高句丽消灭，此后唐在朝鲜半岛上主要是和统一新罗（668—935）的关系问题。[30]

第三章

唐初国家权力的强化

　　隋唐以前的魏晋南北朝时期，中国政治体制的最大特点就是贵族政治。贵族政治实质是世家大族与君主共同治理天下，其核心内容是高等士族世代占据政府要职，具有世袭选官的特权。贵族政治使皇权统治大为削弱，国家政权不稳，经常造成政局的动荡不安。但即使在这一时期，中央集权国体和儒生官僚政权（制度化的政府组织）的存在及其延续，仍然在推动着政治体制的缓慢演进，并使之出现了许多新的变化。尚书台已正式独立称"省"，真正变成了有权独立颁发文书、指挥政务的中央机构；中书省掌制令决策；门下省主管审议章奏诏命，并掌封驳，这些都逐渐制度化。北魏的公卿三省制与南朝也已没有大的差别，为隋唐中央三省官制的出现提供了条件。就法律制度而言，汉代律令不分、礼律不分、内容庞杂的情况已经发生了改变，"格""令"等法令形式已经萌生。北朝法制建设的成就更高，为隋唐"律、令、格、式"法制体系的形成奠定了基础。考试选官在南、北方政权中都开始出现，并逐渐与学校教育结合起来，成为科举制的先声。所有这些变化都为隋唐制度的演进、完善做了准备。

学界一般认为，隋唐制度共有三个源头：北魏、北齐制度为一源，南朝梁、陈制度为一源，西魏、北周制度为另一源。隋唐政治制度是在对前代政治制度全面总结、融会贯通、系统整理并加以积极创新的基础上形成的。继承和创新使隋唐的制度文明臻于完善成熟，也使隋唐时期的政治逐渐摆脱贵族政治的窠臼，开始走向务实、开明、开放的官僚士大夫政治的新阶段。

我们前面提到唐承隋制。从制度层面的历史影响来看，唐代的制度可分为两类：一类大致为后世所因袭沿用，如职官制度、选举制度和法律制度，但职官制在盛唐变化也很大，主要是中枢决策机制的变化、使职差遣的兴起和职事官的阶官化；另一类在唐代前后期发生了根本性变化，如赋役制由前期的均田租庸调到后期的两税法，军制由前期的府兵制到后期的募兵制，后期的制度影响到后代。

唐高祖武德七年（624）是朝廷宣布国家大政的一个重要年份，很多制度和法令都在这一年正式颁行，厘定官制也是其中的主要内容之一。到唐太宗、高宗和武则天时期，这些制度和法令又有所发展。

第一节　官　制

唐初官制有散、职、勋、爵四类衔称，用以确定官员的品位和职掌[1]；职事官有长官（总判官）、通判官（副长官）、（分）判官、主典四等，各负其责[2]；有监察官和勾检官，以保证官员的清慎廉洁和办事效率[3]。唐朝还建立了严格的培养、选拔人才（学馆与科举）和考试任用官吏（铨选）的制度，同时还有对现任官吏的考课制度[4]，以加强对官员的管理。进入盛唐，适应社会的发展与现实需要，使职差遣急剧增加并部分常设化、系统化[5]，原有的职事官则逐步品阶化了。以下主要介绍有关政权实际运作的职事官的情况。

一、中央官制

（一）三省六部

唐承隋制，中央仍然实行三省六部制。

1. 三省

三省为中书省（隋避讳称内史省）、门下省和尚书省。[6]中书省长官是中书令，通判官即副长官是中书侍郎，判官即具体责任人是中书舍人，主要负责起草诏制。门下省长官是侍中（隋称纳言），通判官是黄门侍郎，判官是给事中，负责审核中书省起草的诏旨，驳正违失，并审批尚书省的奏钞。尚书省长官是尚书令，通判官为左右仆射，判官为左右丞。因唐太宗曾任尚书令，以后臣下避居此职，故左右仆射实际上成了尚书省的最高长官。唐前期，中书、门下两省仍居内朝作为决策机关，与外朝的行政机关尚书省有区别，不过决策权分成了草诏制令与审复封驳两道程序。所以，不能把唐代"中书立案、门下审复、尚书执行"的这种三省分权情况笼统地说成是"三权分立"，从而忽视了决策与行政的区别。另外应该注意的是，在内朝决策二省的职员中，判官（即中书舍人和给事中）

的职务非常重要，因为长官一般并不授职，而通判官往往也不做实际工作，所以决策程序的具体工作实际上是由判官在负责。

2. 政事堂

隋代，宰相已由前代的一人独任改为多人合议，且由三省长官"参掌朝政"。[7] 唐朝宰相议事的地方叫"政事堂"，这里是协助皇帝做出决策的最高机构。唐代参加政事堂会议的决策人员都是宰相，皇帝经常以一些较低职位的官员加上"参议朝政""参知政事""参知得失"等衔，参加政事堂会议以平抑相权。高宗以后，宰相衔逐渐确立为"同中书门下三品"或"同中书门下平章事"。[8]

政事堂最初设于门下省，是为了协调中书出令、门下封驳的关系。高宗弘道元年（683）十二月，裴炎由侍中迁任中书令，继续执政事笔，政事堂也随之迁到中书省。这一变化是制度发展的必然，因为政事既然由包括侍中在内的宰相集体议定，则门下省封驳的任务必然淡化，决策的重心也因此就转移到了掌管出诏的中书省。

政事堂制度是一种集体议政决策、集体负责的制度，有利于集思广益，发挥统治集团内部的集体智慧，减少决策失误，提高权力运作效率。同时，政事堂制度对君主权力也是一种约束，使君主个人专制与宰相集体决策的矛盾冲突保持在秩序的范围以内，有效地加强了中央集权，减少了政治的剧烈震荡，保证了国家政治生活的健康发展。

3. 谏官

唐代谏官是挂名在中书、门下两省的属官之一，有左右散骑常侍、左右谏议大夫、左右补阙、左右拾遗等。谏官的主要任务是研究国家决定的政策、法令以及某些重大制度，如果认为不妥，有权向皇帝规谏。谏官向皇帝规谏的途径主要有谏官随宰相入阁议事制、谏官知起居注事及知谏匦事等。谏官制度的确立，既可以对宰相的政务工作起监督作用，又对君主权力的行使有一定程度的限制，有助于权力的制约、平衡及政治稳定。

中书、门下两省除总判官、通判官、判官三级政务官及少数直属的令史书吏以外，还有庞大的、由于历史渊源而挂名两省的附属系统，按职事分类大致有四种：

（1）侍从事务官系统：包括中书省的通事舍人，门下省的典仪、符宝郎、城门郎等。

（2）馆职系统：即门下弘文馆和中书集贤（殿书）院。

（3）史官系统：包括门下省的起居郎、中书省的起居舍人及史馆。

（4）谏官系统：包括左右散骑常侍、左右谏议大夫、左右拾遗、左右补阙等。左归门下，右归中书。

4. 六部二十四司

六部指尚书省六部。尚书省的首脑机关是都省，都省下分左、右司，左司有吏、户、礼三部，右司有兵、刑、工三部，分头负责执行中央拟定的政令。六部的长官是尚书，通判官为侍郎。六部尚书与左右仆射合称"八座"。六部各分设四司，共二十四司，各司的长官即各部的判官，其长官是郎中，副长官是员外郎，合称"郎官"。二十四司的名称是：

吏部：吏部、司封、司勋、考功。

户部：户部、度支、金部、仓部。

礼部：礼部、祠部、膳部、主客。

兵部：兵部、职方、驾部、库部。

刑部：刑部、都官、比部、司门。

工部：工部、屯田、虞部、水部。

可见六部二十四司分工细密，几乎包揽了全国各项政务工作。[9]

尚书省施行制敕、管理行政要进行会商。都省有都堂会议，即"八座会议"；部司有部司会议。按规定，六部尚书每天上午都往都省，有事则开会商讨，午时则在都堂会食，下午仍回本部处置部务。作为行政中枢，尚书部、司并不直接处理具体事务，而是将门下省发来的诏敕用黄纸草成政令，盖上部、司的印章，由都省发遣，交中央诸寺、监和地方州、县具体执行。所以说是"尚书主政务，诸寺监主事务"。

近年的研究表明，唐代决策机制是由宰相政事堂会议、君臣入阁朝议以及中书、门下两省的制令出诏程序三者紧密结合而成的，尚书省只是中央决策的执行机构。这才是唐朝三省关系的真实情况。至于有的学者因为门下省有对中书制诏的封驳之权，便以为唐代政治不是皇帝独裁政治而是"贵族政治"，其实是没有正确理解中书、门下两省共同作为决策辅助机构的实质。也就是说，唐代中央政权的最高决策者仍然是皇帝，所谓三种决策机制都是辅助决策形式。由皇帝近侍发展为辅助决策，再膨胀成行政机构，这是古代专制制度下文官发展"由卑而高、由亲而疏"的规律[10]。

（二）九寺五监

中央一级的事务机构为九寺五监。九寺指太常寺、光禄寺、卫尉寺、宗正寺、太仆寺、大理寺、鸿胪寺、司农寺和太府寺。各寺的长官是卿，通判官是少卿。五监指国子监、少府监、将作监、军器监、都水监。各监长官名称各异，如国子监长官为祭酒，通判为司业；将作监长官为大匠，通判为少监等。在中央机构中，九寺五监是事务机关，秉承六部颁发的政令加以贯彻和执行，执行完毕以后，必须汇报执行的情况。在处理具体事务时，九寺五监同六部有隶属和被隶属的关系。这种情况有点像今天国有企业和有关政府部门的关系。

（三）御史台

为了加强对各级官吏的监督和制约，保证国家行政系统的有效运行，隋唐在承袭前代制度的基础上建立了完整的监察体系。隋唐时期中央的监察机构是御史台，又称宪台，以御史大夫、御史中丞为正、副长官，主要职掌为纠察百官、推鞫刑狱和监督府库出纳等。御史台下设三院：台院、殿院、察院。

（1）台院的主要官员是侍御史（一般置四员或六员），主掌纠劾中央百官、推鞫刑狱。

（2）殿院的主要官员是殿中侍御史（置九员），职掌纠察朝会、朝仪、郊祀，维护朝廷秩序，此外还有巡察京师，监察太仓、左藏（宫廷仓库）的出纳等职责。

（3）察院的主要官员是监察御史（置十五员），职掌巡按郡县、整肃朝仪、监决囚徒，同时，巡察馆驿、监诸军、监屯田铸钱等也属监察御史的职责范围。

唐代三院御史虽然品阶不高（台院侍御史为从六品下，殿院殿中侍御史为从七品下，察院监察御史为正八品下），但无所不察，无所不纠，威权很重，因此在唐玄宗时期经常用御史为差遣，充任盐铁使等各种重要使职。唐代的监察制度比较健全成熟，自成一体，御史台内部分工细密，职责分明，分道巡察、分察尚书、参与司法审判、监军、兼知驿馆、仓库等制度都全面确立，因而为后世所承袭。这一传统对纠举官吏的不法行为、澄清吏治、确保政府机构正常有序地运转有着积极的作用。然而，因御史权重可畏，易于集事，玄宗以后，凡节度使、观察使无不兼大夫、中丞衔。到了后期，方镇将校也多带"宪衔"，宪衔就过滥了。

除御史台这一监察机构以外，唐朝还建立了一套专门的官员业绩考课制度，对应参加考核的官吏据其当年功过行能考察优劣、判定等级，作为升迁或贬黜的依据（详见后）。

（四）司法机构

唐代中央的司法机构是大理寺、刑部和御史台。大理寺是国家最高审判机关，负责审理中央百官犯罪及京师徒刑以上的案件，对于徒刑、流刑的判决，必须送交刑部复核；刑部是最高司法行政机关，负责复核大理寺审理的流刑以下及州县审理的徒刑以上的案件；御史台主要监督大理寺和刑部的司法审判活动，同时也参与审判。如果遇到特别重大的案件，大理寺卿要会同刑部尚书和御史中丞共同审理，叫作"三司推事"。对于地方移送到中央的重大案件，

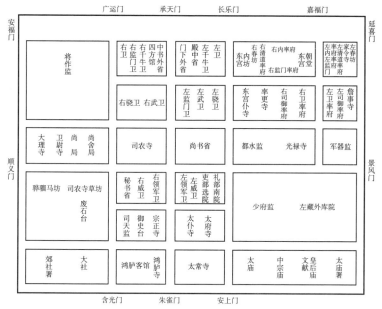

图 3-1　唐长安皇城（官司位置）图

则往往由监察御史、刑部员外郎、大理评事充当"三司使"共同审判。"三司推事"是唐代司法制度中的创举，是后世"三法司"的前身。

唐代的三省六部、九寺五监及御史台是中央的核心机构，形成了一个完整的决策、执行、监察（司法）的权力结构系统，保证了国家行政正常有效的运行。

二、地方官制

唐代地方行政制度沿袭隋制，实行州、县二级制。在古代传统的中央集权国家体制下，州、县其实都是中央政府在地方的派出机构，并不构成实质上的地方政权。

（一）州及以上机构

唐代的州分等级。一是以地理位置距京都远近、地资美恶险要，分成辅、雄、望、紧四种，全国共有四辅、六雄、十望、十紧。其余诸州再以户口多寡为差，分为上、中、下三级。所以唐代的州实际上分为辅、雄、望、紧、上、中、下七等。

州的长官为刺史（改郡[11]则称太守），代表中央总管一州行政、司法、民政等事务；其高级辅佐（上佐）有别驾、长史、司马各一人；下属官员有录事参军一人、录事二人，负责行政审计；还设有司功、司户、司士、司兵、司法、司仓等六曹参军，与中央尚书省六部相对应，具体处理一州内官吏的考课以及礼仪、赋税、仓库、户口、驿传、刑狱和工程水利等方面的日常事务。

唐代与州地位相当的还有府。有唐一代，内地称府者主要有十处：京兆、河南、河中（治今山西永济西）、太原、凤翔、成都、江陵、兴元（治今陕西汉中）、兴德（治今陕西渭南华州区）、兴唐（治今河南三门峡）。这些地方因其地位特别，设府相当于今天的直辖市。京兆长安是首都，河南洛阳为东都，太原称北都，此三都长官称牧，均为亲王遥领；其他府长官称尹。

在沿边或内地的要冲地带，唐朝在州之上还设有都督府，长官称都督，统管辖区内的军事和民政。

贞观元年（627），唐太宗曾根据山川形势把全国划分成十道，即十个监察区；开元二十一年（733），玄宗又析之为十五道。唐朝不断派遣黜陟使、观风俗使、巡察使、按察使、采访处置使等官员分巡诸道，监察刺史以下各级地方官的善恶，以整顿吏治，加强中央集权。开元（713—741）年间，各道渐渐设置治所，监察区出现发展为行政区的趋势，后来为节度使所取代。

（二）县及以下组织

州下一级的地方机构是县，派有县令一人。县令是亲民官，要代表政府养鳏寡，恤孤穷，躬亲狱讼，申察冤屈，征敛赋役，宣扬德化，劝课农桑，负责一县的行政、民政、司法等事务。县令之下有县丞作为副手，有县尉分管众曹。此外还设有司户佐（掌赋税征收）、司法佐（掌刑法）、博士（掌教育）等属官。

唐代县也分等级，其分等标准因时而异，大抵有赤、畿、望、紧、上、中、中下、下八等。《通典·职官典十五》："京都所治为赤县，京之旁邑为畿县。"而望、紧之县则因地处要地，其地位略高于上县。其余县则以户口多寡分等。据《唐六典》卷三〇记载，中县编制定员，县令以下官吏共计五十二人；如果县的户口超过四千户，则县吏可增加七人。由此可以看出唐代县级行政组织机构是比较精简的。

唐代在县以下的乡村实行乡、里制度。百户为一里，五里为一乡。里设有里正，乡设有耆老（又称父老）。里正、耆老负责核查里、乡的户口，收授土地，监督生产，以及征敛赋役等任务。里正、耆老都属于乡官（职役），一般以乡里富强多丁之家担任，不入国家官员编制，但可以获得免除徭役的优待。这种形式可能和今日农村的村社和城市的街道小区组织类似，既动员了社会力量参与管理，又节省了国家行政资源。

在城市则实行里坊制，坊设坊正。坊有墙，有二门（横街）或四门（十字街），依律令击鼓为号，早开门晚闭门[12]。唐代的里坊及坊墙在新疆吐鲁番交河故城遗址保存得比较完整，近年得联合国教科文组织资助做了发掘保护工作。安史之乱以后律令破坏，管理松弛，里坊制逐渐废弃，有的为了方便就在坊墙上自行开门出入，还有的打开门面，在市外开店经营，逐渐形成宋代乃至整个中国古代后半期商业经营的自由化。[13]

（三）羁縻制

在边疆地区，为了顺应内附少数族群的社会民情，又有利于将其引导进入与中原一体的官僚社会，唐朝实行了一种特殊的族群自治制度——羁縻制。有羁縻都护府、都督府、州、县四级，习称羁縻州，又称蕃州。其长官为各国国王或部落首领，由朝廷颁发印信，允许世袭。其辖境仍为旧有小国或部落境域，国王或首领仍保持原有称号和权力，并自理内部事务，互相之间不许随意攻伐侵略。羁縻府州按规定都属边州都督或都护管领。其版籍一般不上户部，个别上报户部的，徭赋也比齐民百姓要轻。据统计，有唐一代，全国共设置过八百五十多个羁縻府州。为了加强对羁縻地区的管理，唐朝从贞观到开元年间，在边疆地区先后设立了安东、安南、安西、安北、单于、北庭等都护府，负责边防和族群关系事务，代表中央行使对羁縻府州的管辖权。无论如何，羁縻府州的设立，还是有利于各少数族群与中原地区的政治联系和经济文化交流，促进了多元一体国家的进一步发展壮大。

都护府

都护府为唐朝在边疆地区设置的军政合一统治机构。府置都护、副都护、长史、司马等职，掌统领诸蕃，抚慰征讨，叙功罚过。又置录事参军事、录事、诸曹参军事、参军事等，如州府之职。府有大、上、中之分，大都护府由亲王遥领大都护，别置副大都护主持府事。唐自贞观十四年（640）创设安西都护府后，建置改易，主要设立以下都护府：河北道安东都护府，关内道燕然（瀚海、安北）都护府、瀚海（云中、单于）都护府，陇右道安西都护府、北庭都护府，岭南道安南都护府，剑南道保宁都护府。

第二节　选举制

所谓"选举"，即指培养、选拔人才和考试任用官吏的制度。[14]有唐一代主要的选举制度是科举制。科举制始于隋炀帝创立进士科，适应新的文化发展趋势，唐朝政府继续发展与完善新兴的科举取士制度。

一、科举与教育

（一）科举

唐代的科举分常举和制举，常举为每年的例行考选，制举则由皇帝下诏举行。

常举分秀才、明经、进士、明法、明书（字）、明算等科。唐初，秀才科等级最高，到唐太宗时，此科几至废绝[15]，士人的趋向才开始转变为明经、进士二科。明经主要试帖经、经义及时务策。进士科在贞观年间试策和经义，高宗时加试杂文（即诗赋），到玄宗时转变为以试诗赋为主。此科后来跃居独重地位，进士及第者往往能飞黄腾达，故有所谓"三十老明经，五十少进士"[16]之说。

不过，"唐之士，及第者未便解褐"[17]。常举通过礼部考试只是获得出身（相当今天的高等文凭），从而有资格参加吏部选授（铨选）。当年及第得到出身的士子，要由礼部用关文（唐代同级行文叫"关"）介绍到吏部，所以吏部接受新科及第士子的简单测试就叫关试。士子通过关试，就由吏部安排见习期（唐朝叫当番上下，简称番上），参加诸如传递文件、当差出使一类的实习工作，一般至少要经过两次见习期（一次四十五天）才会获准参加吏部铨选。

制举则由皇帝临时定名目来考选，贤良方正、直言极谏、博学宏辞等是最常见的科目，其他还有武足安边、才高未达、沉迹下僚等诸多名目。[18]总之，这是唐朝为了把没通过常举的士人选拔进统治集团的措施之一。参加制举考生的身份也没有什么限制，既可以是没有出身的普通士人，也可以是现任官僚，还可以是已经进士及第的人。尽管随着进士科地位的逐步提高，制举到中唐以后渐归歇绝，但制举没有资格限制而且中举即授官，这一特点很可能是后代科举"登第入仕"[19]的先声。

此外又有武举，始自武则天长安二年（702）。《唐六典》谓："武举，其试用有七：一曰射长垛；二曰骑射；三曰马枪；四曰步射，射草人；五曰才貌；六曰言语；七曰举重。"[20]《新唐书·兵志》说，天宝末年，"六军宿卫皆市人，富者贩缯彩、食粱肉，壮者为角骶、拔河、翘木、扛铁之戏，及禄山反，皆不能受甲矣"，很可能就是准备参加武举，入仕做官。尽管《新唐书》的作者认为"其选用之法不足道"，但它却体现着历代统治者的文武并用的原则，在科举制度史上占有重要的一页。后来宋代武举在唐代基础上更加制度化，对以后明代武举的进一步完善，起到了承上启下的作用。

参加科举的人除怀牒自投经州县初试合格的乡贡外，主要是学馆荐举的生徒。

中国的文人大都爱作旧体诗并雅聚唱和，这一传统和科举制有密切关系，因为要参加科举必须做这种训练，久而久之就成了文化人的特点之一。也有人认为中国文学史上唐代以诗著称，应当也和当时科举制的发展有关。降至清代，就有人编了《佩文韵府》，按韵排词，并指明出处，便于作诗采撷。除韵、律外，作诗还讲究对仗、用典、藻词（文词华丽），于是又有人编了《渊鉴类函》，分类收词，每类下列有关的音义、典故、事对、单词只句四部分。虽然其因不便作诗用韵受到人们鄙薄，但事对部分列了许多与类目有关的骈偶词，对于今人了解传统文化是有价值的。

（二）学馆

学馆指学校及门下省弘文馆和太子东宫崇文馆。

唐代的学校分为京师学和州县学。京师学隶属于国子监，下有国子学、太学、四门学、律学、书学、算学六种学。各学均置博士、助教教授经业，学生称生徒。诸学中以国子学和太学最重要。国子学专收三品以上官员的子孙，有三百人。太学专收五品以上官员的子弟，有五百人。四门学则兼收六、七品官员及庶民子弟，多达千余人。律、书、算学居于次要地位，八、九品官员及庶民子弟都可以入学，名额各数十人。地方上的州、县学规模较小，生徒有限。文馆学生则主要收皇亲国戚。

国子学、太学及四门学的生徒主要学习儒家经典，尤以《孝经》和《论语》为主，是共同必修的经书。[21] 考试的方式是读和讲，《新唐书·选举志》："读者千言试一帖，帖三言；讲者二千言问大义一条，总三条通二为第，不及者有罚。"治经各有年限，通经数达到标准方可毕业。

唐太宗时大力发展学校，增筑学舍，大增生徒。发达的教育还增强了中华文化的吸引力，如高昌、吐蕃以及高句丽、百济、新罗、日本等，边疆部族酋长及周边国家君长，都曾派子弟到唐朝留学，使中国传统文化得到了前所未有的广泛传播。

除公办学馆外，当时也有私人聚徒讲学，即所谓"世传隋末王通讲学河汾，卒开唐代贞观之治"之类。

周、隋、唐以来统治人群的主体"关陇集团"后来到武则天当政时遭到破坏，开始崩溃，为什么呢？除了中国社会发展的大趋势外，一个重要的因素就是科举制尤其是进士科的发达。因为进士科虽然创始于隋代，但当时人民博取功名、实现抱负的途径并不完全由此。及唐高宗立武则天为后，武氏本身为关陇集团外之山东寒族，又想纠集人群以攫取政权，旧的选举方法（门荫、荐举）不能为她提供支持者，而考试面前人人平等的科举制尤其是进士文词之科则可以。因此武后一旦柄政，便"大崇文章之选，破格用人，于是进士词科为全国干进者之鹄的。当时山东、江左人民之中，有虽工于为文，但以不预关中集团之故，致遭屏抑者，亦因此政治变革之际会，得以上升朝列，而西魏、北周、杨隋及唐初将相旧家之政权尊位遂不得不为此新兴阶级所攘夺替代"。所以史家以为："故武周之代李唐，不仅为政治之变迁，实亦社会之革命。若依此义言，则武周之代李唐较李唐之代杨隋其关系人群之演变，尤为重大也。"[22] 此即政治人物利用制度改造社会，所谓风云际会、成就时势之显例。

有人做过一个统计，就进士而言，唐高祖时录取了二十六人，太宗时二百零五人，而高宗与武后时共录取了一千一百九十七人。如果自永徽六年（655）武氏被立为皇后，高宗委政于武后算起，至武后卒年（705）止，录取的进士人数则为一千一百五十七人。这个数字是高祖录取进士数的四十四倍半，约为太宗时期的五点六倍。还不止此，通检《旧唐书》列传，不见武德进士；贞观进士也仅两人，一（敬播）列于《儒学传》，一（郭正一）列于《文苑传》，名位皆不显著。自武则天为皇后以来，以进士出身而成为名臣、名文学家的史不绝书。[23] 而且，以后进士出身的宰相也逐渐增加。到德宗、宪宗之际，由科举入仕的宰相及高级官员就占了大多数。

二、官员的任用与考核

（一）铨选

唐朝任用官员，三品以上由皇帝"册授"；五品以上由宰相推荐，皇帝"制授"；其余六品以下中低级官吏的任用迁转，大都经由尚书省吏部和兵部主持的铨选。

吏部负责文官的选拔，称为"文选"；兵部负责武官及一部分由门荫入仕者的选拔，称为"武选"。吏部、兵部每年五月向全国各州县下达关于选官资格范围的文件，称为"选格"，由各州县公开张榜公布，凡是符合资格的人（选人）都可以在前任所或籍贯所在的州府报名。州府对选人出具文书（即资格证明），在十月底以前将有关人员和材料随朝集使（地方赴中央述职官员）或上计吏送达尚书省。然后吏、兵二部派专人根据选人的档案对他们的资格进行审查。只有那些通过资格审查的人，才能参加吏部或兵部主持的铨选考试。

吏部铨选也要考试，内容为"身、言、书、判"四项，分别察（铨）其身、言，试其书、判。"身"是察看体貌是否端正雄伟；"言"是察看言谈是否口齿清楚；"书"是考试楷书是否工整遒美；"判"则考试判词是否文理通达。如果身、言、书、判四项都得以通过，还要按照德行、才用、劳效优劣加以复试淘汰，未被淘汰的选人再由吏部派任官职[24]。派任职务不合适可以提出异议，或者主动提出推迟到下一次选任。确定派任官职的名单要报尚书都省审查通过，然后转呈门下省面试审核（过官），再呈请皇帝圣旨批准。皇帝批准以后，再由吏部发给官人告身（即委任状），所以通过铨选授官在唐代又叫"旨授"。官人得到告身，就可以走马上任了，所以铨试又叫"释褐试"，意即选试合格，可以脱去老百姓衣服而换上官服了。

> 唐代"凡吏部、兵部文武选事，各分为三铨，尚书典其一，侍郎分其二。文选，旧制尚书掌六品、七品选，侍郎掌八品、九品选"[25]。尚书所铨为六、七品，即地方县级长官以上官员迁转；侍郎所掌中、东两铨为八、九品，均为吏员。故《新唐书·选举志》称："凡流外，兵部、礼部举人，郎官得自主之，谓之'小选'。"由此可见，唐朝的常举中式只能参选八、九品的下级官吏。

唐代文书名称

《新唐书》卷四六《百官志一》"尚书省"条："凡上之逮下，其制有六：一曰制[26]，二曰敕，三曰册，天子用之；四曰令，皇太子用之；五曰教，亲王、公主用之；六曰符，省下于州，州下于县，县下于乡。"又，《唐六典》卷一"尚书左右司郎中员外郎"条："凡下之所以达上，其制亦有六，曰表、状、笺、启、辞、牒。诸司自相质问，其义有三，曰关、刺、移。"这些名称弄清楚、搞熟了，对于鉴别史料、认识史实都有用处。如《大唐创业起居注》卷一记李渊为向突厥借兵而用"启"，臣下不满其卑礼突厥，因为"启"是用于尊长的。今英文信件开头称 Dear，港台即译为"敬启者"。

（二）考课

与官员的选拔任用制度相适应，唐朝对官员的管理和考核也形成了一套比较严密的制度。唐承隋制，以尚书省吏部考功司为主持内外文武官吏考核的专门机构。唐朝规定，官员的考核一般每年进行一次，称为"小考"；每三年或四年举行一次"大考"。小考评定官员当年的政绩优劣，大考则对官员在任期间的政绩做出一个综合的评价。

考核的方式，一般由被考者先把本人当年的功过治绩写成一份简要的报告，由本部门或州府长官当众宣读并进行评议，然后定出优劣等级"考第"（自上上至下下共分九等）。如果被考者对自己所得的考第有异议，可以提出复核申请，要求改正，校定后的考第被录为"考簿"。京城各部门官员的考核工作必须在当年九月底以前结束，考簿送往尚书省吏部的考功司。地方官员的考簿则在十月二十五日前交朝集使送到尚书省，转吏部考功司。各地及各部门官员的考簿汇总上来以后，考功司的长官考功郎中负责审阅检查京官的考核情况，通判官考功员外郎负责审阅检查地方官的考核情况，并进行分类登录，提出审核意见。考功司对各部门、各地所定考第如果认为有不妥的地方，有加以修改的权力。

为了保证考核的公平，在考功司审定考核等第时，还有监考使（给事中、中书舍人各一人担任，分别监督京官和外官考核）和校考使（以京官位望高者二人担任，分别校对京官和外官的考核）对整个考核过程和结果进行监督。最后，京官的考核结果要把参加考核的人集合起来当面告诉本人，外官的考核结果则让朝集使回去传达。即使是亲王、宰相和京官三品以上、外官五大都督这样的高官，也要写出自己的功过状，上奏皇帝裁决。

唐代对官员进行考核的标准是所谓的"四善"和"二十七最"。"四善"为"德义有闻""清慎明著""公平可称"和"恪勤匪懈"四条标准，是在个人品德、工作作风、工作态度等方面对所有各级官员的共同要求。"二十七最"则是根据不同部门、不同工作的性质，把各类官员按职责范围划为二十七类，对每类官员在个人才干和履行责任等方面定出最高标准。以下是《唐六典》卷二"考功郎中员外郎"条记载的有关规定：

> 善状之外有二十七最：一曰献可替否，拾遗补阙，为近侍之最；二曰铨衡人物，擢尽才良，为选司之最；三曰扬清激浊，褒贬必当，为考校之最；四曰礼制仪式，动合经典，为礼官之最；五曰音律克谐，不失节奏，为乐官之最；六曰决断不滞，与夺合理，为判事之最；七曰部统有方，警守无失，为宿卫之最；八曰兵士调集，戎装充备，为督领之最；九曰推鞫得情，处断平允，为法官之最；十曰雠校精审，明于刊定，为校正之最；十一曰承旨敷奏，吐纳明敏，为宣纳之最；十二曰训导有方，生徒充业，为学官之最；十三曰赏罚严明，攻战必胜，为将帅之最；十四曰礼义兴行，肃清所部，为政教之最；十五曰详录典正，词理兼举，为文史之最；十六曰访察精审，弹举必当，为纠正之最；十七曰明于勘覆，稽失无隐，为勾检之最；十八曰职事修理，供承强济，为监掌之最；十九曰功课皆充，丁匠无怨，为役使之最；二十曰耕耨以时，收获剩课，为屯官之最；二十一曰谨于盖藏，明于出纳，为仓库之最；二十二曰推步盈

虚，纠理精密，为历官之最；二十三曰占候医卜，效验居多，为方术之最；二十四曰讥（稽）察有方，行旅无壅，为关津之最；二十五曰市廛不扰，奸滥不行，为市司之最；二十六曰牧养肥硕，蕃息孳多，为牧官之最；二十七曰边境肃清，城隍修理，为镇防之最。

一最已上，有四善，为上上；一最已上，有三善，或无最而有四善，为上中；一最已上，有二善，或无最而有三善，为上下；一最已上，有一善，或无最而有二善，为中上；一最已上，或无最而有一善，为中中；职事粗理，善最弗闻，为中下；爱憎任情，处断乖理，为下上；背公向私，职务废阙，为下中；居官诏诈，贪浊有状，为下下。

可以看出，这些规定细密而又具体，比较便于操作掌握，有些即使对于今日官员的述职考绩工作也不乏一定的参考价值。

唐朝官员考核的等第与奖惩密切联系。奖惩的标准是，凡在考课中得到中上以上考第，每进一等加禄（奖励俸禄）一季；中中考可以保持本禄；中下以下等第，每退一等，夺禄（减罚俸禄）一季。四次考课都在中中考以上的，可以加官进阶；获下下考，则要被解职。《旧唐书·严震传》记载，在唐德宗时期，任兴、凤两州团练使的严武因为"为政清严，兴利除害，远近称美"而被当时任山、剑黜陟使的韦桢推荐为政绩山南第一，皇帝特别赐予他上下考，封为郧国公。

唐代对官吏的选拔、任用和考核，在程序上相对公开和公平，考核程序设置合理、分工明确，考核标准法律化，奖惩严明，有一套完整的制度作为保障，对选拔人才和提高官员素质起到了积极的作用，为国家政权机构的正常运转和政治氛围的健康廉洁提供了保证。同时，唐代对官员的任用和考核尽管有一套制度化的运作程序，但却并不僵化，主持考核的有关官员有相当大的自主权。制度规定："若于善最之外，别可嘉尚，及罪虽成殿（行政处分等级），情状可矜，虽不成殿，而情状可责者，省校之日，皆听考官临时量定。"[27]

史书中有不少关于唐前期对官员选任和考核的生动记载。

> 李敬玄从总章二年（669）开始任宰相兼司列少常伯（吏部侍郎），掌管文官的铨选工作。自永徽以后，选人逐渐增多，主管这一工作的人很少有称职的，但是自从李敬玄掌管铨选工作以后，局面大为改观。当时每年参加预选的人多达万余人，李敬玄每在大街上见到他们，都能说出他们的姓名。当时有一个曾经做过杭州参军叫徐太玄的选人，在他上任之初，同僚张惠因为犯赃罪被判处了死刑，徐太玄可怜他还有一个老母，就对审案的法官说自己是张惠的同案犯，这样张惠受赃的数目就减少了许多，够不上死刑的标准，保住了一条性命。但是徐太玄也因此而被免官，十余年都没有得到升迁。李敬玄知道这件事情以后大为叹赏，当即把徐太玄提升为郑州司功参军。徐太玄也因此一举成名，以后官至秘书少监，并以德行为当时的人们所推重。
>
> 玄宗时期的名臣杜暹，明经及第后，补婺州参军，秩满将归的时候，州吏要赠送他一万多张纸，他只接收了一百张，其

他的全部退还。不久杜暹被任命为郑县县尉，又以清白廉洁著称，华州司马杨孚对他非常赏识。不久杨孚升迁为大理正，杜暹正好因为公事被关押在司法机关等待判决，杨孚对人们说："如果这个县尉被判处有罪，那么凭什么激励那些公正清廉的官员呢？"于是特意将他推荐给了当朝的宰相，于是杜暹被提升为大理评事，最后成为一代名臣。

与此同时，唐代还实行了对官员的问责制，各级官员要为他们做出的行政行为承担责任。比如，唐玄宗时期的名相张九龄曾经推荐长安县尉周子谅做监察御史，后来周子谅因为犯法被处死，张九龄也因举荐不当被贬为荆州大都督府长史。

唐代官衔

唐代的官衔有散、职、勋、爵四种，各有品级。

散是指散官，亦称阶官、散位。在唐代，散官与职事官相对，无实际执掌，只表示身份地位的称号。唐制，凡九品以上职事官所带散位谓之本品，凡无职事官者所带散位谓之散品。散品又称出身或品阶。凡入仕之途，须以封爵、贵戚、勋庸、资荫、秀孝（科举）、劳考或前资（除免而复叙）获取出身，谓之叙阶，借此方可铨选为官（职任）。唐代文散官从开府仪同三司至将仕郎共二十九阶；武散官从骠骑大将军至陪戎副尉共四十五号三十一阶，其中十六个武散位号是专门授予归附之四裔酋长的。散品三品以上可以给俸禄、预朝政，甚至加"参知政事"等衔行宰相事；四品以下须在吏部、兵部分番上下以积累参选资历。本品低而职事高，谓之守某职；本品高而职事低，谓之行某职。无论守、行，章服待遇均从散官本品。

职是指职事官，即现任实际职务，如吏部尚书正三品，侍郎正四品上；上州刺史从三品，别驾从四品下等。唐制三品以上为高官，由皇帝册授；四、五品为中级官员，由宰相奏荐，皇帝制授；六品以下为低级官吏，经由吏部铨选、门下过官，奏请旨授（也叫奏授）。

勋指勋官，为唐朝对有功将士的奖赏。勋级指军士战功之等级[28]，分十二转，最高之十二转为上柱国，视正二品；最低为一转武骑尉，视从七品。转即等，视即比照。凡以战功授勋者，以其所历战阵与斩获确定应授之勋号等级。例如，凡破城阵以少击多为上阵，杀敌十分之四为上获，上阵上获第一等酬勋五转，其余差减。然唐勋官授受亢滥，致其沦为虚名。被授而无职事者须于兵部及本郡当番上下，身受役使，类如僮仆，虽名比公卿，实位在胥吏之下。又，唐文臣视政绩优劣，亦有特恩赏赐勋官者。

爵指爵位。《唐六典》卷二"司封郎中员外郎"条："掌邦之封爵，凡有九等：一曰王，正一品，食邑一万户；二曰郡王，从一品，食邑五千户。"以下为国公、郡公、县公、县侯、县伯、县子、县男。

一般来说，唐人署官衔即按此散、职、勋、爵的顺序；上朝排班则按爵、职、散、勋，高者在前[29]。了解这些对于阅读理解史料有很大帮助，如唐代墓志中有"大中大夫、坊州刺史、上轻车都尉、郓城郡开国公豆卢志静"，就是按散、职、勋、爵来题署官衔的。

但是，一个人的散官与职事官品级经常并不相等，对这种情况，唐《贞观令》规定："职事高者为守，职事卑者为行，仍带散位。其欠一阶仍旧为兼，或带散官，或为守，参而用之。"[30] 如：

<u>朝散大夫</u><u>守</u><u>丹州刺史</u>杨乾光

从五品下　　　　（上州）从三品

<u>金紫光禄大夫</u><u>行</u><u>安西都护</u>、<u>西州刺史</u>郭孝恪

正三品　　　　　　（大护）从二品　（中督）正三品

　　　　　　　　　（上护）正三品　（中州）正四品上

唐贞观十四年（640）平高昌置西州，郭孝恪于贞观十六年至二十三年（642—649）任安西都护，尚属制度草创时期。唐制，州人户四万以上为上州，户一万以上为中州。据《新唐书·地理志四》"西州交河郡"条，西州为中都督府，然而天宝盛世（据《新唐书》称"交河郡"可知材料取自天宝年间）其人户才有一万九千零一十六，可见仅相当于中州。之所以定其等级为中都督府，当是因边州[31]之故。由郭孝恪的官职可知，唐初平高昌，安西都护及西州刺史的官品，并不像后来那样高（都督府与都护、刺史不并行）。这就是熟悉典章制度（如这里的"行"）在阅读史料时的便利之处。

第三节　田赋制

田赋制包括田制和赋役制。唐前期的田制是均田制，赋役主要有租庸调（隋代为租调和力役）、户税和地税。租庸调是"国税"，国税计丁征收，是地租的一个特殊部分；户税和地税是辅助税，为一种财产税，其主要部分是土地税；此外还有杂徭和色役。唐后期田制毁坏，赋役则改行两税法。

一、均田制

唐代均田制的主要内容是：

（一）对普通农民授田

规定丁男和十八岁以上的中男（唐代十六岁至二十岁为中，二十一岁至六十岁为丁，六十岁以上为老）各受口分田八十亩、永业田二十亩；老男、笃疾（癫狂、两肢废、两目盲等为笃疾）、废疾（痴哑、侏儒、腰脊折、一肢废等为废疾）受口分田四十亩，寡妻妾三十亩；丁男和十八岁以上的中男以外的人做户主的，按半丁授田，即口分田三十亩、永业田二十亩。民户原有的永业田，在不变动所有权的前提下，计算在已受田内，充抵应受的永业田、口分田数额。

（二）对僧道授田

唐制规定，道士受口分田三十亩，女冠（女道士）受口分田二十亩，僧、尼受田同于道士、女冠。

（三）对工商业户授田

居住在宽乡（唐代能足够受田的地区称"宽乡"，受田不足地区称"狭乡"）的工商业者，可以请受口分田、永业田，数量是普通民户受田数的一半。狭乡地区的工商户不能请求受田。

（四）对官员授田

有封爵的贵族和五品以上的职事官、散官可以请受永业田，按品级自从五品至亲王受田数从五顷到一百顷不等，勋官依勋级可请受勋田六十亩至三十顷不等。在职官员还有八十亩至十二顷不等的职分田地租充作俸禄，各官署有一顷至四十顷的公廨田地租充作办公费用。

唐代均田制授田的原则是先课后不课、先贫后富、先无后少，优先保证对承担国家赋税的民户和没有土地的贫困民户授田。

此外，唐代均田制对土地买卖的规定比前代有所放松。规定：民户有身死之后因家贫无力丧葬的以及犯罪被流徙的，准许出卖永业田；由狭乡迁往宽乡的或者卖充住宅、邸店、碾硙的，准许出卖口分田。购买者买入田地的数量，不得超过本人应受田的数额。所有土地买卖，必须申报官府，并办理地契公验（政府公证文书），否则就属于非法。

二、租庸调制

唐前期的赋役制度是租庸调制。武德七年（624），在颁行《田令》（即均田令）的同时颁布了《赋役令》，正式确立了租庸调制。

唐代租庸调制规定：

（1）租：每丁每年纳粟二石。

（2）调：根据乡土所产，每丁每年缴纳绢或绫、绝二丈，绵三两；不产丝绵的地方，则纳布二丈五尺，麻三斤。

（3）庸：每丁每年服役二十天，若不服役，可纳绢代役（每天折绢三尺），这就是庸。如果政府额外加役，加十五天可免调，加三十天则租调全免，正役和加役的总数最多不能超过五十天。

制度还规定，如果遇到水旱虫霜等自然灾害，农民收成十分损四以上免收租，十分损六以上免收调，十分损七以上课役全免。

唐高祖武德六年（623），下令把天下民户按照财产和户内丁口的多少分为上、中、下三等。唐太宗贞观九年（635），又下令把三等中的每等再细分为上、中、下三等，共为九等，征发课役和兵役原则上都按照户等来进行。唐朝征发课役的原则是：先富强，后贫弱；先多丁，后少丁，严禁官吏在征发时的违法和不公平行为。唐朝《赋役令》又规定，五品以上高级官员及王公的亲属都可以按品级在规定的范围内免除赋役，六品以下至九品的中下级官吏只能免除本人的课役。

应当指出，租庸调制与均田制并没有必然联系，也就是说租庸调制并不是在均田制基础上实行的赋税制度，农民的纳课义务并不是随均田而来的。实际上，唐朝早在武德二年（619）就颁布了《租调令》，而当时还没有《田令》；租庸调法一直实行到建中元年（780）改行两税法，而均田制早在天宝间就废毁了。而且，唐代租庸调全是计丁征取而不是计亩科敛，如《通典》卷七《食货典七·中丁篇》注："旧制：百姓供公上，计丁定庸调及租。"

三、户税和地税

唐前期，户税和地税是租庸调之外的辅助税。

（一）户税

国家根据户等高低征钱，以供军国传驿及邮递等公用事业之用。户税有两个重要特点：

（1）按户等征收，征收对象上至王公，下至一般百姓，无一得免。现任职事一品官准上上户纳税，九品官准下下户纳税。若一户有数人在数处任官，就要在每一处都按官品纳税。

（2）纳钱，大多数地区都是如此。后来唐德宗建中元年（780）改行两税法，户税是其中之一。两税法规定纳钱的部分就是户税，也是按户等高下征收的。

（二）地税

基本上是按田亩征收的一个税目，即按亩缴纳一定数量的谷物，这一点与户税纳钱有别。所以，可将户、地二税简单说成是"按户等收钱，据地亩纳粮"。

地税起源于隋代的社仓，隋朝曾经在全国各地普遍设立社仓，劝百姓自愿出粮存储，以备荒年救济之用。当时只是按照贫富高低量力输纳，并未按照田亩强制征收。唐初沿袭隋制，于贞观二年（628）在全国各地普遍设置义仓，以防灾年。开元二十五年（737）规定，自王公以下至于百姓每年根据（户）籍内之田造青苗簿，每亩纳粟（或稻、麦）二升于义仓，以备荒年赈灾之用。商贾户或其他无田、少田之户则按户等税粮。这种义仓征敛就是地税。以后由于"公私窘迫",国家遂贷用义仓存粮。至玄宗天宝(742—756)年中,地税收粮已成了国家几乎和丁租一样重要的税收。[32]至唐德宗建中元年行两税法,地税和户税一起便成了两税制的主要内容。

四、田赋制评价

与北朝和隋代相比,唐代均田制的发展主要表现在以下几个方面:

第一,废除了妇女受田的规定。北魏、北齐、北周以至隋朝的均田制都有妇女受田的规定,数额是丁男的一半;但在征收租调时却是以床(一夫一妇为一床)为单位的,单丁的租调只是一夫一妇的二分之一。妇女受田不及男丁,负担却与单丁相同,因而在各代都不同程度地出现了"籍多无妻"以规避赋税的现象。唐朝正式废除了妇女受田的规定,同时也免除了妇女缴纳租调的义务,从而减轻了农户的负担。

第二,废除了奴婢和耕牛受田的规定。隋唐以后,大量奴婢摆脱了世家大族的控制成为国家的编户,社会上的奴婢数量已经大大减少。奴婢和耕牛不再受田,使土地资源的社会配置更趋合理。

第三,增加了僧道受田的规定。僧道能够受田,和魏晋南北朝以来佛、道两教的迅速发展及其日益增大的社会影响有关,也是唐代多种文化兼容并蓄的开明政策在经济生活中的反映。然而僧道为出家人,不负担国家赋役,后来成为与国家争夺资源的强大群体,这恐怕是唐初制定政策的人始料所未及的。

第四，土地买卖的限制放松。只要合乎规定的条件，永业田、口分田都可以买卖。尤其是允许农民买卖口分田，更是前代所没有的，这在一定程度上有利于经济的自由化，促进了土地私有制的发展。

均田制的实施肯定了土地使用者对土地的所有权和占有权，减少了田产纠纷。均田制限额授受土地的办法，使无地少地的农民可以优先获得土地，将农业劳动力与土地重新结合了起来，既稳定了社会秩序、改善了生产关系，又保证了政府的赋役来源。均田制也有鼓励垦荒的作用，有利于无主荒地的开垦，对农业生产的恢复和发展起了积极作用。此外，对有封爵、官品及有功勋者的授田，也培植了新的地主阶层，进一步冲击了魏晋以来贵族世家的残余势力。对土地占有的定额限制（如律令中禁止在狭乡占田超过规定的限度，对官吏侵夺私田严加惩处），也有利于中小地主的产生。总之，均田制的实施对唐朝国力的增强起了重要的作用。

就租庸调制而言，尽管对于那些仅占有少量土地的中、下户农民来说确实是一种比较沉重的负担，但是和唐以前数百年间历朝历代的赋役相比，唐初所规定的赋税额还是比较轻的。灾荒之年赋税减免的规定，更充分体现了租庸调制中所包含的轻徭薄赋的民本精神。租庸调制对于久历战乱之后唐初社会政治局面的迅速稳定和经济的恢复与发展都起了很好的作用。另外，租庸调是"国税"，国税是地租的一个特殊部分。地租的历史演进趋势是由力役租演化为实物租，再由实物租演化为货币租。隋文帝在平陈之后，曾明令规定百姓年龄满五十岁可以交庸（代役绢）停役，当时便被歌颂为德政。至唐初直接规定可交庸代役，加速了向实物租的转化，于是使劳动者基本上可以免除力役租这种最原始形态的课征，有更多的可能把劳动投入生产。租庸调法相对稳定，而且限制法外诛求，这就使得大多数农户有可能扩大生产，使当时的社会经济能够逐步上升。所以，当唐太宗在位的时候，就出现了"贞观之治"那样一个社会比较和谐升平的时代。

杂徭、色役和资课

1. 杂徭

《唐六典》卷三"户部郎中员外郎"条："凡赋役之制有四：一曰租，二曰调，三曰役，四曰杂徭。"可见杂徭与租庸调并列，是唐代在正役之外的另一种劳役。《唐律疏议》卷二八："丁谓正役，夫谓杂徭。"可见唐代法律文书对"丁""夫"二字的使用也有严格的区别，即服正役者称为"丁"，服杂徭者称为"夫"，故杂徭又可以称为"夫役"。正役只由丁男（二十一岁至六十岁）承担，杂徭则除丁男外还征发中男（十六岁至二十岁）。这种劳役由地方官（或中央指令）在有事时临时征发，所以服役项目较杂，因时因地而异，大致均为临时性的力役，如修筑城池，维修河道、堤堰、驿路、廨舍等，都是较普遍的杂徭征发。

服杂徭称为"充夫"。关于杂徭的役期，白居易《白氏六帖事类集》卷二二"征役门"引户部《充夫式》："诸正丁充夫，四十日免役，七十日免租，百日以上课役全免。中男充夫，满四十日以上，免户内地租，无他税，折户内一丁，无丁，听旁折近亲户内丁。"有人将此《充夫式》与《赋役令》有关"丁匠岁役二十日，加役十五天免调，加役三十天租调全免，通正役并不过五十日"的规定相比较，认为唐代夫役两天折合正役一天，所以杂徭的役期为：正丁每年四十天，同时免正役；中男义务充夫每年为十天，如充夫满四十天，则多余的三十天适可折免一丁之租。[33]

杂徭无纳课代役的规定，建中元年（780）颁行"两税法"，明令"租庸、杂徭悉省"，但事实上征发徭役从未停止。唐后期，杂徭成了一般徭役的泛称，色役、差科[34]均可称为杂徭。

2. 色役

唐朝又把各种有名目（即"色"）的职役和徭役称为色役。担任某种色役的人可以免除课役或免除正役、兵役及杂徭，因此投充色役在某种程度上逐渐成为逃避正役、兵役及杂徭的一种手段。在史料中也就经常见到检察"色役伪滥"的记载。

色役的役目很多，"色"与"非色"的界限又不十分明确，所以今人已很难确数当时的色役究竟有多少种，可能连当时唐朝的当权者也未必心中有数。一般来说，只能定性为有固定名色，比较固定地使用于内外诸官司或服务于某些公共设施，而服役者与所服之役又有相对固定联系的那些役种，如三卫（亲卫、勋卫、翊卫）、亲事、帐内、防合、执衣、白直、马子、烽子、里正、坊正、工匠、音声人等。由于各种色役的役期与劳动强度各不相同，故其待遇也有很大不同，有的仅能免役，有的免课役之外又给勋、给赐物。也有人分析认为，唐前期的色役实际上是正役、杂徭的一种特殊使用形式。[35]

唐代服色役的一般是良民及具有资荫的人，大致可分为三类：

　　第一，具有资荫的五品以上官子孙及品子（六品以下官子孙及勋官三品以下五品以上子）、勋官。如三卫、执仗、执乘是侍卫皇帝、太子和亲王的卫官，由五品以上官子孙和勋官二品子担任。

　　第二，白丁。充任如执衣、白直、防合、庶仆、屯丁、桥头、渠头、堰头、驿子、烽子以及地方机构的胥吏、乡官等。

　　第三，有特殊技能的人。充任如供膳、习驭、乐工、兽医等。

3. 资课

　　与杂徭不同，色役除长期任职如里正、坊正、长上匠以及必须上番如桥丁之类外，绝大多数都可以纳"资课"代役。四品以下九品以上文武散官、勋官、三卫等所纳代役金称为"资"，品子及课户白丁应当服色役而纳代役金称为"课"。资课在唐初还没有形成制度，到开元年间才开始统称资课。资课按照色役者的身份和色役的种类而定其应纳数额，一般纳钱，也有折交实物的。由于充当色役即可免征行及杂差科，因此到玄宗开元年间色役便普遍资课化，不少地主、商人以及其他较富裕的人为了避役便设法投充、担任纳课的色役。到开元后期，资课已经和庸调并列而成为国家的正常税收。

　　唐后期，色役也叫差役，实际上已经和杂徭混合。同时，"资课"也增加了新的含义，有时不是指国家的收入项目，而是指支出项目。因为通过纳资化，原来应该使用色役的官员和工作，只好支付相应的资课钱去补偿或和雇他人。

简单说来，色役与杂徭相比有两个特点：一是有固定名色，一是可纳资代役。这也是二者的区别所在。

第四节　兵　制

一、府兵制

唐朝自建立到天宝年间实行的基本兵制仍然是兵农合一的府兵制。

唐高祖于武德初年下令仿照隋朝制度设置十二卫，下设军府，或称骠骑府，或称统军府。贞观十年（636），唐太宗整顿府兵制，改统军府为折冲府，军府长官称折冲都尉，副长官称果毅都尉，士官称卫官，士兵称卫士。唐太宗沿袭隋制，把兵权集中在中央，实行以卫统府的制度。当时在全国设置了六百三十三（一说六百三十四）个军府，统归中央左右十二卫管领，每卫分领四十至六十个军府。

（一）中央诸卫

十二卫既是军府的统率机构，也是掌管京城宿卫的机构，其军政事务则归南衙（唐代中央政府机关在皇城南部办公，因而称为南衙）统管，由宰相负责。唐朝的十二卫是：左右卫（掌管宫廷宿卫，

并负责分配三卫五府士官和各折冲府番上宿卫的士兵）、左右骁卫
（职掌和左右卫相同）、左右武卫（职掌和左右卫相同）、左右威卫
（职掌和左右卫相同）、左右领军卫（职掌和左右卫相同）、左右金
吾卫（掌管京城的巡查和警戒工作）。除此之外，还有左右监门卫
负责各城门的禁卫工作，左右千牛卫负责皇帝的侍从和仪仗工作，
与十二卫合称十六卫。诸卫长官为大将军，通判官为将军，判官为
翊府中郎将。然而，管领军府并统领番上宿卫士兵（卫士）的主要
是十二卫，余四卫所统领则为充任色役的卫官。东宫还有左右卫率
府、左右司御率府和左右清道率府统领少量府兵。

（二）地方军府

折冲府设在州、县地方，按照人数的多寡分为上、中、下三
等。上府一千二百人，中府一千人，下府八百人。府下设团，每团
二百人，长官是校尉；团辖二旅，旅一百人，设旅帅；旅辖二队，
队五十人，设队正、副队正（又称队副）；队下设火，每火十人，
有火长。如前所述，军府长官为折冲都尉，副长官为果毅都尉，都
是武职事官；以下校尉、旅帅、队正、队副都是卫官，因其领兵，
统称主帅。[36]

唐前期军队的数量是相当庞大的，如果按照每府平均一千人
来计算的话，则其常备府兵有六十余万人。然而唐朝折冲府的设置
在区域分布上并不均衡。因为唐初的统治集团在政治上实行关中本
位政策，企图通过首都长安所在的关中来控制全国，因此其兵力资
源的重点在关陇地区。全部六百多个军府，在关陇地区就设置有
二百六十一个，占全国军府的五分之二强。其余的军府也几乎都分

布在河东（今山西南部）及东都洛阳附近地区，在军事态势上形成了居重驭轻、守内虚外的局面。

（三）府兵资格

唐朝规定成丁（二十一岁至六十岁）男子都有服兵役的义务，从这个意义上说府兵制是一种义务兵役制。但是在实际上，唐朝府兵的征发并不是在全国范围普遍地进行，而只是在部分设折冲府的州县征发。这些地方即使是耕地不足的狭乡，也不许人民迁徙，以保证稳定的兵源。唐朝政府规定，府兵卫士征用的标准是：家境相当的情况下选取身强力壮的，体力相当的情况下选取家境富裕的，家境和体力都相当则先从多丁之家征用（"财均者取强，力均者取富，财力又均先取多丁"）。这就是说，充当府兵是有资格限制的，主要是在那些比较有钱的富户中选取，九等户中六等以下的贫户是不合应征资格的。因此可以说，尽管府兵的征发面比较广，但是仍然限制在一定的阶层之中。应当说，这种兵役负担设计是比较合理的。

（四）义务和权利

府兵的任务主要有三项：

（1）平时在家从事农业生产，农闲时参加由折冲府组织的军事训练，即所谓的"三时耕稼，冬季讲武"。

（2）番上宿卫，即轮流到京师宿卫。各地卫士番上的具体情况根据军府距离京师的远近而不同，五百里为五番（五番是将一个军府的卫士分为五组，轮流宿卫，每组宿卫一个月后轮换。以下类推），一千里为七番，一千五百里为八番，二千里为十番，更远则为十二番。也有少数被派到各州、都督府去把守城门或看守仓库，番上情况和京师相同。

（3）征行镇防，即出征打仗或轮番到边防、冲要去镇戍防守。

卫士在执行这些任务时，必须自备衣粮和部分武器。但是作为卫士，可以享受不服徭役、不纳租调的优待。

（五）动员与调集

折冲府管辖府兵所在的地域范围叫地团，地团和州县地界并不完全一致。[37]折冲府不能干涉所在州县的地方行政工作，地方政府对折冲府也无管辖权。不过折冲府的官兵作为编户，必须接受地方的管理；州县地方官员对折冲府的发兵、练兵和军备等都有检查督促的权力和责任。在边疆和冲要之地，发生战争时除了依法动员组织府兵参战之外，未被抽调的府兵也要按地团集结待命，准备防守地方或者执行后勤增援任务。这种兵力后来就叫作团结兵，由于其任务性质，他们要接受地方政府统一指挥调配。

唐朝有关军队动员、组织和派遣的规定极为严格。如果有战争发生，要由兵部分别向折冲府长官和地方长官颁发铜鱼、木契，双方勘契符合后才可以发兵；军队组成以后，由皇帝派遣将领作为统帅领兵出征，该统帅被称为行军总管。战争结束后，士兵散归原来所属的折冲府，将领则回到朝廷继续任职。同时，在发兵时也不是按照原来的建制整府调发，而是打破建制，分别调集。这样就有效地防止了将帅专有其兵、军人骄横难制的情况发生，有利于国家对军权的集中控制和政治的稳定。

唐朝府兵制以卫统府，和小自耕农经济相结合，耕战兼具，寓兵于农，实现了兵农合一，使自西魏北周以来的府兵制臻于完善。这一制度强化了国家对军队的控制，防止了将帅专兵跋扈，增强了军事力量。由于府兵兼具耕战，自备衣粮器械，既减少了国家军费开支，又保证了有足够的劳动力从事农业生产，对促成唐前期强大昌盛的局面有着非常积极的意义。只是到了唐中期，随着战争的扩大化和经常化，以及土地经营的规模化和小自耕农经济的减少，府兵制逐渐失去了其存在的基础，最终才被募兵制所取代。

二、兵募

除了府兵之外，唐朝也经常征募民丁充当镇戍防守人员，或临时组成军队出征，以应付频繁发生的边疆战争，这种士卒称作"兵募"，因其主要参加行军征战，故又称"征人"[38]。前面说过，唐朝专门设置有不同级别的勋官奖赏立有战功的军人，多余的勋级还可以回授给自己的家人亲属。制度规定，根据勋官的不同级别可以得到相应的勋田。[39]

由于有一系列制度上的优待和保障，唐前期军队士气十分高昂，保持了强大的战斗力。

薛仁贵

《新唐书·薛仁贵传》记载，薛仁贵年轻的时候以种田为业，十分贫贱。有一次他打算改葬他的祖先，妻子柳氏对他说："你有高世之材，只是需要遇到好的时机才能显露出来。现在天子亲自征伐辽东，渴求猛将良才，这是千载难逢的机会啊，夫君你为什么不去求得功名呢？等你富贵还乡，再安葬先人也不晚。"薛仁贵应募从军后，很快就立下了赫赫战功。在安市城和高句丽二十万大军的战斗中，薛仁贵身着白衣，手持大戟，腰挎两弓，所向披靡，高句丽军大败。太宗在高处望见，赞叹不已，当即授予薛仁贵游击将军、云泉府果毅。高宗显庆年间，薛仁贵为铁勒道行军总管，征讨漠北九姓。当时九姓有十多万人，派遣骁骑数十名前来挑战，薛仁贵连发三箭，射死三人，敌人大惊，全部下马投降。军中战士唱歌赞美道："将军三箭定天山，壮士长歌入汉关。"

三、蕃兵

唐前期的府兵卫士和兵募都是耕田的农民，短期番上或临时行军尚可支持，长期征伐则"不堪攻战"。所以，唐朝自开国起，凡大规模对外用兵，如征高句丽、灭薛延陀、伐西域、平西突厥等，主力多为兴发藩属族群的部落兵。如史家所谓："太宗之用蕃将，乃用此蕃将及其所统之同一部落。玄宗之用蕃将，乃用此蕃将及其统领之诸种不同之部落也。太宗、玄宗任用蕃将之类别虽不同，而有任用蕃将之必要则相等。蕃将之所以被视为重要者，在其部落之组织及骑射之技术。"[40]

唐代，藩属族群的部落兵在唐军中占有非常重要的地位，不仅立下了赫赫的战功，还从中涌现出了不少的名臣良将。如，铁勒别部酋长契苾何力率众内附后屡立战功。贞观十六年（642），太宗命他回家省母，同时抚巡自己的部落。当时薛延陀强盛，契苾部落都愿意服从，契苾何力被手下人劫持到了薛延陀。在可汗的牙帐前契苾何力拔出佩刀向东大喊：“岂有大唐烈士，受辱蕃庭，天地日月，愿知我心！”并割下左耳以明志。当时在唐朝有大臣说：“人心各乐其土，契苾何力现在到了薛延陀，就像鱼到了水中一样。”太宗却说：“不然。这个人的心就像铁石一样，一定不会背叛我。”这时正好有薛延陀的使节到来，把契苾何力在薛延陀的事迹告诉了太宗君臣，太宗马上派遣兵部侍郎崔敦礼持节进入薛延陀，以许配公主的条件换回了契苾何力。之后，契苾何力屡次作为主帅率军出征西域和辽东，为唐朝边疆的开拓和安定立下了赫赫战功。

契苾何力

契苾何力（？—677），铁勒契苾部人。父葛，隋末率部徙去热海（今吉尔吉斯斯坦伊塞克湖）。父死，继领部落。贞观六年（632），与母率众千余投唐。太宗处其部于甘（今甘肃张掖）、凉（今甘肃武威）二州，擢何力左领军将军。贞观九年（635），讨吐谷浑有功，诏宿卫北门，检校屯营事，尚临洮县主。贞观十四年（640），为葱山道副大总管讨高昌，平之。征高句丽，为前军总管。俄以昆丘道副大总管从平龟兹。永徽中，讨西突厥阿史那贺鲁，迁左骁卫大将军，封郕国公。总章元年（668）破高句丽，进镇军大将军，行左卫大将军，徙封凉国公。仪凤二年（677）卒，赠辅国大将军、并州都督，谥曰烈，陪葬昭陵。

四、中央禁军

唐前期军队除了由十二卫统领的折冲府官兵外，还设有北衙禁军（因屯驻在皇宫北门，故名），他们是皇帝的亲军，专门防守宫城北门、扈从皇帝。

北衙禁军源起于最初跟随唐高祖在太原起兵的元从军人，天下平定以后允许他们全都复员回家，但其中愿意留下担任宿卫的还有三万人。高祖把渭河北面白渠旁边的无主好地分给这些人，称为"元从禁军"。这些人后来年老了，就由他们的子弟接班，称为"父子军"。到贞观初年，太宗挑选了一百名箭射得好的人，分两批在皇宫北门长期值勤，叫作"百骑"，以跟随打猎。又设置北衙七营，选智勇双全、身体强壮的人参加，每月由一个营当班值勤。贞观十二年（638），开始在玄武门设置左右屯营，由各卫的将军率领，称为"飞骑"。其制度是：选择二等户以上家庭中高六尺的强壮男子，测验骑马射箭四次优良，举重五次，背五斛米仍能走三十步。再拣其中马上射箭好的组成"百骑"，穿五色彩袍，骑皇家马场的杂色马，登虎皮靴，作为皇帝出外游览时的保镖。武后改百骑称"千骑"。中宗又改千骑称"万骑"，分左右营。自唐高宗龙朔二年（662）以北衙禁军置左右羽林军，至开元、至德之际终于形成六军，即左右羽林、龙武、神武军。

北衙禁军因为所处位置的重要性，在唐前期的多次宫廷政变（如玄武门之变）中都起到了特殊的关键作用。南军和北军之间形成了一种相互制衡的关系。代宗时期，京师盗贼猖獗，大宦官李辅国请求选派羽林骑士五百人巡检京城。李揆上疏说："西汉的时候

图 3-2　唐代彩绘甲马武士俑

南北军相互制约，所以周勃才能够从南军入北军，安定了刘氏的政权。本朝置南北衙就是为了文武区分，相互伺察。现在如果以羽林军代替金吾卫负责京师警夜的任务，万一有了非常之变，该如何处理？"于是李辅国的动议被搁置。

　　安史之乱以后，由陇右入关勤王的劲旅神策军取代了北衙六军，成为唐后期最重要的中央禁军。后来这支军队为宦官势力所控制，造成了宦官长期专权的局面，对中晚唐政治和社会生活都有很大影响。

第五节　法律制度

一、唐初的立法活动

武德元年（618）五月，唐高祖"命裴寂、刘文静等修定律令"[41]，"因开皇律令而损益之，尽削大业所用烦峻之法"[42]。武德七年（624）正式颁布新律，即《武德律》。《旧唐书·刑法志》："撰定律令，大略以开皇为准。于时诸事始定，边方尚梗，救时之弊，有所未暇，惟正五十三条格，入于新律，余无所改。至武德七年五月奏上。"由此可见隋、唐律令乃一脉相承。武德七年所颁律令就成了有唐一代典章制度的基础。

唐太宗即位后，又命长孙无忌、房玄龄等人厘改《武德律》为《贞观律》。唐高宗即位后，命长孙无忌等人删改《贞观律》成十二卷，是为《永徽律》。永徽三年（652），唐高宗又命令长孙无忌等人对《永徽律》逐条逐句地进行注解。既阐明律义，揭示源流，又解释概念，讲解法理，还设问作答，辨析疑异，示以事类（案例）。这种对律文的统一解释叫作"律疏"。这是唐代修律活动中参加人数最多、规模最大的一次。永徽四年（653），撰定《律疏》三十卷，并颁行天下。律疏附于律文之后，与律文具有同等的法律效力。疏与律合编，统称《永徽律疏》，这就是著名的《唐律疏议》，唐律也因此由传世的《唐律疏议》完整地保存了下来。

《唐律疏议》撰定后，唐律就基本稳定了下来，永徽以后唐代的历次立法活动对唐律基本上都不再改动，重点是修订令、格和式。对不同时期出现的唐律没有规定的新情况和新问题，也主要是通过对令、格、式的修改加以调整。

唐朝前期的立法活动，除修订律、令、格、式以外，在开元时期还编订了一部行政法规汇编《唐六典》，详细记述了各政府部门的组织规模、官吏编制、职权范围以及行政管理的基本原则等。《唐六典》是概括现行的某些令、式编纂而成的，因而也被内外官员视为法典，与律令并行不悖。因此可以说，《唐六典》是中国历史上第一部行政法典。

二、唐代的法典

唐代的法典有"律、令、格、式"四种形式。《唐六典》卷六"刑部郎中员外郎"条："凡律以正刑定罪，令以设范立制，格以禁违止邪，式以轨物程事。"显然，律是刑法与民法，其他三者为行政法：令指国家的各项规章制度，式指各种办事的章程细则，而格则主要是皇帝不断用制敕形式颁布的法令汇编。律也包括对令、格、式违犯者的处罚。由于式是令的操作程序，所以法规文献中经常令、式连称。格在法典中的地位虽然低于律、令，但在实际运用中却比律、令更为普遍、有效。这是因为格可以随时用制敕加以更定，因而更便于体现皇权意志和维护统治者的利益。

唐律由传世的《唐律疏议》保存了下来，共十二篇，三十卷，五百条[43]，其篇名为：名例、卫禁、职制、户婚、厩库、擅兴、贼盗、斗讼、诈伪、杂律、捕亡、断狱。实行处罚的刑名有五种：笞、杖、徒、流、死。《律疏》中还引用了当时的令、格、式。《唐律疏议》是保存至今的中国古代最早、最完整的一部成文法典，对亚洲很多国家都产生过重大影响。

唐代的令、格、式都没有完整保留下来。[44]

唐代的令、格、式

据《唐六典》卷六"刑部郎中员外郎"条记载："凡令二十有七（原注：分为三十卷）：一曰官品，二曰三师三公台省职员，三曰寺监职员，四曰卫府职员，五曰东宫王府职员，六曰州县镇戍岳渎关津职员，七曰内外命妇职员，八曰祠，九曰户，十曰选举，十一曰考课，十二曰宫卫，十三曰军防，十四曰衣服，十五曰仪制，十六曰卤簿，十七曰公式，十八曰田，十九曰赋役，二十曰仓库，二十一曰厩牧，二十二曰关市，二十三曰医疾，二十四曰狱官，二十五曰营缮，二十六曰丧葬，二十七曰杂令，大凡一千五百四十有六条焉。

"凡格二十有四篇（原注：以尚书省诸曹为之目，共为七卷；其曹之常务但留本司者别为留司格一卷）。

"凡式三十有三篇（原注：亦以尚书省诸曹及秘书、太常、司农、光禄、太仆、太府、少府及监门宿卫、计帐为其篇目，凡三十三篇为二十卷）。"

唐代的法律形式除了律、令、格、式以外，还有"例"和"事类"。例即是办案的成例，是由国家肯定的，可以作为审理律、令没有明文规定的案件时加以比照的依据。例同样具有法律效力，但在律、令、格、式之下。据《旧唐书·刑法志》记载，唐初赵仁本撰有《法例》三卷，到高宗时才被废弃不用。从《唐会要》的一些记载来看，中唐以后仍有用例断案的情况。

"事类"的性质同"例"一样，属于分类案例。开元年间，玄宗诏李林甫编校格式律令，删繁就简，总成《律》十二卷，《律疏》三十卷，《令》三十卷，《式》二十卷。《开元新格》十卷，又撰《格式律令事类》(简称《事类》)四十卷，以类相从，便于查阅。这些法书同《唐六典》一样，均以玄宗御撰的名义刊行，通过尚书都省派使者发往全国施行。

律、令、格、式并行的制度为五代及宋所承袭。后晋、后周将"编敕"与格、式并用，到宋代遂有敕、令、格、式的区别，而且敕的地位还重于令，这是对唐制的扬弃。至于刑法律条，则自宋辽金元迄于明清，基本上都以唐律为蓝本。

唐代律、令、格、式并行的法律体系还广泛地影响到了东亚各国。古代朝鲜、日本及越南等国的立法，基本上都是在模仿唐朝法律制度的基础上进行的。朝鲜时代世宗朝的史臣郑麟趾在其所著的《高丽史·刑法志》中就说，高丽一朝的典章制度，大体都是模仿唐朝，至于刑法，也是采摘唐律而制定的。日本在7世纪中大化改新后才开始有刑律，其所制定的《近江令》《大宝律令》等著名法典，都是依据唐律制定的，后来颁布的《养老令》也基本沿袭唐令。至于越南的法律，据越南人潘辉注《历朝宪章类志·刑律志》中所说，也是"参用隋唐"法律而定的。可以说，唐朝是中古时期东亚法律文化的中心，唐律在东亚法制史上所占的地位和罗马法在西洋法制史上所占的地位相似。日本有学

图 3-3　唐律残片

者甚至认为，在唐代中国影响下建立的律令制是古代东亚各国普遍采用的国家体制，律令制国家为东亚"汉字文化圈"的主要特点之一。

三、唐代的司法制度及司法实践

前面讲官制时说过，唐代的司法制度已经趋于完备，中央形成了由大理寺、刑部和御史台组成的一套相互监督、相互制约的司法制度。对于某些重大或疑难的申诉案件，皇帝还会命令由门下省的给事中、中书省的中书舍人和御史台的侍御史组成一个临时的特别法庭加以审理，这一机构往往也被称为"三司"。

地方司法机关仍然由行政机关兼任，州县的最高行政长官就是该审级的最高司法机关，但是许多案件实际上是由他们的佐官负责审理的。比如一般的民事案件由司户参军事审理，刑事案件由司法参军事负责审理。

唐朝在审判活动中还实行类似于现代制度的法官独立审判，在审判过程中负责审判的法官可以不受外界的干扰进行审理并径直做出判决，包括其上司在内的任何人都无权对其加以干涉或要求其改判。史料中这样的例子很多。

李日知在武则天天授年间任司刑丞。当时国家用法严急，而李日知仍然严格依法办案，审理的案件中没有一件冤滥的。有一次他依法免除了一个死刑犯的死罪，但是他的上司司刑少卿胡元礼坚决要求他对该犯判处死刑，并几次发文给李日知，李日知坚决不答应。胡元礼大怒，扬言说："只要我胡元礼不离开刑曹，这个犯人就活不了！"李日知也针锋相对，说："只要我李日知不离开刑曹，这个犯人就死不了。"结果还是适用了李日知的判决。

苏珦在垂拱年间任右台监察御史。当时武则天想诛杀韩、鲁等唐室诸王，让苏珦密审此案，苏珦判决他们无罪。有人诬告苏珦偏袒韩、鲁等王，武则天当即加以责问，但是苏珦据理力争，不肯改判，武则天只好命令他到河西监军。

睿宗时期，李元纮任雍州司户。当时太平公主和僧寺争碾硙，尽管太平公主权势熏天，李元纮还是依法把碾硙判给了寺院。雍州长史窦怀贞知道后十分害怕，多次命令李元纮改断，李元纮在判决书后写道："南山或可改移，此判终无摇动。"窦怀贞毫无办法。

在唐代，诉讼的提起一般分为两种情况：一是由监察机关或各级官吏向官府纠举犯罪，称为"举劾"，类似于现代的公诉制度；一是由当事人或其近亲向官府告诉，相当于现代的自诉制度。唐朝的司法管辖以县为第一审级，受理杖以下的案件。州为第二审级，受理上诉案件以及徒、流以上的案件，并报送刑部。当事人不得越诉。

因为有制度上的坚定保证和统治者开明务实的政治作风，唐朝的司法官员在执法的过程中就能够挺身而出，不畏强权。执法为公，敢于负责，这样的官员不仅在唐前期所在多有，即使到了中晚唐，仍然不乏其人。

李元素在德宗朝任侍御史。当时权臣杜亚为东都留守，对大将令狐运有意见，逮捕了他们全家四十多人，诬蔑他们是盗贼，德宗深信不疑。宰臣们认为这一案件事关重大，应该审慎，要求复查，于是命令李元素前往复查。李元素经过五天的审理，认为令狐运等人无罪，将他们全部释放。杜亚大怒，亲自赶去责问他，但是李元素不予理睬。杜亚于是上疏德宗诬蔑李元素。李元素还奏反驳，话还没说完，德宗大怒，说："你给我出去！"李元素说："我还没说完呢。"德宗又说："暂且先出去一会儿。"李元素说："一出去就再不能见到陛下了，请您一定要听我说完。"于是李元素详细地讲述了整个案件的来龙去脉，德宗终于感悟。过了几个月，真正的强盗就被抓捕了。

第六节　唐代政治文明发达的原因

高度发达的唐代政治文明的出现和形成是诸多历史因素综合作用的产物，其中多元文化的融会和整合无疑起着十分重要的作用。唐初统治集团深受塞外族群文化的影响，促进贞观年间实行较为开明的内外政策和太宗君臣务实亲民的政治作风。建立唐朝的关陇集团，是由汉人豪族和鲜卑贵族共同组成的集合体，本身就是南北朝以来族际流动与文化整合的产物。其实不仅建立唐朝的李氏，即如此前拥立西魏建立北周的宇文氏、建立隋朝的杨氏也都出自这一集团。他们不但在政治上结为一体，而且都曾与鲜卑贵族独孤氏联姻：北周大将独孤信的长女嫁给周明帝宇文毓，四女嫁给了唐太宗的祖父李晒，七女嫁给了隋文帝杨坚，从而成为关系密切的亲戚。不仅如此，唐太宗的母亲窦氏和妻子长孙氏，也都出于代北族群的贵族家庭。在隋唐两朝，还有大批代北贵族的后裔官居要职，如隋朝的窦炽、于翼、长孙览、贺若弼、达奚长儒、贺娄子干、元晖、斛律孝卿、宇文述，唐朝的宇文士及、长孙无忌、于志宁、宇文节、狄仁杰等。因而唐太宗可以自豪地说："自古皆贵中华、贱夷狄，朕独爱之如一。"至于在文化领域发挥重要作用的代北及西域族人后裔更是不计其数，如何妥、何稠、宇文恺、陆法言、元稹、白居易、刘禹锡等都是。由此而产生的开放兼容的文化精神，是中国古代文明在唐代臻于高度发达的重要原因。

隋唐两朝最初都是由宇文泰"关中本位政策"下所集结的关陇集团建立的大一统政权，其政治文明既继承了汉魏以来的中原文化传统，又包含有北方草原族群的文化因素。这种南北文化的继承融汇，包容了政治制度和传统文化的各个层面，使以北方关陇地区为核心确立起来的隋唐政治充溢着勃勃生机，国家和社会都呈现出一种繁荣宏大的气象，推动着中华文明演进至前所未有的高度。降至武则天、唐玄宗时期，随着关陇集团垄断政权局面的结束，李唐皇室蜕变成了"奉长安文化为中心，恃东南财赋以存立"的统治群体中心，北朝以来的均田制、府兵制等制度形式被捐弃。然而，北方文化的积极进取和勇于创新精神并没有因为某些制度形式的变化而消减，它不仅推动了中华民族新的统一体的产生和发展，而且还注入到中原文化之中，促进了中华文明新文化的形成和繁荣，即如史家所说："李唐一族之所以崛兴，盖取塞外野蛮精悍之血，注入中原文化颓废之躯，旧染既除，新机重启，扩大恢张，遂能别创空前之世局。"

　　唐朝建立时，由于李唐皇族具有胡族的血统，尽管贵为皇室，但是仍不为当时作为文化精英的山东士族所重视，这种情况甚至到唐后期也没有完全改变过来。正因为如此，作为最高统治者的唐太宗才能够对贵族群体的代表山东士族倾力打击，从而为最终结束贵族世家对国家政权的干预创造了条件。出身寒族的武则天以唐室皇后的身份攫取政权，大崇文章之选，以科举入仕为人才资源的流动创造了更为自由的空间，同时也为文化精英提供了更为广阔的发展前景。这些措施使国家政治体制和社会人群结构发生了重大变化，实现了中国中古社会的大变革，从而开创了一个崭新的世局。在这种情况下，李唐政权也由"关中本位政策"下以关陇集团为核心的政治集团蜕变为"奉长安文化为中心，恃东南财赋以存立"的政治集团。唐代统治人群的蜕变有如凤凰涅槃，成为中国古代后半期新型政治体制和社会结构的开端。

　　作为大一统政权，唐朝以兼容的气度综采南北各方的制度文化，其中北方制度文化对唐朝制度乃至后世都影响极大。例如，南北朝时期地方官自辟僚属，用人权在地方；北齐时，朝廷开始敕授州主簿、郡功曹等地方官吏，地方官吏的任命权逐渐转移到中央。到隋朝时，地方九品以上的官吏全由中央吏部任命，用人权完全收归中央，这一点对中国历史影响深远。所以史学大师陈寅恪先生说，此"乃中国政治史上中央集权之一大变革"。这种制度也被唐朝及以后历朝历代所承袭并进一步完备，演进到清代，就有了大规模"改土归流"的发生。这从传统国家强化与地方联系、开拓自由流动资源、增加政治活动空间的角度来看，无疑是有着积极意义的。

类似的现象还有很多。比如在法律制度上，隋律、唐律都采纳了齐律、周律；在官吏考课任期上，隋唐"四考受代"之制，是承袭北周而来；隋唐宿卫之制，也多因循北周；隋唐府兵之制，更是源于北周而有所变异。就是在三省六部九卿制度的演生方面，鲜卑化匈奴人宇文泰所创立的西魏北周也有非常积极的影响。

钱穆先生所说"从北魏到唐初，在中国士大夫心中涌出的一段吏治精神"，其实主要就是指北方的文化精神，因为他也曾说"当时北朝虽以吏治、武功胜过南方，若论文学风流，终以南朝为胜"，"能把南方的文学与北方吏治、武功绾合，造成更高、更合理的政权，则是唐太宗"。[45]吏治精神与南方文学相对，就是指在治国为政中更强调务实进取，对官员的要求更注重吏治才干。唐代名相房玄龄、杜如晦、狄仁杰、张柬之、姚崇等都是以吏治而知名，唐前期根据现实状况实行的一系列制度和改革，也都体现了这种吏治精神。而且，如同我们在唐代司法实践中所看到的那样，北方的吏治精神自始至终都体现在唐代的政治之中。

正是因为具有这种吏治精神，隋唐政治才具有务实理性、开明开放、蓬勃向上的特点；不仅能够兼容并蓄、综采汉魏南北朝以来不同区域、不同族群的制度文化加以融通运用，而且还能在此基础上进行改革创新。隋唐时期的三省六部制、科举铨选制、律令制、两税法等重大制度，都是在继承前代政治文明的基础上有所改革和创新，使之更加完善，更符合国家政治、经济、军事、文化发展的现实需要，从而创造出了更为发达、灿烂的文明，其成就也超迈往古。

第四章

武则天革唐为周

　　唐高宗统治时期（649—683），皇后武则天逐步登上政治舞台。弘道元年（683）高宗死后，武则天临朝称制，终于在天授元年（690）实现革命，改唐为周，成为中国历史上唯一的女皇帝。武则天操国柄近半个世纪，在政治上有所作为：贬抑旧士族，破格用人，发展科举制；劝励农桑，薄赋轻敛，放奴为良。这一时期，社会生产有所提高，户口迅速增加。然而，武则天在称帝前后也曾任用酷吏消灭政敌，以致滥杀无辜。神龙元年（705），宰相张柬之等策动羽林军发动政变，拥立中宗李显复位，重建了李唐王朝。

第一节　武则天称帝及巩固统治的措施

一、武则天的政治经历

武则天（624—705），名曌，并州文水（今山西文水）人，其父武士彟曾参与高祖起义。十四岁入宫做唐太宗的才人（宫中女官），太宗赐号武媚。贞观二十三年（649）唐太宗去世，武氏入感业寺为尼。高宗即位，又被召入宫，封为昭仪。永徽六年（655）高宗欲废王皇后（并州祁人，太原王氏）而立昭仪武氏为后，关陇集团的长孙无忌以及褚遂良、于志宁反对，南士许敬宗、李义府[1]支持册立。高宗谋于山东豪杰的代表李勣，勣认为是"陛下家事"，其实就是赞同，高宗便下了决心。三月，进武氏号宸妃。十月，废王皇后而立武宸妃为后。史家曾就此评价，立武诏书之"发布在吾国中古史上为一转捩点，盖西魏宇文泰所创立之系统至此而改易，宇文氏当日之狭隘局面已不适应唐代大帝国之情势，太宗以不世出之英杰，犹不免牵制于传统之范围，而有所拘忌。武曌则以关陇集团外之山东寒族，一旦攫取政权，久居洛阳，转移全国重心于山东，重进士词科之选举，拔取人才，遂破坏南北朝之贵族阶级，运输东南之财赋，以充实国防之力量诸端，皆吾国社会经济史上重大之措施，而开启后数百年以至千年后之世局者也"[2]。

显庆年间（656—661），武后先后流放褚遂良，逼长孙无忌自杀，排除异己。此后高宗因体弱多病（"多苦风疾"），武后乃"决百司奏事"，遂开始了长达四十六年（660—705）的先称制、后称帝的统治过程。史书记载，"后性明敏，涉猎文史，处事皆称旨。

图 4-1　武则天像

由是始委以政事，权与人主牟矣"[3]；高宗麟德元年（664）十二月，诛上官仪，"自是上每视事，则后垂帘于后，政无大小，皆与闻之。天下大权，悉归中宫，黜陟、杀生，决于其口，天子拱手而已"[4]；"上元元年（674），高宗号天皇，皇后亦号天后，天下之人谓之'二圣'"[5]。

　　弘道元年（683）十二月，唐高宗去世，遗诏"皇太子即位于枢前……军国大事有不决者，取天后处分"。太子李显即位，是为唐中宗，尊天后武则天为皇太后，武后自是临朝称制。嗣圣元年（684）二月，武后废中宗李显为庐陵王，幽于别所，仍改赐名哲；

另立豫王李旦为皇帝，是为唐睿宗，其妃刘氏为皇后，并立永平郡王李成器为皇太子。大赦，改元文明，则天皇太后仍临朝称制。垂拱二年（686）春正月，武后下诏，复政于睿宗。睿宗以皇太后既非实意，乃固辞让，则天遂仍临朝称制，大赦三天，赐酺三日，内外官加勋一转。

载初元年（690）九月九日，则天太后接受睿宗皇帝及群臣之请，变革唐命，改国号为周，改元天授，大赦天下，赐酺七日。十二日，加尊号圣神皇帝，降睿宗为皇嗣，赐姓武氏，以皇太子为皇孙。明日，立武氏七庙于神都（今河南洛阳）。十月，改并州文水县为武兴县，仿汉代丰、沛之例，百姓子孙相承给复（免除赋役）。武则天由立为皇后到称帝，历三十六年经营！武周政权又持续了十五年（690—705）之久，所以，武则天操国柄实际近半个世纪，其中政局演变，使唐朝中国进入全盛，这一现象很值得研究。[6]

唐高宗

唐高宗李治（628—683），字为善。唐朝第三代皇帝。太宗第九子，母文德皇后长孙氏。始封晋王，贞观七年（633）遥领并州都督。贞观十七年（643），立为皇太子。贞观二十三年（649）六月即位，次年改元永徽。即位初年，由顾命大臣长孙无忌等人掌握朝政，遵行贞观遗规，行均田制，修订律令格式，行科举，颁《五经正义》。诏以户籍之多寡定州之等级，人口增加，社会稳定，史称"永徽之治"。在位间，自永徽二年（651）大食国始遣使朝献，先后灭西突厥、百济、高句丽；又击吐蕃，统有西域，置安西四镇（今新疆及吉尔吉斯斯坦），改瀚海都护府为安北都护府（治今蒙古哈拉和林）。上元元年（674）称"天皇"，皇后武则天称"天后"。因患风疾，政事多委武后，朝廷内外称为"二圣"。弘道元年（683）卒，年五十六，谥曰天皇大帝，庙号高宗，葬乾陵。天宝十三载（754），改谥曰天皇大弘孝皇帝。

二、武则天巩固统治的措施

武则天作为空前绝后的一代女主，处在唐代中国社会的变革时期，她适应发展、巩固和加强统治的措施主要有以下几项。

（一）改《氏族志》为《姓氏录》

武则天家族渊源难于详考，但从《新唐书》卷七四上《宰相世系表》"武氏"条所载，其族人数不多，可知非山东大族；其父武士彟据本传及《太平广记》卷一三七《征应类》"武士彟"条所记为一木材商人，投机致富，显然不是高门。所以史家以为武士彟"本一商贩寒人"，而武则天其实出身于"关陇集团外之山东寒族"。夺嫡之际，武则天的对手王皇后乃太原王氏，本为山东高门，又是唐皇室旧姻：唐高祖妹同安长公主下嫁隋州刺史王裕，为王皇后之从祖；后之外家河东柳氏为关中郡姓，故为关陇集团所支持。而武则天在争取立为皇后的过程中得到了山东豪杰集团强有力的支持，如史家所指，"崔（义玄）、许（敬宗）、李（义府）等虽赞成立武曌为皇后，然其位望决非徐世勣之比"[7]。所以，武后得势，贬抑关陇集团是理所当然的事。

据《新唐书》卷九五《高俭（士廉）传》，高宗显庆时，"许敬宗以（贞观《氏族志》）不叙武后世，又李义府耻其家无名"，乃奏请重修，乃以后族为第一姓，其余各以品位高下叙之，凡九等，改称《姓氏录》。"当时军功入五品者，皆升谱限，缙绅耻焉，目为'勋格'。义府奏悉索《氏族志》烧之。又诏后魏陇西李宝，太原王琼，荥阳郑温，范阳卢子迁、卢浑、卢辅，清河崔宗伯、崔元孙，前燕博陵崔懿，晋赵郡李楷，凡七姓十家，不得自为昏……李义府为子求昏不得，始奏禁焉。"

传统的观点说这是武则天为了取得地主阶层的拥护，以扩大自己的势力，从而注意满足他们参政和取得社会地位的要求。对社会群体进行分析不失为一种方法，但是我们在这一事件中并没有看到所谓"地主阶层"显示的力量，武则天本人更不可能"自觉"主动地认识到某一个阶层的利益而为之充当代表人物。事实很可能是武后利用了一群有野心的中级官员的不满情绪和抱负来帮助她取得权力，后来则报答了他们的支持。只要这其中个别人对她不再有用处，她就会马上弃之如敝屣，贬黜他们，甚至毫不犹豫地处死他们。人毕竟不能完全等同于物，在个人原因背后起作用的因素，或许要在更长时期、更大范围的文化背景中才能显示出来，不像自然科学的规律那样简单、直接、明显。不过，要说武则天出身于"当地地位很高的传统士大夫家庭"，甚至是"贵族"，恐怕就未必了。事实上，尽管其父武士彟在唐初因战功成为政治新贵，但社会门第太低，所以褚遂良反对立武氏为后时就说："妙择天下令族，何必武氏。"

《姓氏录》并不是贞观《氏族志》的简单改动翻版。贞观《氏族志》只是部分压制了世族，提高皇族的地位，但其他门第等级依然如故。旧门阀虽然"才行衰落，官爵陵替"，却仍能"借荫得官，高自标置"，九品官人清流美职，尽由他们占据。而庶族寒人尽管积有劳考，却只得浊职，甚或沉迹下僚，不得入流。《姓氏录》却不然，它在提高武后姓氏地位的同时，完全打破了旧有的所谓"士庶之际，实自天隔"的界限，一律按官职品级定等[8]，乃至"兵卒以军功致五品者，尽入书限"。

官品面前人人平等，这在主观上可能是为了打击政治对手，但在客观上是提高了地主的社会地位。这有点像欧洲资产阶级革命，为了反对封建特权而提出"天赋人权"和"自由、平等、博爱"原则，动员全社会起来反对政治对手。一旦自己上台成为统治者，这些口号又为对手所用。"为民请命"这类口号好像在传统社会里总可以利用，换汤不换药，"天不变，道亦不变"。所以可以说永徽六年（655）冬十月乙卯立武后诏的发布"在吾国中古史上为一转折点"，"武后掌握政权，固不少重大过失，然在历史上实有进步之意义，盖北朝之局势由此而一变"[9]。也就是说，宇文氏当初为对抗高齐、萧梁争夺正统创立关陇集团之狭隘局面，已不适应唐代大帝国之情势。太宗尽管器局宏大，仍难免受制于传统影响，因而贞观《氏族志》仍有维持世族门阀的意图。武曌则以关陇集团外之山东寒族之姿攫取政权，后久居洛阳，转移全国重心于山东，重进士词科之选举，拔取人才，遂破坏南北朝之贵族阶级；进而运输东南财赋，以之充实国防力量，促进国家经济重心的南移，从而开启数百年以至千年后中国社会之新世局。

（二）隆崇进士词科之选

关于武后时期隆崇进士科的一些统计资料，我们前面讲科举制时已经提到了。除了从文化史观的角度对武则天隆崇进士科所做的评价外，也有从社会功能的角度对此所做的另一番评价：

（1）科举考试尤其是进士考试具有很高的权威性，功名的取得正在迅速变成取得高官厚禄的标准资格，标志之一就是有功名者占宰相的比率从高祖时的7%上升至太宗时的23%，至高宗、武后时上升至35%，而武周朝已达到40%。

（2）科举制可作为一种重要象征。对一切有资格参加（科举）的人来说，特别对作为大部分中试者的低阶贵族来说，它就是提高社会和经济地位的关键；对高阶贵族来说，它是保持他们地位的最重要手段。科举制推动了这两个集团的官僚化和城市化，因此在削弱它们以前那些地方的、离心倾向的特征方面起了重要作用。

（3）考试普遍地促进了文学和教育。准备考试的人远远多于通过考试的人，有资格当官的人远远多于当官的人，在686—689年，时人魏玄同估计，有资格当官的人之中，有十分之一成功地取得了官职。这样就留下了大批可用于地方一级教育和行政方面的尚无官守的候补者。[10]

对武则天隆崇进士科历史意义的认识，主要有以下观点：

第一种观点以《剑桥中国隋唐史》为代表，基本上已反映在其对科举制度社会作用的评价里了：

（1）中举士人（新官僚）大部分是下层贵族，有的甚至是高门大户，而并非主要是寒族或者说新兴的地主阶层。

（1）贵族的社会影响保持得要比一般认为的要大，时间更长。

而官僚集团内的党争很可能产生于区位群体（如中央官员和地方官员）的分歧，而不是社会群体（高门士族与地主阶层）的对立。

（3）武后并未有意识地利用科举吸收新的政治精英。统计数字显示，不仅中举的寒人（地主阶层）为数很少，而且在武后当政期间，有十年根本就没有举行过科举考试，这在整个唐朝都是非常罕见的现象。

（4）晚唐的情况更复杂，有大批官员是通过"辟召"方式在地方政府或专门的司署任职，这一发展远比科举制度更能为众多的人提供担任公职的机会和开辟提高他们社会地位的途径。科举在唐代并不是为任何有才能的人都开创了前程，它只是向高门大姓提出了挑战。正像许多应试士子是贵族子弟那样，许多通过辟召而任公职的人同样也是受过教育的精英人物。旧贵族世家也继续提供官员和高级官职的补缺者，直到唐末都是这样。

第二种是以内藤虎次郎（内藤湖南）为代表的日本学者的观点。内藤虎次郎的基本观点是：唐代和宋初代表着中国"中世"期的终结和"近世"中国的开始。[11] 这就是大致仍以王朝划分的所谓"唐宋时代变革论"。这种说法强调了在更长时期起作用的历史趋势，与科举制历史意义有关的内容是以下几点[12]：

（1）在汉朝灭亡以后的漫长的大分裂时期，中国已被若干贵族集团控制，某个统治王室不过是一个特定的、暂时为帝的贵族氏族。

（2）隋唐时代，随着全国的统一，这种状况起了变化。贵族的力量逐渐衰弱，他们在政府的地位被职业官僚所代替，这些职业官僚依靠自己的才能和受教育程度通过科举登仕成了统治王朝的代理人，而不是本社会集团的代表。这样就扩大了统治集团的社会基础，使出身于小家庭的人也能进入官场。旧贵族逐渐消失。

（3）随着政府官员的这一变化，皇帝的地位也改变了，他再也不仅仅是贵族精英中的第一号人物，这些贵族精英中的一些人（如在唐代）甚至藐视皇室，认为它是社会的暴发户。由于有了依靠王朝才能取得官职、权力和势力的官僚集团，皇族现在以一种崭新的面貌雄踞于普通社会之上，同时皇帝开始逐渐地扩大他的专制权力，并在明代达到极点。结果是皇帝与社会之间、皇帝与他赖以进行统治的官员之间的鸿沟越来越大了。

第三种是史家陈寅恪先生的观点。陈先生认为"是以论唐史者必以玄宗之朝为时代划分界线"，其根本原因就在于文化冲突引起的社会演变。他特别重视武则天隆崇进士词科的历史意义，其主要意见是：

（1）因武则天不属于关陇集团，"因欲消灭唐室之势力"，遂对该集团所奉行之君臣、将相、文武紧密结合的政策进行破坏，"如崇尚进士文词之科、破格用人及渐毁府兵之制等"，遂产生了一个以科举文词进用、依附并效忠于皇室的士大夫阶级官僚集团。于是唐代政治事件，无不与此有关，如皇室与贵族分别，将相文武分途，中央与地方分立；乃至府兵之废除，蕃将即胡化武人割据方隅，宦官专权等，无不因此而起，而形成于玄宗之世。[13]

（2）唐中后期牛李两党之对立，其根本在两晋、北朝以来山东士族与唐高宗、武则天之后由进士词科进用之新兴阶级两者互不相容[14]。

（3）这一攘夺替代西魏、北周、杨隋及唐初将相旧家政权尊位的新兴阶级，主要就是"当时山东、江左人民之中，有虽工于为文，但以不预关中团体之故，致遭屏抑者"[15]。

陈寅恪先生说这一新兴阶级包括山东、江左"工于为文"者，并不只是寒人庶族。陈先生说武则天出身山东寒族，是相对于她的政治对手关陇贵族而言的，并不是说她就是寒门庶族的政治代表或一意提拔庶族寒门。所以也不排除贵族精英参加科举进入仕途，但那从文化史观的角度看就是背弃故旧而成为新贵，这才是武则天所需要的。另一方面，即使武则天在她后来的生活中对自己与"贵族"沾亲带故（她本来就是李唐的皇后）很是欣赏[16]，也不能否认她与关陇集团有过严重的利害冲突，从而需要依靠其他力量给对手予以打击，这就扶植起了一批新贵。

陈先生的弟子汪篯先生基本上是采用陈先生的观点，但是从阶级分析的观点出发，认为武后提拔的这些"新官僚"就是新兴的商人和地主阶层。[17]《剑桥中国隋唐史》的编者认为这一分析"很无说服力"。究竟如何，还可以讨论。

武则天隆崇进士词科之选的一个典型例子就是直接利用所谓"北门学士"来处理朝政。

唐代的宫城在长安城的北部。宰相议政的政事堂及中书、门下内省在宫城内南部，外省、尚书省及六部、司监则在宫城之南的皇城内。只有宫臣内侍出入宫掖，常在宫城北部。宫城北门即玄武门，为宫臣内侍出入后宫所经，所以也借指后宫。武后为了干政方便，以修书为名，广召文词之士入禁中为她起草制敕，协助决策，实际相当于宰相的职权。这样一个秘书、顾问班子，被当时人称作"北门学士"。[18]他们在协助决策的同时，也为武后草拟以她的名义发表的作品，如《列女传》《臣轨》《百僚新诫》《乐书》等。

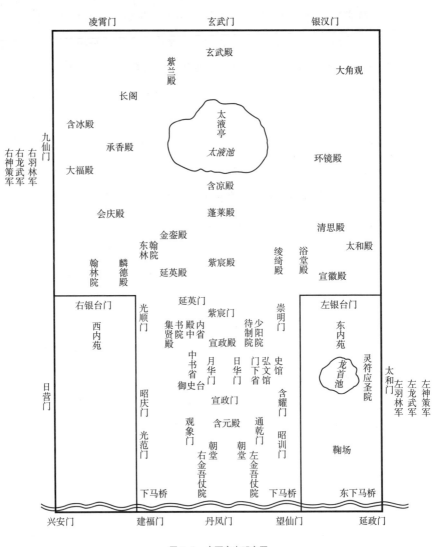

图 4-2　唐西京大明宫图

这种宫内御用文人到玄宗开元年间就发展成了翰林学士院。翰林学士承旨与中书舍人知制诰又形成了内外官之别，这反映了传统文官由卑而高、由亲而疏的发展规律。这是凭文词章句能力而接近人主的一条快捷方式，也有很多人因此得登相位，于是进士词科更加为人所重。我们在《全唐文》中能见到一些人（如张九龄、李德裕）的文集都收有为皇帝所撰诏敕，就是这种制度下的产物，因为这些作者都曾任集贤院或翰林院学士。

（三）任用酷吏，消灭政治对手

1. 背景

从弘道元年（683）末高宗去世武后称制，到载初元年（690）九月武后革唐为周称帝，这八年间发生过两次上层统治者内部成员的反武叛乱，一次是光宅元年（684）的徐敬业之乱，一次是垂拱四年（688）的宗室之乱。

（1）徐敬业之乱。光宅元年九月，故司空李勣之孙柳州（今广西柳州）司马李敬业伪称扬州（今江苏扬州）司马，旋杀长史陈敬之，据扬州起兵，自称上将，以匡复中宗为辞。十月，楚州（今江苏淮安）司马李崇福以所部三县应敬业。武则天命左玉铃卫大将军李孝逸为大总管，率兵三十万以讨之；并追削敬业父祖官爵，复其本姓徐氏。十一月，敬业部将王那相杀敬业降。

关于徐敬业起事的原因，《旧唐书》卷六七本传说是"政由天后，诸武皆当权任，人情愤怨"，而徐敬业等人又都坐事贬官。《新唐书》卷九三本传则说是"诸武擅命，唐子孙诛戮，天下愤之。敬业等乘人怨，谋起兵"。然而，武后诛戮唐子孙大多发生在李唐宗室起兵之后，不可能是徐敬业起事的原因，旧传的说法可能比较接近事实。有学者提到宗室之乱时的两个情况：一是"南北朝那种有机会便试图建立本身政权的风气，依然存在于初唐的一些统治阶级"；一是"如果说不少唐朝宗室在唐初任地方官不称职，而武则天乘机整顿，亦非全无可能"。[19] 这些问题值得深思。

　　徐敬业是隋末唐初山东豪杰集团首领徐世勣（即李勣）的孙子。武则天虽然得山东豪杰支持以立为皇后，但执政后"励精为政，不欲广地，务其安人"[20]，崇尚文治，势必要和以骑射为能的"北方塞外胡族之子孙"山东豪杰分道扬镳。地域和种族的联系远不如文化联系具有更深入、长久、稳固的效应，这在《旧唐书》卷六七《徐敬业传》里就有直接证据，其文略云："初，敬业兵集，图其所向……魏思温曰：'兵贵神速，但宜早渡淮而北，招合山东豪杰，乘其未集，直取东都，据关决战，此上策也。'"《新唐书》本传作："敬业问计于思温，对曰：'公既以太后幽絷天子，宜身自将兵直趋洛阳。山东、韩、魏知公勤王，附者必众，天下指日定矣！'……'郑、汴、徐、亳士皆豪杰，不愿武后居上，蒸麦为饭，以待我师。奈何欲守金陵，投死地乎？'"由此可见，徐敬业之乱的文化背景不可忽视。当然，此时不仅汉化统一的趋势不可逆转，且已在中央占了统治地位，敬业起兵三月即败，这本身就说明了问题。

徐敬业

徐敬业（？—684），又名李敬业，唐初名将李勣之孙。袭爵英国公，历太仆少卿、眉州刺史。嗣圣元年（684），坐赃贬柳州司马，与唐之奇、骆宾王等客居扬州，失职怏怏。时武则天废中宗，诸武擅命，人情怨愤。敬业乃杀扬州长史陈敬之，自称州司马，募兵据扬州。遂称匡复府上将，领扬州大都督，传骆宾王所撰《讨武曌檄》于州县，疏则天过恶，倡复中宗天子位。渡江取润州（今江苏镇江）。则天褫夺其所赐姓，复其本姓。官军至，频战大败。十一月，将入海投高句丽故地，为唐兵追及，被部下所杀。

（2）宗室之乱。垂拱四年（688）八月，博州（今山东聊城）刺史琅琊王李冲据州起兵，武则天命左金吾卫大将军丘神勣为行军总管讨之。冲父豫州（今河南汝南）刺史越王李贞又举兵于豫州，与冲相应。九月，则天命内史岑长倩、凤阁侍郎张光辅、左监门卫大将军鞠崇裕率兵讨之，斩贞及冲等，传首神都，改姓虺（本意为毒蛇）氏。曲赦博州。韩王李元嘉、鲁王李灵夔、元嘉子黄国公李譔、灵夔子左散骑常侍范阳王李蔼、霍王李元轨及子江都王李绪、故虢王李元凤子东莞公李融坐与贞通谋，元嘉、灵夔自杀，元轨配流黔州（今四川彭水），譔等伏诛，改姓虺氏。

垂拱四年"宗室之乱"才二十天就失败了。

宗室之乱的原因，旧说也是"太后潜谋革命，稍除宗室"[21]。根据史料记载对死在武后手下的唐宗室进行统计[22]，发现绝大多数并没有参加起兵，而且是在叛乱平定以后才被杀的。可见"稍除宗室"并非是起兵的原因。起兵的原因看来还是"诸武皆当权任"，而使李唐宗室人心惶惶，冀求自保。垂拱四年武后建成明堂，要举行大礼，召宗室入京，更引起疑虑。如《新唐书》卷八〇《越王贞传》记载"垂拱四年，明堂成，悉追宗室行享礼，共疑后遂大诛戮不遗种，事且急"，乃起兵。

2. 酷吏政治，恐怖统治

徐敬业之乱以后，武后乃以激烈强硬手段铲除政敌，规模较前人有过之而无不及。主要手段就是任用酷吏（滥用刑罚的官吏），大搞刑讯逼供，大肆诛杀。

酷吏来俊臣与其徒党编成《告密罗织经》一卷，依照预设方法逼供或诱供，无不成招。如，来俊臣审讯另一酷吏周兴，用"请君入瓮"之法，使其作法自毙。又有酷吏索元礼作大刑具十种：一曰定百脉，二曰喘不得，三曰突地吼，四曰著即承，五曰失魂胆，六曰实同反，七曰反是实，八曰死猪愁，九曰求即死，十曰求破家。当时在丽景门别置推事院（审讯室）专令来俊臣推勘，人谓之"例竟门"，言入此门者，例皆竟也。

又鼓励告密，"时四方上变事者，皆给公乘，所在护送，至京师，禀于客馆，高者蒙封爵，下者被赉赐，以劝天下"[23]。垂拱二年（686）三月，又于朝堂（一说庙堂）设铜匦，一物四窍，"其东曰延恩，献赋颂、求仕进者投之；南曰招谏，言朝政得失者投之；西曰伸冤，有冤抑者投之；北曰通玄，言天象灾变及军机秘计者投之"[24]。这项制度一直实行到唐末。[25]有人认为是广开言路，有民主风气。但在武后时这相当于公布了举报电话，鼓励告密、诬陷，破坏了社会风气。

一方面，恐怖统治改变了政治空气，武则天的地位得到了巩固和加强。另一方面，上层统治集团中的政敌尤其是关陇贵族受到了沉重打击，对他们的指控一般是煽动叛乱，所以进行惩处也株连到他们的家人和亲族（流放或没入掖廷为奴）并没收家产。即使受指控较轻的人，其子弟也被剥夺了参加科举考试的资格。有学者指出：“组成初唐上层贵族大部分的几百户高傲的贵族门第在这一时期严重衰落。虽然在中宗复辟前后有几次大赦，有的家族恢复元气要用几代人的时间，并且它们与较下层的社会竞争高官的力量永远被削弱了。”[26]

到 7 世纪末武周政权巩固以后，大狱稍息，酷吏也渐渐得罪被除去。

来俊臣“请君入瓮”

来俊臣（651—697），雍州万年（今陕西西安）人。性残忍，喜反复，不事产业。天授（690—692）中，告密得武后心，累迁侍御史。武后阴纵其惨，胁制群臣，前后夷千族。生平有纤介，皆入于死。拜左台御史中丞，中外累息，无交言者，道路以目。乃引侍御史侯思止、王弘义等共为党羽，同恶相济，共为罗织。当时法官竞用酷法讯囚，俊臣与周兴、索元礼尤为残虐。武后曾于丽景门别置推事院，敕俊臣等专按事，百不一贷。人谓丽景门为“例竟门”，言入者例皆竟。与其属造《告密罗织经》一卷，作为告密和捏造罪状的模板，网罗无辜，陷害忠良。万岁通天元年（696），迁升洛阳令、司农少卿。二年（697），因得罪武氏诸王及太平公主被诛。

天授二年（691）春正月，有告酷吏周兴与丘神勣通谋，武后命同为酷吏的来俊臣鞫之。俊臣与兴方推事对食，谓兴曰："囚多不承，当为何法？"兴曰："此甚易耳！取大瓮，以炭四周炙之，令囚入中，何事不承！"俊臣乃索大瓮，火围之如兴所云，徐起谓兴曰："有诏推兄，请兄入此瓮！"兴惶恐叩头服罪。后人因以"请君入瓮"比喻以其人之道，还治其人之身。

（四）对武后称帝的评价

1. 关于武后称帝

传统的说法认为，武后临朝称制（684）以后，即有打算篡唐。另一种较新的看法认为，垂拱四年（688）宗室起兵，很可能是武则天下决心革唐为周的诱因。"武后固然充满政治野心，但她的权力本源自高宗，故对李唐皇室，即使在高宗去世以后，仍保持一种维护态度。但她在宗室起兵后处理李唐一族的手段，却流露了对李氏宗室的厌恶。……李唐宗室起兵失败后，武后在政治上的盟友，亦从李唐一方，改为势力日增的武氏一族。她不久建周代唐，大概也是接纳了由（其侄子）武承嗣等提出的建议。"[27]

总之，两次叛乱使武则天对自己的地位忧心忡忡，从而把自我保护和自我炫耀置于其他一切之上。由此产生了两种动向：一个就是任用酷吏从肉体上消灭政治对手；另一个就是树立自己不可动摇、至高无上的绝对权威，垂拱四年的敬奉宝图就是其中的一项重要活动。宝图是一块白石头，上镌"圣母临人，永昌帝业"八个字。

所有史料一致认为宝图是武承嗣伪造的，他谎称宝图发现于洛水。按中国传统的说法，河图洛书的出现是改朝换代的征兆。武后的虚荣心和她对祥瑞常常表现出的轻信完全可能使她相信预言指的就是她本人，这宝图无疑是促使她下决心篡位的重要因素，甚至是决定性因素。得宝图的当月，武后便加尊号为"圣母神皇"。不久，又更名宝图为"天授圣图"。次年九月武后革唐为周称帝，便改元为"天授"，其用意就很明白了。

又，武曌以女身而为帝王，开中国政治上未有之创局。如欲证明其特殊地位之合理，绝不能于儒家经典求之。[28]此武曌革唐为周，所以不得不假托佛教符谶之故。《大方等大云经》有"女身当王国土"之说，武后遂令颁行天下，制造革命舆论。

2. 有关评价

传统的说法认为，由于唐初以来庶族地主开始有了长足的发展，到武后执政时，已足以控制国家经济并参与国家政治，所以她才能因势利导，由称制进而称帝。这种事情在"士庶之际，有如天隔"的时代是根本不可想象的。所以说，武后称帝是适应了中世纪中国社会的发展趋势，士族垄断政权的局面一去不复返了。这种说法的依据是基于社会发展史理论进行的阶级分析，并以假设武后为地主阶层的政治代表为前提。

其实，如果把武后称帝看作对当年宇文泰"关陇本位政策"所纠合起来的胡汉文武混合贵族统治集团的致命一击，那么作为李唐后族的武氏之所以能舍关陇而去，中国东部、南部发达的经济、文化在大一统社会中发挥着越来越大的影响不能不说是起了决定性作用。正因为如此，才会有山东豪杰李勣支持立武氏为后，才会有有大批文人为武后所用，才会有武后的移都洛阳乃至革唐为周，悍然称帝。这不是单从哪一个阶级或哪一个群体的利益来看能够解释的。正如史家所言："此关陇集团自西魏迄武曌历时既经一百五十年之久，自身本已逐渐衰腐，武氏更加以破坏，遂致分崩堕落不可救止。其后皇位虽复归李氏，至玄宗尤称李唐盛世，然其祖母开始破坏关陇集团之工事竟及其身而告完成矣。此集团既破坏后，皇室始与外朝之将相大臣即士大夫及将帅属于不同之阶级。同时阉寺党类亦因是变为一统治阶级，拥蔽皇室，而与外朝之将相大臣相对抗。"[29] 所以武后称帝、革唐为周不单是一次改朝换代，而且标志着一场意义更为重大的社会革命。中国古代社会之从"中世"向"近世"的转变过程（较为开放和庶民化），实际应该是从武后称帝开始，中间经历"安史之乱"，而到"唐宋之际"告一段落。如果仔细研究南北朝以来中国社会文化的演进过程，当对此点有更明晰的认识。武后称帝，所谓"势使之然也"！

　　另外，也不否认个人的作用。中国历史上有贵族妇女干政的传统，北方族群尤为突出。这一传统与建立帝制、恢复国家威权及巩固一统局面的历史趋势相结合，就为女主当政创造了良好条件。而武后本人又刚毅果断，有政治远见，善于用人，这些都促成了她作为一代女皇而登上政治舞台。

　　垂拱四年发生"宗室之乱"，武则天将参与叛乱的李姓宗室改姓虺。《资治通鉴》卷二〇五则天皇后万岁通天元年（696）"夏五月"条下胡注："武后改突厥骨咄禄为不卒禄，又改（契丹）李尽忠为李尽灭，孙万荣为孙万斩。此事何异王莽所为，顾有成败之异耳。"突厥默啜愿讨契丹，武后便册之为迁善可汗、立功报国可汗等令名，一旦背叛，便改称"斩啜"。总之，武则天好改年号、官名、人名乃至文字这些象征性的东西[30]，容易沉溺于这些象征符号，到底是何心理，值得研究。无论如何，大人物在历史上起作用，心态是其非常重要的因素。

武则天还有一些消极行为。如信图箓、筑明堂、造天枢、铸九鼎，浪费了大量的人力物力，在打击政敌的过程中也不免滥杀无辜，官吏大增也必然加重民众的负担。而且，武则天统治时期尽管社会经济有所上升，但逃户问题已经日益严重，府兵制开始走向崩坏。

称帝前后，武则天重用武氏宗室武承嗣、武三思、武攸绪、武攸宁等人，并大封武氏宗人为王。大臣吉顼等人深以嗣君之选为虑，武则天也感到作为女子，死后只能入李家宗庙，享子孙祭祀，所以接受臣下建议，于圣历元年（698）迎还庐陵王李显（中宗），复立为太子。然而，武则天晚年又宠爱男妾张易之、张昌宗兄弟，二人狐假虎威，作威作福。

神龙元年（705）正月，张柬之、崔玄暐、敬晖、桓彦范、袁恕己（后来都因功封王，因而称为"五王"）等人联合右羽林大将军李多祚发动政变，诛杀二张，逼武后退位，迎中宗复位，重建李唐王朝。当时中宗上武氏尊号曰"则天大圣皇帝"，后人因称之为"武则天"。同年十一月，武则天去世，年八十二，遗制"去帝号，称则天大圣皇后"。[31]

总之，"武后掌握政权，固不少重大过失，然在历史上实有进步之意义，盖北朝之局势由此而一变也"，史家知人论世，固当如是。

图4-3 德太子墓壁画：阙楼图 中宗之子李重润，因与妹永泰郡主、妹婿武延基议论张易之兄弟，而被武则天赐死。中宗复位后，追封其为懿德太子，妹为公主。

张柬之

张柬之（625—706），字孟将。襄州襄阳（今湖北襄阳）人。少补太学生，进士擢第，累补青城丞。永昌元年（689），拜监察御史。圣历初，累迁凤阁舍人。拜荆州大都督府长史。长安中，迁秋官侍郎、同凤阁鸾台平章事。神龙元年，首谋诛张易之、张昌宗兄弟，迫武则天传位中宗。以功擢拜天官尚书，封汉阳郡公。未几，迁中书令、监修国史，进封汉阳郡王，特授襄州刺史以养疾。寻为武三思所构，贬新州司马，忧愤病死，年八十二。景云元年（710），赠中书令，谥曰文贞。

第二节　武则天时代的政绩

有人曾经总结了武则天的"七大历史贡献"[32]。就武则天的政绩而言，值得肯定的主要表现在以下三方面。

一、选贤任能，培植人才

武则天求才，有两个显著的特点：

一是贵广。科举之外，武后还下令所有的高级官员都应举荐一个适合当官的"文德之士"[33]。垂拱元年（685），敕"内外文武九品已上及百姓，咸令自举"。又载初二年冬十月，"制（诏）官人者，咸令自举"。即在荐举之外，开辟了自举一途。此即唐德宗时宰相陆贽所谓"求才贵广"，"非但人得荐士，亦许自举其才"。所荐必行，所举辄试，因而在武则天时代，以检校、摄、判、知、试乃至员外同正等名义任命的差遣官大行其道。

二是求实。《新唐书》卷二○二《文艺传中·刘宪传》："武后时，敕吏部糊名考（选人）判，求高才。"则"糊名考选"始于则天。又，《通典》卷一五《选举典三》："武太后载初元年二月，策问贡人于洛城殿，数日方了。殿前试人自此始。""糊名考选"与"殿前试人"都是为了求实，对于官吏，考课贵精。这就是陆贽所谓"课责既严，进退皆速，不肖者旋黜，才能者骤升"。所以从武后开始，培植了一大批杰出人物：文官，如开元名相姚崇、宋璟；史家，所谓"前有房、杜（贞观），后有姚、宋"；又开武举，选拔了如裴行俭、郭子仪等名将；还有谏官，如狄仁杰等。

图 4-4　唐乾陵无字碑　武则天身后立下无字碑，可能有其功过留待后人评价的意涵。

对于武后选拔人才，史家以为："武曌以己身所生之李氏子孙与武氏近亲混合为一体……已令忠于李者亦甚难不忠于武矣。又拔取人才，使甚感激，为之效力，当日中国舍此辈才智之士外，别无其他可用之人，此辈才智之士得用于世，则感其知赏之殊遇，而武氏之政治势力亦因得以延长也。"[34] 由于入仕做官是当时年轻人实现人生抱负的唯一途径，因而尽管仕途险恶，甚至有生命危险，热衷者还是蜂拥而至，前赴后继。

狄仁杰

狄仁杰（630—700），字怀英。并州太原（今山西太原西南）人。高宗时举明经，调汴州参军。阎立本异其才，荐授并州都督府法曹。仪凤（676—679）中，迁大理丞。发断冤狱一万七千人，时称"平恕"。授侍御史。历任宁州、豫州刺史。则天革命，任地官侍郎同凤阁鸾台平章事。后为来俊臣诬陷下狱，贬彭泽令，转任魏州刺史、幽州都督。神功元年（697），复相。后出任河北道行军元帅、河北道安抚大使等职，率军击突厥。入为内史，劝止则天造大佛像。所荐张柬之、姚崇等，后皆为名臣。则天欲以其侄武承嗣继承皇位，仁杰力劝复立庐陵王（中宗）。圣历三年（700）病卒，年七十一，赠文昌右相，谥曰文惠。中宗反正，追赠司空。睿宗追封梁国公。

《李相国（绛）论事集》卷六"上言须惜官"条："天后朝命官猥多，当时有车载斗量之语；及开元中，致朝廷赫赫有名望事绩者，多是天后所进之人。"据此，武氏之政治势力至玄宗朝而不稍衰歇，姚崇、张说虽为政敌，然皆武氏之党，不过有派别之分而已。不仅如此，即玄宗天宝时最有实权的宰相，先为李林甫，后为杨国忠，此两人也不能说与武氏没有关系。因为这两人的任用其实和高力士有直接或间接的关系，而据《旧唐书》卷一八四《宦官传》，高力士初为"内官高延福收为假子，延福出自武三思家，力士遂往来三思第。岁余，则天复召入禁中"。所以史家以为，高力士"潜身宫禁，实为武氏政治势力之维持者"[35]

二、社会经济发展繁荣

武则天重视农业发展。高宗在位时，上元元年（674），武则天进号天后，上表建言十二事：一、劝农桑，薄徭赋；二、给复三辅地；三、息兵，以道德化天下；四、南北中尚禁浮巧；五、省功费力役；六、广言路；七、杜谗口；八、王公以降皆习《老子》；九、父在为母服齐衰三年；十、上元前勋官已给告身者无追核；十一、京官八品以上益禀入；十二、百官任事久、材高位下者得进阶申滞。其中劝农桑、薄赋敛、息干戈、禁淫巧、省力役等主张都有利于农业生产活动，高宗大都予以采纳，十二月下诏略施行之。以后又向全国颁布了《兆人本业》，用以教导农民，其内容包括农俗四时种莳之法。再加上在"贞观之治"的基础上又对旧世族豪门、大贵族、大官僚构成的大地主集团有所摧抑，社会经济呈向上发展的趋势。武则天执政半个世纪，人口由三百八十万户猛增到了六百一十五万户。

三、周边关系的发展

高宗、武后时期承贞观之治之后，社会安定，经济发展，国势强盛。如此，则与周边族群联系频繁，受其盛衰连环影响，统治者不得不勉力维护，以保障边疆安全。

（一）平东突厥余部

贞观十九年（645）薛延陀汗国破灭以后，逃亡到金山（今阿尔泰山）以北、剑河（今叶尼塞河）上游（今俄罗斯联邦图瓦共和国一带）的东突厥余部车鼻可汗的势力发展起来，不来朝见。贞观二十三年（649），唐遣右骁卫郎将高侃发回纥、仆骨等部落军兵讨伐车鼻。唐军攻入车鼻领地，各部落相继投降。次年六月，高侃率精骑追到金山，活捉车鼻可汗押往长安。然后，唐朝将车鼻部众安置到郁督军山（亦作于都斤山，今蒙古杭爱山），设狼山都督府以统之。

至此，从前东突厥的领地全都纳入唐朝的疆域。唐朝分别设立了单于、瀚海两个都护府来统辖这一辽阔的地区：单于都护府（治今内蒙古和林格尔附近）管辖漠南；瀚海都护府（治今蒙古哈拉和林附近）管辖漠北，后来改称安北都护府。此后三十年，唐朝北方没有战争警报，熄灭了烽火狼烟。乾封元年（666），唐高宗到泰山封禅，狼山都督葛逻禄社利等三十多个首领参与扈从，到了泰山脚下。高宗封禅后，下令把这些首领的名字都刻在封禅碑上。

（二）平西突厥

永徽二年（651）正月，瑶池都督阿史那贺鲁与其子咥运率众西遁，据咄陆可汗之地，建牙于双河（今新疆博尔塔拉蒙古自治州温泉县一带）及千泉（今哈萨克斯坦毗连吉尔吉斯斯坦之卢哥沃伊一带），自号沙钵罗可汗，统摄西突厥十姓。十姓各有所部，控弦数十万，西域诸国多隶附之。阿史那贺鲁数次侵扰西蕃诸部，且侵袭唐朝庭州。永徽二年至显庆二年（657），唐先后三次遣大军讨击。显庆二年，唐将苏定方所统诸路大军终将贺鲁父子击败，生擒贺鲁于石国（今乌兹别克斯坦塔什干）苏咄城，执献昭陵。于是，西突厥汗国（583—657）故地全部进入唐朝境域。十二月，唐朝裂其地为羁縻都督府、州、县，又置昆陵、濛池二都护府分统之。其所役属诸国也尽皆置州，并隶安西都护府。高宗特遣光禄卿卢承庆前往西域进行册拜任命，其酋长国王首领各按部落大小、节级高下，授予都督、刺史等职。

西突厥平定以后，吐火罗（今阿富汗东北部）前来投诚效忠，波斯（今伊朗）王卑路斯也提出请求，唐朝便于龙朔元年（661）派陇州（今陕西陇县）南由县令王名远担任吐火罗道置州县使，前往西域，在于阗以西、波斯以东的十六国设置都督府、州、县和军府，其中最远的波斯都督府设在疾陵城（Zaranj，今阿富汗西南与伊朗毗连处塞斯坦首府扎兰杰）。这些地方政府也全都隶属于安西都护府，王名远还特意在吐火罗立了一座大石碑以纪念这一盛举。至此，唐朝以三十余年的努力，终于消灭了东、西两个突厥汗国，取代其在亚洲内陆的霸权，建立起对西域的有效统治。

（三）唐与新罗灭百济

唐初，百济（今朝鲜半岛西南）与高句丽勾结屡侵新罗（今朝鲜半岛东南），新罗求救于唐。显庆五年（660）三月，唐高宗遣左卫大将军苏定方为神丘道行军大总管，率诸将军与新罗联兵讨百济，大破其国，虏百济王义慈及太子隆、小王孝演、将领五十八人等送于京师，高宗责而宥之。其国旧分五部，统郡三十七，城二百，户七十六万。至是乃以其地分置熊津、马韩、东明等五都督府，各统州县，立其渠酋为都督、刺史及县令。命郎将刘仁愿守百济城，右卫郎将王文度为熊津都督，总兵以镇之。文度济海卒，以刘仁轨代之。

百济僧道琛、故将福信复据周留城（今韩国忠清南道扶余郡忠化面周峰麓山城）反唐，迎故王子扶余丰于倭国（今日本），立为王，西部皆应，引兵围仁愿。龙朔元年（661）三月，唐熊津都督刘仁轨发新罗兵往救。龙朔二年（662）七月，仁愿、仁轨等率留镇之兵，大破福信余众于熊津之东，又拔要地真岘城（今韩国大田广域市附近），通新罗运粮之路。唐又遣水师七千人援仁愿。扶余丰杀福信，请兵于高句丽及倭国。龙朔三年（663）八月，仁轨击扶余丰及倭国兵众于白江口（今韩国忠清南道扶余郡林川面古多津），四战皆捷，焚其舟四百艘，丰脱身而走。王子忠胜、忠志等率士女及倭众并降，百济诸城复归唐。后来地入新罗。

苏定方

苏定方（592—667），名烈，以字行。冀州武邑（今属河北）人。骁悍多力，胆气绝伦。隋末事窦建德，从其攻城克邑，屡建战功。刘黑闼事败，定方归乡里。贞观初，为匡道府折冲。贞观四年（630），为李靖军前锋，平突厥颉利可汗，迁左武候中郎将。显庆二年（657），擢伊丽道行军大总管，平西突厥阿史那贺鲁，迁左骁卫大将军，封邢国公。显庆四年（659），为安抚大使，擒阿悉结阙俟斤都曼。显庆五年（660），渡海援新罗，破百济，执其王送京师，分其地为五都督府。拜凉州安集大使，以定吐蕃、吐谷浑。乾封二年（667）卒，年七十六，诏赠幽州都督，谥曰庄。

（四）灭高句丽

乾封元年（666）五月，高句丽莫离支盖苏文死。其子男生代主事，为二弟男建、男产所逐，走据国内城（今吉林集安），遣子献诚入唐求救。盖苏文之弟净土亦请割地归降。唐高宗乃诏契苾何力为辽东道安抚大使，高侃、薛仁贵等同行，九月与男生会。高宗诏拜男生特进、辽东大都督兼平壤道安抚大使，封玄菟郡公。十二月，唐遣李勣为辽东道行军大总管兼安抚大使，与何力等并力，督诸道总管讨伐高句丽。乾封二年（667）九月，勣拔新城（今辽宁抚顺），进拔城十有六座。郭待封以舟师济海，直趋平壤（今属朝鲜）。乾封三年（668）二月，薛仁贵拔扶余城，它城三十皆纳款。师会，悉围平壤。九月，高句丽王高藏遣泉男产率首领百人树素幡降，男建犹拒守。城破，俘藏、男建，收凡五部百七十六城，户六十九万。十二月，唐分高句丽故地为九都督府、四十二州、一百县，置安东都护府以统之。擢其酋渠有功者授都督、刺史及县令，与华官参理百姓。以左武卫将军薛仁贵为都护，总兵镇之。

高句丽之灭标志着朝鲜半岛上统一新罗时代（668—935）的开始。唐朝的安东都护府最初设在平壤，因受到新罗逼迫，于仪凤元年（676）撤到辽东（今辽宁辽阳）。[36]

（五）唐朝与吐蕃的争战

唐朝持续用兵东北，给了青藏高原上的吐蕃以勃兴之机。如陈寅恪先生所说："唐太宗、高宗二朝全盛之世，竭中国之力以取高丽（即高句丽。——引者），仅得之后，旋即退出，实由吐蕃炽盛，唐室为西北之强敌所牵制，不得已乃在东北方取消极退守之策略。

然则吐蕃虽与高丽不接土壤，而二者间之连环关系，实影响于中夏数百年国运之隆替。"[37]

自显庆二年（657）唐灭西突厥汗国，西突厥余部首领便开始勾结吐蕃军队袭扰唐朝西域安西四镇地区。咸亨元年（670），薛仁贵任逻娑（今译拉萨）道行军大总管，败于大非川，吐蕃尽取吐谷浑之地，唐蕃遂在陇右、河西（包括西域，其兵募、军队多从河西差发）展开了长期的争战。为了对付吐蕃的经常袭扰，唐朝开始在陇右洮河道（河源军，今青海西宁）驻军；并于鄯州（今青海海东乐都区）、河西走廊广置屯田，积累了同吐蕃征战的军粮、军资。遂于长寿元年（692）从吐蕃手中夺回安西四镇，并留汉兵三万镇守。从此唐朝在西域的统治巩固下来，并使中原文化的影响远达中亚、西亚。

大非川之役

咸亨元年，吐蕃取唐西域十八羁縻州，然后率于阗（今新疆和田）取龟兹拨换城（今新疆阿克苏），唐朝被迫罢弃安西四镇。四月，唐高宗诏右威卫大将军薛仁贵为逻娑道行军大总管，左卫员外大将军阿史那道真、左卫将军郭待封为副，率兵十余万出讨吐蕃，并护吐谷浑还国。八月，唐军至大非川，将趋乌海（今青海都兰河源苦海）。仁贵鉴于乌海险远不便行军，乃留辎重、粮秣，令待封于大非岭凭险置栅，构筑工事，留二万人驻守。仁贵亲率轻锐倍道兼行，大破吐蕃于河口，进屯乌海待后队。待封曾任鄯城（今青海西宁）镇守，与仁贵官位相等，耻居其下，乃擅违军令，领辎重徐行，未至乌海即遇吐蕃军二十余万，大败退走，悉弃辎重。仁贵被迫退守大非川，吐蕃大将论钦陵率兵四十余万猛攻，唐军大败，死伤殆尽。仁贵、道真、待封仅以身免，并坐除名。吐谷浑全国尽没，唯国王诺曷钵及亲信数千帐内属唐，乃徙于灵州（今宁夏灵武）。自此吐蕃连岁扰边，当州（今四川黑水）、悉州（今四川茂县）等羌尽降之。

（六）后突厥复兴

唐朝在和吐蕃的激烈对抗过程中，把大批军事力量投向西北，这就为北方突厥族群的复兴提供了机会。

后突厥即唐初贞观四年（630）消灭东突厥后安置在幽州（今北京）至灵州沿边的突厥降部。从调露元年（679）十月开始，突厥降部就断断续续进行叛乱。他们先后拥立阿史那泥孰匐和阿史那伏念为可汗，都被唐朝派名将裴行俭镇压下去。裴行俭文武全才，平阿史那伏念时大施反间计，结果伏念捆了另一个反叛头目来投降，裴行俭答应饶他不死。到长安后，权相裴炎嫉妒裴行俭的功劳，说动唐高宗下令把伏念杀了。唐朝的这一举动，激起了突厥人更为激烈的反乱。永淳元年（682），伏念余党阿史那骨咄禄（一作骨笃禄）、阿史德元珍（有说此即古突厥文《暾欲谷碑》的主人，著名的后突厥谋士）招集逃亡分散的叛乱分子，反抗唐朝。骨咄禄自称可汗，正式建立起了后突厥汗国（682—745）。因为后突厥汗国是由归附唐朝的突厥降部建立的，所以学界又常常称之为突厥第二汗国或后汗国。后突厥牙帐退到了漠北乌德鞬山（亦作郁督军山），不过仍经常南下袭扰。

（七）平息契丹叛乱

万岁通天元年（696），正当武周朝廷困于吐蕃、突厥两面作战，腹背受敌的时候[38]，"夏五月壬子，营州契丹松漠都督李尽忠、归诚州刺史孙万荣举兵反，攻陷营州，杀都督赵文翙。尽忠，万荣之妹夫也，皆居于营州城侧"；"尽忠寻自称无上可汗，据营州，以万荣为前锋"[49]。这场大规模的反乱持续了一年多，其间李尽忠病死，孙万荣代领其众，后为突厥所偷袭，败死，其余众及奚、霫都投降了突厥。[40]

尽管7世纪末的李尽忠、孙万荣之乱只是契丹社会发展的一个阶段性事件，却迫使唐朝新建以幽州节度为中心的河北道边防体制，主要防御北狄契丹。[41]这种形势为后来安禄山积聚力量发动叛乱创造了机会。[42]

第五章

唐朝的全盛

中国文学史上有"四唐"之说：玄宗以前称"初唐"，玄、肃二宗称"盛唐"，代宗迄文宗为"中唐"，武宗以后称"晚唐"。我们讨论政治史主要以社会变化来分期，一般将高宗永徽以前称"初唐"，武后至玄宗时代为"盛唐"。整个肃宗一朝，就是一场"安史之乱"，还没最后平定，肃宗就死了[1]。

盛唐开元（713—741）时期，政治清明，物阜民殷，内外安定。据杜佑《通典》记载："至（开元）十三年（725）封泰山，米斗至十三文，青、齐谷斗至五文。自后天下无贵物，两京米斗不至二十文，面三十二文，绢一匹二百一十二文。"到开元二十年（732），全国有民户七百八十六万多，人口四千五百四十三万多，比唐初户口增加一倍半以上。社会经济的繁荣推动了文化事业的发展。唐诗最为后世称道，著名诗人高适、岑参、王维，特别是诗仙李白、诗圣杜甫都生活在这个时代，而唐代中期的著名诗人（所谓大历十才子）也是这个时期培育出来的。其他音乐、绘画、雕刻、塑造等艺术也无不有显著成就。诗人杜甫写过一首《忆昔》诗描写当时的繁荣景象："忆昔开元全盛日，小邑犹藏万家室。稻米流脂粟米白，公私仓廪俱丰实。九州道路无豺虎，远行不劳吉日出。齐纨鲁缟车班班，男耕女桑不相失。"真是太平盛世啊！

第一节　开元之治

一、历史背景

（一）中、睿乱世

武则天与玄宗之间，是中宗、睿宗两兄弟统治时期，两人都是武则天的儿子，睿宗即玄宗的父亲。这一时期政局混乱，是一个过渡时期。

中宗复位以后仍然是一个傀儡皇帝，大权落在皇后韦氏、女儿安乐公主及武氏族人武三思等人手中。他们浊乱朝政，滥增斜封官（非正式任命）：员外同正、摄、检校、判、知、试（非正职的冗官）等官员。这些新贵广占田园，财货山积，肆意侵剥民众。当时皇后、皇子、公主、外戚都想夺取皇位，互相倾轧，政局动荡，政变频繁，主要有以下这些：

神龙三年（707）七月，太子重俊矫制发羽林军诛武三思、武崇训，后兵败于玄武门，逃走被杀。

景龙四年（710）六月，安乐公主想让韦后临朝，自为皇太女，遂与韦后宠臣合谋进毒，毒死中宗，立温王重茂为帝，尊韦后为皇太后。

同月，睿宗子隆基与太平公主发动政变，杀韦后及安乐公主，逼重茂（殇帝）逊位，拥立睿宗。

同年八月，谯王重福（中宗次子）欲取洛阳称帝，兵败溺死。

延和元年（712）八月，睿宗传位太子李隆基，是为玄宗，改元先天。右仆射同中书门下三品刘幽求等上密谋发羽林军诛太平公主之党，谋泄，因有功，被流放。

先天二年（713）七月，太平公主欲作乱，玄宗乃发兵杀逐其党羽，赐死太平公主。

以上六次政变加上神龙元年（705）张柬之等逼武则天退位，中宗复辟一次，前后不过八年半时间，政变七次，换皇帝四次。

先天二年（713）十二月，唐玄宗改元开元，混乱政局结束，唐朝进入了玄宗治世的长期稳定繁荣的时期。

（二）开、天盛世

一般认为，玄宗治世的四十四年（712—756）可分成三个时期。

（1）初期，713—720年，为政权巩固时期，姚崇、宋璟先后为首辅宰相。

（2）中期，720—736年，为玄宗事必躬亲、积极参政时期，首辅宰相先后为张说、张九龄。

（3）后期，736—756年，玄宗怠于政事，沉溺于后宫生活及神仙道教，先后专权者为李林甫（736—752）和杨国忠（752—756）。

玄宗有三个年号：先天（712年八月—713年十一月）、开元

（713 十二月—741 十二月）、天宝（742 正月—756 七月）。先天只有一年多的时间，且政局不稳。尽管开元后期和天宝年间主要是李林甫专权固宠，但李林甫本人是一个干练的行政管理人才，并荐用"计臣"（经济专家）裴耀卿、牛仙客等人，所以社会经济仍然繁荣向上，国势鼎盛，所以史称玄宗之世为开元、天宝盛世。

二、开元之治的形成

中国历史发展到武则天时期完成了文化融合与社会整合，但这一时期同时又是统治人群升降变化剧烈的时期，通过这一时期的变动组合，李唐王朝的统治人群由关陇集团蜕变成了李武韦杨婚姻集团。随着这一变动而来的是宫廷政治的紧张，唐玄宗当皇帝以前就亲自参加和发动了两次政变，他本人的地位也在政变中迅速上升。但是，频繁的政变显然不利于和平建设，因而唐玄宗即位后必须要改变国家生活中这种不正常的状况，这就决定了他的政策取向。

（一）及时实现政治重点的转移

开元初年，玄宗对那些自恃有功而邀求权位的功臣如刘幽求、钟绍京、王琚等，采取了坚决予以贬斥的态度。比如王琚，他在诛讨韦后和太平公主等重大事件中都站在玄宗一边，且"常预秘计"，玄宗即位后一度受到重用，"时人谓之'内宰相'"。但史书记载，"或有上说于玄宗曰：'彼王琚、麻嗣宗谲诡纵横之士，可与履危，不可得志。天下已定，宜益求纯朴经术之士。'玄宗乃疏之。"[2] 最后把王琚赶出京师，去外州当了刺史，而且削夺封户。这是因为"可马上取天下，不可马上治天下"，不能用打仗搞破坏的方式从事经济建设。这些功臣多半是些好乱乐祸的政客，他们得势必然要妨碍经邦治国的管理人才的进用。所以说，"狡兔死，走狗烹；飞鸟尽，良弓藏；敌国破，谋臣亡"。这种现象很多，似乎成了一条规律，大概都是不得已而为之，其实质就是政权建立以后及时转移工作重点的需要。唐太宗李世民自身有"十八学士"辅助，又以"玄武门之变"清除政敌，所以成就了"贞观之治"。唐玄宗贬斥勋臣而没有大开杀戒，也应该算处理得不错。

据研究，上说于玄宗的很可能就是开元首相姚崇，他在受任前曾提出"十事要说"要挟玄宗，其实质就是要实现国家政治重点的转移。姚崇在武则天时代制举登科，几次出任宰相，精通政务管理之道。总之，淡薄勇敢之士与热中怯懦之人适应于不同的时代。像姚崇乃至明清易代之际的钱谦益这类人，不可能在存亡危急关头殉国，却能为太平时代锦上添花。史家知人论世，对此不可不有所了解。[3]

十事要说

先天二年（713），玄宗讲武新丰，密召姚崇咨询国家发展大计，姚崇讲得滔滔不绝。玄宗兴奋地说："你该马上当我的宰相。"姚崇知道玄宗胸怀大度，急于改善治理，就想先提条件促使玄宗下决心，便假装不同意，玄宗很惊讶。于是姚崇下跪说："我想提十件事，陛下要是觉得办不到，我就坚决不当宰相。"玄宗让他说来听听，姚崇便说："垂拱以来，以峻法绳下；臣愿政先仁恕，可乎？朝廷覆师青海，未有牵复之悔；臣愿不幸边功，可乎？比来壬佞冒触宪网，皆得以宠自解；臣愿法行自近，可乎？后氏临朝，喉舌之任出阉人之口；臣愿宦竖不与政，可乎？戚里贡献以自媚于上，公卿方镇寖亦为之；臣愿租赋外一绝之，可乎？外戚贵主更相用事，班序荒杂；臣请戚属不任台省，可乎？先朝亵狎大臣，亏君臣之严；臣愿陛下接之以礼，可乎？燕钦融、韦月将以忠被罪，自是诤臣沮折；臣愿群臣皆得批逆鳞，犯忌讳，可乎？武后造福先寺，上皇造金仙、玉真二观，费巨百万；臣请绝道佛营造，可乎？汉以禄、莽、阎、梁乱天下，国家为甚；臣愿推此鉴戒为万代法，可乎？"[4]玄宗说："我全能办得到！"姚崇这才磕头谢恩，答应当宰相。

（二）裁汰冗员，选贤任能

（1）除了对武氏、韦氏及太平公主的党羽加以杀戮或贬斥外，对武后以及中宗、睿宗时大量委派的斜封官、试、摄、判、知官则予以裁撤精简；将宰相员额由睿宗时的十余人减少到二三人，从而减少了不必要的人际关系，提高了行政效率。

（2）用恩礼优待自己的同胞兄弟和皇亲国戚，却不给他们实职，从而削弱了皇室内部发动政变的政治基础。

（3）对于有才干的宰相任用不疑。开元初以姚崇为相，他帮助玄宗实现政治重点转移，执行各种决策，又沙汰僧尼，整顿吏治，对实现政局安定起了很大作用。姚崇之后，所用宋璟、张说、韩休、张九龄等，皆为名相，在政治上均有所建树。一般认为，姚崇善于创制，宋璟善于守成，史称唐代贤相，"前有房、杜，后有姚、宋"。

以上这些措施，基本上消除了武后当政以来造成朝纲紊乱、政局不稳的主要弊病。

（4）整顿吏治，改善铨选。武后执政以来形成的冗官冗员造成了另一个问题，就是扩大了中央官员与地方官员之间的差别与分歧。武后时期对中举士子日益重视，使得有能力的年轻人越来越靠科举进入仕途，他们通常在担任一段时间的京畿县令以后，就能继续在朝廷任职。另一方面，虽然地方职务收入多，官品也高，但官僚队伍中的杰出成员却避而不就，而由那些按资历从胥吏入流或在京师失宠的人充任。光宅元年（684）武后改官称，曾将御史台改为左肃政台，同时增置右肃政台；左台负责监察中央官员，右台负责监察地方官员。[5]中央与地方官员之间的这种差别与分歧，反映出官僚体制内部的新的对立倾向：一部分官员几乎只在京师任职，其中包括许多通过科举进入仕途的人；另一部分则在地方任职，而且往往任期很长。

玄宗继位以后有意改变官僚体制内部的这种新的对立倾向。先天二年（713）十月，废右御史台（神龙元年即705年，复肃政台为御史台）[6]。开元二年（714）"春正月，壬申，制：'选京官有才识者除都督、刺史，都督、刺史有政绩者除京官，使出入常均，永为恒式。'"次年六月，玄宗再次颁诏命令互调京畿和地方官员，并实行更彻底的按察使每年对地方官员的政绩进行考核、由吏部和户部批准的制度。政绩优良者有资格在京师任职，以前未在地方担任刺史或县令的人均不得在中央政府任职。[7]同年，玄宗还亲自在殿廷复试吏部新除的县令，把其中不合格的四十五人斥退，同时将主持铨选的吏部侍郎卢从愿左迁豫州刺史，李朝隐左迁滑州刺史。[8]

尽管有这些诏令，皇帝也决心要提高地方官员素质，但官员们依然不愿在京外任职。有这样一个例子，开元四年（716）二月，以尚书右丞倪若水为汴州刺史兼河南采访使。不久，扬州采访使班景倩为大理少卿，入京路过汴州，倪若水为他饯行，"立望其行尘，久之乃返，谓官属曰：'班生此行，何异登仙！'"[9]甚至在最有利的条件下，有前途的年轻人都有意识地拒绝到地方任职。开元十三年（725）二月，玄宗亲自挑选诸司长官有声望者十一人为刺史，"命宰相、诸王及诸司长官、台郎、御史饯于洛滨，供张甚盛。赐以御膳，太常具乐，内坊歌妓；上自书十韵诗赐之"。即使这样，汾州刺史杨承令仍不欲外补，口出怨言。玄宗大怒，将其贬为睦州别驾。[10]

有人认为，这种中央和地方的职能差别，很可能是后来官僚集团内部产生"党争"的主要原因。[11]而史家以为，由隆崇进士词科而导致关陇集团被破坏，将相文武蕃汉进用之途分歧而不可复合，乃至宦官专擅朝政，而蕃将即胡化武人割据方隅，这种中央与地方分立，实际是社会文化冲突的新演进，党争不过是其中具体而微的事件而已。[12]当然还应该看到，传统中国是一个中央集权国体，中央所在的京师聚集了大部分资源，因而能提供更多的机会，难怪青年士子趋之若鹜，唐玄宗也无可奈何。

（三）勤政节俭，除弊劝农

玄宗即使和唐朝初年的太宗李世民相比也是相当勤奋的。除了几次国丧期以外，他一直坚持上朝听政，直到天宝末年，那时（755）他已经七十岁了。传统的说法指责玄宗到天宝年间迷恋道教，怠于政事。但是应该看到，到天宝元年（742）玄宗已经五十七岁，即勤于政事已达三十个春秋了！没有一个皇帝能像玄宗早年那样积极推动国家政治、经济的发展，而且这一发展速度在四十多年中并不见放慢。[13]

玄宗本人早年也留心纳谏，这些例子很多。[14]

玄宗早年也很俭朴。如开元二年（714）七月，因为当时风俗奢靡，玄宗下制："乘舆服御[15]、金银器玩，宜令有司销毁，以供军国之用；其珠玉、锦绣，焚于殿前；后妃以下，皆毋得服珠玉锦绣。"又敕："百官所服带及酒器、马衔、镫，三品以上，听饰以玉，四品以金，五品以银，自余皆禁之；妇人服饰从其夫、子。其旧成锦绣，听染为皂。自今天更毋得采珠玉、织锦绣等物，违者杖一百，工人减一等。"同时罢两京织锦坊。[16]

玄宗君臣也注意不夺农时。如开元元年（713）五月，当时正修大明宫，"敕以农务方勤，罢之以待闲月"。开元初年，山东发生蝗灾，姚崇奏请派专使督州县捕蝗灭蝗。有人反对，说这是天降灾害，应该修"德"消灾，捕杀太多，恐伤"和气"。姚崇说："如果杀蝗有祸，由我一人承担。"在他的坚持下，终于消除了蝗灾。

玄宗又停止修建佛寺。因为当时佛寺隐匿大批人力，并且不缴租庸调（出家人不入户籍）。史书记载："中宗以来，贵戚争营佛寺，奏度人为僧，兼以伪妄（冒充、伪滥）；富户强丁多削发以避徭役，所在（寺院）充满。"[17]开元三年（715），规定将封户租庸调归政府统一征收。这些措施，都多少有利于减轻农民负担，改善国家经济，促进生产发展。

(四)抑制边功,维持和平发展

姚崇、宋璟辅佐唐玄宗,还特别注意抑制边将贪功生事。如,武周以来,突厥默啜是北方最大边患,开元四年(716),默啜为漠北九姓之一拔野古伏兵击杀,唐朝入蕃使郝灵佺取其头回京师邀功,以为必获重赏。宋璟担心边将因此贪功黩武,为国生事,便有意压抑此事,过一年才授郝灵佺右武卫郎将(正五品上),比原职官才升了一级(唐武官共三十级),郝灵佺因此恚愤不食而死。正如白居易在《新丰折臂翁》中所说:"君不闻开元宰相宋开府,不赏边功防黩武。"

于是,政治清明、物阜民殷、内外安定的"开元之治"得以形成,唐朝在玄宗治下走向全盛。

《新唐书·姚崇传》选译

姚崇曾经在玄宗面前议论郎官吏员的任命问题,玄宗东看西瞅,不听他说话。姚崇害怕了,反复说了几遍,玄宗干脆不搭话,姚崇赶快退了出来。内侍高力士说:"陛下刚即位,应该和大臣讨论决定问题。今天姚崇三番五次地说,陛下不搭理,这不是虚心接受意见的样子。"玄宗说:"我把政务委托给姚崇,大事我可以和他一起决定,至于郎吏这些官员的任命,姚崇难道不能不再烦我吗?"姚崇听说以后才放心了。于是,任命聪明能干的人,黜退不正派的人,天下因而秩序井然。

开元四年,山东大面积蝗虫成灾,老百姓又祭又拜,却看着蝗虫吃庄稼而不敢扑灭它。姚崇上书说:"《诗经》里说:

'抓住那些蟊贼，扔到火里烧死。'汉光武帝命令说：'尽量不误农时，督促鼓励农桑。消灭各种害虫，包括那些蟊贼。'这都是消灭蝗虫的意思。况且蝗虫怕人，容易驱除，再说田地各有主人，让他们自己救自己的地，肯定不怕辛苦。请在晚上点火，在火堆旁挖坑，边烧边埋，蝗虫可以消灭。古代有消灭不了的，只因为人们不肯尽力。"于是派出御史作为捕蝗使，到各道去指挥灭蝗。汴州刺史倪若水上书说："要消灭天灾只有靠德化，从前刘聪灭蝗不成，灾害反而更加严重。"拒绝御史，不执行命令。姚崇写信讽刺他说："刘聪不是正统，他的德行自然不能战胜妖邪，现在可是邪不压正。古代好的地方长官，蝗虫都躲开他的辖区，要是说搞好德化可以免灾，你那里是没有德化才招来蝗灾的吗？现在对蝗虫吃庄稼坐视不管，坚持不救，因此而没有收成，刺史你该怎么办？"倪若水害怕了，于是大规模捕蝗，抓到蝗虫十四万石。当时议论纷纷，玄宗也犹豫了，又问姚崇，姚崇回答说："没有见识的读书人拘泥书本而不会灵活运用。事物发展本来就有违背经典却合乎规律，不合规律而随机应变的情况。从前曹魏时代山东发生蝗灾，稍微耽误了没有消灭，结果闹到人吃人；后秦发生蝗灾，草木都被吃光了，最后牛马互相啃毛。今天飞蝗已经到处都是，而且还在不断产生发展。再说河南、河北人家并无长期存粮，一旦没有收获，就会流离失所，关系到社会的安定。再说即使蝗虫消灭不光，总比留着继续为害要强吧？"玄宗认为他说得对。黄门监卢怀慎说："凡是天灾哪是人力可以克服的啊！而且虫杀多了，必然破坏平和的气氛。希望您慎重考虑。"姚崇说："从前楚王吞食蚂蟥而治好了病，叔敖斩蛇而去邪呈祥。幸好现在蝗虫能够驱除，要是放纵不管，庄稼都会被吃尽，百姓该怎么办？杀虫救人，有祸就让它害我，绝不推到您身上。"蝗灾终于被平息了。

这时候，玄宗刚亲自处理国家大事，早晚不断咨询，其他宰相害怕玄宗威严，都退让躲避，只有姚崇协助裁决，所以得到特殊信任。姚崇的宅第偏僻路远，所以经常宿在附近的客房。卢怀慎死后，姚崇又得疟疾病休，凡是重大政务，玄宗都要让源乾曜去请教姚崇。源乾曜说的对，玄宗就说："这一定是姚崇的主意。"如果不合适，玄宗就说："为什么不去问问姚崇？"非要源乾曜承认确实没有问姚崇，才肯罢休。玄宗想让姚崇离自己近些，让他搬到四方馆住，每天派人请安问好，高明的医生、皇家的厨师往来不断。姚崇认为四方馆过于豪华，不敢住。玄宗派人对他说："恨不得让你住到宫中，这地方算什么！"过了好长时间，紫微史赵诲接受周边部族人的贿赂，要判死罪。姚崇一直对他亲近信赖，就在请求减刑的报告上签了名，玄宗很不高兴。当时在京师实行特赦，唯独不宽免赵诲。姚崇惊惶害怕，请求辞去宰相，推荐宋璟代替自己，于是保留开府仪同三司的级别不再参与决策。

玄宗想到东都去，可太庙房屋突然坏了，玄宗问宰相，宋璟、苏颋都回答："三年的丧期还没结束，不可以出外巡行。毁坏事故，是老天显示的警告，陛下应该停止去东都，加强德化以防止更严重的灾难。"玄宗又就此事问姚崇，姚崇回答说："我听说隋朝用前秦苻坚的旧宫殿来建造太庙，而本朝继续使用。再说高山土质疏松也会崩塌，何况木材年久也会遭到虫蠹。不过这次是屋坏与出行偶然巧合，并非因出行而屋坏。况且陛下是因为关中欠收，调运又费事费力，所以暂时到东都去住，这是为他人考虑而不是为自己。政府机关已经打好行装，供应也已经准备好了，请陛下的车队还是按期出发吧。旧庙很难再修复，何不暂时把神像牌位迁到太极殿供奉？另外再建新庙，以表达真诚的心意，这才是大孝的表现。"玄宗说："你说的正合我的意思。"于是赐绢二百匹，命令有关部门照姚崇说的办，天子前往东都。此后让姚崇每五天参见一次，到内衙等候召见。

开元八年（720），任命为太子太保，因为生病没有就任。次年去世，享年七十二岁。开元十七年（729），追赠太子太保的官号。

姚崇分家产，使儿子们各有自己应得的一份。文书中说：

"近来见达官贵人的后裔大多贫穷艰困，以致为一分钱、一尺布都要争执不休，无论谁有道理，都遭别人耻笑、指责。本来田地、住宅、水渠、磨坊是大家共有，结果互相推托倚靠以致停产荒废。陆贾、石苞都是古代有见识的名人，也预先分好家产以避免死后争执。

"从前杨震、赵咨、卢植、张奂都实行薄葬，可见死后身体已没有意识，腐朽化解得越快越好。实行厚葬的家庭盲目跟从习俗，把奢侈浪费当作孝道，结果诱使盗墓，死者尸骨遭人践踏，真让人痛心！人死了没有知觉，自然如同粪土，哪里还用得着奢侈的葬礼；假使他有知觉，灵魂也不在棺材里面，又铺张浪费干什么呢？我死了以后，就穿平常的衣服下葬，四季衣服各一套就行了。本性不喜欢戴帽子，别埋进墓里。本身的官服，穿着就很合适。

"现在的佛经，是鸠摩罗什翻译的，后秦皇帝姚兴给他校译，结果姚兴并没有活多久，国家也跟着灭亡了。梁武帝舍身为寺院的奴隶，北魏胡太后率宫内所有女官出家，结果都是国破家亡。近年中宗皇帝派替身出家，太平公主、武三思等又度人出家，又建造佛寺，本身却都被人杀死，为天下人所耻笑。上古五帝时代，没有子弟死在父兄之前的情况，大家都太平长寿，没有突然夭折的。到了夏、商、周三代，国家都巩固长久，这时的臣民如彭祖、老子也都长寿。那时还没有佛教，哪会是抄经铸佛像的效力呢！因死亡故去而写经造像，以为可以保佑死者。可是死亡是生命发展的必然结果，自古就不可避免，佛经、佛像又能有什么用呢？孩子们可要记住，千万别做这种事！"

姚崇办理公务的能力特别强，处理问题做决定时毫不犹豫。曾经三次担任宰相，经常兼任兵部尚书，所以边防驻扎、守卫、侦察、巡逻，军队兵员、马匹、装备、器械，全都非常熟悉。玄宗刚即位时，对大臣和他父亲时的元老重臣都以礼相待，尤其敬重礼遇姚崇。每次在便殿接见时，都要站起来迎接他，离开的时候总要送至殿前，其他宰相都赶不上这样隆重。当时刚结束有权势的皇亲国戚干涉政治的局面，制度规定遭到很大破坏。先天末年，宰相竟然有十七人，担任政府机关重要职务的人简直多不胜数。姚崇经常为有关部门撤除多余的人员，制定各项规章制度，选拔官员人尽其才，建议限制佛教，官员工作相对稳定。于是天子督促臣下履行职责，而权力牢牢掌握在皇帝手里。

　　不过姚崇也很有政治手腕。例如担任同州刺史时，张说因为一直对他有意见，指使赵彦昭检举揭发他。到姚崇掌了大权，张说很害怕，就悄悄去找岐王拉关系。一天，姚崇上朝以后，别人都很快退下去了，他却踮着脚后跟装出有病的样子，玄宗叫他过来问，他回答说："臣下我的脚伤了。"玄宗问："痛不痛？"姚崇说："我有心事很难受，比脚上更痛。"玄宗问他原因，他说："岐王是陛下疼爱的弟弟，张说是辅佐大臣，可是他却秘密乘车出入岐王的家，我怕岐王被他教坏了，所以非常担心。"于是张说被派出去当了相州刺史。魏知古是姚崇引荐的，两人同为宰相后，姚崇开始瞧不起他，把他排挤出去代理吏部尚书，主持东都官员选拔的工作，魏知古对此很生气。当时姚崇的两个儿子都在洛阳，经常收受贿赂，依靠老关系徇私舞弊。魏知古回京城时，全都做了汇报。有一天，玄宗召来姚崇问："你的儿子有才能吗？都在哪儿？"姚崇猜出玄宗的意思，就说："我的两个儿子都在东都机关工作，他们为人贪心而做事不谨慎，因此肯定找过魏知古托人情办事。"玄宗原先以为姚崇会偏袒自己的儿子，或替他们遮掩辩护，所以用话来试探他。听他一说，非常高兴，便问："你从哪儿知道的呢？"姚崇回答说："魏知古是我推荐的，我儿子肯定认为他会感谢我，从而接受他们的请求。"玄宗因而欣赏姚崇无私而瞧不起魏知古，不想让他参政了。姚崇说："是我儿子不像话，扰乱陛下的法度，可是要排斥魏知古，别人一定会说陛下对我偏心。"于是作罢。但玄宗最后还是免除了魏知古的宰相职务，让他去当工部尚书。

第二节　开元、天宝之际的社会变化

一、社会变化的基本原因

开元、天宝之际社会变化的基本原因主要就是土地兼并的发展。地主土地私有制基础上的小农经济是传统国家统治的社会基础。然而，随着经济和社会的发展以及生产规模化的要求，作为生产原料的土地迅速向经营者手里集中。唐朝对土地买卖限制的放松，进一步促进了土地关系的市场化。于是，土地兼并盛行，社会分化加剧。

唐代《田令》规定改置产业（如卖充住宅、邸店、碾硙）和迁往宽乡准许卖口分田，这就为土地买卖大开方便之门。农民由于赋役繁重、天灾人祸，或者"虽有垄亩，或无牛力"等原因，难以维持生计；地主、富户便以高利贷、"改簿"（私改簿籍）或典贴等方式向农民掠买土地，以致"庄田"大量出现。开元宰相张嘉贞曾说："比见朝士广占良田，及身没后，皆为无赖子弟作酒色之资。"[18]可见当时土地兼并已相当严重。刑部尚书卢从愿广占良田数百顷，被称为"多田翁"。敦煌出土文书记载，岐州郿县（今陕西眉县）多"疲人"（因无田可耕，故无力缴纳租调），被称为"破县""破邑"。《通典》卷二《食货典二》："开元之季，天宝以来，法令弛坏，兼并之弊，有逾于汉成、哀之间。"由此造成了户口逃亡、税收减少、兵源枯竭等三大社会问题，促使国家改革措施的出现。。

二、开元中期的调整改革措施

主要措施就是针对上述问题而采取的检括户口，改革户税、地税征收办法，以及改革兵制等。

（一）课役、财政改革

随着土地兼并的发展，小农占田越来越少，只问身丁、不问资产的租庸调逐渐成了农民难以忍受的负担。为了逃避课役、兵役，他们纷纷逃亡，于是逃户、浮客日益增加，造成了课丁锐减的局面，使唐朝在财政上感到"课调虚蠲，阙于恒赋"。唐玄宗遂于开元九年（721）令监察御史宇文融[19]主持括户。括户的办法是：由逃户在当地自首，准许就在当地附籍；新附客户免除六年租调徭役，只收轻税；不自首者，检出充边。朝廷派了二十九名劝农判官到各地检括了三年，到开元十二年（724）共检出逃户八十万户，以及相应的土地、钱财。在括户过程中，也有地方官趁机滥括，以邀上功。

前面讲赋役制的时候说过，唐初作为辅助的户税和地税，到开元、天宝年间在国家财政收入中所占份额越来越重。这是因为，由于土地兼并的发展，贫富分化，户口转徙日益加剧，原来按乡里计帐丁口征收租庸调的办法越来越不适用了。为了调整租税负担，减少农民逃亡，增加财政收入，开元中，唐朝开始把户税、地税的征收办法和税率确定下来，同时每乡适当减免若干租调。这种税制，就是后来建中元年（780）实行的两税法的前身。

尽管如此，关中一带因为是京畿所在，集中了大量的皇族、官僚和军队，租调仍然不敷用度，粮食供应尤其紧张。为了解决这一问题，唐朝在开元年间先后改革漕运，实行"变造""和籴"以及"回造纳布"等一系列新措施，并设了许多使职如转运使、盐铁使、户口色役使等，均为差遣官，专掌搜括钱粮，主要是去富庶的江淮一带活动。据《资治通鉴》记载，开元、天宝年间有"善理财者"几十人。下面讲一下几项新措施的实行情况。

"变造"之法早在中宗神龙年间即开始实行，就是取江南义仓米北运关中。开元初年，曾一度禁断变造。开元二十二年（734），玄宗以裴耀卿为江淮河南转运使，在运河沿线普遍设仓，分段节级转运江淮的大量粟米至关中，三年共运七百万斛，每年二百余万斛，是唐初贞观、永徽年间漕运量的十倍。

关中粮储充足以后，唐朝于开元二十五年（737）下令江南诸州的租米和脚钱（所加的运费）一律"回造纳布"，即以绢代租（方便运输）北运长安，用以在关中和籴当地的米粟，作为漕运的补充[20]。类似的办法也实行于河南、河北两道不通水运之处，称"折租造绢"。天宝初年，陕郡太守、水陆转运使韦坚以江淮义仓粟转市轻货（绢、绫、罗、金、银、珠宝等）北运长安，显然是"回造纳布"的继续。[21]

（二）政权结构及其运作方式的变化

首先是辅助决策机构政事堂的变化。开元十一年（723），中书令张说奏改政事堂名为"中书门下"，政事堂印也改为"中书门下之印"。"中书门下"虽设在中书省，但自成机构，下设五房：吏房、枢机房、兵房、户房和刑礼房，以对口分理各项行政事务。凡一切政令，包括皇帝诏命，必须经政事堂会议正式通过，加盖"中书门下之印"方能生效颁行，并为下属机关承认。这一变革对政务机构尚书省的六部形成了侵权和重叠，从而使旧宰相制度自身发生了动摇。"政事堂中书门下制度"的演化，是传统国家政治体制适应社会变化进行自我调适的一种表现。[22] 在皇权政治体制下，文职官僚围绕与皇权的关系发生变化，其规律一般是：由卑及高、由亲及疏、由内及外，决策官政务化，政务官事务化，事务官乃至所有职事官包括宰相都逐步阶官化，而整个国家机器都转向由更有利于强化皇权的使职差遣来运转。新的官僚制度就从这样一种机制中产生，降至宋代就形成了中书门下、枢密院与三司分理民政、军政、财政那样三权并立的中央政府机构，皇帝的地位更崇高了。

其次是翰林学士院的兴起。随着盛唐时代政事堂（中书门下）的工作重心由辅助决策向分理行政倾斜，在内廷辅助决策的翰林学士一职也应运而生。在此之前，皇帝也常常召集一些文士作为私人参谋，以备顾问。如在唐高宗时，武则天就召元万顷、刘祎之等人进入禁中参决时政，以分宰相之权，当时人们称他们为"北门学士"。到唐玄宗时期，为了改变中书舍人草拟诏制难以保守机密的制度缺陷，以及为了应付紧急事务，又于开元二十六年（738）正式在皇宫内设立了翰林学士院，选任擅长文学的亲信充任翰林学士。翰林学士没有专门的办公场所和属员，不计官阶品秩，属于一般行政系统以外的临时性差遣。翰林学士专掌内命，主要起草任命将相大臣、宣布大赦、号令征伐等有关军国大事的诏制，称为"内制"；而中书舍人所起草的则是对一般臣僚的任免及例行文告，称为"外制"。这样，翰林学士便分割了中书舍人的制诏之权。不仅如此，翰林学士还参谋机密政务，帮助皇帝决策，承担起了原属宰相职权范围内的参与决策机务的工作。翰林学士院与中书门下的分工发展形成新的内外朝。[23] 相权的分割以及翰林学士的临时差遣性质，强化了皇权在新型政治体制中的地位，对后世中央权力运作机制有深远的影响。宋辽夏金元明清各朝都设有翰林学士或学士，在政治权力结构中居有重要地位。

翰林院

翰林院，是唐朝禁中设置的一种内廷供奉机构。翰林院设置的具体年代目前尚无定论。在唐玄宗早先设立的翰林院中，供职者称翰林院待诏或翰林供奉，经学、文词之士的主要职责是起草急诏，此外还有卜、医、棋、术等各种专门伎艺人员，他们定期入值当班，待诏院中，各自以其专长为皇帝游居宴乐服务。后来由于人员越来越杂，为了保证机密，就于开元二十六年在翰林院之南另建翰林学士院，专供草拟诏制者居住，供职者称翰林学士。之所以称学士，可能是因为参与草拟诏制者多半来自决策机构"中书门下"，中书省有集贤院学士，门下省有弘文馆学士。"中书门下"一名的产生也显示二者之间的职责界线越来越模糊[24]，其职责（判官）现在也改由各院馆的写作班子学士们负责。张说入充翰林院待诏时就是集贤院学士。

最后是差遣制逐渐流行，差遣职增加，成为固定职官。上述各种学士就是一种差遣。差遣制的特点是：

（1）官与职脱节，本司官往往判别司事。

（2）差遣官无定员，无品秩。

（3）差遣不由吏部或兵部铨选。

除决策机构的长官之外，其他官员假以"同中书门下三品"衔，使居相位，也是一种差遣官。唐初，差遣只是个别现象。则天武后破格用人，官员大增，差遣之法逐渐流行。至玄宗朝，差遣成了一种制度。当时带"使"字的职衔均为差遣官，节度使、团练使、户口色役使、转运使、盐铁使等使职差遣官大量出现。有唐一代，先后设使多达三百余种。[25] 正如杜佑在《通典》卷一九《职官典一·历代官制总序》所说，唐代行政的特点是"设官以经之，置使以纬之"。在这种情况下，原有的职事官就品阶化了，到宋代就成了"寄禄官"。

（三）兵制改革

唐前期的府兵制是唐朝武力的基础，其特点是"兵农合一"。随着土地兼并的发展，土豪又开始出现，他们隐藏户口，成为"多丁户"，如鄜县宋智、凤翔歧阳郎光、凤翔岐山吕珣；南方润州有练湖，被土豪垄断，蓄户五万家之多。与此相应的是自耕小农大量破产，如杜甫在《自京赴奉先县咏怀五百字》里所叹"朱门酒肉臭，路有冻死骨"。这种情况对府兵制造成了严重影响。富强人家子弟由于勋田不能兑现，不再愿意被拣点为府兵或充兵募，于是"行钱参酌"，逃避兵役。而贫者"被发即行"，甚至无力自备衣粮。

府兵耕战兼具，宜于执行番上宿卫这样的短期轮值任务，不适于长期戍守和经常性作战。况且，府兵调集在制度上是有条件、有限额的。因此，唐朝从一开始就经常在府兵之外征募民丁充当镇防戍守人员，或临时组成军队出征，以应付频繁发生的边疆战争，这种士卒叫"兵募"。后来，随着军事形势的发展和制度的蜕变，兵士的番上和征防更代也多不能按时。原来规定兵士戍边的年限为三年，后来增至六年，有的甚至长征不归（如，武后时以汉兵三万戍守西域，衣不解甲）。到玄宗时，戍兵归还者竟然十无一二。

政治腐败也瓦解了府兵制，番役更代多不按时，而且"刑赏不均"，戍卒自身遭受边将的种种虐待和迫害，家人的徭役也不能被免除。于是，番休之后，兵丁便逃亡了，各折冲府的兵额因此严重不足，这就更加重了其余贫苦农民的兵役负担，其后果不难想象。

土地兼并引起了府兵制的崩溃，兵制的崩溃又反过来加速了农民的破产和逃亡，兵源在这个恶性循环中陷于枯竭。到玄宗开元年间（8世纪前半），府兵员额严重不足，已经不能保证正常的番上宿卫职能了，府兵制名存实亡，兵制的改革势在必行。为了保证军事形势和社会安全所需要的军队数量，国家需要更为自由的兵力资源，于是以募兵取代府兵成为必然。

（1）开元十一年（723），玄宗采纳兵部尚书张说的建议，下令废除府兵番上宿卫之制，在两京及其周围的府兵及白丁[26]中招募强壮者充当专门的宿卫之士。这种招募来的职业兵被称为"长从宿卫"，开元十三年（725）改称"彍骑"，分隶于十二卫，分六番长年宿卫。这些雇佣兵都免除征戍赋役，连衣粮器械也由政府供给。

（2）开元二十五年（737），又改革征防军，在诸色征行人及客户中招募情愿充健儿长住边镇者为兵，听家口自随，到军后，官府给以田地房屋。这些招募来镇守戍边的战士被称为"长征健儿"。长征健儿终身免除课役，装备、给养全由政府供应，因而又被称为"官健"。

（3）唐玄宗于是在天宝八载（749）宣布停折冲府上下鱼书，府兵制至此最终宣告废除。"故时府人目番上宿卫者曰侍官，言侍卫天子；至是，卫佐悉以假人为僮奴，京师人耻之，至相骂辱必曰侍官。"[27]

长从宿卫（彍骑）替代番上府兵宿卫京师，长征健儿（官健）替代轮番府兵镇防边地，这是中国古代兵制的一大变革。从此，兵农分离代替了兵农合一，职业募兵制代替了义务征兵制。

彍骑开始时有资格限制，"其制：皆择下户白丁、宗丁、品子强壮五尺七寸以上，不足则兼以户八等五尺以上，皆免征镇、赋役"。后来则尽为流氓、无赖。如《新唐书·兵志》所说："六军宿卫皆市人，富者贩缯彩、食粱肉，壮者为角觝、拔河、翘木、扛铁之戏，及禄山反，皆不能受甲矣。"长征健儿也为边将所苦使，乃至"利其死以没其财"。所以唐朝对外作战，还得靠临时征发百姓农户。如杜甫《兵车行》（写于天宝五载，746）："车辚辚，马萧萧，行人弓箭各在腰。耶娘妻子走相送，尘埃不见咸阳桥。牵衣顿足拦道哭，哭声直上干云霄。道旁过者问行人，行人但云点行频。或从十五北防河，便至四十西营田。去时里正与裹头，归来头白还戍边。……况复秦兵耐苦战，被驱不异犬与鸡。"白居易《新丰折臂翁》也有类似的说法。

在府兵制崩溃的过程中，地方上又出现了"团结兵"，亦称"团练"。团结兵源起于府兵制下未被兴发的兵员，他们要"倚（地）团集结"，由地方政府指挥，执行后勤增援任务或防守地方。团结兵先是产生在近边诸州，以后扩展至关中及其他各地。团结兵由各地差点殷赡、强壮的本地人充当，不离乡土，既进行训练，也从事生产，但和府兵不同，不用自备戎具、衣粮，而是官给身粮、酱菜，带有职业兵役的性质。后来由于广泛使用团结兵，诸州因而置有团练使、都团练使等职，例由刺史、观察使兼领。后来长征健儿沦为藩镇兵，降至宋代成为厢兵，团结兵也就变成了乡兵。

开元、天宝之际兵制的改革，对以后的社会政治产生了巨大的影响。

（1）国家负担兵士衣、粮，增加了军费开支，加重了民众的经济负担。每年军需粮一百九十万石，绢布一千二百万匹段[28]，所用绢布约占国家收入的一半。开元初每年军费仅二百万贯，天宝初达一千万贯，天宝末达到了一千四五百万贯。

（2）改府兵为长征健儿，唐初内重外轻的军事布局发生了根本变化，变成了外重内轻。从景云元年（710）至开元二十一年（733），为备边先后在沿边设置了十个节度使，控弦近五十万，而当时全国兵力才不过五十七万。[29]武后当政时，地方几次起兵都很容易被扑灭。而现在却尾大不掉，终于酿成了安史之乱。

表 5-1　天宝十节度使表

节度使	所辖军、镇、城、守捉及州郡兵	驻　所	
		古地名	今地名
范阳节度使	经略军	幽州范阳郡城内	北京
	静塞军	蓟州渔阳郡城内	天津蓟州区
	威武军	檀州密云郡城内	北京密云
	清夷军	妫州妫川郡城内	河北怀来东南怀来城
	横海军	沧州景城郡城内	河北沧州东南
	高阳军	易州上谷郡城内	河北易县
	唐兴军	莫州文安郡城内	河北任丘北
	恒阳军	恒州常山郡城内	河北正定
	北平军	定州博陵郡城内	河北定州西
平卢节度使	平卢军	营州柳城郡城内	辽宁朝阳
	卢龙军	平州北平郡城内	河北卢龙
	榆关守捉	营州城西	河北秦皇岛抚宁区东榆关镇
	安东都护府（743—761）	辽西故郡城	辽宁义县东南大凌河东岸
河东节度使	天兵军	太原府城内	山西太原晋源区
	大同军	朔州马邑郡马邑县城内	山西朔州东北
	横野军	蔚州兴唐郡东北	河北蔚县
	岢岚军	岚州楼烦郡城北	山西岢岚
	云中守捉	云州云中郡城内	山西大同
	忻州（定襄郡）⎫所属州郡兵		山西忻州
	代州（雁门郡）⎬		山西代县
	岚州（楼烦郡）⎭		山西岚县北
朔方节度使	经略军	灵州灵武郡城内	宁夏灵武西南
	丰安军	灵州西黄河外	
	定远军	灵州东北黄河外	
	东受降城		内蒙古托克托南
	中受降城		内蒙古包头西南
	西受降城	中受降城	内蒙古五原西北乌加河北岸
	安北都护府		内蒙古和林格尔西北土城子
	单于都护府		

节度使	所辖军、镇、城、守捉及州郡兵	驻　所	
		古地名	今地名
河西节度使	赤水军	凉州武威郡城内	甘肃武威
	大斗军	凉州西	甘肃永昌西
	建康军	甘州张掖郡西	甘肃高台西骆驼城
	宁寇军	甘州张掖郡东北	甘肃张掖东北
	玉门军	肃州酒泉郡西	甘肃玉门市北
	墨离军	瓜州晋昌郡城内	甘肃安西东南
	豆卢军	沙州炖煌郡城内	甘肃敦煌县城西
	新泉军	会州会宁郡西北	甘肃靖远西北
	张掖守捉	凉州南	甘肃天祝西南
	交城守捉	凉州西	甘肃永昌西
	白亭守捉（天宝十四载升为白亭军）	凉州东北	甘肃民勤东北白亭海南
安西节度使	龟兹镇		新疆库车
	焉耆镇		新疆焉耆西南
	于阗镇		新疆和田西南
	疏勒镇		新疆喀什
北庭节度使	瀚海军	北庭都护府城内	新疆吉木萨尔北破城子
	天山军	西州交河郡城内	新疆吐鲁番东南高昌故城
	伊吾军	伊州伊吾郡西北	新疆哈密西北
陇右节度使	临洮军	鄯州西平郡城内	青海海东乐都区
	河源军	鄯州西	青海西宁东南
	白水军	鄯州西北	青海大通西北
	安人军	鄯州界星宿川西	青海湟源西北
	振武军（神武军）	鄯州西吐蕃石堡城	青海湟中西
	威戎军	鄯州西北	青海门源
	莫门军	洮州临洮郡城内	甘肃临潭
	宁塞军	廓州宁塞郡城内	青海化隆西、黄河北岸
	积石军	廓州西	青海贵德西
	镇西军	河州安乡郡城内	甘肃临夏
	绥和守捉	鄯州西南	青海湟中南
	合川守捉	鄯州南	青海化隆南
	平夷守捉	河州西南	甘肃临夏西南

节度使	所辖军、镇、城、守捉及州郡兵	驻　　所	
		古地名	今地名
剑南节度使	团结营	益州蜀郡城内	四川成都
	天宝军	恭州恭化郡东南	四川马尔康东南
	平戎军	恭州南	
	昆明军	巂州越巂郡南	四川西昌南
	宁远军	巂州昆明县西南	四川盐源西南
	澄川守捉	姚州云南郡东	云南姚安东北
	南江军	泸州泸川郡西	四川泸州西
	翼州（临翼郡） 所属州郡兵		四川茂县北
	茂州（通化郡）		四川茂县
	维州（维川郡）		四川理县东北
	柘州（蓬山郡）		四川黑水西南
	松州（交川郡）		四川松潘
	当州（江源郡）		四川黑水东北
	雅州（卢山郡）		四川雅安
	黎州（洪源郡）		四川汉源北
	姚州（云南郡）		云南姚安北
	悉州（归诚郡）		四川黑水东
岭南五府经略使	经略军	广州南海郡城内	广东广州
	清海军	恩州恩平郡城内	广东恩平
	广管 所属州郡兵		广东广州
	桂管		广西桂林
	容管		广西北流
	邕管		广西南宁南
	安南管		越南河内

　　兵制的转变对唐王朝的军事态势和军队的战斗力产生了重大的影响。安禄山身兼幽州（天宝元年改为范阳）、平卢、河东三镇节度使御边，反而为他提供了积聚力量反叛唐朝的机会。"当玄宗文治武功极盛之世，渔阳（幽州）鼙鼓一鸣，而两京不守。安禄山之

霸业虽不成，然其部将始终割据河朔，与中央政府抗衡，唐室亦从此不振，以至覆亡。"[30] 盛极必衰，这似乎已经成了一条规律。究其原因，从唐朝历史来看，"盛"多半由于开明开放、和平建设，"衰"则主要由于滥用民力和穷兵黩武。

《新唐书·杨贵妃传》选译

　　唐玄宗的贵妃杨氏，是隋朝梁郡通守杨汪的重孙女。户口迁到蒲州，便成了永乐人。幼年就成了孤儿，在叔叔家养大。最初是嫁给寿王做妃子。开元二十四年，玄宗的武惠妃去世，后宫里没有能使玄宗满意的人。有人说寿王妃容貌气质天生超群，应该补充后宫，于是被召进宫中。玄宗大为惊异，就让她自己提出去当女道士，名为"太真"，另外给寿王娶韦昭训的女儿。太真因此得到了玄宗的宠幸。她能歌善舞，深通音律，而且聪明伶俐，善解人意。玄宗大喜，于是她一人独得宠爱，宫中称为"娘子"，礼仪地位与皇后一样。

　　天宝初年，升为贵妃。追赠父亲杨玄琰为太尉、齐国公。提拔叔叔杨玄珪为光禄卿，同宗哥哥杨铦为鸿胪卿，杨锜为侍御史，娶太华公主。公主是武惠妃的女儿，最受宠爱。而杨钊即杨国忠也渐渐显赫起来。杨贵妃的三个姊姊也都非常漂亮，玄宗称为姨，分封韩、虢、秦三国，均为夫人，出入后宫，恩宠和权势天下闻名。每当有品级的贵妇人朝见时，连持盈公主等都不敢站到她们前面。无论中央还是地方官员接到她们托付的事，赶快抓紧去办，比接到圣旨还快。各个方面都来向她们行贿拉关系，门庭若市。建平、信成两公主因为和贵妃家里不合，弄得被追回封赐，驸马都尉独孤明被撤职。

有一次，贵妃受责备而回了杨铦家，过了中午，玄宗还不吃饭，尽拿左右出气。高力士想探出玄宗的心思，提出把殿里的装饰、司农寺的酒肉一百多车送到贵妃的住所，玄宗马上就把自己的食品分赐给她。高力士明白了玄宗的本意，当天傍晚就提出去请贵妃回来，打开安兴坊的门赶回宫中。贵妃见玄宗，跪在地上道歉，玄宗顿时消了气，温情脉脉地拥抱安慰她。第二天，各位姨姐一起吃饭，音乐奏起，玄宗大量赏赐左右，不计其数。于是贵妃更加受宠，赏赐各位姨姐每年上百万钱作为脂粉费。杨铦家门口依上柱国的规格列戟，和杨锜、杨国忠及姨姐们五家住宅连成一片，模仿宫内，每一家修建费都上千万。只要见到别的住宅有更好的，就拆了重建，专门以壮丽豪华相攀比，不断进行修建装饰。玄宗也把得到的奇珍异宝和贡品分赐给他们，使者不绝于途，五家全都一样。

贵妃每次跟随外出游玩，骑马时都是由高力士牵马执鞭。负责织锦刺绣以及加工金玉的就有上千人，以供随时需要，奇装异服、罕见珍玩，变化如神。四面八方争先恐后进贡怪异的珍宝，总是见所未见，闻所未闻。其中以岭南节度使张九章、广陵长史王翼所献最新奇，于是张九章晋升到银青阶，王翼被提拔为户部侍郎，闻名全国。贵妃喜欢吃荔枝，非要吃新鲜的不可，于是玄宗派人骑快马轮流传递，经过数千里，到京师时味道还没变。

天宝九载（750），贵妃又受责备而出宫回了杨家，杨国忠请吉温帮忙。于是吉温去对玄宗说："女人不顺从应该处死，可宫中难道还缺一席之地行刑，反而让她到外面受屈辱吗？"玄宗感动了，停止进食，让宦官张韬光去见贵妃。贵妃因而请张韬光向玄宗赔罪说："我有罪确实该死，然而除身体头发之外全是皇上所赐，今天要死了，没有东西可报答。"用刀割了一撮头发带给玄宗说："以此作为最后的留念。"玄宗见了大吃一惊，非常后悔，马上召进宫来，立即和好如初。于是又访问秦国夫人和杨国忠的宅第，对两家的赏赐多得无法计算。

杨国忠在京城兼剑南节度使。每年十月，玄宗到华清宫游玩，杨氏五家车马跟随一起去，每家为一队，每队用一种颜色，当五家会合时，五彩斑斓如万花竞开，河岸山谷如一片锦绣，杨国忠则用剑南节度的仪仗队作先导。遗落的首饰、套鞋、珍珠、宝石，沿途到处都是，香气弥漫数十里。天宝十载（751）正月十五晚上，贵妃家人与广宁公主的随从争夺市门，挥鞭呼喊拥挤，公主掉下马来，只身逃脱。公主向玄宗哭诉，这才下令杀了杨家的奴才，把驸马都尉程昌裔做降职处理。杨国忠当宰相，他儿子杨昢娶万春公主，杨暄娶延和郡主；弟弟杨鉴娶承荣郡主。又下令为杨玄琰建立家庙，玄宗亲自书写碑文。杨铦和秦国夫人死得早，所以韩国、虢国夫人和杨国忠作威作福时间最长。而虢国夫人早就与杨国忠关系不正当，很多人都知道，可他们不以为耻。每次进宫拜见时，两人在路上并驾齐驱，男女骑马随从一百多人，蜡烛照得如同白日，美丽的装饰绵延一里多路，也不作任何遮掩，人们叫杨国忠"公狐狸"。凡是王子王孙想结婚，一定要先通过韩国、虢国夫人向皇帝请求，那就都会同意，谢礼往往是数百千金。

最初，安禄山在边疆立有功劳，玄宗特别喜欢他，让他和杨家姨姐们结拜兄弟。而安禄山像对母亲一样服侍贵妃，来朝见时，总要接风送行、拉拢关系。安禄山叛乱，以杀杨国忠为借口，并指责贵妃和杨家姨姐们的罪行。玄宗想让皇太子统率军队，因而传其皇位，杨家人害怕极了，在殿堂上大哭。杨国忠进宫告诉贵妃，贵妃口衔土块请求处自己死罪，玄宗泄气了，才没那样做。后来向西避乱走到马嵬坡，陈玄礼等人为了国家杀了杨国忠，杀了以后，军人仍不散开。玄宗派高力士去问原因，回答："祸根还在！"玄宗没有办法，只得和贵妃告别，让人把她拉走，勒死在路旁祠堂边，用紫毯裹起尸体，就埋在路旁，享年三十八岁。

玄宗从四川回来时，路过那个地方，让人祭奠她，还想下令改葬。礼部侍郎李揆说："警卫官兵因为杨国忠辜负皇上促成大乱，所以为了国家把他杀了。现在安葬贵妃，恐怕引起官兵们的不安和疑惧。"玄宗这才算了，但又秘密派宦官去用棺材改葬。打开坟丘，从前的香囊还在，宦官拿来献给玄宗，玄宗看了难过地流下了眼泪。他又命令画工在旁边的殿里画了一幅贵妃的像，每天早晚都去看，而且总会哭泣。

图 5-1　杨贵妃墓

第六章

安史之乱及其社会影响

天宝十四载（755）十一月，唐朝在极盛之时爆发了安史之乱。"安禄山之霸业虽不成，然其部将始终割据河朔，与中央政府抗衡，唐室亦从此不振，以至覆亡。"史家以为，"唐代之史可分为前后二期，而以玄宗时安史之乱为其分界线"，"前期结束南北朝相承之旧局面，后期开启赵宋以降之新局面，关于政治社会经济者如此，关于文化学术者亦莫不如此"。[1] 质言之，安史之乱不仅是唐史前后期的分界，从更长时段来看，它也是中国古代史的前后分界。

第一节　安史之乱

一、背景

（一）开、天时期的周边关系

1. 突厥

（1）后突厥。自开元四年（716）默啜可汗被北边九姓铁勒之一的拔野古伏兵击杀，后突厥势力削弱，与唐朝的关系也有所改善。主要的统治者毗伽可汗默棘连（716—734），是汗国创始人骨咄禄之子（默啜为骨咄禄之弟）；重要的佐臣阙特勤是毗伽可汗的弟弟；谋臣暾欲谷，或说即协助骨咄禄起义的阿史德元珍[2]。阙特勤死于开元十九年（731），毗伽可汗死于开元二十二年（734），唐玄宗都曾遣使吊唁，并亲撰阙特勤碑文[3]。然而后突厥仍时有犯边，开元八年（720）甚至与吐蕃合谋攻掠唐朝的河西地区。天宝四载（745），后突厥白眉可汗被回纥击杀，国灭。回纥汗国极力与唐朝维持"绢马贸易"关系，故未构成重大边患。

（2）突骑施。突骑施，本为西突厥十姓部落之一。显庆二年（657）唐平西突厥，将其部落分左、右两厢，置兴昔亡、继往绝两可汗实行羁縻治理。然而其贵族、酋长并不甘心其藩属地位，常引吐蕃军队袭扰唐朝西域。武周后期（7世纪与8世纪之交）突骑施黄姓（阿利施啜）部落强盛起来，发展势力，并取得碎叶城为其中心。突骑施曾与唐朝结盟，参加唐朝的金山道行军，遏制后突厥默啜向西域发展势力。然而景云二年（711）其可汗娑葛被默啜擒杀，黄姓转衰。开元年间兴起的十姓可汗苏禄属突骑施黑姓，其人"诡猾，不纯臣于唐"[4]。他在与大食人争夺中亚的同时，还多次招引吐蕃军队袭扰唐朝西域。开元二十六年（738），苏禄死于内乱，唐军扫荡苏禄余孽，兵锋直入怛逻斯（今哈萨克斯坦江布尔），突骑施黄、黑二姓均落入唐朝掌握之中，唐朝的直接统治达到了真珠河（今中亚锡尔河）以北。

2. 吐蕃

吐蕃一直是唐朝最强有力的竞争对手。虽然景云元年（710）唐朝曾嫁金城公主给吐蕃赞普，然而和亲不过是给双方都提供了一个新的政治借口而已。同年吐蕃便以"金城公主汤沐邑"的名义取得了河西九曲之地（今青海海南州一部及黄南州），此地以后便成了吐蕃进攻唐朝陇右地区的重要基地。

由于唐朝以重兵戍守安西四镇，尤其是和田地区，堵塞了吐蕃越于阗南山进入西域的中道，吐蕃便继续向青藏高原以西发展势力，并试图从青海以西进入西域与突骑施连兵。开元二十二年（734），吐蕃破大勃律（今巴基斯坦所领克什米尔的巴尔蒂斯坦）。开元二十五年（737），破小勃律（今巴基斯坦所领克什米尔的吉尔吉特地区）。同年，唐朝令河西节度使崔希逸破吐蕃于青海西，作为对吐蕃破小勃律的报复，双方自开元十八年（730）以来在金城公主促成下的盟信关系便正式破裂了[5]。直到天宝六载（747），唐将高仙芝远征小勃律，俘其王及吐蕃公主，置归仁军，募千人镇守；天宝八载（749），陇右节度使哥舒翰攻拔青海石堡城，唐朝才在这一轮争夺中暂时占了上风。

3. 南诏

南诏，本东爨乌蛮（今彝族祖先），唐初逐渐渗入洱海地区，征服当地的西爨白蛮（今白族祖先），形成了六个诏（意为王）。后来实现统一的蒙舍诏在诸部之南，故称南诏。开元二十六年（738），唐玄宗赐其王皮逻阁名蒙归义，支持其统一六诏，册之为云南王，于是迁治大和城（今云南大理南太和村）。天宝九载（750），因唐官贪求，南诏王阁罗凤反叛，取姚州（今云南姚安）等三十二州，遂北臣于吐蕃。天宝十一载（752），吐蕃以阁罗凤为赞普钟，意为王弟，给金印，号东帝。天宝十载（751）、十三载（754），唐先后两次发兵进攻南诏，均全军覆没，遂成南方最大边患。南诏虽曾于8世纪末一度与唐和好，但叛服无常，寇掠不止，以致唐朝国力衰竭，引发大乱而亡。

4. 奚、契丹

奚、契丹，均为东胡种（蒙古语族），居住以今内蒙古赤峰为中心的相邻省区毗连地区，大致是西拉木伦河和老哈河中游一带为契丹居地，两河以西及南边的大凌河和滦河上游为奚的居地。贞观二十二年（648），其酋长率部内属，唐以奚地置饶乐都督府（治今内蒙古林西西樱桃沟古城，后迁宁城），以契丹置松漠都督府（治今内蒙古阿鲁科尔沁旗，后迁巴林右旗），即以酋长各为都督，均赐姓李。武周时，奚与契丹均叛，与突厥相表里，号为"两蕃"。此后叛服无常，先依突厥，后附回纥。唐置范阳（治今北京）、平卢（治今辽宁朝阳）二节度防制之。

（二）沿边节度使的产生

在上述周边族群活跃的形势下，再来看唐朝沿边十个节度经略使的产生、分布、任务及发展就容易理解了。十节度经略使的设置情况如下[6]。

（1）安西节度使：主抚宁西域，统龟兹、焉耆、于阗、疏勒四镇；治龟兹城（今新疆库车）；开元六年（718）置。

（2）北庭节度使：主防制突骑施、坚昆、斩啜（即默啜，借指后突厥），管瀚海、天山、伊吾三军；治北庭都护府金满城（今新疆吉木萨尔县北后堡子乡破城子）；开元十五年（727）或开元二十一年（733）置。

（3）河西节度使：主隔断吐蕃、突厥，统赤水、大斗等八军三守捉；治凉州（今甘肃武威）；景云元年（710）置。

（4）朔方节度使：主捍御突厥，统三受降城等；治灵州（今宁夏灵武）；先天元年（713）或开元九年（721）置。

（5）河东节度使：与朔方犄角以御突厥，统天兵军等；治太原府（今山西太原南郊）；开元十一年（723）以前置。

（6）范阳节度使：主临制奚、契丹，统经略等九军；治幽州（今北京）；开元二年（714）置。

（7）平卢节度使：主镇抚室韦、靺鞨，统平卢、卢龙二军，榆关守捉，安东都护府，驻营州（今辽宁朝阳）；开元七年（719）置。

（8）陇右节度使：主备御吐蕃，统临洮等十军；治鄯州（今青海海东乐都区）；开元二年置。

（9）剑南节度使：主西抗吐蕃，南抚蛮獠，统天宝等六军；治益州（今四川成都）；开元五年（717）或开元七年置。

（10）岭南五府经略使：主绥靖夷、獠。唐初于广州（今广东广州）、桂州（今广西桂林）、容州（今广西北流）、邕州（今广西南宁）、交州（后改安南，今越南河内）设总管府，后改都督府，均设经略军使，由州刺史管领或兼任。五府即岭南道之地，由广府统摄，故岭南节度称五府经略使，驻广州[7]。

很明显，设节度使的初衷是防御性的。但是，古代史上并没有近代以来形成的那种政治边界。唐代中国周边族群多经营游牧、狩猎或采集，他们的活动范围很大，机动性极强，对唐朝的战争也多半是进行掠夺而不是为了占领土地。为了对付这种经常性的战争，建立稳定、持久的边防军制是必要的；为了防御高度机动的袭击，唐军不得不维持一条远远超出本体范围的安全地带或安全边界[8]，军力的扩大也是不可避免的；为了保证军事行动的顺利并保障必要的后勤支持，有必要在边疆实行军政一体。于是节度使代替了边镇都护、都督，作战时代替了早期的行军总管，这种体制确实在相当长一段时期内有效地保卫了唐朝的边疆。

然而，军政大权日益落入边防将领之手的危险却被忽视了：节度使与长征健儿结合在一起，就形成了边将专军的局面；盛唐天宝年间，边疆各道的采访使（行政监察官）也例由节度使兼领，很多甚至兼屯田使、支度使等财政经济主管职务，这就使节度使取得了专制一方的地位。一旦由于政府腐败无能或地方官长期专权等问题，中央对地方的控制削弱，或者由于奸臣弄权乃至中央与地方利益冲突等，国家权威受到挑战，叛乱的发生就很难避免。安史之乱正是在这种情况下爆发的。

二、安史之乱的经过

　　安禄山和史思明都是东北营州[9]一带的杂种胡。据研究，"杂种胡即中亚昭武九姓胡。唐人当日习称九姓胡为杂种胡。杂种之目非仅混杂之通义，实专指某一类种族而言也"[10]。中亚昭武九姓即所谓粟特人（Sogdians），其语言为东伊朗语，信波斯拜火教或摩尼教。《新唐书·逆臣安禄山传》说其本姓康，即中亚康国（今乌兹别克斯坦撒马尔罕）来的粟特商人；后来改姓安，安国即今中亚布哈拉。《安禄山事迹》略云："母阿史德氏，为突厥巫，无子，祷轧荦山，神应而生焉。是夜赤光傍照，群兽四鸣，望气者见妖星芒炽落其穹庐。怪兆奇异不可悉数，其母以为神，遂命名轧荦山焉（原注：突厥呼斗战神为轧荦山）。……乃冒姓安氏，名禄山焉。"[11]"禄山"一名，是伊朗语 roshān "光、明亮、光辉的"一词的音译。因此，安禄山以其两个名字，宣示了自己是拜火教斗战神和灵光神二位一体！为什么要这样呢？《新唐书》本传讲得很明白："至大会，禄山踞重床，燎香，陈怪珍，胡人数百侍左右，引见诸贾，陈牺牲，女巫鼓舞于前以自神。"[12]就是要神话自己！

　　《安禄山事迹》里还有一些这类记载，如，禄山奏云："臣焚香告天曰：臣若不行正道，事主不忠，（虫）食臣心；若不欺正道，事主竭诚，其虫请便消化，启告必应。"所谓"正道"显然就是拜火教的 asha，灵光神依首领对其态度真伪决定是否福佑之。禄山又奏："荐奠之日，神室梁生芝草，一本十茎，状如珊瑚盘叠。臣当重寄，誓殄东夷，人神协从，灵芝瑞应。"所谓"芝草一本十茎"，应该就是拜火教的 Baresman/Barsom，即拜火仪式上主持祭司手里拿着的枝条或草束[13]。又有"禄山醉卧，化为一黑猪而龙首"的说法，公野猪为斗战神的化身之一。玄宗曾"于御座东间为（禄山）设一大金鸡帐"，金鸡应即斗战神和灵光神共有的化身Vareghna鸟。又说："开元、天宝中，人间多于宫调中奏突厥神，亦为禄山之应。"[14]安禄山母为突厥阿史德氏，乃可汗后族的部落。其母为巫师，当时突厥巫师即拜火教祭司，所谓突厥神无疑就是拜火教神祇。

史思明，《旧唐书》本传说其为"营州宁夷州突厥杂种胡人也"。史，亦为昭武九姓之一，即Kishsh，唐称渴石、史国，今乌兹别克斯坦沙赫里萨布兹。这些杂胡在突厥汗国内主要就是经商和从事一些宗教文化活动。史料记载，安禄山通六蕃语言，投降唐朝为"互市牙郎"。

由于杂种胡深通突厥及其他民族内情，能够以少胜多，因而也为唐朝所利用。安禄山因军功为幽州节度使张守珪所推荐，逐步升到平卢节度使。当时吐蕃为关陇以西大敌，唐朝为保关陇安全倾全力西顾，于东北则采消极维持战略，遂使胡儿得逞其志，"东北二房（奚、契丹），借其镇遏"。天宝十载（751），安禄山兼领平卢、范阳、河东三镇节度使及河北道采访处置使，拥重兵十八万多。他用胡人为将，汉人为佐谋（如高尚、严庄之流），又收编突厥阿布思精骑，遂成全国武力最强悍之边镇。

天宝十四载（755）冬十一月，安禄山以所部及由同罗（铁勒十五部之一）、室韦及突厥、契丹人组织成的"曳落河"（意为健儿，即亲军）共十五万，以讨伐杨国忠为名，发动叛乱，直捣洛阳。

唐朝遣封常清、高仙芝抵抗失败。次年正月，安禄山在洛阳称帝，国号"燕"。唐朝斩封、高二将，用哥舒翰（西突厥哥舒部人，母为于阗王女）率勤王军及契苾（铁勒部落）、吐谷浑等部落兵抵抗，先守潼关半年，后出击至灵宝（今河南灵宝）兵败。叛军攻入潼关，玄宗出逃。马嵬驿事变后，玄宗往剑南成都；太子李亨（即肃宗）往北去朔方，八月在灵武即位，改元至德，以玄宗为太上皇。叛军入长安。

据考证，安禄山本人未到长安，他带兵攻打运河漕运重镇睢阳（今河南商丘南），被张巡、许远所阻。另外，由于河北颜杲卿等抗击叛军，也牵制了安禄山的力量不能向西发展。至德二载（757）正月，安禄山为其子安庆绪所杀。此为安史之乱第一阶段。

至德二载，唐肃宗任用郭子仪、李光弼（契丹人）发朔方、陇右、安西、北庭兵，并借回纥十万骑兵，于九月、十月连克长安、洛阳。安庆绪退保邺郡（今河南安阳）；史思明投降唐朝，授范阳长史、河北节度使，郡有十三，控弦八万。乾元元年（758）九月，郭子仪、李光弼率九节度兵围邺郡，宦官鱼朝恩任观军容使（监军）。九节度各不相谋，连兵六月，师老无功。乾元二年（759）正月，史思明复叛；三月，率兵援安庆绪，九节度兵溃，各归本镇。史思明亦杀安庆绪，自称帝。同年秋，进占洛阳。此为第二阶段。

上元二年（761），李光弼和仆固怀恩（仆固为回纥九姓之一）反攻洛阳，败绩。但史思明被其子史朝义所杀。唐再借回纥兵收复洛阳（牟羽可汗移地健是仆固怀恩的女婿），约定"土地归唐，子女财赂归回纥"，结果造成了极大破坏，"比屋荡尽，人悉以纸为衣，或有衣经者"[15]。

至宝应元年（762）史朝义逃回河北，次年正月为部将所杀[16]，其部将田承嗣、李怀仙降唐，均改任河北当地的节度使。安史之乱前后八年，至此结束。

《新唐书·颜杲卿传》选译

颜杲卿，字昕，和著名书法家颜真卿往上推五辈是同一个祖先，出自同一个以有文化、通儒学闻名的世家。父亲颜元孙，在武后垂拱年间就很有名，担任濠州刺史。颜杲卿以高官子弟的身份被选调担任了遂州司法参军。其性情刚强正直，处事果断。曾经受到刺史责问，仍然严肃地进行辩解陈述，不屈不挠。开元年间，和哥哥春卿、弟弟曜卿都因为公文处理意见写得极好，受到吏部侍郎席豫的赞赏推崇。又因为工作成绩突出，升任范阳户曹参军。安禄山听说了他的名声，推荐他为营田判官，代理常山太守。

安禄山叛乱时，颜杲卿与本郡长史袁履谦在路上拜见，安禄山赏给颜杲卿紫袍、袁履谦绯袍，让他们和他的干儿子李钦凑率七千士兵守卫土门（今河北井陉）。颜杲卿指着安禄山赏的衣服对袁履谦说："我们穿这干什么？"袁履谦恍然大悟，于是和真定县令贾深、内丘县令张通幽设法消灭叛军。颜杲卿装病不办公，派儿子颜泉明到处联络，暗中联系太原尹王承业起兵响应，让平卢节度副使贾循夺取幽州。计划泄露，安禄山把贾循杀了，改由向润客、牛廷玠守城。颜杲卿假装不做事，把公务委托给袁履谦，暗中却请处士权涣、郭仲邕制订计划。当时颜真卿在平原郡（治今山东德州），早就听说了叛军的反叛阴谋，暗中收留勇士准备抵抗坚守。李憕等人死后，叛军派段子光把他们的头送到各郡示众。颜真卿杀了段子光，派外甥卢逖到常山商量起兵，切断叛军北路。

颜杲卿非常高兴，认为军队相互配合可以削弱叛军向西的攻势。于是，假借叛军的命令叫李钦凑来商量事情，李钦凑晚上才到，颜杲卿推说城门晚上不能开，让他住在城外驿站里，派袁履谦和参谋冯虔、地方名人翟万德等几个人去摆酒席慰劳，灌醉以后，把他杀了，还杀了他的将官潘惟慎，消灭了叛军的同党，把尸体扔进了滹沱河。袁履谦把李钦凑的头给颜杲卿看，他高兴得哭了。

在此以前，安禄山派将军高邈去范阳调兵还没回去，颜杲卿让槀城县尉崔安石设法消灭他。高邈到满城，冯虔、翟万德都到驿站去等着，崔安石骗他说已摆好酒席，高邈下马，冯虔立刻叫手下人把他捆了起来。这时候叛军将领何千年从赵郡来，冯虔也把他抓了起来。不到中午，就把两个叛军将领押送来了。颜杲卿因而派翟万德、贾深、张通幽和颜泉明带着李钦凑的头，把两员叛将押往京师。到了太原，王承业想自己立功，给颜泉明很丰厚的路费让他返回，却暗中派壮士翟乔到半路上去截杀他。翟乔感到太不对了，就把这事告诉了颜泉明，颜泉明这才免遭杀害。玄宗提拔王承业做了大将军，押送的官吏也都得到了奖赏。不久真相大白，因而玄宗任命颜杲卿为卫尉卿兼御史中丞，袁履谦为常山太守，贾深为司马。于是颜杲卿在河北发布文告，说朝廷的二十万军队已经由土门来了。又派郭仲邕领一百名骑兵为先锋，奔驰向南，拖着柴草使得尘土飞扬，人们望见都以为大部队来了。才中午，消息就传了好几百里。叛将张献诚正在围攻饶阳，丢下武器装备就逃走了。于是，赵、巨鹿、广平、河间都把伪刺史杀了，把他们的头送到常山示众。而乐安、博陵、上谷、文安、信都、魏、邺等郡也都实行坚守。颜杲卿兄弟的军力有了很大发展。

安禄山到了三门峡一带，听说河北起兵，吓得不得了，派史思明等人率领平卢节度的军队渡河北上进攻常山，而蔡希德从怀州前往会师。不到十天，叛军常山猛攻常山城。颜杲卿的军队太少，不够守城用，于是向河东求救，王承业以前窃取过他杀叛军将领的功劳，不愿派兵。颜杲卿昼夜作战，井水用尽了，粮食、箭镞也用光了，过了六天，城被敌人攻陷，他和袁履谦都被抓住了。叛军威胁他要他投降，他不说话。又把刀架在他的小儿子颜季明的脖子上说："你投降，我们可以不杀你儿子。"颜杲卿仍然不回答。于是把他儿子和卢逖一起杀了。颜杲卿被押到洛阳，安禄山怒气冲冲地说："我提拔你为太守，有什么对不起你的，你要反对我？"颜杲卿瞪着他大骂："你不过是在营州放羊的羯胡奴隶罢了，骗取了天子的宠爱和信任。天子有什么事情对不起你，你反而要造反？我世代都是唐朝的臣子，遵行忠义，恨不得杀了你向皇上请罪，还会跟着你造反吗？"安禄山气坏了，把他绑在天津桥桥柱子上，一块一块地割他的肉吃。他仍然骂不绝口，叛军割断他的舌头说："看你还能不能骂？"颜杲卿含糊叫骂而死，终年六十五岁。袁履谦被砍断了手足，何千年的弟弟正好在旁边，袁履谦吐了他一脸血，后被叛军乱刀砍死，看见的人都流下了眼泪。颜杲卿同宗子侄和亲近家属全都被杀害。颜杲卿被俘以后，各郡又重新被叛军占领。

张通幽因为哥哥是叛军的丞相，就对杨国忠说颜杲卿的坏话，因而颜杲卿没有得到追赠表彰。肃宗在凤翔时，颜真卿上书申诉冤枉，这时张通幽当了普安郡太守，太上皇（玄宗）下令把他乱棍打死。李光弼、郭子仪收复常山，这才把颜杲卿、袁履谦两家亲属几百人从监狱里放出来，又送给丰厚的物品，让他们办丧事。乾元初年，追赠颜杲卿太子太保的官号，谥号为忠节，封他的妻子崔氏清河郡夫人。最初，博士裴郁因为颜杲卿没有当过宰相，谥号只给一个"忠"字，议事官员不满意，所以特别用两个字给他做谥号。卢逖、颜季明以及同宗子侄等都追赠五品官。建中年间，又追赠颜杲卿司徒官号。早先，颜杲卿被杀，头挂在大街上示众，没人敢掩埋。有个叫张凑的人得到了他的头发，拿来参见太上皇。当天晚上，太上皇就梦见了他，醒过来以后，特意为他进行了祭奠。后来张凑把头发还给颜杲卿的妻子，他妻子有点不信，可那头发就像会动似的。后来颜泉明找尸体要下葬，听行刑的说，死的时候一条腿先已经断了，和袁履谦埋到了同一个坑里。经指认，颜泉明找到了那个地方，于是改葬到长安凤栖原，颜季明、卢逖也埋在同一座坟里。

三、安史之乱的后果

安史之乱刚爆发不久，唐朝为了组织抵抗，便于天宝十四载（755）十一月设置了第一个内地节度使河南节度使，领陈留（开封）等十三郡。随着安史之乱的结束，节度使的设立已遍布中原大地。由于用妥协的方式安置安史降将，河北、山东的藩镇割据局面已经不可逆转。

安史之乱给国家和社会造成的后果是严重的：

（1）国家大规模军事化。武将行使大权，支配着地方行政和占有所有主要的战略要地，武装军事人员超过了七十五万。在以后的半个世纪甚至更长时期内，军队一直是国家生活中的主要力量。

（2）地方行政体制被改变。到代宗执政的广德元年（763），节度使和观察使控制的镇和道已在全国范围内成了州、县以上的一级常设行政机构。

（3）旧有的财政体制崩溃。地方户籍、计帐等赋税文书簿籍已在战火中焚毁、散失，并且也过时了。适合新形势的新措施在动乱期间逐步形成。

（4）人口大规模迁移。从战乱中心的中原地区迁往相对安定的江淮，甚至岭南。这不仅对经济生活（国家的赋税收入、南方的开发）造成影响，而且还产生了文化影响。今天南方客家人的祖先就是从安史之乱开始逐渐由当时的中原地区迁徙过去的。方言调查表明，客家话最接近以《切韵》音为代表的中古汉语中原方音。

表 6-1　长江流域部分州户数变化表

州名	开元时户数	元和时户数	变化
襄州	36,357	107,207	升
苏州	68,093	100,808	升
鄂州	19,190	38,618	升
洪州	55,405	91,129	升
饶州	14,062	46,116	升

州名	开元时户数	元和时户数	变化
越州	107,645	20,685	降
常州	96,975	54,767	降
婺州	99,409	48,036	降
江州	22,865	17,945	降
宣州	87,231	57,350	降
潭州	21,800	15,444	降
杭州	84,252	51,276	降

（5）河北、山东形成藩镇[17]割据。这使中央政府丧失了对中原最富庶地区的人力、财力的控制，这一部分大约占全国总人口和年收入的四分之一。这种半独立状况直到唐亡以后的五代才得到解决。

（6）国势衰弱，国土紧缩。《通鉴》卷二一六玄宗天宝十二载（753）"安禄山以李林甫狡猾逾己"条说："是时中国盛强，自安远门[18]西尽唐境万二千里，闾阎相望，桑麻翳野，天下称富庶者无如陇右。"然而，随着安史之乱的发展，河西、陇右军队内调勤王，吐蕃趁机攻占河、陇诸州。广德元年（763）十月，吐蕃攻入长安，占领十五天。吐蕃大将马重英（藏文名 rma grom）立故邠王守礼之孙广武王承宏为帝。郭子仪急募兵丁，将吐蕃赶走。但陇右一直在吐蕃手中，使唐朝形成了"西境不过泾、陇"的局面，直到宣宗大中二年（848）沙州人张议潮起兵，才得以收复。吐蕃又联结南诏，构成边患。

四、安史之乱的历史和社会原因

（一）蕃将胡人地方力量的兴起

早期节镇主帅大多为胡人或胡化之人。因而在安史之乱前期，族群融合又进一步发展，"当日河北社会全是胡化"[19]，"天下指河朔若夷狄然"[20]。所以史家论及安史之乱，以为"古今论此役者止归咎于天宝政治宫廷之腐败，是固然矣；独未注意安史之徒乃自成一系统最善战之民族，在当日军事上本来无与为敌者也"[21]。安史之乱后，降将魏博节度使田承嗣并为安史父子立庙，称为"四圣"。"圣人"为唐代俗称天子用语，可见安史在河朔影响之深远。这说明当时在一些地区形成了胡化汉人集团，他们与在朝廷占主导地位的正统官僚集团在社会地位和文化心理上有相当大的差距。换言之，即使无安史之乱，也会有哥舒翰、仆固怀恩或其他胡人将领的叛乱。哥舒翰被俘后投降了安禄山，仆固怀恩后来确实也发动了叛乱。这种冲突，是族群融合过程中难以避免的现象。

（二）节度使集权助长了割据势力

如开元二十八年（740），安禄山持节充平卢节度使、度支、营田、陆运、押两蕃、渤海黑水等四府经略、处置、摄御史大夫、管内采访处置等使。天宝三载（744），又授为范阳长史，充范阳节度使、河北采访使。天宝九载（750），又命兼河北道采访处置使。采访使负责检查地方刑狱和监察州、县官吏，处置使则负有便宜从事之大权。这样，节镇辖区内的诸州刺史也为其所制。有的节度使还身兼数道，如王忠嗣于天宝五载（746）兼陇右、河西、朔方、河东四道节度使，以一身"佩四将印，控制万里，劲兵重镇，皆归掌握。自国初以来，未之有也"[22]。这些节度使"据要险，专方面，既有其土地，又有其人民，又有其甲兵，又有其财赋，以布列天下。然则方镇不得不强，京师不得不弱"[23]。

（三）节度使久任专兵

这也是形成反叛的重要原因。唐玄宗在开元年间改变了唐初边帅不久任的制度。"自唐兴以来，边帅皆用忠厚名臣，不久任，不遥领，不兼统，功名著者往往入为宰相。……及开元中，天子有吞四夷之志，为边将者十余年不易，始久任矣。"[24]王晙、郭知运、张守珪等边帅皆十余年不易，安禄山任平卢节度使长达十五年之久，兼范阳节度使十二年，兼河东节度使五年。

又自开元二十五年（737）以后，各镇节度使所统领的军队都相继变成了招募来的"长征健儿"。这些士兵一般是终身在籍，久之甚至父兄在军，子弟相随，一家男子多在军中。士兵残废之后，子弟侄孙还可以被籍入伍，世代以军旅为家。史书记载："自天宝以后……皆成父子之军，不习农桑之业。"[25]因此，这些士兵对长官、对统帅有着极强的依赖性。由于节度使掌握着自行召兵、选任属吏、生杀赏罚的大权，所属部队逐渐成了"唯知其将之恩威，而不知有天子"[26]的私兵。此外，节度使又特别培养了一支更加忠于自己的亲兵。如前所述，安禄山的亲兵称"曳落河"，史称其"养同罗及降奚、契丹曳落河八千余人为假子，及家童教弓矢者百余人，以推恩信，厚其所给，皆感恩竭诚，一以当百"[27]。亲兵是节度使所豢养的死士，也是最精锐的武装。亲兵的设置，更加强了节度使割据自固、反叛朝廷的军事力量。

（四）朝廷政治发展的必然

玄宗前期用姚崇、宋璟，形成"开元之治"；后来用裴耀卿等"计臣"，开漕运，行和籴，维持了繁荣。开元二十二年（734），用李林甫为相，其人"口蜜腹剑"，善于"固宠市权"，勾结武惠妃、高力士，专擅朝政达十九年。李林甫的做法，适应了玄宗后期怠惰骄奢的趋势。李林甫为了排斥另一宰相张九龄，主张用蕃将、寒士为节度。例如，他荐用牛仙客为宰相。牛仙客本为河湟胥吏（流外官），因首建"和籴"之法，颇有政绩。但牛仙客仅仅是一个干才，文化水平较低，进政事堂起不了议政与决策的作用（中国传统观念认为，贤者在位，能者在职），只有利于李林甫个人专权。李林甫又用蕃将为节度，理由是"蕃人善战有勇"，其实是蕃人没有文化，不能入朝为相，这就杜绝了"出将入相"之源，使李林甫自己得以长期专擅朝政，因而加速了节度势力的膨胀。至天宝十载（751），除剑南道以外，几乎所有的边镇节度使都是由胡人将领担任，如高仙芝（高句丽人）、哥舒翰（西突厥哥舒部人）、安思顺（粟特人）、安禄山（粟特人）。

天宝十一载十一月（753年1月），李林甫死，杨国忠为宰相，一人身兼四十余使，国家大事决于私家。如主管铨选，为了取悦人心，不问贤愚，年资深的一概补官；又破坏制度，在其私第召集选人和吏部、门下省官进行唱名注官，废弃三注三唱、门下复审之法[28]，贿赂公行。又与安禄山争宠，安禄山本有野心，即以讨杨国忠为名起兵叛唐。

（五）长时段文化演进

当然，还有在更长时段起作用的因素，就是中国的地理文化环境。学者认为，迄至 20 世纪初中国历史的主流在北不在南。[29] 之所以如此，根本原因就在于古代中国是一个多族群帝国、多种族文化社会。不断进入帝国政治体系的周边（主要是北方）蕃部都要接受或采纳历史官僚制度，并最终融入历史官僚社会。长期以来，中原社会的汉文化主流掩盖了历史的政治真相。就安史之乱来说：

（1）实际上又是一轮更为长久的北族文化对中原社会的冲击，直至清代。所以唐史的前后分界也是中国古代史的前后分界。

（2）这种冲击是中原社会发展的必要条件，简单说来就是：新的文化、制度已经产生并建立起来，而旧的文化、制度却还顽强存在并影响着社会。

（3）"北方主流"和所谓"南朝化"其实是中国历史发展的两个侧面，是互相依存、互为条件的。

总之，这方面还有很大值得深入讨论的空间。

第二节　安史之乱后的财政状况与措施

一、乱后的财政状况

（一）制度破坏

战乱时很多地区租庸废置，战乱后面临的是：旧有财政体制已遭到很大破坏；许多地区以绢帛代替货币，没有金属货币可流通；

关中漕运不供。玄宗时关中粮一斗二十文，而安史之乱后的广德二年（764）斗米一千文，上涨至原来的五十倍。

（二）军费大增

因安史降将田承嗣（魏博镇，治今河北大名）、李怀仙（卢龙即幽州镇，治今北京）、李宝臣（成德镇，治今河北正定）割据河北（此即所谓"河朔三镇"），朝廷在河南、山东、荆襄、剑南布置重兵，防备北边割据势力和其他族群（吐蕃、南诏）。藩镇租赋不上缴，而一旦朝廷调用兵力，则军资（出界粮）均由朝廷支出，这就加剧了唐朝政府的财政困难[30]。

（三）户口锐减

据统计，天宝十三载（754）全国户口近九百万，而肃宗乾元三年（760，当时安史之乱尚未结束）就降到了一百九十三万[31]；代宗大历年间（766—779），政府只掌握了一百三十万户（直到唐亡，政府也只有四五百万户，远没有达到开、天盛时的状况），而这些户口当中不课口（有各种官爵名分的人）又达百分之八十[32]，剩下课户的负担可想而知，因此课户大量逃避。据《通典》卷七《食货典七》"丁中"条，逃避课役的方法有："或假名入仕，或托迹为僧，或占募军伍，或依倍豪族。兼诸色役，万端蠲除"；而富家又以"浮寄户""寄庄户""寄住户"等名义逃避租课徭役或只纳轻税（因为开元括户时规定对"浮寄户"和"客户"实行优待蠲免）。

（四）财政混乱

朝廷为维持财政收入，只好实行各种摊派，以致"故科敛之名凡数百，废者不削，重者不去，新旧仍积，不知其涯。百姓受命而供之，沥膏血，鬻亲爱，旬输月送无休息。吏因其苛，蚕食于人。凡富人多丁者，率为官为僧，以色役免；贫人无所入则丁存。故课免于上，而赋增下。是以天下残瘁，荡为浮人，乡居地著者百不四五，如是者殆三十年"。地方当局还"据其虚额，摊及邻保[33]"。大历五年至八年（770—773）独孤及任舒州刺史，他在《答杨贲处士书》中说："昨日据保簿数，百姓并浮寄户共三万三千。比来应差科者，唯三千五百。其余二万九千五百户，蚕而衣、耕而食，不持一钱以助王赋。……每岁三十万贯之税，悉钟于三千五百人之家。"[34]

二、政府应付财政困难的措施

政府应付财政困难的措施，主要就是开辟新的财政来源，先后用了三个计臣，即第五琦、刘晏、杨炎；实行了两项措施，即榷盐制和两税法。榷盐就是将食盐这种特殊商品规定为由国家专卖，不许他人随便经营，同时将这样一种民生必需的特殊商品定以高价，以便政府从中获取高额税收（增值税）。

（一）第五琦的财政改革

1. 榷盐

颜真卿任平原（今山东德州）太守，在河北抵抗安史叛军，就以专卖景城之盐作为经济来源。第五琦当时为北海（今山东潍坊）太守贺兰进明帐下录事参军，如法炮制，因而能以重赏募勇夫，收复沦陷郡县。[35]贺兰进明派第五琦报告肃宗，肃宗即拜第五琦为"诸道盐铁铸钱使"，让他主持施行榷盐法：凡山海井灶产盐之处，均设监院主持；除旧有业者之外，并吸收流民浮人为亭户（盐工），免其杂徭，全都隶属于盐铁使，禁止盗煮私卖食盐；亭户产盐由监院统一收购，榷价（即规定专卖价）由州县盐官去出售。大抵原收购价为一斗十文钱，而榷价要加一百文，即售价至少为一百一十文。

史书记载，第五琦榷盐，"百姓除租庸外，无得横赋，人不益税而上用以饶"[36]。榷盐避开了地方藩镇，在地方租赋被藩镇霸占控制的情况下，另辟蹊径增加了中央的收入。到代宗大历（766—779）末年，盐利已经占到了全国年总收入的一半。[37]

2. 铸钱

乾元二年（759）第五琦任宰相，认为国家财政收入减少的原因之一是市面上通货不足，造成市场上"币重货轻"，于是奏请铸"乾元重宝"，"以一当十，别为新铸，不废旧钱，冀实三官[38]之资，用收十倍之利"[39]。次年又铸"乾元重宝"重轮大钱（肉有二郭），一当五十，用以赏勋官，与乾元钱及开元通宝钱三品并行。唐朝在绛州（今山西新绛）大肆铸钱，引起通货膨胀，盗铸大兴，以致"货轻物重"，"米斗钱至七千，饿死者满道"[40]。第五琦因而得罪贬官。

（二）刘晏的财政改革

《三字经》里有"唐刘晏，方七岁，举神童，作正字"，即指此人。刘晏，曹州南华（今山东菏泽一带）人，七岁举神童，授秘书省正字。继第五琦之后，自肃宗上元元年（760）至整个代宗一朝（762—779）的二十年间，他长期充任有关财务的度支、转运、盐铁、铸造等使。其财政措施主要有以下三个方面。

1. 行常平法

刘晏以为"户口滋多则赋税自广，故理财以养民为先"。于是在各道设有巡院，有知院官，每十天或半月将天气、收成情况报告中央，若丰收则贵籴，灾减则贱粜，并预先予以若干蠲免。又根据各地物价涨落，贱买贵卖，平抑物价。结果是市场稳定，民得安居乐业，户口大增，财赋岁入增加两倍。

2. 进一步完善榷盐法

产盐地区设盐官，撤消销售盐官。盐官购盐后加榷价卖给商人，任其所之，禁止地方加通过税。最初江、淮海盐之利仅四十万贯，到代宗末年，增加到六百万贯，"由是国用充足而民不困弊"。

3. 整顿漕运

安史之乱以后，唐朝的财政支柱几乎完全仰仗东南财赋，但运河受到战争破坏，运河沿线户口流散，漕运不能畅通。刘晏采取措施，发展了开元末年裴耀卿的分段转输法：江船到扬州，汴船到河阴，河船到渭口，渭船到太仓，"其间缘水置仓，转相受给"，大大减少了漕运亏损。对船工也做了变革，不再征发役夫（杂徭），而改用盐利雇漕工，组成船队，由军队押运，保证了途中的安全，"至长安不损一粟"。

（三）两税法

租庸调制是基于自耕小农经济而设计的一种赋役制度。然而，随着经济和社会的发展以及生产规模化的要求，作为生产原料的土地迅速向经营者手里集中。随着唐朝对土地买卖限制的放松，土地关系进一步市场化。在这种情况下，均田制逐渐崩坏并趋于废弛。在武则天时期，农民受田已经严重不足。到了唐玄宗时期，土地授受更是难以为继。农民失去土地，按丁征收的租庸调便成了他们沉重的负担，从而导致他们破产、逃亡。安史之乱以后，由于人口在战争期间大规模的迁徙、移动，国家的编户大幅度减少，浮寄客户大量增加。由于土地所有权急剧转换，以及大量的浮寄客户改行从事工商业活动，原有的以身丁为本的租庸调制已经与社会现实不相适应，赋税制度的改革势在必行。

早在天宝（742—756）年间，原来作为辅助税的户税和地税在国家每年的财政收入中所占的份额已经越来越大。到安史之乱以后的代宗大历（766—779）年间，唐朝的赋税收入已逐渐演变为以户税和地税为主的局面。大历十四年（779）五月，唐德宗继位，八月以杨炎为宰相，决心把税制改革进行下去，杨炎建议实行两税法。建中元年（780）正月五日，两税法正式以赦诏形式颁布实施。

1. 两税法的主要内容[41]

（1）根据政府用度，做"量出制入"的预算，将预算总额按指标分配到州、县，然后下到乡、户。地方则将岁入分成三份：上供、送使、留州。这种分配办法，实际上是在藩镇割据的情况下，采用承认地方权益的曲折形式以加强中央同地方联系的措施。

（2）两税法不再分土著、客户（这些都是开元年间进行括户时产生的身份名目），"户无主（一说为'土'）客，以见居为簿；人无丁中，以贫富为差"，即改按丁（户籍身份）收税为按资产收税。

（3）两税依户等纳钱，依地亩纳粟，地亩税以大历十四年垦田数为准，均平征收。

（4）两税征收期限为夏税六月、秋税十一月交完[42]。

（5）商人行旅以所在州县据其收入纳三十见一之税。

（6）租庸调、杂徭全都取消，但丁额不废（每乡保留若干丁额，以便临时差发力役）。

客　户

唐前期客户意为逃离原籍的浮寄户，暂时停留者称"权时寄住户"，长期停留者称为"寄住户"，于当地购买土地者称"寄庄户"等。宋代则以无土佣耕者谓之客户。一般认为，客户内涵的这种变化就始自两税法改税丁为税产，有产为主，无产为客。

2. 两税法的评价

与从前历代的田赋制度相比，两税法的一个划时代特点是：不立田制，不限占田。这一制度的颁布施行，适应了土地关系的市场变化，对社会经济的发展起了积极的促进作用，是中国古代土地制度的一项革命性变化。与此相应，两税法另一个重要的而且同样划时代的特点是：改税丁为税产。此前基于小自耕农经济的租庸调制以身丁人口为课征对象，前提是人口的土著和身份的固定，以此保证国家的财政资源。两税法改税丁为税产，适应了社会结构发生的变化，有利于人口的社会流动，拓展了社会发展空间，同时也在新的条件下保证了国家正常的财政来源。其积极意义是：

（1）将安史之乱以来均田制、租庸调制遭破坏后产生的各种苛捐杂税归到一起，整顿了混乱的税制，有利于经济的恢复和发展。

（2）使赋税负担更趋合理。废除租庸调制以身丁为本的征税标准，改为以财产多寡为征税依据，财产多者多税，财产少者少税，使社会经济负担相对公平，从制度层面缓解了贫富不均的社会矛盾。

（3）取消从前租庸调制下不课户的规定，使官吏、僧道、浮寄客户和商贾都承担起纳税的责任，扩大了纳税面，相对减轻普通百姓的税收负担，增加国家的财政收入。

（4）关于户税征钱的规定以及对商人按一定税率征税的政策，有利于商品经济和商品货币关系的发展。

（5）"岁入三分"，是在藩镇割据的情况下以承认地方权益的形式保证了朝廷的财力，使国家的年财政收入由原来的一千二百多万贯增加到三千多万贯，有利于巩固朝廷的地位。唐代"计臣"的智慧令人叹服！

总之，两税法是中国赋税史上的一项重大变革，其税产原则为以后各代所奉行。宋代的"两税"、明代的"一条鞭法"和清代的"摊丁入亩"，都是对唐代两税法的延续和发展。由于地主私有经济的发展趋势不可逆转，两税法有利于在新形势下加强和提高国家权力，从而成为中国古代社会后半期的赋税定制。

第七章

中晚唐政治与五代十国

中晚唐主要有四种政治现象：藩镇割据、宦官专权、南衙北司之争以及牛李党争。到 9 世纪后期，唐朝由于长期藩镇割据、党争宦祸而国势日益衰弱，内忧外患终于引发社会变乱，从而造就了毁灭唐朝的力量。"黄巢余党朱全忠之武力，终能除去阉寺之党。但士大夫阶级本身旋罹摧残之酷，唐之皇室亦随之覆亡。"[1]

第一节　政治纷争

一、藩镇割据

安史之乱以后，唐朝中央政权被削弱了，藩镇和中央对抗，中央只得承认他们的擅权：父死子继世袭官职，缮邑治兵发动战争等。如河北三镇（亦称河朔三镇）——幽州李怀仙、成德李宝臣、魏博田承嗣，都是安史降将，他们趁朝廷对付吐蕃之际，自我完善，巩固了割据地位。即使是那些在平息安史之乱中功起行阵的武夫战将，也在内地以功见封节度，藩镇制度因此进一步推广，甚至两京附近也有了藩镇。虽然节度使中也有服从君命、臣事中央的人，但多数藩镇都具有不同程度的割据性。

（一）藩镇情势

唐代藩镇发展的大致情况是：安史之乱结束时建立起了三十四个地方藩镇。以后几十年新藩镇陆续增加，数目达到了四十五至五十个，其废立及辖境都很不稳定。但最初设立的那三十几个藩镇大致都保存了下来，到德宗贞元元年（785），所有重要的藩镇都已经形成。各藩镇地盘范围差别很大，有的仅有两个州，有的则有几十个州。

节度使个人掌握的武装是其割据自固的基础。节度使的兵力分为三种：

（1）团练，即地方雇佣军。

（2）官健，分牙外军、牙中军内军。

（3）家兵或亲军。

家兵即安禄山以"曳落河"八千余人为养子的遗制，陈寅恪先生认为这是胡人蕃将恢复部落兵的行为，"上阵还须父子兵"，所以战斗力特别强。"故唐代藩镇如薛嵩、田承嗣之徒，虽是汉人，实同蕃将。其军队不论是何种族，实亦同胡人部落也。延及（唐末）五代，'衙兵'尚是此'外宅男'（或义儿制）之遗留。"[2]

在这种私家武装的支持下，割据的节度使父死子继，"官爵自为、将吏自择、甲兵自擅、刑赏自专"。他们目无朝廷，"喜则连衡而叛上，怒则以力而相并"，酿成了战火连年、国无宁日的局面。有的藩镇干脆不供王赋，有的则大量占有送使、留州部分，上供中央的赋税非常有限。这种半独立状态的武装割据程度不同地延续了近二百年，直到宋太祖建隆二年（961）"杯酒释兵权"才最终解决了这个问题。

（二）唐王朝延续的原因

为什么安史之乱后形成藩镇割据，唐王朝仍能延续一百多年呢？主要原因有四。

（1）藩镇是割据势力，它本身也不是统一的。有人把唐朝中后期的藩镇分成四种类型[3]。

①割据型，主要集中在河朔地区。

②防遏型，主要集中在中原一带。

③御边型，主要集中在西北、西南边疆。

④财源型，主要集中在东南地区。

在唐代后期五十个左右的藩镇中，不听朝命实行割据的主要是河北三镇；东南藩镇从财力上支撑朝廷；边疆藩镇以武力捍卫朝廷；中原藩镇虽然有时不听指挥调遣，但在总体上具有镇遏河朔、屏障关中、沟通江淮的作用，割据方镇皆惮之。这些方镇互相联系又互助制约，使唐朝又维持了一百多年的统治。

（2）牙兵益骄，这成了藩将肘腋之患。

这种兵士全家老小随身，兵饷衣粮只供本人消费，家属妻小多赖赏赐为生。节度使若对他们赏赐丰厚，他们就拥护爱戴；节度使若刻薄其衣粮，骄兵就起而逐帅杀帅。唐后期，河北三镇牙兵拥立主帅成为惯例，史称"河朔旧事"。诸藩镇骄兵逐帅、杀帅二百余起[4]，风云流变，没有形成替代唐朝的力量。

（3）唐毕竟是中国传统社会的强盛王朝，它既没因安史之乱一触即溃，也不会因藩镇割据而瞬时沦亡。

唐王朝拥有一大批效忠皇室、有经验的文臣、武将和善于理财的计臣。比如，榷盐法和两税法显然有利于唐王朝的巩固和发展。又如，元和四年（809），裴垍提出停止各节度、观察使治所所在州的"上供"，全部改为"留使"，倘若其数不足以前确定的该节度、观察辖区的"送使"数额，可在下辖的其他州（支州支郡）继续全额提取，补足为止；这样满足"留使"后，该节度、观察所辖其他各州原定岁入的"送使"部分全都转归中央。这一改动减少了藩镇与其所属州之间的联系，并在财政上把藩镇降低到一个特殊州的地位。无论如何，这样又使中央从藩镇手中收回了一部分财权，加强了中央同地方的经济关系。此外，大历十四年（779）唐朝还在西川打败了吐蕃和南诏的联合进攻，因而得以回手处理分裂割据的政治局面，使统治得以延续等。

（4）不能忽视中华民族传统的大一统意识所产生的凝聚力，它确认中央朝廷为国家政治中心并极力维护正统合法体制。

藩镇虽然得到地方社会的支持，但仍然孜孜以求中央的合法任命，不然则乱。正如会昌四年（844）李德裕所说："河北兵力虽强，不能自立，须藉朝廷官爵威名以安军情。"[5]朝廷实际上也不愿意放弃这种名义上的联系，以维持暂时的和平共处。正因为如此，唐朝中央政府才在面临藩镇割据致命挑战时有可能幸存下来。9世纪中叶以后，唐王朝由于党争宦祸而日益渐衰，而下层变乱又彻底破坏了王朝的经济命脉盐政与东南财路，才使社会普遍对正统的认识发生动摇，地方分立就很容易发生了。

（三）削藩行动

唐朝中央还进行过三次大规模的削藩行动：第一次，唐德宗（779—805年在位）力图平藩，引起了"二帝四王"之乱；第二次，唐宪宗（805—820年在位）大举用兵，平定了不少藩镇，称"元和中兴"；第三次，唐武宗（840—846年在位）平泽潞，称"会昌伐叛"。

1. 德宗削藩

建中元年（780）行两税法。次年正月，成德节度使李宝臣死，子惟岳自为留后，请求继袭，魏博节度使田悦也帮他说话，被德宗拒绝，李、田便联合淄青、山南东道叛乱。朝廷诏淮西节度使李希烈平叛，李希烈平山南东道后拥兵反唐，与河北三镇共五镇连兵。

建中四年（783），朝廷诏泾原兵讨李希烈。因求取赏赐没有得到满足，泾原兵攻入长安，拥泾原节度使朱泚为秦帝，史书称为"泾原之变"，德宗出奔奉天（今陕西乾县）。这时候战争进一步升级，五镇中李希烈称楚帝，其余四镇都称王。兴元元年（784），朝廷诏朔方李怀光讨伐泾原兵，怀光反而与朱泚联合，德宗只好再逃奔梁州（今陕西汉中）。这场战争持续了五年，直到贞元二年（786）李希烈死，藩镇兵内部分裂，朝廷才得以与之达成妥协，藩帅取消王号，朝廷同意他们世袭。

德宗为积累平藩财力，两税之外又行"间架、除陌"之税，甚至开宫市，收藩镇"进奉"，纳使职"羡余"，尽管激起民怨，造成财政混乱，但国库渐渐丰裕。

2. 元和中兴

宪宗时削藩取得较明显的成功，其原因是：前一段时期经济有较大的恢复；用杜黄裳、李吉甫、裴垍、李绛等忠臣能人；大力扩充中央禁军神策军达十五万人，加强了对京都地区的控制；对吐蕃的反击取得了一定的成功，同回纥、南诏改善了关系。

（1）从元和元年到七年（806—812），朝廷先后平定了剑南西川节度使刘辟和浙西镇海节度使李锜的叛乱，两地均为唐朝政府经济依靠；随之而来的是魏博节度使田弘正归命，成德王承宗也输贡赋、请官吏。元和四年（809），裴垍解决了"支州"岁入中的"送使"问题，使中央从藩镇手中收回了一部分财权（见前）。

（2）元和十年（815），朝廷下令讨伐叛乱的淮西节度使吴元济。起因是：淮西吴少阳死，其子吴元济自领军务。因其地逼近汴河（通济渠）运输通道，为朝廷经济命脉，不容许割据阻断。当时主持朝政的是裴度，他主张削藩最力，又用了名将李愬，"李愬雪夜下蔡州"[6]，活捉吴元济，平定了淮西[7]。这次胜利影响很大，很多藩镇相继归命，成德王承宗上表献德、棣二州，卢龙（幽州）刘总也献地效诚。元和十四年（819），唐朝又平定了屡与河北三镇连兵的淄青镇。

在这样的斗争中，唐政府也"币帑虚竭"。宪宗本由宦官拥立，因此不抑宦官，导致内廷阉寺党派竞争日益加剧，结果牵涉到了皇位继承问题，宪宗也因此被弑[8]。

继位的穆宗下令"销兵"，即规定每年各藩镇军队要自然减员（死亡、老病、不合格等）达百分之八。这一做法引起藩镇兵将不满，导致河朔再叛，销籍的士兵都参加了叛乱。唐朝无力平叛，只好承认现实。

3. 会昌伐叛

武宗会昌三年（843），泽潞（今山西长治）节度使刘从谏卒，其侄刘稹请为留后。宰相李德裕认为"泽潞国家内地，不同河朔"，坚决主张用兵，武宗便下令诸道发兵进讨。次年，刘稹为部将郭谊所杀，泽潞平。这次被称为"会昌伐叛"的胜利，对于稳定中央直接控制地区、保证粮道起了积极作用，并为唐朝处理开成五年（840）溃败的回鹘余众创造了条件。李德裕撰有《会昌伐叛记》一卷，自述策划击退回鹘与平定泽潞之事[9]。

武宗以后，中央再也无力与藩镇进行较量，藩镇内部骄兵逐帅也日见频繁，抵消了不少力量，双方在相当长的时期中再未发生重大战争。

武宗在位时发生的另一件大事就是"会昌毁佛"（佛教称之为"会昌法难"），其原因有：

（1）安史之乱及乱后藩镇割据多为胡化武人所为，故唐中后期社会萌生并兴起崇华拒戎、尊王攘夷思潮[10]。

（2）佛教寺院经济的发展，与国家在土地、人手方面形成冲突。

（3）尤其是当时社会上货币流通不足，佛寺却大量熔钱为铜以铸造佛像，加剧了钱荒。

（4）会昌年间讨伐藩镇泽潞，财政有急需。

（5）唐武宗本人崇信道教，深恶佛教，遂听信道士赵归真的鼓动。

在宰相李德裕的支持下，武宗于会昌五年（845）四月下令清查天下寺院并沙汰僧尼。八月，令天下除长安、洛阳及诸道保留规定的少数佛寺外，其余寺院一律拆毁。共计毁寺院四千六百余所，招提、兰若四万多所，没收良田数千万亩，勒令还俗僧尼二十六万多人，释放男女奴婢十五万人，全都变为向国家纳税的两税户。同时，大秦景教、祆教、摩尼僧等皆令还俗，寺亦拆毁[11]。政府则从废佛运动中得到大量财物、土地和纳税户。武宗废佛是佛教号称"三武之祸"（北魏太武帝、北周武帝及唐武宗）中的最后一次。然而时隔不久，宣宗继位后即于大中元年（847）闰三月下敕放松了对佛教的限制[12]。

二、宦官专权

宦官是古代中国和东方某些专制国家（如阿拉伯帝国）历史上特有的一种现象，因为其属于皇帝近侍，易于得势。当皇帝同大臣对立时，总是亲信"妇寺"。中国历史上宦官擅权有东汉、唐、明三朝，又以唐为最烈，立、废、杀君如同儿戏。

唐朝宦官用事从玄宗后期高力士开始。唐初，太宗定制，内侍省不置三品官。玄宗宠信高力士，因而任命他为右监门卫将军（从三品），宦官自此有从三品待遇并参与政事，虽说是小事为皇帝代劳，但大权旁落。尤其是持节传旨，出纳王命，监军弄权，节度地位反在其下[13]。于是所得财产以巨万计，长安附近三分之二的园林为宦官财产[14]。宦官边令诚监高仙芝军，能撤换安西节度；安史之乱时高仙芝、封常清退守潼关，玄宗诏边令诚斩之[15]。

宦官直接掌握军权，正式干政，自肃宗亲信李辅国开始。安史之乱爆发，肃宗逃到灵武，李辅国劝其即位以鼓舞人心。肃宗即位，授李辅国判元帅府行军司马事。回长安后军令、政令都由李辅国押署，于是宦官开始掌禁军、机密。

宦官拥立皇帝也是从李辅国开始的。肃宗死，张皇后想动摇太子的地位，宦官程元振密告李辅国，两人乃扶太子即位，是为代宗。辅国因此深受重用，更加骄横，甚至敢对代宗说："大家但内里坐，外事听老奴处置。"后来盗杀李辅国，但宦官程元振和鱼朝恩[16]先后专制禁军，气焰更加嚣张。

泾原之变，德宗出逃，禁军都召集不起来，仅宦官窦文场、霍仙鸣及亲王左右从驾逃难。因此，光复以后，德宗把神策军交给宦官统领。贞元十二年（796），德宗以宦官窦文场、霍仙鸣二人分任左、右神策军护军中尉。至此，宦官掌握禁军成为定制。神策军待遇优厚，所以许多节度使也想要"神策军"待遇，称为"遥隶"神策，与宦官内外勾结。

代宗时，已开始用宦官于内廷知枢密，参与机要；到宪宗时，便正式设立左、右枢密使，由宦官担任，"承受诏旨，出纳主命"[17]，侵夺中书门下的权力[18]。唐代后期，宦官专任的两神策军护军中尉与两枢密使合称"四贵"，他们拥立皇帝、任免宰相、处理军国要务，有时成了实际上的最高决策者。《新唐书·僖宗纪》："赞曰：唐自穆宗以来八世，而为宦官所立者七君。"宪宗和敬宗都是被宦官杀死的，也有研究者认为顺宗、文宗两个皇帝也都是被宦官害死的。到僖宗死了以后，观军容使杨复恭拥立昭宗，竟自称"定策国老"，指斥皇帝为"门生天子"。

为了争权夺利，宦官分成党派，结果在朝官中也引起朋党之争，加剧统治集团内部的矛盾，主要有两种，即"南衙北司之争"与"牛李党争"。外朝官僚贿赂宦官中尉，可谋地方节度肥缺，到任地方后便大肆搜刮以偿债，人呼之为"债帅"。文、武百官也都依傍宦官以保仕途。

总之，宦官专权严重腐蚀了朝廷政治，对社会生活也产生了极恶劣影响。虽然部分士人先后发起"永贞革新"（即"二王八司马事件"）和"甘露之变"，但都未能解决这个问题。直到唐末大乱之后，宰相崔胤勾结军阀朱全忠，才杀尽宦官，东迁昭宗至洛阳（904），但唐朝也快灭亡了。

三、南衙北司之争

南衙即官僚机构所在，借指士大夫；北司指宦官。南衙北司之争主要就是两次事件：顺宗永贞元年（805）的"二王八司马事件"和文宗大和九年（835）的"甘露之变"。

（一）二王八司马事件

贞元二十一年（805）正月，德宗去世，顺宗即位。顺宗虽于此前一年患中风，口不能言，仍倚靠部分朝臣，企图改变宦官专权的局面。主要参加者有翰林待诏王叔文（善棋）、王伾（善书法），宰相韦执谊，以及柳宗元、刘禹锡等人。他们想抑制藩镇、夺宦官兵权、除苛捐杂税、惩治贪污腐败等。宦官乃与节度使串通起来，朝廷派范希朝为左右神策京西诸镇行营兵马节度使，诸将询宦官，宦官即令不从。是年八月，顺宗被迫禅位太子（宪宗），改元永贞，史称"永贞内禅"。宪宗即位，王伾被贬开州（今重庆万州区北）司马，旋即病死；王叔文贬渝州（今重庆）司户，次年赐死。柳宗元、刘禹锡、韦执谊等八人均贬南方边州司马，所以此事被称为"二王八司马事件"。他们执政虽然只有一百四十六天，但其措施是有积极意义的，因而被后人称为"永贞革新"。

（二）甘露之变

顺宗之后的宪、穆、敬、文四朝，宪宗、敬宗都是被宦官杀害的，穆宗、文宗则是由宦官拥立的。大和二年（828），文宗制试贤良方正，举人刘蕡在对策中极言宦官危害，文宗也深以宦官专权为患，而且谋杀宪宗、敬宗的宦官中还有就在他左右任职的，于是文宗决心加以翦除。大和四年（830），文宗任命宋申锡为宰相，谋划诛杀宦官。不想次年事泄，宦官乃以谋反罪贬逐宋申锡。于是宦官更加骄横，文宗不堪忍受，又提拔李训、郑注为翰林侍讲学士，经常和这两人密谋清除宦官势力，最后就演成了大和九年（835）十一月的"甘露之变"。事变中宦官进行大肆搜捕屠杀，参与者均遭灭族，朝列为之一空，南衙朝官惨败，北司宦官全胜。此后宦官凌逼皇帝，蔑视朝官，专横不可一世，直至唐末。

甘露之变

甘露之变是唐文宗大和九年谋诛宦官的一次失败事变。大和九年十一月二十一日，早朝于紫宸殿，金吾大将军韩约奏报左金吾仗院内石榴树上夜降甘露。李训等建议，天降祥瑞，近在宫禁，皇帝宜亲往一观。于是，文宗前至含元殿，命中书门下官员先往观看。官员们回来奏称疑非真甘露。文宗乃再命宦官神策军左右护军中尉仇士良等带领宦官去查看。仇士良等至左金吾仗院，见韩约惊慌失措，又发现幕后埋伏了武装士兵，慌忙退出。李训等本想以观看甘露为名，诱宦官至左金吾仗院一举歼灭，结果因暴露而失败。宦官挟文宗乘软舆入内宫，遂遣神策军五百人出击，遇人即杀。宰相王涯、贾𬓙、舒元舆正在中书会食，闻难出走，诸司从吏死者六七百人。李训、郑注等先后被捕杀，朝列为之一空。从此宦官更加专横，文宗终因此郁郁而死。

四、牛李党争

一般认为这是唐朝后期朝廷大臣之间的派系斗争。牛党的首领是牛僧孺、李宗闵，李党的首领是李德裕，故史称"牛李党争"[19]。这次派系斗争从其酝酿到结束，约四十余年，是中国古代社会史上一次有名的朋党之争。

这次党争的起因是：唐宪宗元和三年（808）开制科策试贤良方正、直言极谏，举人牛僧孺、皇甫湜及李宗闵等人在对策中痛斥时政之弊，被考官杨于陵、韦贯之评为上第，请予优叙。当时的宰相李吉甫（李德裕之父）向宪宗哭诉，并称翰林学士裴垍、王涯二人"覆策"（审查考卷）有私，于是贬裴、王、杨、韦四人，牛僧孺等只得长期充当藩镇的幕僚，不能实时升迁。此后，两党均勾结宦官，互相攻讦。

传统的观点认为，其分野情况大抵是：李德裕派代表山东旧士族门阀，重礼法、门荫、经术。牛僧孺、李宗闵派代表以进士词科进身的新贵，重文章词采。

一般西方学者的观点认为：党争不过是不同的官僚集团对中央政权的争夺，并没有出身背景。也有学者认为两党的政治主张截然不同[20]。

仔细分析起来，双方其实都没有特殊的政治主张，不过是互相贬抑而已。文宗曾说："去河北贼（藩镇）非难，去此朋党实难。"其原因盖在于外朝士大夫之朋党，不过是内廷宦官党派的反映而已。陈寅恪先生对此有极为透彻的分析："两党虽俱有悠久之历史社会背景，但其表面形式化则在宪宗之世。此后纷乱斗争，越久越烈。至文宗朝为两党参错并进，竞逐最剧之时。武宗朝为李党全盛时期，宣宗朝为牛党全盛时期，宣宗以后士大夫朋党似已渐次消泯，无复前此两党对立、生死搏斗之迹象，此读史者所习知也。然试一求问此两党竞争之历程何以呈如是之情状者，则自来史家少有解答。鄙意外朝士大夫朋党之动态即内廷阉寺党派之反影。内廷阉寺为主动，外朝士大夫为被动。阉寺为两派同时并进，或某一时甲派进而乙派退，或某一时乙派进而甲派退，则外朝士大夫之两党亦作同样之进退。迄至后来内廷之阉寺'合为一片'（宣宗语）全体对外之时，则内廷阉寺与外朝士大夫遂成生死不两立之仇敌集团，终于事势既穷，乞援外力，遂同受别一武装社会阶级（指黄巢余党朱温。——引者）之宰割矣。"[21]

最后，陈寅恪先生对中晚唐政治各种现象的联系也有一段非常精辟的论述："夫唐代河朔藩镇有长久之民族社会文化背景，是以去之不易，而牛李之政治社会文化背景，尤长久于河朔藩镇，且此两党所连结之宫禁阉寺，其社会文化背景之外更有种族问题[22]，故文宗欲去士大夫之党诚甚难，而欲去内廷阉寺之党则尤难，所以卒受'甘露之祸'也。况士大夫之党乃阉寺党之附属品，阉寺既不能去，士大夫之党又何能去耶？及至唐之末世，士大夫阶级暂时联合，与阉寺全体敌抗，乃假借别一社会阶级即黄巢余党朱全忠之武力，终能除去阉寺之党。但士大夫阶级本身旋罹摧残之酷，唐之皇室亦随之覆亡。"[23]

实际上，宣宗以后党派泯灭的原因是，大中十三年（859）八月宣宗去世，懿宗即位，同年十二月就爆发了浙东裘甫起义，统治集团必须一致对外。

第二节　唐末变乱

晚唐时期，土地兼并空前严重，贫富分化严重，成为社会矛盾趋向极度尖锐化的总根源。加上赋役繁重、刑法峻严、政治黑暗、吏治败坏，不仅社会下层，就是社会中、上层也无法再照旧生活下去了[24]，政权易手时机趋于成熟。唐朝后期，中央财政主要靠东南各道输送，当地农民遭受的苦难特别深重，所以，灭亡唐朝的大乱首先从这里而不是从长期割据的河朔拉开了序幕。

一、裘甫起义

大中十三年（859）十二月，浙东贼帅（称之为贼帅，很可能是武装反抗的逃亡暴民）裘甫攻陷象山（今浙江象山）。次年初，攻克剡县（今浙江嵊州），于是开府库、募壮丁，很快发展到三万人。裘甫自称天下都知兵马使，建元"罗平"（浙东民间传说的一种瑞鸟），声威及于中原，大批流民前来投奔。

唐朝为保浙江、江淮经济来源之地，用前安南都护王式集中优势兵力快速解决动乱。当时有起义头目刘暀曾向裘甫建议夺扬州、取石头，分兵福州，尽取唐朝贡赋之地，应属上策。然而士人王辂则建议拥众"据险自守，陆耕海渔"，裘甫取此下策，丧失了进攻时机。王式则采取武装进攻和分化瓦解（"开仓廪以赈贫乏"）的两手策略，裘甫被擒送长安处决，反乱仅持续了半年多。

二、庞勋之乱

宣宗之世（846—859），唐朝国力已经衰落，而西邻吐蕃王朝（629—846）也因内乱而灭亡，境内四分五裂。没有强邻为敌，南诏便趁势扩张坐大，成为唐朝最大边患[25]。为了加强南方边备，唐朝曾于懿宗咸通四年（863）调徐泗（今江苏徐州及洪泽湖以北的地区）士卒三千戍守岭南，约定三年一换。

一方面由于唐朝榷盐税茶，徐泗长期活跃着杀人越货以换茶盐的"江贼"，私盐私茶贩卖活动集中，民风彪悍。唐政府榷盐又一再加价，造成百姓"淡食"，进一步引起贩私盐活动增加，不仅有小商贩，而且有百姓、土豪，官府也与"土人相为表里"。[26]

　　另一方面，徐泗北边为割据势力淄青节度，唐朝为保证政府财源，在徐州设武宁军节度使，管徐、泗、濠、宿四州，驻以重兵。穆宗时实行"销兵"，河北三镇再叛，武宁节度王智兴趁机招募凶豪之卒为银刀、雕旗、门枪、挟马等七"都"（亲军），其中银刀都为骄兵典型，动辄逐帅[27]。至王式消灭裘甫，移节徐泗解决骄兵，骄兵则逃亡远走。

　　咸通九年（868）七月，岭南桂州（今广西桂林）的徐泗戍卒八百人戍守已达六年，而徐泗观察使崔彦曾还不肯发兵更代。戍卒怨愤，杀守将，推粮料判官庞勋为都将，开仓取粮、械，自行北归。途中又收集银刀都逃兵，尽为乡人亲族。徐州团练判官温廷皓曾对崔彦曾分析对付变兵有"三难五害"，其中就特别指出了变兵与城内将士的亲属关系[28]。政府只得用抚慰的办法，争取时间，积聚镇压力量。

　　庞勋先取宿州（在今安徽），再攻徐州，百姓父子夫妻勉励支援，大抵因银刀都为本地子弟以及庞勋军不扰民之故。但豪强也逐渐加入起义队伍，如下邳郑镒、宿州李衮，泥沙俱下。这次变乱持续了一年多，咸通十年（869）九月庞勋被杀，叛乱平息。

　　然而，这次变乱更逼近了唐朝统治中心，结果为王仙芝、黄巢之乱发端。所以宋祁要在《新唐书·南诏传》后论曰："唐亡于黄巢，而祸基于桂林。"

三、王仙芝、黄巢之乱

咸通十四年（873）懿宗去世，太子李俨（后改名儇）即位，是为僖宗，次年改元乾符。乾符元年（874）二月翰林学士卢携上书言：去年全国旱灾，从虢州东至于海，庄稼基本绝收，也没有菜，穷苦百姓碾蓬实为面吃，以槐树叶充饥，无所投靠，坐待填死沟壑。朝廷只得蠲免，不蠲免也没有可交的。百姓拆屋伐树、雇妻卖子的钱只能够催租吏卒的酒食之费[29]。在这种情况下，僖宗仍终日打猎游嬉，朝政日非。陕州观察使崔荛命人用棍棒驱逐报旱百姓。怀州（今河南沁阳）刺史刘仁规禁止报旱、揭榜（贴告示）。《通鉴》卷二五二僖宗乾符元年"上年少"条："自懿宗以来，奢侈日甚，用兵不息，赋敛愈急。关东连年水旱，州县不以实闻，上下相蒙，百姓流殍，无所控诉，相聚为盗，所在蜂起。"

（一）变乱经过

（1）唐僖宗乾符元年，濮州（今山东鄄城北）人王仙芝、尚君长聚众于长垣起义，发檄文指斥"吏贪沓，赋重，赏罚不平"[30]，王仙芝自称"天补平均大将军"。次年，曹州冤句（今山东曹州北）人黄巢聚众响应，攻下濮州、曹州。黄巢和王仙芝都是私盐贩子，黄巢善骑射，性格豪爽，粗涉书传，屡举进士不第，遂铤而走险。他们"横行山东，民之困于重敛者争归之，数月之间，众至数万"[31]唐朝二百多年没有大的民变，最终仍出现大规模的民变。这次动乱是从隋末至元末（红巾军）间最大的一次，持续十年半。

（2）乾符二年至三年（875—876），乱军从山东进徐泗、宣歙，流动作战。王仙芝打到蕲州（今湖北蕲春）欲投降唐朝，黄巢反对，于是分兵作战，黄巢率部打回山东。乾符五年（878），王仙芝战死，尚君长弟尚让率余众合于黄巢，黄巢称"冲天大将军"，建元"王霸"，成了乱军最大统领。

（3）黄巢集中兵力向江南袭扰，避开北方藩镇重兵，南攻唐朝经济来源。当年便由浙趋闽，攻克福州。乾符云年（879）九月，攻占岭南重镇广州。是年冬季，黄巢率军北伐，自号"义军都统"，发布文告指斥朝纲紊乱，宣布将打入关中，提出"禁刺史殖财产，县令犯赃者族"的主张。黄巢军在荆门遇挫东转，广明元年（880）五月在采石（今安徽马鞍山西南长江东岸）渡江北上，十一月下洛阳，十二月下长安，唐僖宗南奔蜀。黄巢于长安建立政权，称为大齐，改元金统。

（4）黄巢军未追击失败的唐朝廷而困守长安，导致形势发生逆转。

①关中的富户坚壁清野，使大齐政权陷入严重的缺粮困境。

②中和二年（882），大齐的同州（今陕西大荔）防御使朱温降唐，赐名全忠。

③唐王朝召沙陀李克用及党项拓跋思恭等劲旅反攻。中和三年（883）四月，黄巢被迫退出长安，东去河南，又围攻陈州（今河南淮阳）三百余日，失去战机。中和四年（884）撤围，六月退到泰山狼虎谷，黄巢战败自杀。

（二）黄巢之乱评价

1. 作用和特点

（1）割断唐王朝与其东南财赋的联系，造成最后消灭唐朝的新藩镇力量（朱全忠、李克用等）。

（2）采取流动作战的战略战术。

（3）有比较完整的纲领，首次提出"平均"[32]的口号。

2. 弱点

（1）无论王仙芝、黄巢都有某种妥协思想[33]。

（2）没有建立巩固的根据地。

（3）没有建设性纲领，夺取政权后不知如何作为。

（4）"平均"的口号在传统社会和当时的经济状况下，只是一种空想。

第三节　五代十国与契丹

五代十国是由唐末大乱以后的新藩镇演变而成的：取代唐朝的朱全忠是黄巢余党，与之抗衡的沙陀李克用又以兴复唐朝为号召；后唐、后晋、后汉、后周政统一脉相承（均出于李克用河东军事集团）。故五代十国可视为晚唐政治余绪。然而中原分崩离析转而衰弱，给北族崛兴提供了机会，契丹建国雄霸北中国，彻底改变了唐代以来的政治格局和族群关系。

一、背景——唐末新藩镇的形成

形成五代十国的历史背景大致可以从以下几方面来看。

（一）新藩镇的产生

黄巢之乱摧毁了唐朝的官僚贵族统治，打击了藩镇割据势力和土豪。但在唐朝镇压黄巢之乱过程中，又产生了新的藩镇，分为三类：

（1）投降唐朝的乱军将领，如朱温（朱全忠），原为黄巢乱军主力，中和二年（882）降唐，大大动摇了乱军队伍，削弱了乱军力量。朱温以运河重镇汴州为据点，后来灭唐称帝，建后梁。

（2）镇压暴民乱军的主要力量，如李克用[34]，其父即协助唐朝镇压庞勋的沙陀部酋李国昌（朱邪赤心）。李克用据有太原、上党（今山西长治），其子灭后梁建后唐。

（3）地方上抵抗乱军的地主土豪武装，南方十国多半就是由他们建立的。

（二）唐末军阀混战

这三种势力的活动构成了黄巢败亡（884）到后梁建立（907）这二十三年间唐末的政治生活。可以分为两个阶段：

（1）秦宗权骚扰淮南、江南、山东一带地区。

（2）朱全忠、李克用争夺中原。

秦宗权本为许州牙将，广明元年（880）逐蔡州刺史而据蔡州。同年率军攻击黄巢乱军，以功授奉国军节度使[35]。中和三年（883），黄巢退出关中，东入河南，秦宗权战败，投降黄巢。次年黄巢败死，秦宗权据蔡州称帝，分兵四掠，成为唐末以残暴著名的军阀，人称"蔡贼"，"西至关内，东极青齐，南出江淮，北至卫滑，鱼烂鸟散，人烟断绝，荆榛蔽野"。他的攻掠活动引起了一些军事势力的流动与重新组合。如黄巢降将毕师铎[36]反攻扬州，造成许多势力在扬州冲突，使得杨行密最后建立了"吴"；秦宗权部将孙儒攻杨行密，其部下马殷带部分人马经江西到了湖南，建立了"楚"；钟传据守江西；钱镠割据浙江，建立"吴越"[37]。

朱全忠、李克用之争则把"五代十国"形势正式铺开[38]。

（三）唐末新起藩镇与安史之乱后藩镇之异同

1. 相同之处

（1）割据地方。

（2）依靠牙兵亲党。

（3）控制地方财政。

2. 不同之处

（1）新藩镇为自立势力，其独立性建立在唐末地主土豪兼并进一步发展的基础之上。

（2）新节度多为藩镇士兵、地主豪强、流亡农民及盗贼等的首领，这些人构成了藩镇的武装和割据地方的支柱。

（3）新藩镇是中央集权瓦解的产物。

例如，黄巢余党朱温降唐后被赐名全忠，授宣武节度使，据汴州（开封），有五百"元从"，又有八十"中涓"。这些人构成一种父权家长制的新势力，一方面以此为中心招降纳叛、扩充势力；另一方面又以此为骨干，消灭骄兵悍将。又譬如前蜀王建，屠户出身，河南许州人，从士卒爬升到军校，后投靠逃亡在四川的宦官首领田令孜，成了随驾五都头之一，从而为演生成军阀铺平了道路。其元从称为"假子"，并建立了以许州人为主的"轻骑军"。以此为基础，招集勾结"拥兵自保"的四川土豪，终于割据一方。

后来宋代的"形势户""有力户""力多户"（地方大家族）等都是在这个时期形成的。他们通过荫庇、投名的方式，吸收大量庄户，构成地方势力。血缘、地缘的结合成为新藩镇的一大特点。首领升级，元从升官，每个割据势力都有一套完整的统治体系。因此，在争夺战争中只要将原来的王朝推翻，就能立刻接管政权。

唐末的这些混乱情况又使唐朝苟延残喘二十三年，但其地位已降为控制京师附近的一股势力，除了名号之外，其作用与其他藩镇并无二致。

但是，由于整个社会仍然以自然经济为基础，没有丰富的商品和发达的市场经济，尽管地方分立，并没有为社会结构的彻底转型开辟道路。

二、契丹——辽朝的建立

（一）建国前的发展

最迟在北魏初年，契丹之名已见于文献记载。最早为契丹立传的是《魏书》，传云："契丹国，在库莫奚东，异种同类，俱窜于松漠之间。登国中，国军大破之，遂逃进，与库莫奚分背。经数十年，稍滋蔓，有部落，于和龙之北数百里，多为寇盗。"北魏破奚、契丹事，据《魏书·库莫奚传》在太祖拓跋珪登国三年（388）。当时所谓契丹国，只是史书记载不同部族或地域的一种说法，并非真的建立起了严格意义上的国家体制。契丹人建立国家已是其见于史料记载五百多年以后，即916年耶律阿保机"上尊号曰大圣大明天皇帝，后曰应天大明地皇后，大赦，建元神册"[39]，废除契丹可汗的选举制，确立皇权世袭制，正式建立起专制主义的国家。

（二）契丹勃兴的原因

1. 客观历史条件

契丹族活跃于历史舞台五百余年才正式建立国家，这在古代北方民族史上是一个比较特殊的现象。中国古代北方活跃过许多族群，少数得以建国者大都是乍起乍兴，如匈奴、突厥、女真等；更多的是未能建国，作为部族群体活动一段时期便从历史上消失，并入或融合进其他族群或国家中去了。契丹作为部族群体活动了五百余年而没有泯灭，其间屡仆屡起，几经辗转演变，最后竟然建立起了自己的国家，这一现象堪称奇迹。有关契丹长期发展的历史，前人做过许多工作，其中不乏有真知灼见的学术成果[40]，很多学者都探讨过契丹社会发展的内部原因。至于契丹勃兴的外部条件，日本学者松井等认为，契丹长期受到周围强大民族的压力，直到晚唐时期，草原上的回鹘汗国崩溃，唐朝也因藩乱民变而精疲力尽，这才给了契丹崛兴的机会[41]。

2. 主体演变因素

除了上述客观原因和条件之外，历史演进主观力量的变化也是非常重要的，有时甚至是决定性的因素。

（1）意识形态—宗教革新。耶律阿保机之所以能够超越前人，变革传统，化家为国，从而成为契丹人的民族英雄，回鹘文化的引进发挥了重要作用，尤其是以光明崇拜为特征的回鹘摩尼教[42]对契丹社会演化产生过重大影响[43]。毋庸讳言，耶律阿保机的回鹘皇后述律氏是协助促成他即位称帝的重要人物，也是参与契丹建国的回鹘族的代表人物。契丹建国以前其部族一直实行部落对偶婚制[44]。迭剌部的耶律氏直到阿保机以前并未与回鹘部落结成姻亲[45]，阿保机突破氏族社会传统改娶回鹘人为妻，在传统社会强烈的政治婚姻背景之下，可以肯定此举有利用回鹘部族强大社会力量的企图[46]。

有关耶律阿保机即位称帝的原因，传统上有两种不同的说法：一种认为阿保机即位是受契丹八部的推戴，因久不受代被迫退位，遂用暴力及诈术统一契丹而称帝；另一种则认为阿保机得位于前任遥辇氏痕德堇可汗的遗命禅让。然而，据学者研究，八部和推戴都不可信，迭剌部的耶律阿保机之所以能得遥辇氏禅让并进而称帝，主要是迭剌部尤其是耶律氏在契丹内部长期发展壮大的结果[47]，所谓水到渠成、实至名归。不过，无论是以什么名义，权力转手异姓都是对旧有传统的破坏，建立帝制世袭更是对氏族社会的革命。鼎革之际，阿保机只有取得"正统"才能稳定社会，安抚人心，孤立并消灭反对者。在这方面，"君权神授"是传统文化能够提供的有力武器。而据研究，耶律阿保机称帝前后所宣扬的"神"，就是崇拜光明的摩尼教[48]。

（2）经济、政治新资源。耶律阿保机（汉名耶律亿）妥善利用了汉族的经济力量和投降契丹的汉人官员的政治经验。阿保机通汉语，又任用韩知古、韩延徽、康默记等有才学的汉人为谋士。他采纳韩延徽的建议，置州县、立城郭、定赋税，模仿汉地的制度来治理在战争中俘掠的大量汉人，因而契丹游牧经济社会内部的定居农耕成分得以迅速发展。其皇太子耶律倍汉化更深，先统东丹国，国亡奔后唐。但辽自世宗以下，耶律倍后裔占主流，汉化进一步加深。

（3）军权掌控。唐朝开元年间（713—741）后期，契丹族的遥辇氏在迭剌部酋长涅里（一作泥礼，阿保机六世祖）支持下取代大贺氏为部落联盟首长，称阻午可汗，以涅里为夷离堇（军事首领）。遥辇氏部落联盟的基础是乙室和迭剌两个兄弟部落，联盟的军事首领夷离堇，例由迭剌部选举产生。耶律家族从阿保机的高祖耨里思开始，产生过十三位夷离堇，而且交替连任了二十四任，逐渐成了迭剌部的中心家族。

由于战争日益频繁，军事首领的地位越来越重要。随着战争、掠夺带来的私有财产增加及财产纠纷，契丹部落联盟内出现了决狱官，又出现了专管军国大事的"于越"以及亲兵队伍"挞马"等。耶律阿保机就是从当"挞马钺沙里"（扈卫官），升到夷离堇，最后升到部落联盟首长可汗。

（三）契丹国家的建立

907年正月，耶律阿保机借口"天道"，以遗命、推戴的形式"应天顺人"，取代遥辇氏为可汗，称天皇帝。这一年正好也就是朱温灭唐自立、中原五代时期开始的年头。晚唐五代中原陷入长期战乱，北方边镇自顾不暇，不仅不能控御塞外草原，后来反而连自身也被并入了契丹王朝的统治范围。

此后十年间，耶律阿保机又镇压了契丹贵族的反抗。916年，阿保机大会群臣、属部，上尊号，建元神册，立长子耶律倍为皇太子，正式结束了部落联盟首长的选举制，代之以类似中原的世袭帝王。一般即以此年为契丹建国之始，耶律阿保机即辽太祖[49]。

（四）契丹王朝的历史地位

契丹国家建立最重要的历史意义就在于它把中国的东北、华北整合到了同一个政治实体之内，从而改变了东北族群的空间发展方向，开始了北狄诸族相继入主中原，进而融入中原社会的千年历史进程。

1. 整合不同文化与社会

契丹建国后，虽然其首都上京临潢府（今内蒙古赤峰巴林左旗南）仍建在草原上，但不满足于像以前的草原帝国那样仅仅到定居地区进行掠夺。它对定居农耕地区发动进攻，实行占领，用掠夺来的人口在草原上推行定居农耕（头下军州），同时在两地区之间进行大规模移民，使其联系越来越紧密。后来契丹在各地共建立五京[50]，以便加强控制和相互联系，就是推行这种占领、整合政策的产物。

2. 占领辽东、吞并渤海

唐朝统辖辽东的安东都护府在安史之乱发生后就被废除了，周边族群随即开始向辽东渗透。然而，契丹人真正对辽东实行军事占领和政治统治，却是在阿保机当政及契丹建国前后。据史料记载，919年二月，契丹"修辽阳故城，以汉民、渤海户实之，改为东平郡，置防御使"[51]，渤海户显然是掠夺而来，但却未见双方军队正面冲突。唯一见到双方在辽东发生军事冲突是在924年五月，契丹"徙蓟州民实辽州（今辽宁新民）地，渤海杀其刺史张秀实而掠其民"[52]。很可能就是这一事件促使耶律阿保机最终下决心消灭吞并渤海国，因为就在下月他便宣布了自己去世以前必须完成的所谓"两事"，其中之一就是消灭渤海[53]。925年十二月，耶律阿保机亲征渤海，次年灭之，初设东丹国，后将其归并。

3. 夺辽西、取幽蓟

辽西营州以及平州（今河北卢龙）唐末仍在割据幽州的燕王刘守光手里。913年，沙陀李存勖灭燕，营、平二州为其所攻取，不久陷于契丹。以后虽小有反复，但到936年石敬瑭割"幽蓟十六州"（北宋后习称"燕云十六州"）给契丹以换取"儿皇帝"之称时，北族王朝和中原王朝在河北北部对峙的格局基本上就确定下来了。

石敬瑭割幽蓟可以说是唐朝东北消极防御政策的必然结果。如前所述，由于实行消极防御，唐朝在东北采取了两项措施：一项是退守紧缩边防；一项是"以夷制夷"，利用胡人蕃将防边。后一项措施在盛唐时期是普遍现象，在东北最典型的就是安禄山身兼三镇（幽州、平卢、河东）节度使专权，反而发动叛乱。安史本身为来自中亚粟特的营州杂胡，部下也多为蕃兵蕃将，以致大乱之后由于安置安史部将，"天下指河朔若夷狄然"[54]。据史料记载："故事，以范阳节度为押奚、契丹使，自至德后，藩镇擅地务自安，郭戍斥候益谨，不生事于边，奚、契丹亦鲜入寇，岁选酋豪数十入长安朝会，每引见，赐与有秩，其下率数百皆驻馆幽州。"[55]朝廷因而继续姑息。如，太和五年（831）幽州逐帅，唐文宗召宰相议，"（牛）僧孺对曰：'陛下以范阳得失系国家休戚耶？且自安史之后，范阳非国家所有。前时刘总向化，以土地归阙，朝廷约用钱八十万贯，而未尝得范阳尺布斗粟上供天府，则今日志诚之得，犹前日载义之得也。陛下但因而抚之，亦事之宜也。且范阳国家所赖者，以其北捍突厥，不令南寇。今若假志诚节钺，惜其土地，必自为力。则爪牙之用，固不计于逆顺。臣固曰不足烦圣虑。'上大喜曰：'如卿之言，吾洗然矣。'"[56] 当时突厥早已灭亡，幽州所捍主要是回鹘及奚、契丹。只是，消极防御到了这种地步，只能说是聊胜于无了。

唐末更直接引沙陀等部族军队进入中原平定黄巢之乱，随即他们又以方镇身份参与内战。对于中原王朝来说，沙陀和契丹都是夷狄或胡人，只有内蕃、外蕃之别。所以，契丹勃兴之际，耶律阿保机也曾到云州（今山西大同）与沙陀李克用盟会[57]。从种族分野上看，作为中原边镇的幽州被沙陀攻取和落入契丹手中其实并无二致。沙陀石敬瑭割幽蓟给契丹，也可以说是这些边州在胡人部族之间倒手，只是内蕃和外蕃的不同，已入主的和待入主的不同而已。然而还有一点不同，即西北民族和东北民族的不同[58]。从更长的历史时段来看，以契丹为首的北狄诸族正在从现实地域和抽象文化两个层次向中原方向挺进。古代的中原文化是一种优势文化，短暂的空间减缩换来的是长期的文化膨胀。这也就是唐以后千年中国历史上政治与文化两种不同力量撞击与消长的指向性结果。

三、五代十国

"朱李石刘郭，梁唐晋汉周，都来十五帝[59]，播乱五十秋。"[60] 这是讲当时在中原地区先后更迭的五个短暂王朝。中原朝廷之外，还有十个政权先后割据两蜀、江南、岭南和河东，合称"十国"。

与五代十国对立的，在北方有契丹，即辽朝。

前贤有提出五代十国期间有六件事值得特别注意[61]：

（1）关中自李茂贞以外，别无割据之雄，此足证西北一带之残破，至是已不够割据建国之资力。长安代表周、秦、汉、唐极盛时期之首脑部分，常为中国文化之最高点。自此以后，遂急剧堕落，永不能再恢复其以往之地位。

（2）甘陇一带亦臻于破灭。（西夏）李元昊虽构逆倔强，其土地亦超过五凉，然苟绝其岁赐互市，则不免衣皮食酪，几不能以为国。是以哑哑屈服，北事辽，南事宋，仅足自存。中国西北部文物骤衰，实为唐中叶以后极重要之转变。

（3）五代中只有后唐都洛阳，其他四代皆都汴，直到宋代不能迁都。此证黄河流域之气运，不仅关中以西不能复兴，即中都洛阳一带亦不够再做文化、政治的中心。中国社会的力量，渐渐退缩到东边来。

（4）五代均在黄河流域，十国除北汉外均在长江以南。自此以后，南方社会遂渐渐跨驾到北方社会的上面去。

（5）石敬瑭称臣契丹，割幽蓟十六州[62]。此十六州既为外族所据，从此中国北方迤东一带之天然国防线全部失却，大河北岸几无屏障。中国不得不限于天然的压迫形势下挣扎。

（6）中国东北部契丹之骤盛。

这些说法可以视为对五代十国史实高屋建瓴的一个概观把握。

（一）五代的更迭

五代持续共五十四年（907—960），有八姓称帝[63]，共十四君。后梁和后周的君主是汉人，后唐、后晋、后汉的君主都是沙陀人（或沙陀别部、别种）。十四君中被杀者有八个！持续时间最长的是后梁，历十六年；最短为后汉，历四年。其时"置君犹易吏，变国若传舍"，"势均者较斗，力败者先亡"。力弱者又勾结契丹，使社会矛盾增加了种群矛盾。

1. 后梁（907—923）

907年，朱温以禅让的方式夺取唐朝帝位。在此之前，曾于天复三年（903）尽杀宦官。天佑二年（905）又有"白马之祸"，是年六月，朱温把被贬官的唐朝贵族官僚三十余人于滑州白马驿一夕杀尽。朱温的谋士李振说："此辈（指贵族官僚）常自谓清流，宜投之黄河，使为浊流！"[64]白马之祸表明，唐末所谓"清流"更加没落，旧士族门阀作为一种社会力量基本上被消灭了，朱温所代表的是军阀和地方势力的结合。中唐以来的河北强藩魏博、成德也因战败归附朱温，河朔问题开始得到解决。

朱温的主要政策有：

（1）政治：军队为由元从改编的"厅子都"；文官则开科举选拔。

（2）经济：朱温在称帝前对农业就比较重视，曾任命张全义为河南尹，以恢复洛阳地区的生产。张全义镇河洛三十年，该地区相对稳定。开平二年（908），又令诸州灭蝗以利农桑。明年，又令两税外不得妄有科配，禁州县猾吏"广敛贪求"，对唐朝积弊有所改革。

912 年，朱温为其子朱友珪所杀，此后梁朝发生内讧。内讧政变是五代十国直至宋初都不可避免的现象，因为统治集团的核心是靠血缘关系维持的，如同在部落酋长的家族内，权力继承兄终弟及，担任最高统治者的机会均等，易于取代。923 年，梁灭于后唐。

2. 后唐（923—936）、后晋（936—947）、后汉（947—951）

这三代的更替实际是河东沙陀军事集团内部的政变。

后唐庄宗李存勖乘后梁内乱之际攻取河北，累败梁军，比较彻底地消灭了中唐以来长期跋扈的河北三镇。但李存勖本人好唱戏，又会作曲，灭后梁后，亲信任用伶官，自取艺名"李天下"，常与伶人如敬新磨等一起排戏、演戏于宫内。伶官景进居中用事，败政乱国。庄宗终为伶官郭门高所弑。

936 年，后唐北京（太原）留守石敬瑭以割幽蓟十六州、岁纳币三十万匹帛及认契丹主耶律德光为父的条件，得到契丹支持建立后晋。石敬瑭对契丹主上表自称"儿皇帝"。割幽蓟十六州，从此河北大平原无险可守，至北宋时无奈，只得于河北中部挖壕沟放水御敌，遂形成今天白洋淀等一系列水洼。后晋促成此事者为桑维翰，被后来明清之际的王夫之斥为"万世之罪人"，"秦桧之嚆矢"[65]。

石敬瑭死后，其侄继位，对契丹称孙不称臣，引起契丹主驱兵南侵。947 年，契丹灭后晋，在开封改国号为辽。同年，契丹因掠人为奴及"打草谷"（纵兵抢劫）等虐政激起民变，被迫退出中原。后晋河东节度使刘知远在太原称帝，改国号为汉。

3. 后周（951—960）

950 年年底，后汉枢密使、邺都留守郭威起兵攻入开封，后汉隐帝被杀。郭威旋即领兵北征辽国，至澶州（今河南濮阳南），军士裂黄旗披郭威，拥戴他为皇帝，于是回军进入开封。次年，郭威改国号为周，此即后周。然而后汉太原留守刘崇（刘知远之弟）借机割据河东十二州称帝，这就是十国中唯一建立在北方的北汉。

五代政治有两个现象值得注意：一是节度使互相取代，如晋、汉、周之际，这主要是强藩入主后采取削藩措施而引发的；另一个就是后周的两个皇帝及其政策。

后周太祖郭威（904—954）和世宗柴荣（921—959）的主要政策：

（1）经济上，注意发展生产。郭威废止营田，划归农民成为永业田；从国家得到的牛具也转归农民，又"废租牛之课"。柴荣实行"均田法"，与北朝、隋唐的制度名同实不同。柴荣实行的是相对平均主义，即按实际占有田亩征税之法，这与两税法之后普遍实行税产是一致的。具体的做法是：把唐朝同州刺史元稹的《均田表》画作"均田图"（田亩数量统计图表），发给各州，以均定（合理确定）各州租赋[66]。

周世宗显德二年（955）五月下敕毁佛：停废敕额（朝廷赐予寺名）外寺院，禁止私度僧尼，收购民间铜器、佛像铸钱；"令两京及诸州每岁造僧帐，有死亡、归俗，皆随时开落。是岁，天下寺院存者二千六百九十四，废者三万三百三十六"[67]。

（2）政治上，整顿军队，尤其是对皇位干预大的禁军，裁汰老弱，选留精锐为殿前诸班，严明军纪。又用文人充当"枢密使"，加强文人官僚制度。纠正科举弊端，修订刑律等。

（3）军事方面，在经济、政治发展的基础上，周世宗着手其军事上"混一"天下的事业。

显德二年（955）起，世宗伐后蜀，收山南四州；此后又三次伐南唐，取江北淮南十四州。显德六年（959），世宗北伐辽，收复瀛（今河北河间）、莫（今河北任丘北）、易（今河北易县）三州及瓦桥关（在今河北雄县）、益津关（在今河北霸州）、淤口关（在今河北霸州东）三关。可惜世宗中途病死，未能完成统一。但这些成就，为北宋统一奠定了基础。

（二）十国的分立

1. 十国：

吴（892—937），都广陵，杨行密所建。

南唐（937—976），都金陵—洪州，李昇灭吴所建。

吴越（893—978），都杭州，钱镠所建。

楚（896—951），都长沙，马殷所建。

闽（893—945），都福州—建州，王潮、王审知兄弟所建。

荆南／南平（907—963），都江陵，高季兴所建。

前蜀（891—925），都成都，王建所建。

后蜀（926—965），都成都，孟知祥灭前蜀所建。

南汉（905—971），都番禺，刘隐、刘岩兄弟所建。

北汉（951—979），都太原，刘崇所建。

十国中除北汉建国于今山西境内，其余九国都在南方。南方九国中，吴与南唐前后相承，前蜀与后蜀大致前后衔接。十国与五代并存，但各国存在时间长短不一。如吴越，割据于唐亡以前，直到五代结束后才为宋所灭。疆土则南平最小，南唐最大。十国有的有时受到中原朝廷册封（如闽受后梁之封），但并不依赖中原朝廷而独立存在，这是与割据的藩镇完全不同的地方。

2．十国的共同特点

（1）都是按照比较严格的血缘或准血缘关系建立的父权家长式统治。

（2）跟地方豪强保持着密切联系，小朝廷是唐末地方豪强势力发展的产物。在其建立过程中，"土团军""义军"等起了很大作用。

（3）文官在各朝廷也起了一定作用（如南唐、闽）。

（4）在战乱频仍的同时，各个地区经济生产也有所发展，如史书记载吴和南唐"旷土尽辟"。

四、五代十国政治文化

（一）社会风气

五代十国战乱频仍，"火炎昆冈，玉石俱焚"，人人自危，朝不虑夕，因而全身苟活成风，志节道德沦丧，以张全义、冯道最具代表性。

张全义媚事朱温，甚至妻女为其所乱，不以为愧。后唐灭梁，又贿赂唐庄宗、刘后、伶人、宦官等，以保禄位。冯道历事五朝八姓十一帝，视丧君亡国，未尝屑意，还撰写《长乐老自叙》[68]，历数自己所得官爵以为荣。此二人皆可谓不知人间有羞耻事者，然而当时众口一词，皆以二人为名臣、元老。冯道死年七十三，论者至谓与孔子同寿。"统核二人之素行，则其德望为遐迩所倾服，固亦有由。至于历事数姓，有玷臣节，则五代之仕宦者，皆习见以为固然，无足怪。《郑韬光传》谓，自襁褓迄悬车，凡事十一君，越七十载，无官谤，无私过，士无贤不肖皆颂之。以历事十一君之人，而尚谓无官谤，可见当时风气，绝无有以更事数姓为非者。"[69]

宋代欧阳修在《新五代史·冯道传》序文中说："传曰：'礼义廉耻，国之四维；四维不张，国乃灭亡。'善乎，管生之能言也！礼义，治人之大法；廉耻，立人之大节。盖不廉，则无所不取；不耻，则无所不为。人而如此，则祸乱败亡，亦无所不至，况为大臣而无所不取不为，则天下其有不乱，国家其有不亡者乎！予读冯道《长乐老叙》，见其自述以为荣，其可谓无廉耻者矣，则天下国家可从而知也。予于五代得全节之士三，死事之臣十有五，而怪士之被服儒者以学古自名，而享人之禄、任人之国者多矣，然使忠义之节，独出于武夫战卒，岂于儒者果无其人哉？岂非高节之士恶时之乱，薄其世而不肯出欤？抑君天下者不足顾，而莫能致之欤？孔子以谓：'十室之邑，必有忠信。'岂虚言也哉！"之所以如此，就是因为世风败坏到了极点。所以陈寅恪先生说："欧阳永叔少学韩昌黎之文，晚撰《五代史记》，作义儿冯道诸传，贬斥势利，尊崇气节，遂一匡五代之浇漓，反之淳正。故天水一朝之文化，竟为我民族遗留之瑰宝。"[70]后来宋代的文化取向就是要拨乱世、返归正。

冯 道

冯道（882—954），字可道，瀛州景城（今河北沧州西）人。五代时历仕后唐、后晋、后汉、后周和辽五朝。唐末，冯道事幽州刘守光为参军。刘守光败后，冯道事河东节度使李克用，为掌书记。后唐庄宗李存勖即位，以冯道为翰林学士。明宗时，为端明殿学士。不久，任相。长兴四年（933），明宗死，闵帝即位。次年，潞王从珂（后为末帝）反，冯道率百官迎之。历闵帝、末帝，冯道并居相位。后晋灭后唐时，冯道为首相，奉石敬瑭命献徽号于契丹。后晋废枢密使，权归中书，大小政事均由冯道处理。石敬瑭曾独召他，欲其辅立幼子石重睿。天福七年（942），石敬瑭死，他改奉齐王石重贵，是为少帝（即出帝）。开运三年十二月（947年1月），契丹灭后晋，次年改国号辽，他为太傅。历后汉、后周两朝，皆为太师，后周时又兼中书令。冯道历五朝八姓十一帝，不离将、相、三公高位，容身保位，未尝谏诤。晚年自称"长乐老"，作《长乐老自叙》，列叙官爵。自谓一生中唯一"不足"，是"不能为大君致一统，定八方"。但当有志于统一的后周世宗柴荣于显德元年（954）二月亲征北汉时，他却极力谏阻。

（二）社会整合与体制重建

活跃于五代的沙陀是唐末被当时朝廷招引进来的，唐末黄巢之乱为沙陀提供了机会。据《新唐书·沙陀传》记载，直到广明元年（880），沙陀李国昌、李克用父子还在代北转侧作乱，与已经渡江的黄巢几成南北呼应。唐朝几经讨伐，"国昌败，与克用举宗奔达靼"。吐浑首领又挑拨达靼酋长逐客，"（李克用）倡言：'今黄巢北寇，为中原患，一日天子赦我，愿与公等南向定天下，庸能终老沙碛哉！'达靼知不留，乃止"。事变不幸为李克用所言中，"巢攻潼关，入京师"，僖宗逃难入蜀，"传诏招克用同讨巢"。即使这样，李克用仍然先后遭到太原、河阳等节度使的阻挠抗拒，然而他最终"进壁渭桥，遂收京师，功第一，进同中书门下平章事、陇西郡公；国昌为代北军节度使。未几，以克用领河东节度"。[71]沙陀李克用终于成了唐末强藩。

如前所述，唐末产生的新藩镇与中唐以来长期割据的旧藩镇有一些不同，最重要的是他们主要是帝国政治体系内的功能群体即军队，同时他们又有极强的政治自主性，无论李克用、朱全忠还是南方各小军阀，无不如此。显然，黄巢之乱使帝国统治者的能力大大削弱了，提供自由流动资源的主要群体的政治自主性得到大大提高和加强，他们已经很容易获得具有全局影响的重要地位。因此，为了帝国的再造，唐末五代的争战不可避免。

唐末五代的沙陀人并不是以内蕃族群，而是以藩镇军队的角色介入帝国政治的。这样一种角色自中唐以来已经成为帝国政治体系的一部分。无论其种族成分如何，藩镇军人作为一个兼具区位与功能的社会群体，已经被历史官僚社会的其他群体所认可。况且，沙陀人自己也极力以这种身份融入当地社会，同时，外蕃契丹的勃兴也为这种蓄意激起的流动过程创造了条件，即相较于契丹，出身藩镇军人的沙陀更容易被视为汉人[72]。也许，936年石敬瑭割幽蓟十六州给契丹以换取"儿皇帝"之称时，他自己的文化心理尚在义儿假子（胡化）与皇帝（汉化）两可之间，但传统文化精英以皇帝不应降尊为外蕃义子来谴责石敬瑭，却显然是完全认同了他在中央集权帝国中的地位。人们寄希望于代兴者作为政权的主要象征，能够维持传统的合法性和基本政治文化意识形态的明显连续性。《宋史·宋偓传》："偓，庄宗之外孙，汉祖之婿，女即（宋太祖）孝章皇后，近代贵盛，鲜有其比。"可以作为时人文化心理状态的一个例证[73]。

其实，即使对石敬瑭这样的人物，历史也不是只能限于进行道德谴责。从更长的时段和更广的空间来看，内蕃外蕃、唐宋契丹都是多民族中国历史的一部分。众所周知，幽蓟一带的汉人大族如玉田韩氏、安次韩氏等，都在契丹国家建设中发挥了积极而重要的作用，从当时的族群关系来看，岂不比石敬瑭更为过分！然而，他们协助契丹人仿中原王朝的模式建立官僚政权，不仅促进了族际流动，而且推动了契丹社会的政治分化，使传统中国文化得以发扬光大，而后来的帝国重新整合也因而成为可能。如果时至今日仍然对此视而不见，反而一定要对他们的行为大加挞伐，那历史学就很难为今日提供发人深省的启示和参考了。

第八章

隋唐时代的经济发展

　　隋朝结束了长期的政治分裂和战争动乱，社会经济迅速恢复发展，以至于短短二十几年就为炀帝提供了夸富四海的条件。然而隋祚短促，继之的唐朝却迎来了长期和平稳定的发展时代。唐代前期的经济繁荣是在空前统一的辽阔地域上实现的，主要表现为数量的增加和种类的增多。在中国经济发展史上，唐代最主要的特点是实现了全国经济重心的南移。隋修大运河，主要还是为了加强刚刚统一起来的南北方政治沟通。到武则天移都洛阳，就明显有倚靠运河粮道、仰仗东南财赋的意图。开元年间的经济措施，从裴耀卿改革漕运到在东南诸道实行"回造纳布"，无不显示南方在国家经济生活中地位的上升。直到盛唐天宝年间，全国人口最多的七个郡，有六个还在北方。安史之乱爆发，又一次造成了北方民众南移的浪潮[1]。安史叛乱及其后的藩镇割据战争主要发生在北方，对北方社会和经济造成长期巨大的破坏，于是，国家经济重心向社会相对稳定和生产条件优越的南方转移变得不可避免。

第一节　人口与耕地面积的增长

一、人口的增长

古代中国经济以农为主，劳动力是生产投入的最重要因素。因此，人口的增长与消减也反映了农业生产的进步与否，甚至是决定经济繁荣的首要因素。历朝人口数量及其地域分布的变化，往往也反映了不同时期内不同地区农业生产发展水平的高低。

隋初，户数在 450 万左右；文帝大索貌阅和析户，得户三四十万。至开皇九年（589），一统天下，总户数达 700 万。自开皇九年至炀帝大业二年（606）的十七年间，隋朝总户数又由 700 万增加到 900 万左右，增长约 29%。人口的增长，农业生产的恢复，令隋朝经济发展达到了相当高的水平。《通典·食货典》载："隋氏西京太仓，东京含嘉仓、洛口仓，华州永丰仓，陕州太原仓，储米粟多者千万石，少者不减数百万石。天下义仓又皆充满。京都及并州库布帛各数千万，而锡赉勋庸，并出丰厚，亦魏晋以降之未有。"唐初承隋末之乱，人口大幅减少，"大业初有八百余万户，末年离乱，至武德有二百余万户"[2]。《新唐书·食货志一》亦云："贞观初，户不及三百万。"可知唐初的人口只有大业鼎盛时的三分之一强。然自太宗贞观朝至玄宗天宝十四载（755），社会稳定，经济繁荣，人口又呈现了大规模的增长。贞观十三年（639），户数

3,120,151，口数 13,252,894。到天宝十四载户数已达 8,914,709，口数为 52,919,309，户数与口数分别增长约 186% 和 299%。如果进一步区分太宗贞观十道及玄宗开元十五道户口分布的地区差异，便可发现：安史之乱前，唐代人口增长最快的地区是北方的河南道，其次是河北道。以人口密度计，最集中的地方是都畿道，其次是河北道，分别是每平方公里 58.7 人和 56.76 人。当时国家南北人口的比例为 4∶6，北方人口仍多于南方[3]。

但 755—763 年发生的安史之乱及其后出现的藩镇割据，结束了唐前期繁荣稳定的社会局面，对唐后期人口的增长和地域分布产生了巨大影响。由于战乱，黄河流域经济遭到严重破坏，人口急剧下降并长期得不到恢复。南方却相对安定，经济继续发展进步。中原战乱使北方移民源源流入南方，不仅增加了人口数量，而且增强了开发的动力。至此，唐朝廷虽仍以长安、洛阳为政治文化中心，实际上却完全仰仗东南财赋而存立。论者以元和年间的户口数与天宝年间相比，发现在总数下降了 68% 的情况下，南方下降的幅度比北方要小得多，一些州还有大幅度的增加[4]。从此，南方逐渐成为中国人口的密集地区，其经济发展水平也在逐渐提高。中国经济的重心逐渐由北方转至南方，而且再未发生逆转。五代十国时期，南方一些割据政权拥兵自保，完全摆脱了对北方的财政负担，从而有了进一步兴修水利、发展农业的余力，经济地位更加巩固。南方人口超过北方的态势至此已经定型。到北宋初（980—989），南北户口之比大约为 6∶4。

二、土地的利用

农业要发展，除了人口劳动力的投入外，土地的充分利用也是其中重要的因素之一。唐五代时期，南方的轮作复种制有了蓬勃的发展，不仅普及了一年二熟制，而且还出现了一年三熟制。樊绰《蛮书》成书于晚唐，其中记载了当时在西南地区实行稻麦轮作复种的一年二熟制。《新唐书·南蛮传》记载唐南境"稻岁再熟"，说明当时已有了单种水稻的一年二熟制。

传统农业经济的增长也与土壤资源的优劣有关。拥有平坦广大的耕地及肥沃的土壤资源曾经是古代北方农业居于优势的条件之一，但隋唐时期南方在扩大土壤利用范围以解决山多平地少这一问题的同时，还逐步形成了重视培养地力的耕作方式，从而促进土质的优化。这也成为生产重心向江南地区转移的重要原因之一。早在隋代，人们便已经注意到要减少土壤中的盐碱成分以改良土质，提高产量。据《隋书·元晖传》记载："开皇初，拜都官尚书，兼领太仆。奏请决杜阳水灌三畤原，溉舄卤之地数千顷，民赖其利。"降至唐代，人们依然用引水灌田的方法，减少土壤中的碱卤成分；而在南方一些沿海州县，则用筑海堤的办法，防止海水侵蚀良田。

唐代，尤其是在江南地区，农民已经懂得使用各种肥料，甚至开始用农药，以提高土地的生产力。在肥料种类方面，除了传统的豆类绿色肥种外，人粪、蚕沙等也已作为基肥与追肥使用。在江南，已开始圈养耕牛，从而可以得到大量厩肥。到了晚唐，苏州一带农民已经使用商人从长沙等地贩来的农药捕除害鸟，有效制止了为害甚大的"禽暴"之患。而且，唐代江南农民更注意土地的综合利用，许多兴修的陂塘均可养鱼，甚至还可以种植蒲、苇、菱、芡等经济作物。例如在丹阳的练湖，"幅员四十里，菰蒲菱芡之多，龟鱼鳖蜃之生，厌饫江淮，膏润数州"。[5] 农、渔等综合开发，无疑提高了当地的生产力。

三、农田开垦和作物分布

农田的大面积开垦，特别是江南地区水田开发，对隋唐农业的发展也起了积极的推动作用。《通典》称隋开皇九年（589）全国可耕地为 1,940 万余顷，到了唐天宝中，按人口计算的应受田则为 1,430 万余顷[6]。虽然文献所载统计标准并不一致，数字也未尽确切，但天宝时实际的耕地面积至少应在 800 万顷至 850 万顷，比汉代增加了 50 万顷至 90 万顷，每户垦田数约 70 亩。而在南方则大力兴修水利，围水造田。如德宗贞元年间，杜佑"决雷陂以广灌溉，斥海濒弃地为田，积米至五十万斛，列营三十区，士马整饬，四邻畏之"[7]。到了晚唐五代时，江南一带已经出现了圩田。沈括说："江南大都皆山也，可耕之土皆下湿厌水濒江，规其地以堤而艺其中，谓之圩。……李氏据有江南，置官领之。"[8]

耕地面积的扩大，特别是南方水田的开垦，也导致了农作物种植分布的变化。直到唐前期，粟仍然是中国的主要粮食作物，其次是麦。粟的主要产地为华北平原、黄土高原、河西走廊以及今四川东部等地区。麦的产地则多在北方黄河流域，南方江南东道等地也有种植。安史之乱后，北方粟的产量有所下降，而麦则南北仍有大面积的种植。南方粮食作物本以水稻为主。唐玄宗时曾在河南大开水田，种植水稻，随后在北方，即今山东、河北、山西等地都成功地种植了水稻。从唐代中叶起，由于北人南迁、水稻品种的多样化以及耕作技术的进步等，水稻在全国粮食生产中开始占了首位，这种情况在很大程度上促进了经济重心的南移。从前比较落后的扬、荆、益三州，此时已成为重要的农业生产地区：以成都平原为中心的益州号称"州之瑰宝"，和扬州地区并称为"扬一益二"，居全国前列。长江下游一带则成了"赋出于天下，江南居十九"[9]的余粮区。到了宋代，"苏常熟，天下足"或"苏湖熟，天下足"已经是广泛流传的民谚[10]。

四、南方水田耕种技术

除了农作物分布的变化之外，在唐代，江南水田的耕作、栽培技术也发生了重大的变化。据陆龟蒙《耒耜经》记载，唐后期江南使用的耕具有犁、耙、砺、碌碡等。犁田后，用耙碎土块，去杂草；再用砺碡平田面。加上从岭南引进的耖，形成了耕耙耖一整套的技术措施，水田整地的全部工序均可利用畜力完成。这些工具，是专门适用于江南水田耕作的。牛耕在南方也开始普及。一个地区是否可以使用牛耕，取决于各方面的因素。如，需要有适应南方水田的耕具，如犁、耙、挽具等；需要有适于牛耕的农田等。在唐代的江南，这些条件都已具备，所以有利于牛耕的普及使用。而到了宋代，陆龟蒙提到的江东犁已经在南方得到普遍使用[11]。

在唐末韩鄂所撰的《四时纂要》一书中，记载了唐代江南水田中水稻的直播及移植等栽培技术。其书《春令》卷之二中说："种水稻，此月（三月）为上时。先放水，十日后，碌轴打十遍。淘种子，经三宿，去浮者，漉裛；又三宿，芽生，种之。每亩下三斗。美田稀种，瘠田宜稠矣。"这里的每亩三斗，应是秧田下种量。此外在唐人诗中也有对水稻移植法的描述，如张籍《江村行》："江南热旱天气毒，雨中移秧颜色鲜。"如前所述，水稻种植制度也发生了变化。稻麦复种制在唐代已经出现，南方有双季稻，宋代甚至通过间套复种的办法实现了水稻的一年三熟。

五、经济作物栽培及专业化

唐以前，史籍中尚无人工种茶的明确记载。到了唐代，不仅出现了人工种茶，栽培技术也有很大进步。这种变化，也是在江南一带首先发生的。陆羽的《茶经》对茶树的形状、生长习性及生长的条件都做了论述，并且还谈到了直播与移植两种种植方法。而在韩鄂的《四时纂要·春令》卷之二中记载了茶树的栽培技术："二月中，于树下或北阴之地开坎，圆三尺，深一尺，熟斸，着粪和土。每坑种六七十颗子，盖土厚一寸强。任生草，不得耘，相去二尺种一方。旱即以米泔浇。此物畏日，桑下、竹阴地种之皆可。二年外，方可耘治。以小便、稀粪、蚕沙浇拥之。又不可太多，恐根嫩故也。"这种方法已经与近代种茶相差无几了。但中唐以前，江南人工种茶大概仍是以散植为多。到了晚唐，由于种茶技术的提高，茶园虽然仍多设于山区，但也有建立于平地丘陵之上的。据《四时纂要》记载，当时江南茶园株行距皆二尺，连坎距共五尺，每亩可种茶二百四十株，专业性已比较明显。

随着农业生产技术的不断进步，粮食生产力的逐渐提高，一部分农业劳动力有可能分离出来，专门从事经济作物的生产。唐代，在盛产茶叶的地区出现了专业的茶农。如皮日休描绘湖州顾渚的茶农："生于顾渚山，老在漫石坞，语气为茶荈，衣香是烟雾……日晚相笑归，腰间佩轻篓。"[12]

唐代中后期的江南，密植的专业化桑园已经出现。陆游《南唐书·烈祖纪》载升元三年（939）诏："民三年艺桑及三千本者，赐帛五十匹……皆五年勿收租税。"一户种桑三千株，肯定不是一般农户所能做到的。盛唐时，这种专业桑园的种植密度大约是每亩五十株，与华北传统的间作桑园中每亩种二十至三十株的情况相去甚远。因此开元二十五年（737）修订的《田令》中，对华北与以江南为中心的长江下游两大蚕桑区的桑田与种桑数做了不同的规定，而这正是江南专业桑园在唐时已经出现的反映。

到了宋代，专业化经济作物品种比唐代又有较大增加。除了桑、麻、茶外，宋代还发展种植了甘蔗、柑橘、荔枝，甚至还有专业菜园、药园等。

六、农业技术知识总结

唐人所著的农业专著，主要有《四时纂要》《耒耜经》《茶经》等。唐代江南农业生产技术的重大进步，在这几部综合及专业性的著作中都有所反映。

《四时纂要》，唐末韩鄂撰，主要记载的是唐末长江流域地区农业生产技术状况。陆龟蒙的《耒耜经》是中国现存的第一部农具专著，论述了当时江南所使用的主要农业生产工具。至于陆羽的《茶经》，则对湖州长兴顾渚山茶业种植进行了详细记载。当然，农书也反映出，这些生产技术当时已经得到了普及。

第二节　土地经营方式的变化

唐代的土地关系比前代复杂。均田制是唐前期土地法的重要部分，但它反映的也是多种土地关系而不仅仅是某一种土地所有制。就土地所有权的实际情况而言，当时存在有：土地的国家所有制、地主土地所有制、寺院地主土地所有制和自耕农民小土地所有制。国家土地主要有：国家直接掌管经营的屯田、职田、公廨田、驿田、官家园林等。地主所有的土地包括：官吏和一般地主私有的庄田、园苑、牧场和寺院庄田、园林等。农民所有的土地主要有：承继祖业的土地、请授于官府的土地、购买的土地和未登籍的私垦地。

唐前期实行均田制，赋役主要有租庸调、户税和地税。租庸调是"国税"，国税计丁征收，是地租的一个特殊部分；户税和地税属于财产税，其主要部分是土地税。唐后期田制毁坏，赋役则改行两税法。这些已在本书第三章第三节和第六章第二节的有关制度部分讲过了。

一、租佃关系

唐代土地经营方式主要有自营、自种和出租，以下主要介绍由出租而产生的租佃关系。

出租即出佃收租。唐代前期的租佃契约近年在新疆吐鲁番发现不少，可见立契租佃制当时已经十分流行。从吐鲁番出土的文书以及其他有关材料来看，租佃关系应该直接源于小地主阶层。这些小地主在两晋隋唐时期，独立于世族豪强庄园制经济体系之外，他们由于没有什么特权而列于"寒门""役门"，承担国家的劳役，但在经济上，则将其较多的土地租给无地或少地农民。由此逐渐发展为租佃关系，并在庄园制日益衰微的基础上兴盛起来，终于在唐中叶以后，历五代到北宋而跃居于主导地位，在广大地区流行。

吐鲁番出土契约的内容，大致有下列几项：

（1）出租的土地是民户的"已受田"，包括永业田、口分田、菜园和葡萄园等。这说明户籍上所载的"已受田"是可以任意出租的。

（2）租期有短期和长期之分。短期的一般为一年，长期的为多年。但在现有契约中，未发现有永久性的租佃，这说明当时还未出现后世租佃关系中的永久租佃权。

（3）地租形态主要是产品地租和货币地租。产品地租有的规定按当年实际收成对半均分，有的则是预付当年或几年的粮食；货币地租一般是预付绢或银钱。这就是说，当时的地租既有分成制，也有定额制。交纳产品定额地租的，大约每亩是麦（粟）六斗至一石。交纳货币定额地租的多为菜园、葡萄园，其租额比粮田高几倍。

（4）土地税和地主原有的差役，如高昌土地的"租殊（输）百役"一般规定是由田主承担，"渠破水滴"则由租佃人负责。

（5）契约一般都规定了土地交付佃种的时期和交租的时间。租佃一方违约，则要加倍罚钱或物，赔偿对方。有的契约甚至规定，租地人违期不纳地租，听任田主取其家资财物作抵，或由担保人代付。

二、契约关系

租佃关系是一种法律关系。有关租佃关系的契约，也是法律文书，对缔约双方当事人是有约束力的，也受到法律的保障。有的租田者为了避免纠纷还要求出租者取得官府的"公文"，证明该户土地可以出租。如《唐永徽元年（650）严慈仁牒为转租田亩请给公文事》云："慈仁家贫，先来乏短，一身独立，更无兄弟，唯租上件田，得子以供候命。今春三月，粮食交无，逐（遂）将此田租与安横延。立卷（券）六年，作练八匹。田既出赁，前人从索公文，既无力自耕，不可停田受饿。谨以牒陈，请裁。"[13] 可能由于严慈仁的土地是转租给他人，故租佃者索要官府的"公文"，以确保佃耕权益。这反映了在均田制施行时期，民户土地不仅可以契约方式出租，而且允许转租。

吐鲁番所见租佃契约中，主佃双方多为小农，他们往往因彼此受田隔越、经营不便而交错出赁土地，也有小农因家贫无力垦种或急等钱用而出租土地，即具有典当性质的立契租佃。但可以由此推断，隋唐时期一般地主庄田的出租，大致上也会与农民签订类似内容的契约。

租佃关系采取契约形式，定额租的产生和流行，说明唐代佃客对地主的人身依附比此前有了明显的减轻。但也有农民"依富室为奴客，役罚峻于州县"[14]，"依托强豪，以为私属，贷其种食，凭其田庐。终年服务，无日休息。……有田之家，坐食租税，贫富悬绝"。[15] 他们在人身上对地主有较强的依附关系。唐五代时期，地主除在本地占田外，还常在他县占地，称为"寄田""寄庄"。对这类庄田，有的地主除派奴仆管理外，有许多是出租给农民耕种，征收所谓"庄租"。"寄田""寄庄"在中唐以后有较大的发展，以租佃方式经营土地也多于雇工和使用奴仆的自营方式。这是隋唐五代地主土地私有制的基本发展趋势。

总之，唐宋之际，旧有的土地关系和土地经营方式都有了很大的转变，随着均田制的逐渐破坏，地主土地私有制成为生产关系的主要形式，与之相适应的便是土地经营方式的改变。租佃制、雇佣制、契约制就是在这种背景中产生的。

第三节　手工业生产技术的创新

一、陶瓷工艺与名窑瓷器

白瓷的大量生产，可说是唐代制瓷业的一大特色。1971 年河南安阳西北出土北齐武平六年（575）范粹墓中的白瓷是有可靠纪年的早期白瓷。

白瓷是因瓷土的洗练而逐渐变为纯白，釉药中所含铁的成分减少了，瓷胎的白色反映在表面上而成。如果瓷土选练不够纯白，便在瓷胎上敷上白色陶衣，再烧成白色。因为瓷土的认真洗练和施釉技术的提高，完成了青瓷向白瓷的过渡[16]。唐代以邢州所产白瓷最为出名，与越州青瓷并称，所以人们通常又用"南青北白"来概括唐代瓷业的特点。

越窑青瓷与邢窑白瓷分别代表了南、北瓷业的最高成就，这是不争的事实。可事实上北方诸窑也兼烧青瓷、黄瓷、黑瓷、花瓷，甚至还有专烧黑瓷与花瓷的瓷窑。北方诸窑中，很多瓷窑烧瓷历史较短，无陈规可守，因而敢于进行各种尝试和探索。其釉色不厌青、白、黄、黑、绿、花，制胎可以两色重叠拉坯形成纹理，不薄雅素，更喜富丽，代表了一种新的自信和进取的时代风格。长江以南也有烧制白瓷的，宋代赫赫有名的江西景德镇，在唐初便生产白瓷。《景德镇陶录》卷五《景德镇历代窑考·陶窑》略云："唐初器也，土惟白壤，体稍薄，色素润，镇中秀里人陶氏所烧造。唐武德中，称为假玉器，且贡于朝。"有人认为，这反映出生机勃勃的白瓷对趋于保守的青瓷构成冲击的迹象[17]。

陶瓷艺术中最能表现所谓盛唐气象的莫过于唐三彩。三彩釉器绚丽斑斓，富有浪漫色彩；釉色的富丽热烈反映出唐人的生活意趣；骆驼俑和胡商乐舞形象是丝绸之路繁荣的象征；而凤头壶、龙首杯这些有异邦色彩与趣味的新的器物造型，表现了唐人对异域文化广收博采的自信与气魄。实际上，三彩陶俑本身就是其所处时代的艺术记录，同时也是唐代长安和洛阳社会风习与生活情趣的风情画。丰腴的贵妇、射猎的贵族、恭谨的文吏与侍女、牵驼的胡商、负重的骆驼、挺立的骏马、威猛的武士与天王，都记录了开天盛世的雍容与华贵、尊崇与豪放。

在制瓷工艺方面，唐人也有不少贡献。如岳州窑开始用匣钵和垫饼烧瓷，可以免除窑中烟火熏染瓷器，使色泽均匀。匣钵的创制

图 8-1　三彩陶女立俑

与使用可能早于唐，但大量使用并作为工艺常规则是在中唐以后。至唐末五代时更改用支钉支烧，实为烧制方法的重要变化。寿州窑黄釉瓷施用白瓷衣，可以免除胎面的粗糙而又衬托釉色美观，乃是制瓷工艺的又一进步。1974年湖南长沙挖掘的铜官窑，器物为轮制，釉彩多为青中带黄，在瓷器生产中首创釉下彩绘，使色彩从釉下呈现出来，能耐磨而不褪色。唐代制瓷工艺的发展，为宋代名窑的出现准备了条件。

二、冶金术的发展

唐代社会经济发达、国力强盛、文化繁荣，制造农具和兵器需要大量的钢铁，工程建筑中也经常采用灌注铁或铅以加强构件之间的连接。如唐高宗乾陵，墓道全用石条砌筑，石条之间用铁栓板固定，并用铅灌注以加固缝隙。唐代商业贸易兴盛，货币需求量极大，唐王朝为此多次铸钱，大量用铜。巨大的金属需求量，促使冶金生产规模和产量都超过了前代。

在技术方面，唐代炼炉和鼓风技术都有所进步，灌钢法得到普及推广，百炼钢技术由于生产效率较低已很少使用。据《唐会要》卷八九《泉货》，武德四年（621）废五铢行开元通宝，由大书法家欧阳询写钱文进蜡样，这是中国有关失蜡法铸造技术最早的文献记载。隋唐五代的大型铸件技术也很突出。1989年在山西永济出土了轰动海内外的四尊唐开元十二年（724）铸造的镇河大铁牛，每尊铁牛长2.64米，宽1.65米，高1.32米，据此推算每个牛身实体在4立方米左右，重量约为25吨（包括连体铁山、铁柱在内）。

图8-2 山西永济出土唐代黄河蒲津渡大铁牛

中国现存最大的古代铁铸件当数五代时期铸造的沧州大铁狮，高5.3米，长6.8米，宽约3米，上有铭文，重量估计在50吨以上。这些特大型铸件，都是使用多块泥范组合铸成的，反映出当时造范与合铸技术已经相当高明。

现存的唐代金银器数量很多，其加工精巧，造型优美，一直为后人所赞颂。这些玲珑剔透的金银器饰，不仅说明当时的切削、抛光以及焊接、铆、镀、刻凿等工艺技术已经达到较高水平，而且质地优良银器的大量出现，也向人们显示了当时冶银术的进步。

根据对陕西西安南郊何家村出土的银器冶炼遗址金属残渣的化验研究，得知唐代的冶银过程是将矿石击碎，挑选，冲去沙石，选出真矿；烧成含银成分高的铅坨，将它置于灰窠内；周围鼓风以燃炭火，熔化铅坨，铅入灰中，银则存于灰窠上，故称之为"灰吹法"。残渣中含银极少，反映出唐代冶银技术已具相当水平。

关于铜的冶炼技术，唐代史籍所记并不多。《元和郡县图志》卷一四《河东道三》略云："飞狐县三河冶，铜山约数十里，铜矿至多，去飞狐钱坊二十五里。两处共享拒马河水，以水斛销铜。"三河冶所用的冶铜之法，是否即是宋代之胆铜法，还不得而知。宋代文献记录胆水浸铜最早的，是乐史的《太平寰宇记》。其书卷一〇七载："跳珠泉在县西一里许，泉涌如珠，亦名小石井。又有胆泉出观音石，可浸铁为铜。"所谓的胆铜法，即是熔铁于胆矾中，使之游离以沉淀铜。新的冶铜技术出现，令铜的产量大大提高，铜器制造业较之前代也有了明显进步。

冶金技术的发展，离不开冶炼燃料的改良。从现存史料来看，隋唐时期燃料仍以木炭为主。《唐会要》卷六六便记有"木炭使"一职，白居易《卖炭翁》说炭车为宫使掠去，可知宫廷所用依然为木炭。到了宋代，煤炭的使用才渐渐普及，进而带动了冶矿业的发展。

三、城市、建筑与桥梁工程

唐代城市建筑的成绩，以长安城和洛阳城为代表。

作为首都，长安城的规划建制在唐朝是独一无二的，"在布局上，它的主要特点是：宫城、皇城位于长安城内北部正中。这在隋唐城址中是唯一之例"。权威意见认为："像长安城那样的布局，只有京城一例，这应是中央集权强有力的表现之一。"[18] 长安城的

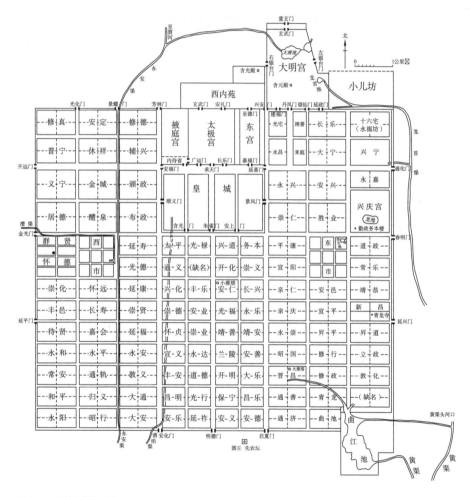

图 8-3　唐长安城复原图

另一显著特点是：全城分宫城、皇城、外郭城三部分。宫城南面五门，正中为承天门，南临横街，宽三百步（441 米），为举行大朝会的广场；承天门与皇城南面正门朱雀门以及外郭城的明德门构成中央大街，因起于承天门，故称"天街"，又叫朱雀大街。唐长安全城有南北向大街十一条，东西向大街十四条。纵横二十五条大街把全城分成一百零八个坊和东西两个市场，形成棋盘式的网形方格，如诗人白居易所称"百千家似围棋局，十二街如种菜畦"（《登观音台望城》）。

唐长安城全城呈规整的长方形，周长 36.7 公里，面积为 84 平方公里，如此宏大的规模加上太极、大明、兴庆三座宫城的辉煌壮丽，使它当之无愧地成为当时世界上最著名的大都会之一。长安不仅是中国的政治、经济、文化中心，而且是东西方文化交流的中心。长安城的建筑规制也为当时的东亚国家渤海、新罗尤其是日本的京城所仿效。

隋唐东都洛阳城的建筑布局与长安不同，最突出的特点就是宫城、皇城位于洛阳城的西北隅，而不是中轴线北端。其次是大部分坊的面积一致，约 0.5 平方公里，这是沿袭北魏洛阳城的坊制。这种坊制影响很大，当时许多地方州县城内的方整坊里，都应是取法于洛阳；而凡置有宫的城，除隋唐京城长安外，也大都沿用了洛阳建宫城于西北的制度，如建有晋阳宫的北都太原城和建有江都宫的扬州城等。宫衙位置建在城的西北隅，这实际是隋唐地方城制，因为有些州县城的衙署区即安排在这个位置上。之所以选择这个方位，是因为中原地势一般西北高于东南，地方统治者占据城内高地，以利其控制全部并便于防御的缘故[19]。

图8-4 唐大明宫麟德殿复原图

　　长安、洛阳城内的宫殿，充分表现了唐代木构建筑的特色。《北史·宇文恺传》载："梁武即位之后，移宋时太极殿以为明堂，无室，十二间。……平陈之后，臣得目观，遂量步数，记其尺丈。犹见焚烧残柱，毁破之余，入地一丈，俨然如旧。柱下以樟木为跗，长丈余，阔四尺许，两两相并，凡安数重。"这里讲到的刘宋时太极殿栽柱入地的做法，即是《营造法式》所说的"永定柱"，其上可以建立平座和上部殿身木构。唐长安大明宫含元殿、麟德殿遗址中，还可见这种栽柱入地的做法。除了两京城内的宫殿，唐代各地也出现了一些规模宏伟的木构建筑，如滕王阁、黄鹤楼等。从宋人画的滕王阁、黄鹤楼中，可见到木平座构成的重台勾栏。虽然平座铺作于地栿，而不是永定柱上，但犹存一些遗意[20]。木构建筑又与雕塑、绘画结合，表现出丰富的艺术技巧。

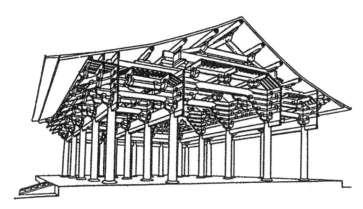

图 8-5 山西五台佛光寺大殿梁架结构示意图

　　留存至今的唐代木结构建筑，较完整的有山西五台山的南禅寺正殿和佛光寺正殿。南禅寺正殿建于唐德宗建中三年（782），其主要构架、斗拱和内部佛像基本上都是原物。

　　佛光寺正殿虽比南禅寺正殿晚建七十五年，但规模较大，而且在后来的修葺中改动极少，可以作为唐代木构殿堂建筑的范例。佛光寺正殿在创造佛殿建筑艺术方面，表现了结构和艺术的统一，也表现了在简单的平面里创造丰富的空间艺术的高度水平，这是中国古代建筑的优秀传统之一。该大殿面阔七间，进深四间，其柱网由内外两周柱组成，形成面阔五间、进深两间的内槽和一周外槽[21]。殿的内外柱列和梁枋互相连接，并以柱的侧角加强构架和榫卯结合，组成一个稳固的整体。殿的外檐斗拱使用下昂和横拱，形制显得雄壮有力，其中"昂"起着挑悬和使檐部受力平衡的作用。内柱上使用偷心拱上承平閣（小方格式），使殿内整洁明亮。屋檐的翼角翘起以由中心柱向角柱逐渐增高的方法构成，屋顶的"举折"（曲线轮廓）由各层纵横的大小梁枋和檩条标高的变化形成。顶上平缓，出檐深远，采用宏大的斗拱承托，表现出唐代建筑的稳健雄丽风格。佛光寺大殿具有一套明确完整的构架体系，反映出唐代木结构建筑技术已达到成熟的程度。

南北朝时期，塔是佛寺中的主要建筑。到了唐朝，塔已经不再位于佛寺组群的中心，但仍然是佛寺的一个重要组成部分。塔挺拔高耸的姿态，对佛寺组群和城市轮廓面貌都起着重要的作用。隋唐时代的许多木塔现已不复存在，现存这一时期的塔只有砖石塔，砖塔规模大，石塔体积小而且数量少。就塔的外形来说，大致可分为楼阁式、密檐式和单层三种类型。其平面大都呈方形，八角形较少。唐代砖塔都采用筒式结构，抗横剪力强，因而抗地震性能良好。塔外壁用砖砌成，各层采用木梁、木楼板，用木梯上下。现存唐代楼阁式砖塔中，建于唐高宗总章二年（669）的陕西西安兴教寺玄奘塔是一个重要的范例。此外还有开耀元年（681）建造的香积寺善导塔和建于8世纪初的慈恩寺大雁塔，但大雁塔经过明代重修，已经不是原来的样子了。

玄奘塔就是中国佛教史上著名高僧唐玄奘的墓塔。该塔平面方形，高五层，约21米。每层檐下都用砖做成简单的斗拱，斗拱上面用斜角砌成"牙子"，其上再加叠涩出檐。现在的第一层塔身经过后代修理为素面砖墙没有倚柱，以上四层则为用砖砌成的八角柱一半的倚柱，倚柱上再隐起额枋、斗拱。这座塔是中国现存楼阁式砖塔中年代最早且形制简练的代表作。云南大理崇圣寺千寻塔建

图 8-6　隋赵州安济桥

于南诏后期，是一座内楼阁、外密檐相结合的砖塔，方形，高十六层，为现存最高的唐代砖塔之一。

隋代赵州安济桥的修建，代表了当时中国的桥梁建筑水平。它是中国现存最古的石拱桥，位于今河北赵县南门外洨河上。唐人张嘉贞云："赵郡洨河石桥，隋匠李春之迹也，制造奇特，人不知其所以为。试观乎用石之妙，楞平砌，斗方版，促郁戚，穹隆崇，豁然无楹。吁可怪也。"[22] 桥为单孔，圆弧，南北向，长 64.4 米，宽 9 米，由纵向并列的二十八个石拱筑成，净跨 37.02 米，跨度大而桥面平。大石拱两头又各建两个小拱，既减轻大拱和地脚的承重，又可达泄洪之效，构思精巧，为世界首创。桥上"有勾栏，皆石也。勾栏并为石狮子"[23]，既美观又实用。

四、水利及灌溉工程

唐代水利及灌溉工程的进步以江南农业最为受惠。圩田是改造利用低洼地的一种方法，中唐以后，圩田在南方迅速发展起来。据北宋郏亶《吴门水利书》等史料记载，当时的太湖圩田有着相当周密的规划和科学的布置：先在太湖平原上修了大量的浦塘作为水利工程，然后将浦塘之间开垦为圩田。有的圩田规模相当大，"每一圩方数十里，如大城"，洪水则经浦塘辗转出海。沿江、滨海之处筑有江堤、海塘，通江入海的重要港浦设置堰闸，"旱则开闸引江水之利，潦则闭闸拒江水之害"。高地和低地之间也都设有斗门堰闸，实行分级、分区控制，以使高不旱、低不涝。圩内则沟渠四通八达，以备排灌、运输之用，圩岸遍植杨柳，堤下种植菱苇，用以护堤防浪。这样，整个圩田形成了圩堤、河渠、堤堰三位一体的水利灌溉系统工程，从而使太湖低洼区变成了号称"苏湖熟，天下足"的全国最重要的粮仓之一。

中国古代最宏大的水利工程大运河也在隋唐时期建成并发挥重大效益，本书第一章第三节已做了介绍。

唐代，水车有了改进。《太平广记》卷二五〇记载："唐邓玄挺入寺行香，与诸僧诣园，观植蔬，见水车以木桶相连，派汲于井中。乃曰：法师等自踏此车，当大辛苦。答曰：遣家人挽之。"可见已有脚踏水车从井中汲水。南方则出现了利用水流冲力旋转提水的筒车。同时，水车运用也得到了推广，《唐会要》卷八九《疏凿利人》条载唐文宗大和二年（828）："内出水车样，令京兆府造水车，散给缘郑、白渠百姓，以灌水田。"宋代又出现了翻车，翻车又称水车或龙骨车，有脚踏、畜力和水力三种。

五、纺织技术

唐代的纺织业，可以分为丝织业、麻织业、毛织业和棉织业四种，而以丝织业最具代表性。唐代丝织品的名称很多，《大唐六典》卷二二"织染署"条载："凡织纴之作有十：一曰布二曰绢三曰绝四曰纱五曰绫六曰罗七曰锦八曰绮九曰绸十曰褐。"除了布与褐外，其他八种均是丝织品。锦的织作尤其重要。代宗大历六年（771）的一道诏书，为我们提供了当时织锦技术的一些情况："纂组文绣，正害女红。今师旅未息，黎元空虚，岂可使淫巧之风，有亏常制。其绫锦花文所织盘龙、对凤、麒麟、狮子、天马、辟邪、孔雀、仙鹤、芝草、万字、双胜、透背及大绸绵、竭凿、六破已上，并宜禁断。其长行高丽白锦、大小花绫锦，任依旧例织造。有司明行晓谕。"[24] 从众多的花纹名称中，不难窥见唐代织锦技术的高超。

唐代前期，以河北山东地区的丝织质量最好。如《新唐书》卷三九《地理志三》载："定州博陵郡，上，本高阳郡。天宝元年更名。土贡罗、绸、细绫、瑞绫、两窠绫、独窠绫、二包绫、熟线绫。"由中唐开始，江南的丝织业也有了明显的进步。《大唐六典》卷二〇"太府寺"条略云："绢分八等，宋亳之绢第一等。"而德宗贞元元年（785）顾况说："今江南缣帛胜于谯宋。"[25] 自开元中至贞元只有短短五十年的时间，江南的绢帛生产水平便超过了北方。

关于唐代丝织技术的明确记载，现有的史料中很少记录。《唐语林》卷四"贤媛"条记载："玄宗柳婕好有才学，上甚重之。婕

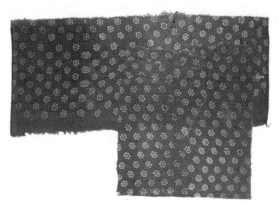

图 8-7　唐代红地印花绢

好妹适赵氏，性巧慧，因使工镂板为杂花，象之而为夹缬。因婕妤生日，献王皇后一匹，上见而赏之，因敕宫中依样制之。当时甚秘，后渐出，遍于天下，乃为至贱所服。"现在出土的印花丝织品中，不少就有夹缬。它是用两块雕镂相同的图案花板，将布帛夹在中间，涂上防染剂，然后入染，成为色地白花的印染品；或在花板雕镂花处涂以染料，成为花纹。现在日本的正仓院还藏有不少唐代的夹缬品。

另外，唐代的一些名贵织品，也可以证明唐代的丝织技术确实已经达到了很高的水平。《旧唐书》卷三七《五行志》载："中宗女安乐公主，有尚方织成毛裙，合百鸟毛，正看为一色，旁看为一色，日中为一色，影中为一色，百鸟之状，并见裙中。"

第四节　商品经济的发达

一、城市的繁荣

　　唐宋时期，中国古代城市经历了由封闭式的里坊制城市到开放式的街巷制城市的变化。随着商业的发展，地方开始出现纯经济型城市，唐五代著名的商业城市有成都、幽州（今北京）、扬州、杭州、明州（今浙江宁波）、泉州、广州等。中唐以后，津渡要口的草市日益发展扩大，一些商业繁荣的城市出现了夜市，五代洛阳已正式允许临街设店，这些都影响了宋代城市结构的变化。

　　唐代长安是政治、文化和经济的中心，商品交易活动集中在东、西二市。宋敏求《长安志》卷八略云："东市，隋曰都会市，南北居二坊之地。街市内货财二百二十行，四面立邸，四方珍奇皆所积集。"西市比东市更为繁华，同书卷一〇略云："西市，隋曰利人市，南北尽两坊之地。市内店肆如东市之制。"各地的珍奇商品均在这里出售，来自西域的珠宝、香料也可以在这里买到。盛唐时，长安是全国最大最繁荣的商业城市。唐代洛阳设有三个市，即南市、北市和西市，比长安还要多一个，担当的经济角色也更为明显。三市中以南市最盛，《河南志》卷一载："唐之南市，隋曰丰都市，东西南北居两坊之地，其内一百二十行，三千余肆，四壁有四百余店，货贿山积。"洛阳城中的市多近漕渠，水路运输极其便利，因此商贸的发展日趋繁荣。长安、洛阳之外，唐代城市繁华称"扬一益二"。南方的一些城市，如苏州、杭州等，也是商业繁荣的地区。曾任苏州刺史的白居易形容苏州："人稠过杨（扬）

府，坊闹半长安"。而杭州地处大运河的终点，中唐以后日益繁华，"万商所聚，百货所殖……骈樯二十里，开肆三万室"[26]。

中唐以后城市商品经济的新发展，首先值得注意的是：商业贸易的繁荣冲破了以前坊市制度所定的只能在"市"内交易的规定，商业活动的范围扩大了，甚至在坊中也有了店铺。如《资治通鉴》卷二三五德宗贞元十三年（797）："置白望数百人于两市及要闹坊曲，阅人所卖物，但称宫市，则敛手付与。"此外扬州、荆州江陵城等城市同样出现了在坊曲中贩卖的情形。其次，商业的发展不但突破了地点的限制，时间的限制也被打破。夜市的出现，令城市显得越发繁荣。如王建诗中的汴梁："水门向晚茶商闹，桥市通宵酒客行。"[27]扬州的夜市更有名，诚如诗人所形容的那样："夜市千灯照碧云，高楼红袖客纷纷。如今不似时平日，犹自笙歌彻晓闻。"[28]

二、镇市与草市

除了城中的"市"以外，随着商品经济的发达，在唐五代时期还出现了镇市和草市。镇，开始建立的时候是军事性质的，如早在北魏时期的沃野镇便是如此。到五代时期，镇的作用有了转变。《册府元龟》卷四七五载后唐明宗长兴元年（930）王延奏："一县之内，所管乡村而有割属镇务者，转为烦扰，益困生民，请直属县司，镇唯司盗贼。"到了宋代，由于商品经济的发展，镇市确定下来。高承《事物纪原》卷一载："民聚不成县而有税者，则为镇。"

草市是相对于官市而言的。《唐会要》卷八六载："诸非州县之所不得置市。"草市便是一种在当时不合法的市集。草市之名，早见于东晋南朝时期[29]，初设在城外，是一些定期或不定期的市集。由于商品经济的发展，商业交易的日益频繁，政府规定的市场如城中的"市"已不能满足商品交换的需要，最终市集成了经常性的草市，里面有了固定的商铺及以经营工商业为主的常住人口。唐代中后期，草市在南北方均有很大的发展，犹以江南出现最多。这也从另一个方面反映出江南经济在唐代中后期快速发展的状况。王建在《汴路即事》一诗中写道："千里河烟直，青槐夹岸长。天涯同此路，人语各殊方。草市迎江货，津桥税海商。回看故宫柳，憔悴不成行。"[30] 这里写的是汴水渡口的一个草市，南来北往的商船，在此地聚集，商业之繁荣，不比城市逊色。而江南水道纵横，货运交通极为方便，因此在津渡码头每有草市形成。故杜牧在《上李太尉论江贼书》中说："（江贼）水劫不便，逢遇草市，泊舟津口，便行陆劫。……凡江淮草市，尽近水际，富室大户，多居其间。自十五年来，江南江北，凡名草市，劫杀皆遍。只有三年再劫者，无有五年获安者。"[31] 可见江南草市为数众多。至五代时，北方地区草市也逐渐增多，成为政府税收的来源之一。后周太祖广顺二年（952）正月敕："诸州镇郭下及草市见管属省店宅水碾，委本处常切管句，其征纳课利，不得亏失。"[32] 到了宋代，一些相当繁盛的草市更是广泛分布在乡村中，成为政府最基层的税收单位。

三、信用关系的发展

金融市场在唐代也有了进一步发展。由于商品交换的日益频繁，传统的布帛、谷粟等实物货币已不能适应市场交换的要求，铜钱则越来越受欢迎。但铜钱的供应量，在唐代仍有不足。特别是实行两税法以后，规定夏税纳钱，对铜钱的需求更大了。因此在唐朝后期，出现了所谓的"钱荒"。"钱荒"的现象显示了金属钱币在商品经济领域中的作用。但铜钱不便于大量携带，作用局限于小额交易，大额贸易有时仍需使用绢帛。于是，价值较高的贵金属白银便出现在流通领域，在某些方面发挥着货币的作用。唐后期甚至还出现了类似纸币的"便换""飞钱"[33]。赵璘《因话录》卷六《羽部》载："有士鬻产于外，得钱数百缗，惧川途之难赍也，祈所知纳于公藏，而持牒以归，世所谓便换者，置之衣囊。"《新唐书》卷五四《食货志四》载："（元和初）时商贾至京师，委钱诸道进奏院及诸军、诸使富家，以轻装趋四方，合券乃取之，号'飞钱'。"这种汇兑好像钱在两地之间飞来飞去，故此得名。但是它不能用来购买商品、缴纳赋税，所以还不是真正的货币。

唐末五代时期，古老的实物货币绢帛、谷粟渐渐被淘汰，新兴的货币形态白银，正在进入流通市场。到了宋代，更出现了世界上最早的纸币。这是中国货币体系和信用关系发生重大变革的时期。

四、行会的出现

商品生产与交换的日益发展，城市人口的集中与城市工商业的日趋活跃，导致了工商业行会的出现。《长安志》说："市内货财二百二十行，四面立邸"。虽然此"行"不一定就是后来的行会，但至少说明在唐代初期便已有了商业的分类组织。如韦述《两京新记》记西市"市署前有大衣行杂糅货卖之所，记言反说，不可解识"。行业内部特有的语言，外行人已难以明白了。

行会是工商业者的组织，有手工业行会和商业行会。唐代手工业不仅分工日益发展，专业化的程度也越发细密。活跃的商品经济促使同类的手工业作坊联合起来，这有利于提高本行业的生产技术，而且对于保证各自行业的生产经营和产品销售都有积极作用，也有利于促进城市工商业的发展。如长安城通化门长店，"多是车工之所居也，广备其材，募人集车，轮辕辐毂，皆有定价。……有奚乐山者，携持斧凿，诣门自售，视操度绳墨颇精"[34]。可见长安城内手工业不单分工精细，手工业者的技术也颇为娴熟。

唐代行会的数量及其具体组织情况，由于史料的缺乏，目前颇难考究。但从一些石刻数据中，可以看到不少唐代行会的名称。如彩帛行、大绢行、小彩行、小绢行、丝绵行、绢行、米行、生铁行、炭行、磨行、肉行、油行、屠行、果子行、靴行、杂货行、染行、布行等[35]。另外在出土的文书中也出现了诸如果子行、彩帛行、米面行等。可见唐代确实存在着一些工商业的分类组织。诸行设行头、行首。贾公彦《周礼注疏》卷九："肆长谓行头，亦是市中给徭役者。"同书卷一五载："肆长谓一肆立一长，使之检校一肆之事，若今行头者也。"行头的责任是配合政府维持市场秩序。有时行会还要协助官府平抑物价，稳定市场。《旧唐书·食货志》载建中元年（780）七月敕："夫常平者，常使谷价如一，大丰不为之减，大俭不为之加。虽遇灾荒，人无菜色。自今已后，忽米价贵时，宜量出官米十万石，麦十万石，每日量付两市行人下价粜货。"行会在此时起的作用是不容忽视的。

唐代手工业商业行会的出现，正说明随着城市经济的发展繁荣，城市工商业者的人口比以前有了较大规模的增加。为了维护自身的利益和适应不断进步的商品经济关系，行会组织也就应运而生了。

五、海外贸易的管理

唐五代时期，不仅仅陆地上的工商业发达，海外贸易也有了快速的发展。为管理日益繁荣的海外贸易，唐朝设立了市舶司主管对外港口的贸易活动。《唐会要》卷六六"少府监"条记："显庆六年（661）二月十六日敕：南中有诸国舶，宜令所司每年四月以前，预支应须市物，委本道长史，舶到十日内，依数交付价值。市了，任百姓交易。其官市物送少府监简择进内。"可见高宗时虽然没有正式设立市舶司于外贸港口，但已有官员负责此类事宜。

市舶司具体何时设置，史料并没有明确记录。据《册府元龟》卷一〇一《帝王部·纳谏门》记载："开元二年（714）十二月，右威卫中郎将周庆立为岭南市舶使，与波斯僧广造奇巧，将以进内，监选使殿中侍御史柳泽上书谏，帝嘉纳之。"可知市舶司的设立至少在开元二年十二月以前。至于设立的地点，从"岭南市舶司"的名称来看，应是治广州[36]。唐代中后期的广州聚集了从各地特别是南洋诸国来的商人。"其海外杂国若耽浮罗、流求、毛人、夷亶之州，林邑、扶南、真腊、干陀利之属，东南际天地以万数，或时候风潮朝贡。蛮胡贾人，舶交海中。"[37]

市舶司的设置，是为了加强对海外商人的管理、征税和为宫

廷收购外来的奇珍异宝。文宗大和八年（834）二月诏："比年长吏
多务征求，嗟怨之声达于殊俗……深虑远人未安，率税尤重，思有
矜恤，以示绥怀。其岭南、福建及扬州蕃客，宜委节度观察使常加
存问，除舶脚收市进奉外，任其来往通流，自为交易，不得重加率
税。"[38]文宗诏书所说"舶脚"即征收关税，"收市"即官府指定
收购，"进奉"则指交纳贡品。

六、外贸港口的繁荣

唐宋时代，泉州是中国对外贸易的主要口岸之一。开元二十九
年（741），泉州别驾赵颐贞为了发展对外贸易，大力整治港口，凿
沟通舟楫，使海船可直达泉州城下。据 9 世纪中叶阿拉伯地理学家
伊本·胡尔达兹比（Ibn Khurdadhbih）《道理与诸国志》记载，当
时泉州和交州、广州、扬州同为中国对外四大贸易港，与阿拉伯、
波斯和东南亚各国往来频繁。中唐以后，有很多外国人尤其是阿拉
伯商人来泉州居住，以致出现了"船到城添外国人"，"市井十洲
人"的盛况。来泉州的外国人包括使臣、商人和传教士，他们带
来香料和珠宝，携回丝织品和瓷器等。五代时南唐灭闽，留从效据
泉、漳二州，为了适应对外贸易的需要，扩建了泉州城，并在城周
环植刺桐树，此后刺桐就成了泉州的别称。宋元时代外国商人、旅
行家东来，常将刺桐城名写进其旅行日记，泉州以此驰名于世界。

扬州在隋唐时代为东南水利交通枢纽，也是重要的国内外贸易
都会。唐代扬州既是全国最大的物资转运站和集散地，又是工商业
最发达的城市。手工业产品以铜镜最负盛名，丝织业、造船业也很

发达。这里是中外富商大贾的聚集之地，都市生活极度发达，十里长街，市井相连，笙箫歌舞，通宵达旦。中唐以后，这里更成为中央政府倚办转输赋税的重镇。《唐会要》卷八六载，"诸道节度观察使以广陵当南北大冲，百货所集，多以军储货贩，列置邸肆"，"扬州富庶甲天下，时人称扬一益二"[39]。

广州也是唐代主要的对外贸易口岸之一。当时的海上对外贸易空前繁荣，"广州地当要会，俗号殷繁，交易之徒，素所奔凑"。[40]《岭表录异》卷下载："每岁，广州常发铜船，过安南易货。"广州江面上停泊来自狮子国（今斯里兰卡）、波斯（今伊朗）、昆仑（今中印半岛南部及南洋诸岛一带）等处的"南海舶"，不知其数。运来的是象牙、犀角、香料、铜锭、海贝和各种宝物，换去的是绫、绢、丝、绵、瓷器之类。广东著名的潮州窑出土日用瓷、美术瓷中有高鼻卷发的西洋人头像和短脸、垂耳、矮身的西洋狗，显然都是为外销而制作的，当然也要从广州起运。唐朝在广州设置市舶司，专管对外贸易，征收舶脚税。外商则集中住在蕃坊，设蕃长主领其事。史载9世纪后期广州的伊斯兰教、景教、拜火教等教徒多达十二万，此数容有夸大，但外商人数很多却是可以肯定的。

第五节　南方经济的发展

一、南方经济地位的突出

隋及唐前期，中国经济重心仍然是黄河流域。但安史之乱严重破坏了北方的农业生产，直到唐末，北方的经济都未能完全复原。与此同时，南方的经济开始快速增长，最终超过了北方。

南方经济的进一步发展，首先表现在农业生产的发展。以唐代太湖流域（包括润、常、苏、杭、湖、睦等六州）为例，水利工程的修建为谷物的生产，特别是水稻的生产创造了良好的条件。太湖流域的农民在太湖东部低洼地区，把围田、筑塘、开浦、疏江四项工程结合起来，把治水与治田、治低田与治高田结合起来。加上耕作工具的改良，使水稻亩产比过去有了很大提高，"亩收倍钟"，南方逐渐成为我国主要的水稻产地。除此之外，手工业与商业的发展也使得南方经济地位进一步突出。经济作物的种植、加工和农产品的商品化，带动了市场经济的发展，南方地区性的市场扩大了，草市与镇的不断出现说明市场经济在南方正扮演着越来越重要的社会角色。经过宋元两代，最终于明清时期在太湖地区形成了一批著名城镇。南方地区的经济地位，远远超过了北方。

从唐代中期开始，江南地区便担负起了较重的赋税[41]。《册府元龟》卷一六九《帝王部》载："天下贡赋根本既出江淮，时江淮人甚困而聚敛不息。"其中尤以太湖地区所负担的赋税为重。如代宗大历时，每年自江南北调的粮食达一百一十万石，太湖地区所提供的就达二十万至三十万石。安史之乱前，唐朝的财赋重心在北方，尤倚重河北、河南、河东三道。安史之乱后，河北全部、河南大部、河东一部，皆为藩镇割据，唐朝财赋重心遂南移江淮。这也显示江南经济在唐中期确实有了不俗的发展，否则，就不能承担如此繁重的赋税。

二、沿江沿海地区经济

南方沿江沿海地区的经济，除了传统农业的进步、手工业商业的繁荣外，航运业的发达也是促进这一地区经济发展的重要原因。

唐代江南的航运业已经很发达。荆南首府江陵，号称"全楚奥区，荆衡重地，凑舟车之都会，控湖岭之要冲"[42]。它的繁荣系于交通的发达，尤其是航运的发达。四方商贸因此而云集江陵，甚至在江陵城外形成市镇，如沙头市。岳州是洞庭湖与长江交汇之所，号称三湘咽喉，历来就是航运中心。五代初朱温曾因岳州为"五岭、三湘水陆会合之地，委输商贾，靡不由斯"[43]，遂并力与吴争夺。

当时长江口附近的扬州是对外贸易港口，许多物资从这里起运至日本。又据《新唐书·东夷日本传》记载："新罗梗海道，更由明、越州朝贡。"可知明、越州也是海运港口。海运的兴盛，推动着整个地区经济的发展，具体表现在促进港口城市的繁荣与市镇的兴起，促使人口从农村向城镇转移，即农业人口转移到城镇从事商品生产、贸易、运输、服务等行业，推动社会分工的发展，促进区域性市场的形成。这种情况是当时北方所不能比的。

海外贸易的发展，更促进了沿海地区经济结构的变化。以福建为例，在海外贸易的刺激下，农业结构得到调整，在扩大水稻种植面积的同时扩大经济作物的种植。甘蔗种植面积扩大是因为制糖业发展和糖的出口需求增加，棉花种植的面积亦因棉织业发展和棉织品出口而扩大。即使是荔枝，也因出口到日本、新罗及国内销售的扩大而广泛栽种。由此可见，海外贸易的发展，引起了沿海地区社会经济结构的某些变化，适应海外贸易和城市经济的生产部门纷纷出现，东南沿海地区的经济发展，比前代有了长足的进步。

三、南北经济发展不平衡

中国古代经济重心的南移是一个漫长的历史发展过程。自古以来，中国南北经济的发展便很不平衡。隋唐前期，中国北方的经济发展是高于南方的。但从唐后期开始，南方的经济开始快速增长，江南经济区不仅完全取代了原先北方经济区所具有的地位，而且使得国家的政治中心对它的依赖程度不断提高。到了宋代，特别是南宋，中国的经济重心已经转移到了南方。

经济发展的水平，不完全取决于人口的多寡，还要看劳动生产率的高低。其中，农业劳动生产率的意义尤为重要。中国古代南方经济最终超过北方，归根结底是由三种情况所决定的。

首先，掌握比较先进的生产技术的劳动者大量增加（主要是历次由北方南徙的移民），使南方生产力构成中的主导力量大大增强。对江南水田农业超过华北旱田农业起关键性作用的育秧、移秧技术，很可能就是从原先北方的水稻移植技术演变而来的，而这种技术的导入南方，自然是与北方移民的南徙分不开的。

其次，先进的生产工具（主要是南朝以后发展起来的优质钢铁工具）的广泛使用，使林莽丛生的广大丘陵山区的大规模开发成为可能。南方优越的自然条件一经与先进的生产工具相结合，便会产生超乎北方之上的生产能力。

再次，南方气候温湿，各类作物与北方相比一般具有生长期短、产量高的优点，从而使南方农业具备生产周期短、生产率高的优越性。此外，许多不宜在北方生长的经济作物，在南方却能得以广泛种植，茶叶就是显著的例子[44]。

四、经济发展对文化的影响

经济实力的增强，使得商人的地位有所提高。唐朝前期，虽然工商列入士农工商四民之中，取得了良人的身份，但直到开元末年，仍然保持了"工商之家，不得预于士"[45]的规定。这一情况到唐代后期有所改变。当时已经有工商子弟应举及第了，例如开成、会昌年间进士及第的陈会。《北梦琐言》卷三记载："（陈会）家以当垆为业，为不扫街，官吏殴之。其母甚贤，勉以修进，不许归乡，以成名为期。"及第后，剑南节度使李固言"览报状，处分厢界，收下酒旆，阖其户。家人犹据之，逡巡贺登第"。此外，盐商子弟也有应举入仕的。如大和六年（832）进士及第的毕诚，咸通六年（865）及第的江陵盐商之子常修，咸通十五年（874）进士及第的顾云等[46]。可见经济的发展和社会分工的扩大，使许多农民从农业中分离或半分离出来，从事工商业活动，再加上还有不少的官僚经商，士农和工商已很难严格区分。工商子弟正是在这种背景下进入仕途的。南方商品经济发达，在这方面的进步尤其明显。

南方经济的发展，使得江南地区的政治影响也有所增强。唐代前期的政治人物，大多数是北方人，而江南道也出现了不少，多集中在润、苏、常三州，也就是前面所说的太湖流域地区。唐朝后期，情况也有了变化。润、苏、常三州进士及第的人数增加了，前期没有出过进士的一些地区也出现了进士。及第增长幅度最大的是福建、江西和湖南。据徐松《登科记考》，从贞元四年至十七年（788—801），福建科举及第者就有十人。元和元年（806）至光启二年（886）的八十年间，进士及第者又有三十三人[47]。这显然也是和江南经济发展分不开的。如吴宗国在其《唐代科举制度研究》一书中说："虽然从及第人数来看，在总数中比重仍然很小，但是作为一种起步，一种趋势，却是值得注意的。这不仅反映了这些地区的经济进入了一个新的阶段，也预示着南方政治人才群体的兴起。……五代十国时南方各国的统治者不尽是本地人，而当地的士人始终是一支活跃的政治力量。到北宋终于出现了大批出生于江西、福建、苏南等南方各地的政治人物。其中包括苏州人范仲淹、抚州临川人王安石、吉州永丰人欧阳修、泉州晋江人曾公亮等著名的政治家。"入宋以后，南方士人在政治上扮演的角色越来越重要。在王安石变法中，参与变法的也大都是江南人士。江南地主集团的崛起及成为政治的中坚，也正说明了中国社会文化中南方比重的增强。

第九章

隋唐时代的文化成就

  隋唐时期的政治统一为全国范围内的社会发展和文化整合创造了条件。《隋书·儒林传》序略云："暨夫太和之后，盛修文教，搢绅硕学，济济盈朝，缝掖巨儒，往往杰出，其雅诰奥义，宋及齐、梁不能尚也。南北所治，章句好尚，互有不同。……大抵南人约简，得其英华；北学深芜，穷其枝叶。……自正朔不一，将三百年，师说纷纶，无所取正。高祖（指隋文帝——引者）膺期纂历，平一寰宇，顿天网以掩之，贲旌帛以礼之，设好爵以縻之，于是四海九州强学待问之士靡不毕集焉。……齐、鲁、赵、魏，学者尤多，负笈追师，不远千里，讲诵之声，道路不绝。中州儒雅之盛，自汉、魏以来，一时而已。"同书《文学传》序则曰："爰自东帝归秦，逮乎青盖入洛，四隩咸暨，九州攸同，江、汉英灵，燕、赵奇俊，并该天网之中，俱为大国之宝。"文化整合的趋势应该说已经相当明晰了。继兴的唐朝国力强盛、制度完备、经济基础坚实，成为当时世界上第一流强国。唐人既善于总结、继承前人的成就，又高瞻远瞩，思路开阔，积极采撷、吸收、消化外来文化中的丰富营养，终于演生出五彩斑斓的文化氛围。

对于唐代的繁盛，陈寅恪先生曾明确说："李唐一族之所以崛兴，盖取塞外野蛮精悍之血，注入中原文化颓废之躯，旧染既除，新机重启，扩大恢张，遂能别创空前之世局。"换句话可以说，从中国文化发展史的角度看来，唐代尤其是唐前期，即所谓盛唐时期，正是一个外来文化高涨的时期。唯其如此，唐代才能为本民族文化的发展吸收、引进大量本来没有的、外来的新鲜成分，唐代文化才能呈现前所未有的繁荣昌盛的局面，从而为后来文化的发展即赵宋新文化的产生打下了基础，创造了条件。

第一节　文学与史学

一、文学

（一）唐诗

中国文学史上唐代以诗著称，因此唐朝中国被称为"诗国"。清代编《全唐诗》，记录诗作近五万首，作者两千二百余人。诗歌创作成为社会文化生活的主要内容之一，这一现象和当时科举制的发展有很大关系。因为进士科在科举制中占有越来越重要的地位，进士登科成为获取清流美职和升迁的快捷方式，而该科主要就是以诗赋取士。因为参加科举必须要进行诗赋训练，这就进一步促成了中国传统文人作诗唱和的传统。中国文学史通常把唐诗的发展分为初唐、盛唐、中唐和晚唐四个阶段。

1. 初唐

贞观年代，诗歌继承了南北朝遗风；至高宗、武后时代，诗风为之一变，代表人物有"四杰"：王勃、杨炯、卢照邻、骆宾王。"四杰"都属于一般士人中确有文才而自负很高的诗人，官小而才大，名高而位卑，心中充满了博取功名的幻想和激情，郁积着不甘居人下的雄杰之气。当他们以才子齐名出现于文坛而崭露头角时，怀着变革文风的自觉意识，有一种十分明确的审美追求，即反对纤巧绮靡，提倡刚健骨气；他们重视抒发一己之怀，作不平之鸣，因此在诗作中开始出现了一种壮大的气势，有一种慷慨悲凉的感人力量[1]。如王勃《杜少府之任蜀州》："城阙辅三秦，风烟望五津。与君离别意，同是宦游人。海内存知己，天涯若比邻。无为在歧路，儿女共沾巾。"虽然意识到羁旅的辛苦和离别的孤独，但却没有伤感，没有惆怅，只有真挚的友情和共勉，心境明朗，感情壮阔，有一种好男儿志在四方的英雄气概。后来杜甫有《戏为六绝句》之二："王杨卢骆当时体，轻薄为文哂未休。尔曹身与名俱灭，不废江河万古流。"恰当说明了"四杰"的艺术特点和历史地位。

与"四杰"同时或稍后的杜审言、李峤、宋之问、沈佺期等，都是由进士科及第而先后受到朝廷重用的士人作家。他们在诗律和诗艺的演练方面都有很大进展，为唐代近体诗（平仄格律诗）的定型做出了贡献。尤其是宋之问和沈佺期，因其才华而被选作宫禁文人，因而有较充裕的时间琢磨诗艺，在诗律方面精益求精，回忌声病，约句准篇。于是沈、宋之称，也就成为律诗定型的标志。

与沈、宋同时的陈子昂，其诗歌创作却表现出明显的复古倾向，主张恢复古诗比兴言志的风雅传统。更重要的是，陈子昂希图以复归风雅的形式追踪多悲凉慷慨之气的建安风骨，从而寄托济世的功业理想和人生意气，这就与片面追求藻饰的齐梁诗风彻底划清了界限。同时，他还提出了"骨气端翔，音情顿挫，光英朗练"的诗美理想，要求将壮大昂扬的情思与声律和词采的美结合起来，创造健康而瑰丽的文学。陈子昂的诗歌创作和理论主张对于唐诗的变革具有关键性意义，成为盛唐诗歌行将到来的序曲。

王　勃

王勃（649—676），字子安，龙门（今山西河津）人。和杨炯、卢照邻、骆宾王并称"初唐四杰"。他们的作品突破了齐梁以来绮丽诗风的束缚，对开创唐代新诗风有一定的贡献。王勃在五言律诗上曾起促进作用。他的文章以《秋日登洪府滕王阁饯别序》（后人简称为《滕王阁序》）为最有名，佳构名句比比皆是，千余年来为人不断吟诵。

《滕王阁序》摘句：

"豫章故郡，洪都新府。星分翼轸，地接衡庐。襟三江而带五湖，控蛮荆而引瓯越。物华天宝，龙光射牛斗之墟；人杰地灵，徐孺下陈蕃之榻。雄州雾列，俊彩星驰。台隍枕夷夏之交，宾主尽东南之美。……

"十旬休暇，胜友如云；千里逢迎，高朋满座。腾蛟起凤，孟学士之词宗；紫电青霜，王将军之武库。……

"闾阎扑地，钟鸣鼎食之家；舸舰迷津，青雀黄龙之舳。
虹销雨霁，彩彻区明。落霞与孤鹜齐飞，秋水共长天一色。渔
舟唱晚，响穷彭蠡之滨；雁阵惊寒，声断衡阳之浦。……

"睢园绿竹，气凌彭泽之樽；邺水朱华，光照临川之笔。
四美具，二难并。……

"天高地迥，觉宇宙之无穷；兴尽悲来，识盈虚之有数。望
长安于日下，指吴会于云间。地势极而南溟深，天柱高而北辰
远。关山难越，谁悲失路之人？萍水相逢，尽是他乡之客。……

"老当益壮，宁移白首之心；穷且益坚，不坠青云之志。"

2. 盛唐

唐玄宗开元、天宝年间，经济繁荣，国力强盛，涌现出大批禀
受山川英灵之气而天赋极高的诗人；诗歌创作"既多兴象，复备风
骨"，形成不同风格的诗人群体，创造出各种诗歌之美。盛唐最著
名的诗人有李白、杜甫、王维、孟浩然、高适、岑参等。

王维、孟浩然是盛唐山水田园诗的代表作家。奠定王维在唐诗
史上大师地位的，是其抒写隐逸情怀的自然山水诗。他精通音乐，
又擅长绘画，在描写山水的诗里，创造出"诗中有画，画中有诗"
的静逸明秀意境，兴象玲珑而难以句诠。如《辋川集·鹿柴》："空
山不见人，但闻人语响。返景入深林，复照青苔上。"尽管题材均
为山水田园，但由于生活环境和性格气质的不同，在诗的写法和艺
术风格方面，孟浩然与王维是有区别的，他的诗歌更贴近自己的生
活。如《春晓》："春眠不觉晓，处处闻啼鸟。夜来风雨声，花落
知多少。"

以边塞为题材的诗在唐代极为流行，盛唐时蔚为壮观。高适、岑参都是盛唐边塞诗的杰出代表。高适的诗歌在反映现实的深度方面超过同时的许多诗人，应时而生、追求不朽功名的高昂意气，与冷峻直面现实的悲慨相结合，使他的诗有一种慷慨悲壮的美。他写的一些与从军边塞相关的绝句，亦有气质沉雄、境界壮阔的特点。如《别董大》："千里黄云白日曛，北风吹雁雪纷纷。莫愁前路无知己，天下谁人不识君。"与高适一样有入幕经历而诗风相近的是岑参，他的作品充分体现了长于写感觉印象的艺术才能和好奇的个性，将西北荒漠的奇异风光与风情人物，用慷慨豪迈的语调和奇特的艺术手法生动地表现出来，别具一种奇伟壮丽之美。如《白雪歌送武判官归京》中："北风卷地白草折，胡天八月即飞雪。忽如一夜春风来，千树万树梨花开。"

当然，盛唐诗坛最伟大的诗人当推李白和杜甫。诗史中李白称为"诗仙"，杜甫称为"诗圣"。

李白对后世的巨大影响尤其在于他诗歌中所表现的人格力量和个性魅力。他那"天生我材必有用"的非凡自信，那"安能摧眉折腰事权贵"的独立人格，那"戏万乘若僚友，视同列若草芥"的凛然风骨，那与自然合为冥一的潇洒风神，曾经吸引过无数士人。在中国古代社会集权专制的政治氛围中，李白狂放不受拘束的纯真的个性风采，无疑有着巨大的魅力。当然，他诗歌的豪放飘逸的风格、变化莫测的想象、清水芙蓉的美，对后来的诗人也有很大的吸引力，宋代苏轼、陆游等大家都曾受到他的影响。不过，由于他以才力写诗，凭气质写诗，他的诗风事实上是无法学习的。在中国诗歌史上，李白有着不可更代的不朽地位。如《上李邕》："大鹏一日同风起，抟摇直上九万里。假令风歇时下来，犹能簸却沧溟水。"《庐山谣·寄卢侍御虚舟》："登高壮观天地间，大江茫茫去不还。黄云万里动风色，白波九道流雪山。"

杜甫和李白一样，对中晚唐以及后世诗人产生了广泛而深刻的影响。杜甫在艺术上被公认为唐诗集大成者，律诗成就尤其显著，特别是后期七律，最能体现杜诗沉郁顿挫的典型风格，属对精切而毫无斧凿之痕，高度凝练却又挥洒自如，代表着唐代近体诗的最高成就。杜甫更为重要的影响是在思想情操方面。杜甫经历了安史之乱，他系念社会安危，同情民众疾苦，为历代士人所崇仰，在士人人格的形成上有着不可估量的价值。杜诗的现实主义特色非常突出，如安史之乱以后所写的"三吏"（《石壕吏》《潼关吏》《新安吏》）、"三别"（《新婚别》《垂老别》《无家别》）等，因而被目为"诗史"。

《新唐书·李白传》选译

李白，字太白，兴圣皇帝李暠第九代孙。先辈在隋代末年因罪被流放到西域，神龙初年才逃回来，暂时居住在巴西县。李白出生的时候，母亲梦见太白金星，因而给他取了这样一个名字。李白十岁时就已经精通作诗和书法，长大以后，到岷山隐居。本州上报推举他道德高尚，才华出众，他不理会。担任益州长史的苏颋，看见李白以后非常惊讶，说："这人天生才能杰出，品德优异，稍微再学习一下，可以比得上汉代的司马相如。"然而李白却喜欢分析形势提出对策，爱击剑，好为他人伸张正义，不吝惜钱财，乐于施舍。又旅居任城，与孔巢父、韩准、裴政、张叔明、陶沔住在徂徕山里，每天尽情喝酒，称为"竹溪六逸"。

天宝初年，李白到南方去，住在会稽，与吴筠关系密切。吴筠受朝廷征召，李白因而也到了长安。去拜见贺知章，贺知章看了他的文章感叹地说："你真是下凡的神仙（谪仙人）啊！"于是告诉了玄宗。玄宗在金銮殿接见了他，和他谈论时事，他呈递了一篇颂词。皇帝留他吃饭，亲自为他盛汤，并下令让他在翰林院供职。可是，李白仍然和其他人喝酒，醉倒在大街上。皇帝坐在沉香子亭里，有所感触，想让李白写成歌词，派人把他找来。可是李白已经醉了，左右侍候的人用水给他洗脸，稍微清醒了一点儿，给他笔让他写，结果文词宛转华美，语句精当贴切，思路通达流畅。皇帝很喜爱他的才华，多次宴请召见。有一次，李白侍候皇帝，又喝醉了，让高力士为他脱靴子。高力士自恃高贵，因而对此感到耻辱，就拿了李白的诗去向杨贵妃挑拨。皇帝想给李白一个官做，杨贵妃总是破坏阻止。李白知道自己得不到皇帝亲近人物的好感，就更加放任不羁，和贺知章、李适、汝阳王李琎、崔宗之、苏晋、张旭、焦遂并称为"酒八仙人"。李白恳求回归民间，皇帝赐给金钱同意他离开。他从此到处游玩，曾经趁着月色和崔宗之从采石去金陵，穿着皇宫的锦袍坐在船上，傲慢极了。

安禄山叛乱发生以后，李白在宿松、匡庐一带非常焦急，被永王李璘召去做了参谋人员。李璘起兵争帝位，李白逃回彭泽。李璘兵败，李白也被判死罪。早先，李白去太原找朋友，见过郭子仪，非常钦佩。郭子仪曾经犯法，李白设法为他挽救，使他免于处罚。这一次，郭子仪请求用自己的官位来赎免李白，于是朝廷命令把李白的死罪改为长远流放到夜郎。遇到大赦，他返回寻阳，又因犯法被关进监狱。这时候，宋若思率领吴县士兵三千人前往河南，经过寻阳，把李白放出来，让他当了参谋。不久辞职。李阳冰正做当涂县令，李白就去投奔了他。代宗继位称帝以后，要李白去当左拾遗，可是这时李白已经去世了，活了六十多岁。

李白晚年爱好黄老，渡牛渚矶到姑苏时，喜欢谢家的青山，想在那里终老天年。死了以后，埋在东面山脚下。元和末年，宣歙观察使范传正前往祭奠李白的坟墓，禁止民众在那里砍柴割草，并调查访问李白的后裔，只剩两个孙女已经嫁给平民百姓做妻子，举止行为仍然很有风范。她们哭着说："先祖父有意死在青山，结果却埋在东面山脚下，与他本人的意愿不符。"范传正因而为李白改葬，并立了两座碑在那里；又对两个孙女说，想让她们改嫁有文化有地位的人家，她们都推辞，认为因幼年丧父、家境贫困而婚姻门第不般配，这也是命中注定的，不愿改嫁。范传正表示赞叹，免除了她们丈夫的徭役。

文宗的时候，宣布李白的诗歌、裴旻的剑术、张旭的草体书法为"三绝"。

3. 中唐

安史之乱以后，诗歌中盛唐那种浓烈的理想色彩消退了，人间的艰辛代替了美妙理想，中年的思虑送走了少年情怀。中唐诗有一种更加生活化的倾向。盛唐诗人追求的是境界的浑融，到了中唐，诗人们开始有意识地锤炼字句。而且，盛唐只有审美趣味相近的不同的诗人群体，中唐则有了理论主张相近的不同的诗歌流派。中唐诗人在盛唐诗歌的艺术高峰面前，仍然表现出了拓展新的诗歌艺术领域的巨大努力。中唐诗歌主要有韩孟诗派、元白诗派等。

韩孟指韩愈、孟郊，诗派成员有张籍、李翱、李贺、贾岛等。韩孟诗派主张"不平则鸣"，"笔补造化"，特别崇尚雄奇怪异之美。如韩愈《调张籍》："李杜文章在，光焰万丈长。……想当施手时，巨刃磨天扬。……我愿生两翅，捕逐出八荒。精神忽交通，百怪入我肠。刺手拔鲸牙，举瓢酌天浆。"李贺《神弦》："女巫浇酒云满空，玉炉炭火香冬冬。海神山鬼来座中，纸钱窸窣鸣旋风。相思木帖金舞鸾，攒蛾一唼重一弹。呼星召鬼歆杯盘，山魅食时人森寒。终南日色低平湾，神兮长在有无间。神嗔神喜师更颜，送神万骑还青山。"

元白指元稹、白居易，他们曾发起诗歌创作方面的新乐府运动，对唐诗的发展有重要贡献[2]。白居易在艺术上的特色是语言通俗、叙事平易，《长恨歌》和《琵琶行》是他最成功的作品，其中强化了艺术的抒情因素。

4. 晚唐

中唐诗歌的高潮到唐穆宗长庆年间逐渐低落。长庆以后，唐王朝政治更趋混乱，士人心态也发生巨大变化。诗歌适应时代变迁，有了新的内容和艺术表现形式。于是唐诗风貌再次出现明显转变，由中唐进入晚唐。晚唐的著名诗人有李商隐、杜牧，诗史上有"小李杜"之称。

中唐时期的诗歌，在爱情与绮艳题材、向内心深入等方面，已渐渐兴盛。而李商隐将诗歌的艺术表现力提高到了一个新的境界，堪称继李白、杜甫、韩愈之后再次为诗国开拓疆土的大家。他所创写的以男女之情为题材的无题诗，在诗歌中成为一种富有特色的新体式。在体裁方面，他的七律、七绝，深婉精丽，充分发挥了这两种诗体在抒写情感、表现心理方面的潜能。如《无题》："相见时难别亦难，东风无力百花残。春蚕到死丝方尽，蜡炬成灰泪始干。晓镜但愁云鬓改，夜吟应觉月光寒。蓬山此去无多路，青鸟殷勤为探看。"又《无题二首》之一："昨夜星辰昨夜风，画楼西畔桂堂东。身无彩凤双飞翼，心有灵犀一点通。隔座送钩春酒暖，分曹射覆蜡灯红。嗟余听鼓应官去，走马兰台类转蓬。"

杜牧的诗作追求一种情致高远、笔力劲拔的诗风，同时亦多绮情柔思，故而能在俊爽峭健之中，时带风华流美之致。如《山行》："远上寒山石径斜，白云生处有人家。停车坐爱枫林晚，霜叶红于二月花。"《赤壁》："折戟沉沙铁未销，自将磨洗认前朝。东风不与周郎便，铜雀春深锁二乔。"

（二）其他文体

1. 古文运动

这是中唐兴起的一个文学革新浪潮，所谓"文起八代之衰"[3]，主导人物是韩愈和柳宗元。

南北朝以来流行的骈体文形式僵化，虽然文字华美，却不便流行通用。安史之乱以后，文化精英反思盛衰根由，痛感本来民族文化之低落，遂欲振兴儒学，恢复道统[4]。然则旧的骈文形式不能适应新的宣传任务，文体改革势在必行。古文运动提倡恢复先秦、两汉的古代散文，实则是复古其名，通今其实，力图开创一个文化发展的新局面。

韩愈提倡文以载道。他在思想上崇奉儒学，力排佛老。其古文众体兼备，举凡政论、表奏、书启、赠序、杂说、人物传记、祭文、墓志乃至传奇，无不擅长。韩文雄奇奔放，风格鲜明，语言上亦独具特色，除贯彻其务去陈言和文从字顺的主张外，尤擅于锤炼词句，推陈出新。其所创制的许多精辟词语已经转为成语，至今保存在文学语言和人们的口语中[5]。明末选辑唐宋古文八大家，即以韩愈为首。其古文名篇如《师说》《进学解》等，均为脍炙人口之作。

柳宗元和韩愈一同提倡文体改革，也是唐宋八大家之一。柳宗元对古文运动的最大贡献是在古文创作上进行了大量的实践，从而留下了许多名篇，如《天说》《封建论》《捕蛇者说》《梓人传》《黔之驴》《永州八记》等。

2. 传奇、俗讲与变文

传奇即唐代的小说，作者大多以记、传名篇，以史家笔法，传奇闻异事。隋及唐初的传奇小说仍未摆脱六朝志怪的余风。降至中唐，传奇大兴，据研究与科举制的发展有很大关系。因为唐代参加科举的人要在考试前设法把自己的作品呈递考官，使之了解自己的成果水平以便录取，这叫"投卷"；过些天还要再递，叫"温卷"。而所呈递的作品往往就是传奇小说，因为这类作品兼备多种文体，既可以表现史才，又可以见诗笔、议论。而其叙述所用文体，就是雅俗共赏、便于表达人情物态、世法人事的古文。所以韩、柳等革新文体之所以提倡古文，其实已有科举"投卷"流行传奇小说的成功先例⁶。传奇、古文相互激荡，不少古文大家本身就是传奇作家，如韩愈写过《毛颖传》《石鼎联句诗序》，柳宗元写过《河间传》《李赤传》，这些具有古文笔法和风格的作品在构思和技巧上已经近于传奇小说。

中唐传奇现存完整作品近四十种，题材多取自现实生活，涉及爱情、历史、政治、豪侠、梦幻、神仙等诸多方面，其中以爱情小说的成就最为突出，如陈玄佑的《离魂记》、沈既济的《任氏传》、李朝威的《柳毅传》等。白行简的《李娃传》、元稹的《莺莺传》、蒋防的《霍小玉传》则摆脱了神怪之事，以生动的笔墨、动人的情感来全力表现人间男女之情，取得了极大的成功。中唐还有一些借寓言、梦幻以讽刺社会的传奇，《枕中记》《南柯太守传》是其中的佳作。还有不少以历史故事为题材的传奇作品，如《长恨歌传》《东城父老传》《高力士外传》《安禄山事迹》等。这些传奇大都收进了宋初编的《太平广记》一书。

20世纪初在敦煌藏经洞发现的古代文献中有大量的文学作品，讲经文和变文是其中重要的两类。佛教传入中土，梵呗（歌赞）、唱导等讲经方法也传了进来，据听讲人的不同，有僧讲与俗讲之分。俗讲即以世俗民众为对象，其底本（讲演稿）就是讲经文。讲经文取材全为佛经，其中一些作品以生动的故事情节、叙事、描绘、抒情等手法，广博譬喻，纵横骋说，把深奥的教义转变为生活展示，往往突破宗教藩篱，映照出现实世界，以其浓郁的生活气息、新奇别致的内容、张弛起伏的情节、通俗生动的语言，引人入胜，如《妙法莲花经讲经文》《维摩诘讲经文》等。后世说唱艺术如宋代的陶真、鼓子词、诸宫调，元代的词话，明清的弹词、鼓词、宝卷等，都可以溯源到俗讲。那种散文叙述中穿插韵文歌咏的说唱故事形式，明显反映出俗讲的影响。

受俗讲影响，唐五代又流行一种民间说唱艺术叫"转变"，当时上至宫廷、下至闹市都有演出，还出现了演出的专门场所"变场"。转变的底本就是变文，或简称"变"。变文的说唱形式与讲经文相似，但变文一般不引佛经原文，唱腔也和讲经文不同。变文内容也超出了佛经故事，还多讲历史人物、民间传说，甚至时事英雄，如《张议潮变文》与《张淮深变文》。变文演出有的还辅以图画，这种文图相配的形式，就是后代小说"全相"本、"绘图"本的滥觞。

二、史学地志文献目录

（一）史学

降至隋唐，中国史学取得了突出的成就。隋统一全国之后，随着皇权政治的强化，对思想文化的控制逐渐严厉。隋文帝开皇十三年（593）"五月癸亥诏：人间有撰集国史、臧否人物者，皆令禁绝"。[7] 从此，国史只准皇家指派专人掌修，任何私人都不得擅自撰写。由于这道禁令，国史的修撰成了皇权的专利。禁绝民间撰集国史、臧否人物，不仅限制了隋代史学的发展，而且对后来的史学产生了重大影响：一方面，推动了后来由国史馆专修国史制度的确立，并成为由政府组织官修前代纪传体正史的先声[8]；另一方面，迫使私家修史转向开拓更广的史学领域，从而创立新的史著体裁。

图 9-1　维摩诘经变画

1. 官修正史

唐初，令狐德棻向高祖建言："窃见近代以来，多无正史，梁、陈及齐，犹有文籍。至周、隋遭大业离乱，多有遗阙。当今耳目犹接，尚有可凭，如更十数年后，恐事迹湮没。陛下既受禅于隋，复承周氏历数，国家二祖（指追尊之太祖李虎、世祖李昞。——引者）功业，并在周时。如文史不存，何以贻鉴今古？如臣愚见，并请修之。"高祖然其奏，然而"诏下数年，竟不能就"。贞观三年（629），太宗敕德棻与岑文本修周史，李百药修齐史，姚思廉修梁、陈史，魏徵修隋史，与房玄龄总监。德棻又奏引崔仁师佐修周史，仍总知类会（即统一体例）[9]。至贞观十年（636）合为《五代纪传》，高宗显庆元年（656）最后修成《五代史志》（即今《隋书》诸志）。唐初修撰完成"五代史"在中国史学发展史上的重要意义至少有四点：

（1）它标志着纪传体前代史的修撰完成了由私修到官修的过渡。此后，除了《南史》《北史》略有反复，《新五代史》破例之外，纪传体前代正史的修撰完全掌握在帝国政府手中，并且进一步制度化，从而形成了接续不断的中国史书系列二十四史。

（2）促成了专门修史机构的建立。《唐会要》卷六三《史馆上·修前代史》明确记载："至贞观三年，于中书置秘书内省，以修五代史。"同年闰十二月，就在禁中建立了常设的修史机构史馆，并逐渐建立起纂集起居注、时政记、日历、实录、国史等一整套修史程序。从此，设史馆纂集实录、国史等当代史成为传统。

（3）《隋书·经籍志》列史部仅次于经部，确定了史部在古典经籍四部分类中的重要地位。

（4）《隋书·经籍志》以纪传体为正史。从此，纪传体取代了"古史记之正法"的编年体而成为正史独尊，结束了魏晋以来四百余年"班、荀二体，角力争先"的局面[10]。

应当指出，唐朝确立的由宰相监修正史（包括前代史和本朝史即国史）的制度，是中国古代修史制度上的一个重大变化，从此以后，纪传体正史的编撰权就牢牢控制在了专制国家手中。这一制度从唐朝一直延续到清朝，对后世的史学发展产生了深刻的影响。然而这一制度在唐朝就暴露出不少弊端。首先，史馆在监修宰相的控制下，个人难以充分发挥才能和作用，以致影响修史效率。唐代著名史学家刘知幾对此感受颇深。为此，他坚决退出史馆，"私撰《史通》，以见其志"[11]。其次，许多监修官难以名副其实。后来的监修官，"凡居斯职者，必恩幸贵臣，凡庸贱品，饱食安步，坐啸画诺，若斯而已矣"[12]。监修官任非其人，必然要影响史书的质量。

除"五代史"外，唐初还有一部官修前代史，即《晋书》。加上李延寿私修的《南史》《北史》，唐初共修正史八部，占了二十四史的三分之一，可谓古典史学的辉煌时代。然而，由于作者史识有高下之分，搜集资料有偏全、真伪之别，观点有正误之异，史才有优劣之差，因而史书质量参差不齐，存在不少问题。在客观上，这就需要做总结性的评论工作，以"辨其指归，殚其体统"。

2. 史评史论《史通》

中国古代史学按其功能，曾先后发展起了鉴戒史学、经世史学和教化史学等不同流派或趋向。司马迁"究天人之际，通古今之变，成一家之言"，是第一阶段即鉴戒史学最具代表性的观点；而盛唐刘知幾的《史通》，则可以说是对史学发展第一阶段的总结。《史通》出现于盛唐时代，适应了史学进一步向前发展的要求。它的任务就是要在前人所做史学评论的基础上，全面总结我国古代社会前期千余年的史学实践，品评历代史书得失，以便开创史学未来。

《史通》全书共二十卷，分内篇和外篇两部分，各十卷。内篇主要阐述史书的源流、体例和编撰方法，外篇主要论述史官建置沿革和史书得失。刘知幾对于中国古代史学的贡献主要是：

（1）系统总结迄至盛唐的史书体例，使纪传体史书的编纂更加规范、严谨和程序化。

（2）系统考察迄至盛唐的史官制度和史书编纂，开史学史研究之先河。

（3）提出编写史书的"实录直书"原则。在《直书》《曲笔》这两篇中，刘知幾认为，一部好的史书"以实录直书为贵"；记载史事应该"善恶必书"，"不掩恶，不虚美"，不能"饰非文过"，"曲笔诬书"。

（4）提出史家学识修养的标准，后来成为历代所普遍接受的一种人才观，即所谓"史家三长论"：史学，是历史知识；史识，是历史见解；史才，是研究能力和表达技巧。

（5）提出了一整套修史的方法和要求，推进史书修撰的完善。

3．典制政书《通典》、会要

天宝十四载（755）爆发的"安史之乱"宣告了唐朝盛世的结束，强烈的社会反差刺激知识精英进行反思，促使他们从政治得失的角度去探求历史变动的原因，并从历史经验的角度来寻求政治上的复兴。而要真正将这两种思考结合起来，从研究中得出对实践有启发甚至有指导意义的结论，就必须要有"问题意识"，从而树立一种讲求实际、"经邦""致用"的学风。唐代中期，倡导并致力于经世之学已经成为当时有识之士的一种倾向。

《通典》的作者杜佑（735—812）正是这种倾向在史学领域里的先驱和代表人物。从《通典》以及《理道要诀》的序和上书表[13]可以看出，杜佑史学思想的核心是要把史学和政治实践结合起来，意在发挥史学在经世致用方面的社会功能。所以，《通典》可以说是开了中国史学史上经世史学的先河。盛唐刘知幾总结的史学六家、二体格局也被《通典》创立的史书典制体（或政书体）所突破。《通典》在编纂上的特点被归纳为以下三个方面[14]：

（1）主会通。《通典》主要取材于历代正史书志，将有关内容融会贯通，整为一编，成为独立的典章制度通史，从而在"以典故为纪纲""统前史之书志"和"会通古今"等方面取得了重大成就。

（2）立分门。将《通典》分门与正史书志立目相比较，可以看出，《通典》作者更注重那些跟现实社会生活有直接关系的典章制度，如增加了选举、兵、边防等门类，却未列五行、祥瑞、舆服甚至天文、律历等内容。这正是贯彻其"征诸人事，将施有政"撰述宗旨的反映。

（3）重论议。这一特点反映了《通典》在记事、记言二体结合上所取得的成功。《通典》中论议名目有序、论、说、议、评、按等，散见于各门各卷，成为提挈全书的纲领。其内容多着眼于从政治上总结历史上得失成败的经验，并结合现实阐发作者的见解和主张，往往反映出作者的撰述旨趣以及政治观点和历史观。

梁启超曾说"有《通鉴》而政事通，有《通典》而政制通"，认为作史"所贵在会通古今"[15]。《通典》创立了中国史书的典制体，后来形成"十通",为发扬中国古代史学"通史家风"做出了重要贡献。这些典制体通史与专记某一朝代各项政治、经济及社会制度的会要体史书,如《唐会要》《五代会要》等,又统称为政书。

4. 史学与教化

学者认为,中唐以后出现了以史治心,即用历史进行纲常伦理教化的倾向。啖助学派主张"以史制经,以明王道",即"尊王室、正陵僭、举三纲、提五常";韩愈提出"治心"为"正心","正心"是为齐家、治国、平天下进行个人修养。这些主张在倡导"文以载道"的古文运动推动下,很快形成社会思潮,其影响远远超过以史经世的主张。史学由探讨治乱兴衰、引以为戒,渐渐转向注重伦理说教和个人的内心自省,其教化功用被空前地强化了起来。于是,编年体史书大兴,通史之风骤起,史书编纂强调褒贬,讲究义例,形成古代社会后期史学发展的基本格局。其他史籍(图经地志、历史笔记、诏令集、会要等)伴着"文之将史"的趋向,与文集一道,越益受到重视。

(二)地理学

古代地理学至唐代有很大进步,代表性成果和人物有:

1.《括地志》

唐初的一部重要地理学著作。唐太宗的第四子魏王李泰,延揽学士萧德言、顾胤、蒋亚卿及谢偃等撰。该书根据《贞观十三年大簿》等资料编成,原书共五百五十卷,另有《序略》五卷,于贞观十六年(642)奏上。《括地志》全面叙述了唐初政区的建置沿革,并介绍了各地的山岳、河流、风俗、物产及人物故事等,内容丰富。今仅存清代以来的辑佚本数卷。

2. 贾耽

唐德宗贞元年代宰相，著名的地理学家。他于贞元十七年（801）绘成《海内华夷图》，并撰成《古今郡国县道四夷述》四十卷。其中尤以《海内华夷图》贡献最大，图长三丈三尺，宽三丈，以一寸为百里，古地名标以黑字，唐代地名题以红字。可惜原图已佚，但12世纪据其编绘的《华夷图》刻石至今仍保存在陕西西安的碑林。贾耽的其他重要地理著述还有《皇华四达记》十卷、《贞元十道录》四卷等。

3. 李吉甫《元和郡县图志》

李吉甫是唐宪宗朝宰相，在元和八年（813）撰成《元和郡县图志》。该书四十卷，目录两卷，介绍四十七镇，每镇之前都附以地图。全书记录了当时各地的物产、贡物、户口、州县沿革和山川险易等情况。该书今存三十四卷，图全佚，为现存中国历史上最早的地方总志，对后世方志的编撰有很大的影响。

唐末人樊绰所著《云南志》（又题《蛮书》）十卷，详细记载了洱海一带的民族、风俗、山川、道路，是地方志中较早的著作，为研究古代云南地理及南诏史提供了丰富的资料。此外，杜佑《通典》列有《州郡典》，共十四卷，在方志发展史上也占有一定的地位。敦煌石室出土有地志残卷若干种，也是研究当时地方民情和交通的重要文献[16]。

4. 僧传行记

唐初贞观年代有玄奘、辩机著《大唐西域记》，以及同一类的慧立、彦悰著《大慈恩寺三藏法师传》，道宣著《释迦方志》；高宗、武后时代有义净著《大唐西域求法高僧传》，玄宗开元年代有慧超《往五天竺国传》，德宗贞元年代有《悟空行记》，加上后人所辑高宗时代之《王玄策事辑》，大致构成了有唐一代中西交通的一个文献史料系列。这些作品的主人公大都亲履西土，巡礼天竺，故所述风土民情、地理交通有相当的可靠性。此外还有日本僧人圆仁的《入唐求法巡礼行记》，对于了解武宗前后的晚唐社会有很重要的史料价值。

（三）类书

将各种文献内容分门别类重新辑录汇编而成的书叫类书，其优点是便于查检，可以说是传统时代的百科全书。古代限于技术，影响书籍流传，类书因而又有保存资料的作用。中国古代文化发达，很早形成了编辑类书的传统[17]。

隋代编辑的类书主要有《长洲玉镜》《北堂书钞》《玄门宝海》等[18]。据《新唐书·艺文志三》的著录，《长洲玉镜》为虞绰等编，二百三十八卷。杜宝《大业杂记》记载，隋炀帝曾与秘书监柳顾言议论《长洲玉镜》，炀帝指出该书蓝本为南朝梁所编《华林遍略》，"然无复可加，事当典要"。柳顾言对曰："今文籍又富梁朝，是以取事多于《遍略》。然梁朝学士取事，意各不同，至如宝剑出自昆吾溪，照人如照水，切玉如切泥，序剑者尽录为剑事，序溪者亦取为溪事，撰玉者亦编为玉事，以此重出，是以卷多，至于《玉镜》则不然。"[19]这表明该类书编纂精当，采事弘富却无重复之弊。虞世南《北堂书钞》现有影印本行世。诸葛颖《玄门宝海》一百二十卷，隋、唐志均有著录[20]。

降至唐代，类书编纂又有长足发展。唐自开国至盛唐，除中、睿乱世（705—712）外，历朝都有官修类书。如高祖时有《艺文类聚》一百卷（题欧阳询等撰），太宗时有《文思博要》一千二百卷并《目》十二卷（题高士廉等撰），高宗时有《瑶山玉彩》五百卷、《累璧》四百卷并《目录》四卷（均题许敬宗等撰）[21]，武后时有《玄览》一百卷（旧志题天后撰）、《三教珠英》一千三百卷并《目》十三卷（题张昌宗等撰），玄宗时有《事类》一百三十卷[22]、《初学记》三十卷（题徐坚等撰）。迄今尚存者有《艺文类聚》《初学记》两书。

唐代还有不少文士私家编辑类书，以为诗文撰作备查。现在唯有白居易《白氏六帖事类集》传世，与《艺文类聚》《初学记》并称为唐代三大类书。此外，敦煌石室曾发现《兔园策》（即《兔园策府》或《兔园册府》）及于立政《类林》，均为唐代类书残卷。唐玄宗开元（713—741）中毋煚编《古今书录》，首次将类书在子部里单辟为一类，类书于是脱离杂家类而独自成了一家。

（四）目录

目录学的基本功能是对文献进行分类、编目，从而"辨章学术，考镜源流"。中国古书目录，最早为西汉刘向《别录》及其子刘歆《七略》，分图书为七类：辑略、六艺略、诸子略、诗赋略、兵书略、术数略、方技略。向、歆书不传，其内容可由东汉班固所撰《汉书·艺文志》得窥一斑。至西晋荀勖《中经新簿》始改目录为甲、乙、丙、丁四部，内容分别为经、子、史、集四类。东晋李充作《四部书目》更换子、史次序，乙部为史，丙部为子。到唐初修《隋书·经籍志》才确定用经、史、子、集这种名称和顺序，共四卷，正应经、史、子、集四部，其分类及次序遂为后代沿用。

中国图书著录，自《汉书·艺文志》之后，到《隋书·经籍志》为又一大结集。据《隋志》总序的说法，当时著录图书有一万四千四百六十六部，八万九千六百六十六卷之多。《隋志》类例整齐，条理具备，尤其是每部类之后各系以小序，究学术得失，考流别变迁，不啻为一汉魏六朝学案。隋唐以前典籍十九散亡，后来学者考源流、辨真伪端赖《隋志》，其功也大矣[23]。

唐玄宗开元九年（721），元行冲、毋煚等受诏修成《群书四部录》二百卷，凡著录五万三千九百一十五卷；而唐代学者自撰之书又有二万八千四百六十九卷，共八万二千三百八十四卷，故世传"藏书之盛，莫盛于开元"[24]。《群书四部录》"所用书序，咸取魏文贞；所分书类，皆据《隋经籍志》"，编者之一毋煚惩此"常有遗恨，窃思追雪。乃与类同契，积思潜心，审正旧疑，详开新制。永徽新集，神龙近书，则释而附也。未详名氏，不知部伍，则论而补也。空张之目，则检获便增。未允之序，则详宜别作。纰缪咸正，混杂必刊"[25]，又成《古今书录》四十卷，著录图书三千零六十部，五万一千八百五十二卷。这是唐代官修目录中的两部巨著。至于私家目录，则有吴兢《吴氏西斋书目》一卷，录其家藏凡一万三千四百六十八卷。唐官私目录今均不传，可借两唐志尤其是宋欧阳修《新唐书·艺文志》窥其一斑。

专科目录在隋唐时期也有很大发展，如佛教经录，隋有费长房《历代三宝记》（一名《开皇三宝录》）十五卷，著录佛典一千零七十六部三千二百九十二卷；唐有道宣《大唐内典录》十卷。尤其是智升《开元释教录》二十卷，其分部编号为以后《大藏经》编目所遵循。

第二节 宗教与思想

一、宗教

（一）佛教

在中国学术史上，隋唐以佛学著称[26]。究其原因，佛教自汉代传入中国，迄隋代历八百年，虽广为流布影响社会，但仍属一外来宗教，盖就其教义、道统而言，中国学者无所与焉。然其法演至隋唐，剖然大变，主要标志即宗派大兴。这是由于长期演进的结果，中国学者终于理解渐精，能融会印度之学说，自立门户，如天台宗、禅宗、三阶教等。这些所谓宗派已经就是教派，即有创始人、有传授者、有信徒、有教义、有教规之宗教团体，因此说是形成了纯粹的中国佛教[27]。隋唐重要的佛教宗派除了上面提到的，还有三论宗、法相宗、华严宗、律宗、净土宗、真言宗（密宗）等。

汉代，佛教刚传入，在社会上影响并不大。魏晋以降，佛教同中国固有文化因素结合起来，就在思想、文学、艺术乃至伦理道德、社会习俗各方面产生了深远的影响：魏晋玄学、唐代禅宗，梵呗与四声、诗律，梵语与字母、音韵，从讲经、俗讲衍化出变文、说唱艺术等。佛学最终成了中国文化体系的组成部分。可以说，中国原来关于天、自然、社会与人生的成套观点和体系，正是因为糅杂了从印度佛学中汲取的成分，方才取得了它后期特有的面貌。否则，宋代不会出现理学，金、元不会盛行全真教。黎锦熙曾以吃饭比喻中国文化消化印度佛教的情况，他说："这餐饭整整吃了千年。"[28]

（二）道教

中国的道教奉李耳为教主，唐朝皇室亦为李姓，故从唐初起统治者就规定道教地位居于佛教之先。唐高宗时追号老子为太上玄元皇帝。唐朝大多数皇帝均崇奉道教，唐玄宗尤为突出，在他执政时道教势力达到了最高峰，全国道观总计一千六百八十七所。当时道教有清经法派和正一派，各有不少经戒符箓传世。重要的道教人物有王远知、潘师正、司马承祯、吴筠及张果等。有的道士重丹鼎，善金丹黄白术，唐朝不少皇帝即因服金丹而丧生，从事丹鼎的道士亦往往因骗术败露而遭贬逐。有的道士讲求符箓、辟谷、导引之术，往往以这些方术受到统治者的宠遇。

二、儒学思想

魏晋南北朝政治分裂，儒家经学散在家族，旨趣趋异。唐初统治者力图汇总南北经学，太宗时命颜师古考订五经文字，成"五经定本"。孔颖达等又在汉晋传注的基础上作《五经正义》，成为国学的法定教科书。经学虽归一统，但长期以来墨守成规，缺乏抽象思维方法，难以创新，明显不能适应社会文化演进。与此同时佛教大盛，很大程度上因其注重对心性义理、人生观、宇宙观、认识论的探求，与僵化刻板的儒学相比，更加具有形上思辨色彩，能够满足士大夫的精神需求。在佛教强有力的挑战下，儒学否极思变，萌生革新动向。

安史之乱后，随着社会形势的急剧变化，儒学开始出现一种新倾向，就是重大义而轻章句。独孤及、柳冕、权德舆等都持这种主张，而这种新倾向的代表，是啖助、赵匡、陆质的《春秋》学派。他们治《春秋》，以"舍传求经"著称。这就从章句之学回到义理的探讨上来，促成了儒学的复兴和致用。

韩愈是唐后期的思想大家，他着《原道》等五篇论文，直指人伦，大力提倡儒家纲常名教。他吸取了佛教宗派衣钵传授系统之观念，排列出儒家的"道统"，自尧、舜、禹、汤、文、武、周公至孔、孟，谓孟子既没，"不得其传"，将汉以来儒学成果基本否定，而实以"道统"继承人自居。又受禅宗抽象心性之说启发，"首先发现《小戴记》中《大学》一篇，阐明其说，抽象之心性与具体之政治社会组织可以融会无碍，即尽量谈心说性，兼能济世安民，虽相反而实相成，天竺为体，华夏为用，退之于此以奠定后来宋代新儒学之基础"[29]。韩愈门徒李翱作《复性书》，阐释性、情之别，认为人性本善，而受情之累不得发扬，因此修养目标即是"复性"，破除情欲，弗思弗虑，达到"清明""至诚"之境界。韩、李在思想方法上援佛入儒，他们的理论在唐代后期兴起，成为后代宋明理学的先声。

第三节　艺术与技术

一、艺术

（一）书法

从汉魏之际起，书法艺术开始脱离篆、隶的窠臼，演变出楷书、行书和草书。隋唐时代的书法家则汇合前代碑版体方严遒劲的风骨和书简体疏放妍妙的气韵，形成了新的风格。隋唐之际的虞世南、欧阳询和唐初的褚遂良、薛稷号称初唐四大书法家。欧阳询书法以骨气劲峭、法度严整为特色，其代表作品有《九成宫醴泉铭》《化度寺邕禅师舍利塔铭》《虞恭公温彦博碑》等。虞世南的书法外柔内刚，笔致圆融遒丽，代表作有《孔子庙堂碑》。褚遂良书法继二王（羲之、献之）、欧（阳询）、虞（世南）之后，略参隶书笔法，别具一格。其晚年正书丰艳流畅，变化多姿，对后代书风影响甚大。他的代表作有《伊阙佛龛碑》《雁塔圣教序》等。薛稷官至太子少保、礼部尚书，人称薛少保。曾从外祖魏徵家见虞世南、褚遂良法书，乃精勤临仿，遂以擅书名世。其书法得于褚遂良为多，故当时有"买褚得薛，不失其节"之说。兼画人物、佛像、鸟兽、树石，画鹤尤为生动，时称一绝，李白、杜甫都曾有诗赞美。碑刻有《升仙太子碑》碑阴题名及《信行禅师碑》。

盛唐的颜真卿融篆、隶、行、楷为一炉，在书法方面有所独创，其特点是气势雄浑，形体敦厚，笔法遒劲。他的传世作品较多，著名的有《多宝佛塔感应碑》《颜氏家庙碑》《麻姑仙坛记》等。中晚唐之际的柳公权与颜真卿齐名，他吸收了欧、颜两家之长，自成一体，其笔法骨力遒健而又有开阔疏朗的神致，代表作品有《玄秘塔碑》和《神策军碑》等。唐代草书也有很高成就，张旭和怀素并称"颠张狂素"；孙过庭也是著名的草书家，著有《书谱》，对书法理论有所阐发。

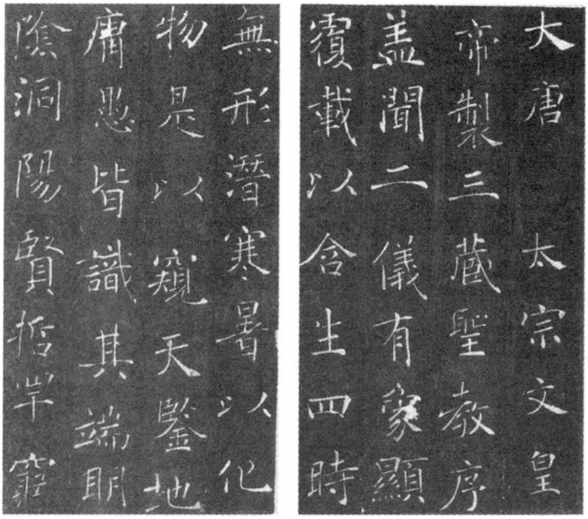

无形潜寒暑以化
物是以窥天鉴地
庸愚皆识其端明
阴洞阳贤哲罕穷其

大唐太宗文皇
帝制三藏圣教序
盖闻二仪有象显
覆载以含生四时

图 9-2 褚遂良《雁塔圣教序》

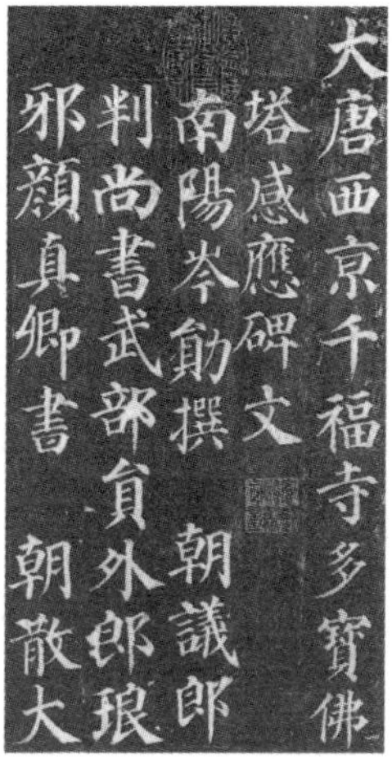

大唐西京千福寺多宝佛
塔感应碑文
南阳岑勋撰
判尚书武部员外郎琅
邪颜真卿书 朝议郎
朝散大

图 9-3 颜真卿《多宝佛塔
感应碑》

练观察处置等
秘南西道都团
塔碑铭并序
大达法师玄
紫

唐故左街僧录
内供奉 教谈
论引驾大德
安国寺上座赐

图 9-4 柳公权《玄秘塔碑》

图 9-5 怀素《苦笋帖》

《新唐书·张旭传》选译

张旭是苏州吴县（今人）。他特别爱喝酒，每当大醉的时候，大喊大叫，发疯似的乱跑，这时候才动笔，或者用头蘸墨汁写字，醒了以后自己一看，认为是神灵的作品，不可能再得到了。当时人都叫他"张颠"。

最初，张旭担任常熟县尉，有一个老人递上状纸求他写裁决，没过多久又来了，张旭对他这样烦人很生气，就责备他。老人说："我看你的书法奇妙，想拿到家里收藏起来。"张旭因而问到老人的收藏品，老人就把他父亲的书法作品拿了出来，张旭一看，真是世界上最奇妙的书法！从此以后，把这一书法全都学到手了。据张旭自己说，早先看见为公主挑东西的人在路上争先恐后，又听见仪仗队的音乐，因而明白了书法的意旨；看官伎公孙氏跳《剑器》舞，发现了书法的妙趣神韵。后人议论书法，对欧阳询、虞世南、褚遂良、陆柬之等人都有不同看法，谈到张旭，却没有说他不好的。继承他书法的，只有崔邈、颜真卿而已。

（二）绘塑

1. 绘画

唐代绘画艺术在画法上有独特的创造，题材比以往广泛，名画家辈出。

（1）人物画。人物画在唐代绘画中占有重要地位，初唐的阎立德、阎立本兄弟都是善画人物的画家。现存阎立本所画的《历

图9-6 "吴带当风"

代帝王图》和《步辇图》，笔力刚健，线条有如屈铁盘丝，能以
简练的笔法表达人物的神态。盛唐的吴道子被称为"画圣"，他
吸收西域画派的晕染法，并于焦墨痕中别施彩色，使画面具有立
体感。吴道子尤善画迎风轻举的衣服，号称"吴带当风"。盛唐、
中唐之际的张萱和周昉善画仕女，使人物画又有新的发展。

（2）山水画。魏晋以后，山水树石只是人物画中的配景，不受
重视。隋唐以后，山水风景才成为绘画的主题，从而出现了山水
画。初唐、盛唐之际的李思训善画金碧山水，其子昭道更是青出于
蓝。二李喜用重彩，务求富丽，笔法繁密。诗人王维亦擅长山水画，
笔法精练，务求淡雅，后世称其诗画"诗中有画，画中有诗"。

（3）动物花鸟画。唐代还有一些专具特长的画家，如曹霸、韩
滉均长于画马；韩滉作画，多取材农村风俗景物，尤长于画牛；戴

图 9-7 韩滉的"五牛图"

嵩师法韩滉，亦以画牛著称；边鸾则善画花鸟。

（4）壁画。壁画也是绘画艺术的重要成就。陕西乾县的章怀太子墓、懿德太子墓、永泰公主墓等处以及众多石窟寺发现的壁画，都是唐代绘画艺术中的珍品。据目前刊布的资料来看，唐墓壁画题材大致可分为八类：

①四神：青龙、白虎、朱雀、玄武。

②狩猎：骑猎、架鹰、架鹞、驯豹等。

③仪仗：步行仪仗队、骑马仪仗队、车、马、繖（伞）、扇、马（马夫）、骆驼（驼夫）、列戟等。

④宫廷生活、家居生活：男侍、女侍、乐舞、庭院行乐、马球、观鸟捕蝉、墓主人像、农耕、收获、杂役、六鹤屏风等。

⑤礼宾：唐代鸿胪寺官员、其他族群或外国的使者和来宾。

图9-8 永泰公主墓壁画：侍女图

⑥宗教：佛教、道教寺观。

⑦建筑：阙台、城墙、楼阁、斗拱、柱、枋、平棊图案等。

⑧星象：金乌、蟾蜍、银河、星斗等。

2. 雕塑

雕塑有石雕和泥塑。洞窟、寺院和帝王陵寝有大量的石雕和泥塑，如昭陵"六骏"、顺陵走狮、龙门石窟的卢舍那佛都是杰出的艺术品。中原地区石质坚硬，多直接雕造；西北砂石疏松，像多泥塑。墓葬中出土的大量陶俑也是民间艺人的泥塑作品。唐代雕塑

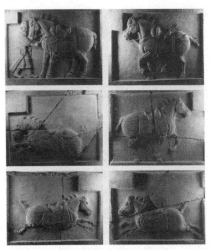

图9-9　唐太宗昭陵六骏石雕

家辈出，最著名的是盛唐时的杨惠之，被称为"塑圣"，他为名优留杯亭所塑的像惟妙惟肖。隋唐墓葬中出土的陶质或三彩明器（冥器），大致可分为六大类：

（1）镇墓俑：武士俑、天王俑、镇墓兽、十二生肖俑。

（2）仪仗俑：以车牛、乘马、乘驼为主的仪仗俑、立俑、武士骑马俑、奏乐仪仗俑、狩猎骑马及牵马俑、牵驼俑。

（3）童仆俑。

（4）动物俑。

（5）生活用具。

（6）建筑模型。

图 9-10 龙门石雕"卢舍那佛"

3.石窟艺术

敦煌莫高窟是一个古代艺术宝库，而唐代是敦煌艺术的极盛时期。敦煌现存有艺术遗迹的窟龛中，唐窟几占半数。莫高窟最主要的艺术作品是塑像和壁画。唐代塑像遗存有近七百躯，半数尚存原形。与过去的佛像相比，唐代作品有世俗化的特点，佛和菩萨塑像端庄、慈祥、温和，而且这一特点有日益加强的趋势。洞窟四壁布满了绚丽的壁画，经变画的画面巨大，内容丰富，构图紧密，著名的《维摩诘经变画》具有突出的中国化倾向。大型塑像的出现和净土宗经变画对极乐世界的描绘，都在一定程度上反映了唐朝的经济繁荣和昌盛。经变画的内容还涉及耕地、收获、伐木、射猎等生产活动及角抵、百戏等场面，是社会生活的写照。供养人像则是当时各个民族、各阶级、各阶层人物的写真。

此外，甘肃天水的麦积山石窟、甘肃瓜州西南的榆林窟，也都有一部分唐代洞窟，其中均有塑像和壁画。麦积山石窟的泥塑秀丽、生动，榆林窟的艺术风格近似莫高窟，它们都具有一定的艺术价值。

表9-1　唐代主要石窟统计表

石窟名称	地　点	内　容
云冈石窟	山西大同	第三窟后室"西方三圣"像，初唐雕凿
龙门石窟	河南洛阳	纪年造像自武德八年至贞元十四年（625—798），主要洞窟有西山宾阳南北窟、潜溪寺、摩崖双窟、双窑、万佛洞、惠简洞、奉先寺、极南洞、净土洞和东山大万五佛洞、高平郡王窟、擂鼓台南北洞和看经寺等
敦煌莫高窟	甘肃敦煌	唐代洞窟二百多个，是莫高窟的全盛期
麦积山石窟	甘肃天水	多为在前代窟中重塑佛像，新开窟龛不多
炳灵寺石窟	甘肃永靖	唐代窟龛现存一百三十四，占窟龛总数 2/3 以上，多为小龛。造像多为石雕，其中以一七一窟中高达二十八米弥勒倚坐像最为著名
马蹄寺石窟	甘肃肃南裕固族自治县	七窟，现存窟龛、壁画、造像多为唐代以后的遗存
榆林窟	甘肃瓜州	唐代洞窟（如二五窟）绘制精美的大幅西方净土和弥勒净土变
克孜尔石窟	新疆拜城	相当于内地唐代的洞窟，主要是改建前期僧房窟和个别大像窟，洞窟开凿减少
库木吐喇石窟	新疆库车	以中心柱窟和方形窟为主，主要是一〇至一四窟、一五至一七窟和六八至七二窟三组，有汉文题名刻字
伯孜克里克石窟	新疆吐鲁番	早期洞窟约开凿于晚唐，内容接近莫高窟同期窟
石钟山石窟	云南剑川	沙登村石窟，开凿于南诏时期。石钟寺三、四窟大约同期凿出
天龙山石窟	山西太原	唐代十五窟，第九窟为其代表：上层刻高八米倚坐弥勒佛，下层刻十一面观音立像和文殊、普贤菩萨

石窟名称	地 点	内 容
响堂山石窟	河北邯郸	唐代续凿若干较小窟龛
皇泽寺与千佛崖	四川广元	皇泽寺主要造像为盛唐遗存。千佛崖亦以唐代造像居多，有涅槃像及少量密宗造像
大足石窟	重庆大足区	北山南段造像于晚唐凿出，均为龛像，密宗题材
安岳造像	四川安岳	八庙摩崖造像，有八四龛和经窟五四个，其中有长二十八米涅槃像和刻经窟十余窟
乐山大佛	四川乐山	唐开元元年至贞元十九年（713—803）雕就，像为倚山开凿的倚坐弥勒佛，通高七十一米
夹江千佛岩	四川夹江	一百五十余龛，主要有净土变、毗沙门天王、弥勒、维摩变龛等
巴中造像	四川巴中	有水宁寺和南龛造像二处，造像百余龛多为唐代作品，内容有地藏、天王、菩萨像等
药王山石刻	陕西铜川	隋唐石窟七龛、唐造像碑多通
彬县大佛寺	陕西彬	大佛窟为贞观二年（628）凿，大佛高二十三米
须弥山石窟	宁夏固原	唐代十余窟，有大中三年（849）题记一窟中，坐佛高二十三米
云门山、驼山造像	山东青州	唐窟多为盛唐遗存，造像者多为青州人

4. 敦煌学

20 世纪初，敦煌藏经洞近五万卷遗书的发现，为研究我国中古时期特别是唐五代的社会政治、经济、史地、民族、宗教、哲学、文化、艺术、语言、科技、中外文化交流等，提供了极其珍贵的文献资料。由此产生了一门国际性的综合学术研究，即敦煌学。敦煌遗书中有大量的文学作品，讲经文与变文就是其中重要的两类作品。除此而外，石窟艺术、雕塑、壁画乃至洞窟建筑形制等，也都是敦煌学的重要研究对象。

图 9-11 敦煌彩塑"一佛二菩萨二弟子二力士"

（三）乐舞

西晋永嘉之乱以后，中原礼乐一度受创，同时西域乐舞逐渐东传，与本土文化汇融，为隋唐音乐、舞蹈的高度发达奠定了基础。唐前期繁荣昌盛的升平环境，又为殊方乐舞的百花争妍提供了条件。

1. 音乐

隋代曾将中外音乐分类整理，先后置七部乐和九部乐，唐太宗时进一步扩充成十部乐：燕乐（宴饮悦宾之乐）、清商乐、西凉乐、扶南乐、高丽乐、龟兹乐、安国乐、疏勒乐、康国乐及高昌乐。不同的名称说明这些音乐大部分源于周边各族各国，但由于长期混融

图 9-12 敦煌壁画"反弹琵琶"

促进了不同文化的整合，所以各部乐舞间的区别也渐趋消泯。唐玄宗时取消十部名称，改设立部伎与坐部伎。坐着在堂上演奏的称坐部伎，立于堂下演奏的称立部伎。坐部伎技艺最高，有不称职者，淘汰后改入立部伎；立部伎中被淘汰者，改习雅乐（庙堂典礼之乐）。唐代雅乐保存至今者尚有《唐开元风雅十二诗谱》，这种音乐旋律单调，节奏平直，演奏技艺不高，已不受重视。

唐代在继承汉代相合大曲的基础上，吸收西域乐舞形式创造了大曲。大曲中有一部分叫"法曲"，其主要特点是曲调与所用乐器更接近中原传统乐曲"清商乐"（即清乐，为通俗娱乐之乐），情调更为优雅。在为数众多的唐代法曲中，以"霓裳羽衣"最为著称，也最具代表性。"霓裳羽衣"乐曲是唐玄宗时以道调法曲为主、杂用"婆罗门曲"创制的，其中一部分是舞蹈。舞者须装扮得极其典雅美丽，有如仙女，其特定服饰为上身穿"羽衣"（孔雀翠衣），下身着"霓裳"（如霓裳丽天般的淡色彩裙）。这便是唐代著名的表演性舞蹈"霓裳羽衣舞"。这种新声特别受到重视，玄宗曾选拔坐部伎中的优秀乐师三百人，亲自指点他们在梨园（宫内演习歌舞的场所）练习演奏，故这些乐师被称作"皇帝弟子"或"梨园弟子"。

2. 舞蹈

与当时流行的其他舞蹈相比，唐代表演性舞蹈的艺术水平更高，形式更多样，内容更丰富，技巧也更繁杂。唐代小型表演性舞蹈，按教坊乐舞种类分为健舞和软舞两大类。健舞动作矫捷雄健，节奏明快；软舞抒情性强，优美柔婉，节奏较为舒缓，但其中也有一些快捷舞段。健舞节目有"剑器舞""胡旋舞""胡腾舞"以及"阿辽""大渭州""达摩支"等，武术亦包括在健舞之中，所以当时的"舞"实际上超过了舞蹈的范畴。软舞有"垂手罗""春莺啭""乌夜啼""回波乐"及"兰陵王""团圆旋""绿腰""苏合香"等。"柘枝舞"本是健舞，以后逐渐演变得接近软舞。

唐代的乐与舞原不可分，乐曲是为舞蹈伴奏的。为歌颂秦王李世民破刘武周所制作的"秦王破阵乐"，后改名"七德舞"，与"九功舞""上元舞"构成有名的"三大舞"。"婆罗门曲"在天宝时

图 9-13　铜胡腾舞俑

改称"霓裳羽衣舞"，是中印乐舞融合的成果。由于不少的舞蹈带有杂技的性质，专业化程度日益提高，过去士大夫舞蹈的风气到唐代走向衰落。唐代乐舞分大曲与散乐。大曲是大规模的歌舞，包含着以后戏曲的部分因素，是中国戏剧发展过程中的一个环节；散乐是杂技，统称为"百戏"，如浑脱、寻橦、跳丸、吐火、吞刀、筋斗、踢球等，伴奏的乐器不多，乐曲却保存着淳朴的风格，在民众中颇受欢迎，但被统治者视为难登大雅之堂的技艺。

图9-14　成都唐墓出土的印本《陀罗尼经咒》

二、技术

唐代生产发展，经济繁荣，为相关技术的发达提供了条件，因而技术领域颇有成就。有些技术我们在前面介绍过了（如陶瓷、冶金、建筑、水利、纺织以及地理学），这里主要介绍印刷、医药、历算等技术成就。

（一）印刷术

雕版印刷术的发明，可能在隋代就已出现。明陆琛《河汾燕间录》上卷载，印刷术开始于隋文帝开皇十三年（593），但还不甚完备，到了唐代更趋完善。明邵经邦《弘简录》说中国最早的刻本书出现在唐贞观十年（636）。唐代在中国四川成都地区，民间自印的农书、历书、医书、字帖等类雕版印刷品很流行，传播的范围也很广。元稹为白居易诗集写的序言中说，有人拿白居易诗集的印本换取酒茶钱，可见雕版印刷的应用已扩大到诗歌方面了。

1966年在韩国发现了木刻《陀罗尼经》印本，当刻于704年至751年间。1944年在四川成都望江楼附近的唐墓也出土了唐肃宗至德二年（757）成都府龙池坊卞家印卖的《陀罗尼经》，为中国现存的最早印本，已是相当完美的雕版印刷品。1900年在敦煌石室内发现的唐代刻印的《金刚经》，卷末题"咸通九年四月十五日"等字样，咸通九年为868年，所以这部经书在当时被认为是世界上最早有出版日期的印刷品。其形制为卷子，长约十六尺，由七个印张粘接而成，前边是释迦牟尼说法图，其余为经文，图文并茂，雕刻精美，刀法娴熟，墨色均匀。1974年和1975年，西安市文管会在西安西郊两座唐墓中发现了外文印本的《陀罗尼经咒》各一张，据考证汉文印本可能是盛唐时期的印刷品，外文印本大约是7世纪初的印刷品。这些雕版印刷的佛经，其精美程度表明唐代印刷术已有高度发展。

唐僖宗时成都书肆有印制的各种书籍出售，而且不少地方都在印刷历书。雕版印刷术的成熟为五代以后大量印书创造了条件。

（二）医药学

孙思邈是唐初医学和药物学家。他总结唐以前的临床经验和医学理论，广搜方药和针灸术等，于高宗永徽三年（652）撰成《千金要方》(又称《备急千金要方》)三十卷。他认为"人命至重，有贵千金"，故以《千金要方》名其书。该书包括中医基础理论和临症各科的诊断、治疗、针灸、食治、预防、卫生等。他改革以往医家论病、下方、用药拘于古代医经的做法，不受张仲景《伤寒论》的六经辨证原则的局限，提出以医方之主治为纲；又改变"非此方不能治病，非此药不能开方"的传统，"兼取杂方、单方及通治之品"，提倡"有一病而立数方，亦有一方而治数病"。孙思邈对中医学的这一贡献，被医学界认为是中国"医道之一大变"。《千金要方》尤其重视对妇女和小儿疾病的诊治。书中分析女性与男性、小儿与成人生理的不同，指出妇女病、小儿病的特点，主张独立设科。它还首次论述了脚气病的治疗和预防。

孙思邈于晚年集其毕生经验撰成《千金翼方》三十卷，着重记述本草、伤寒、中风、杂病、疮痈等，是对《千金要方》的补充。书中共收载当时所用药物八百多种，对许多药物的采集和炮制做了详细的记述。由于孙思邈在中医中药学方面的重大贡献，后世尊之为"药王"。

此外，显庆四年（659）唐朝颁行的《新修本草》，为世界上第一部官修药典。这是唐高宗时期医药界从业人员集体做出的重要贡献。

（三）历算

唐代最著名的历象家是盛唐时代的僧一行，本名张遂。他青年时代就精通历象和阴阳五行之术。唐玄宗召他到长安主持改定历法。当时，率府兵曹参军梁令瓒已经制成木黄道游仪的模型，一行主张改用铜铸，并与令瓒继续进行研究，经过两年的努力，最后于开元十二年（724）制成铜黄道游仪。次年，一行又与梁令瓒奉玄宗之命，共同研制成铜铸的水运浑仪，用以计时。黄道游仪和水运浑仪的制成，对观察天象起了很大的作用。开元十三年（725），一行还用自己制成的"覆矩图"，令南宫说率人到今河南若干地点测量北极高度和春分、夏至、秋分、冬至的日影长度，测出地球子午线 1° 的长度约合 12,3700 米。这是世界上第一次实测子午线，具有重大的意义。一行也是世界上第一位发现恒星位置变动的历象学者。他临死前编成《大衍历》的草稿，日后经张说等整理成书，是中国古代的一部重要历书。该历在编写的过程中使用的不等间距二次差内插法、具有正弦函数性质的表格和含有三次差的近似内插公式，在数学上都是杰出的贡献。

　　算术在唐代超过前朝，《十部算经》已经逐步形成。算学在当时已经成为一门重要的学科，为士子必学之课。因为它和天象、历法等学科都有密切的关系，所以当时的统治者也很重视，曾经出现一批优秀的人才。高宗显庆三年（658）设立算学馆，以李淳风等注释的《十部算经》为课本。龙朔二年（662）又在国子监内设算科，科举中也设有明算科。李淳风等所注《十部算经》在当时是一部很有贡献的算学书籍，它对传本《周髀算经》进行了整理，对其中赵爽的注解做了很多纠正，为后世研究者提供方便。《十部算经》之一的《辑古算经》（原名《缉古算术》），是初唐王孝通所著，其中大部分问题运用高次方程来解决，在当时是比较艰深的。

第四节　文化特点与繁盛原因

一、隋唐文化的特点

从以上对隋唐文化成就的介绍可以看出，它具有如下三个特点：

（一）继承性

陈寅恪先生在《隋唐制度渊源略论稿》一书中精辟地分析了隋唐文化的渊源后指出："隋唐之制度虽极广博纷复，然究析其因素，不出三源：一曰（北）魏、（北）齐，二曰梁、陈，三曰（西）魏、（北）周。"唐朝的职官制度、府兵制、刑律、均田制、租庸调制渊源于北魏、北齐，一整套管理国家的制度和办法，具有浓厚的本民族的色彩。但同时也多方面地吸收、加工、消化外来文化的丰富营养，从而形成了具有东方特点的文化。

（二）兼容性

鲁迅先生在《看镜有感》一文中指出："汉唐虽然也有边患，但魄力究竟雄大，人民具有不至于为异族奴隶的自信心，或者竟毫未想到，凡取用外来事物的时候，就如将彼俘来一样，自由驱使，绝不介怀。"广泛开展对外交往，贯穿于隋唐三百多年的始终。尤其是唐代，正由于国力强盛，对于外来文化的吸收、消化的能力很强，其兼容和吸收外来文化中新鲜养料之广泛和深入都是前代无法比拟的。外来文化通过丝绸之路传入内地开花结果，成为唐文化的一个重要组成部分，在百花园中大放异彩。

这种兼容性也为本来文化发展提供了更加自由广阔的空间。如学者所说，盛唐之所以形成诗国高潮，还因为这是一个情感超过思理的时代。盛唐诗人对于诗歌虽有自觉的追求，却没有系统理论的约束；对于时代虽有认真的思考，却没有深刻的理性思辨。热情、爽朗、乐观、天真、富于幻想和进取精神——盛唐诗人所有的这些性格，乃是属于纯诗的质量，因而最高水平的诗必然出现在盛唐[30]。

（三）世界性

唐文化一方面大量吸收了外来文化，另一方面又对世界文化的发展产生了深远的影响。世界古代文化，大体上可以分为东方文化圈、阿拉伯文化圈、西方文化圈。三个文化圈都深受唐文化的影响，并从唐文化中吸收了新鲜的养料。6世纪20年代，中国的蚕种、桑种由两个印度僧人传到君士坦丁堡（今土耳其伊斯坦布尔），献给东罗马皇帝，此后，东罗马开始栽桑养蚕。7世纪时养蚕业又经波斯传到阿拉伯和埃及。8世纪时阿拉伯人将养蚕的方法传到西班牙，12世纪传入意大利，15世纪又由意大利传入法国。唐玄宗天宝十载（751）中国造纸术开始西传，793年波斯开始造纸，793—794年在巴格达建立造纸厂。之后埃及、西班牙、英国、法国、意大利、德国开始造纸。这为促进文化的普及和东西文化交流做出了重要贡献。

二、隋唐文化繁盛的原因

（一）"中体西用"

在中华文明史上，唐代是一个少有的既善于继承又能够兼收并蓄的朝代。人们注意到唐代因多种文化汇聚而导致的文化昌盛情况，认为唐代之所以朝气蓬勃、富有生机，一是唐代的社会和文化能条贯、折中前此数百年的遗产；二是能兼容并蓄地摄取其他民族甚至外来的各种文化的营养。唐代中国的典章制度既是前此数百年建置的条贯和折中（如中央机构三省六部），也是南北朝以来国内不同民族互相交流、不同文化融会整合而产生的某些制度的延续和发展（如均田制、府兵制）；通过西域传来的印度、中亚、西亚文明和通过南海传来的南亚文明，它们对唐代中国的影响则主要表现在宗教、艺术（如音乐、舞蹈、杂技、绘画、雕塑）、实用器物（如金银器、服饰）等方面。总之，唐代是中国古代政治文化高度发展的盛世，礼仪、政刑、典章制度全都自成体系，在自身体制高度发达的基础上，各种域外文化的引进都起着锦上添花的作用。因此有学者认为，唐代真正做到了"中学为体，西学为用"——如果这一说法在逻辑上可以成立的话。当然，唐朝国人在对待外来文化的态度上既不是以其为异己文化而加以排斥，也不是不加选择地一概采用。王朝根据自身的社会层序结构，各民族也根据各自所处的不同社会环境和不同文化水平，分别对外来文化做出遴选和抉择。异质文化要植入新的社会，不可能不经过程度不等的加工，这是一个机制相当复杂的过程。不同层次的文化又在相互渗透、相互影响的过程中不断产生种种变体。例如，正是在唐代，儒、释、道三家经过长期的相互作用，使各自都发生了局部质变而成为中国文化体系的组成部分。对中国文化起补阙作用、与中国文化有亲和力的东西容易被吸收，被吸收的东西又都经过改造，这是唐代文化汇聚的最大特色。经数百年动乱之后而形成的大一统局面决定了唐代在各个方面都力图显示出并蓄兼收的时代精神，于是就有了人本主义开明的"贞观之治"，从而为唐代的全盛开辟了道路。

（二）不忘本来民族地位

如陈寅恪先生所说："窃疑中国自今日以后，即使能忠实输入北美或东欧之思想，其结局当亦等于（唐）玄奘唯识之学，在吾国思想史上，既不能居最高之地位，且亦终归与歇绝者。其真能与思想上自成系统，有所创获者，必须一方面吸收输入外来之学说，一方面不忘本来民族之地位。此二种相反而适相成之态度，乃道教之真精神，新儒家之旧途径，而二千年吾民族与他民族思想接触史之所昭示者也。"[31] 所以，他评价韩愈说："唐代之史可分前后两期，前期结束南北朝相承之旧局面，后期开启赵宋以降之新局面，关于政治社会经济者如此，关于文化学术者亦莫不如此。退之者，唐代文化学术史上承先启后转旧为新关折点之人物也。"[32] 用这一评价看待隋唐时代在华夏民族文化发展史上的地位与作用也是合适的。因为，正是唐代为华夏民族文化的发展吸收、引进了大量本来没有的、外来的新鲜成分，唐代中国文化才能达致前所未有的繁荣昌盛，这就为后来文化的发展即赵宋新文化的产生打下了基础，创造了条件。如胡适先生所说，不管东化还是西化，在中国这块土地上都成了中国化。中国文化用上千年的时间消化了佛教，而如果没有隋唐佛学，就不会有宋明理学。

（三）注入新鲜血液

唐初统治集团深受塞外文化的影响，这对唐前期较为开明的内外政策，无疑起着积极的促进作用。建立唐朝的关陇集团，本身是南北朝以来民族融合与文化整合的产物，主要是由汉人豪族和鲜卑权贵共同组成的集合体。不仅建立唐朝的李氏，此前建立西魏北周的宇文氏、建立隋朝的杨氏也均出自这一集团。他们不但在政治上结成一体，而且又都与鲜卑酋豪独孤氏联姻。此外，唐太宗的母亲窦氏和妻子长孙氏，也都出于代北鲜卑贵族家庭。在隋唐两朝，还有大批代北酋豪的后裔官居要职。据统计，唐朝的三百六十九个宰相，有十分之一左右是鲜卑贵族的后裔。甚至战败投降的突厥酋长阿史那社尔、执失思力以及铁勒酋长契苾何力等也得到了唐太宗的信用和重任。至于在文化领域发挥重要作用的代北及西域族人后裔更是不计其数，如何妥、何稠、宇文恺、陆法言、元稹、白居易、刘禹锡等都是。无怪乎胡三省注《资治通鉴》要感叹："自隋以后，名称扬于时者，代北之子孙十居六七矣，氏族之辨，果何益哉！"由此而产生的开放兼容的文化政策，是中国古代文明在唐代臻于高度发达的重要原因。正如史家陈寅恪先生所说："李唐一族之所以崛兴，盖取塞外野蛮精悍之血，注入中原文化颓废之躯，旧染既除，新机重启，扩大恢张，遂能别创空前之世局。"

第十章

隋唐五代的周边诸族

　　隋唐中国大一统，对周边族群实行更加开明的政策，以各种形式发展关系，促进中原与周边的政治、经济、文化交流，从而对各族社会发育及文化演进产生了重大影响。在发达经济文化的吸引下，周边族群的向心力大大增强。隋、唐两朝与周边也有矛盾与战争，但经济、文化交流一直非常频繁。战争的结果，往往是进一步加强了彼此的政治联系，扩大了中原文化的影响范围，使多元一体的中华文明得以发扬光大。

第一节　突厥及其他北方族群

一、东突厥与后突厥

突厥是中国古代北方族群之一，语言与铁勒相同，属阿尔泰语系突厥语族。古代突厥人以狼为图腾，主要从事游牧业，随水草迁徙，居毡帐，食肉饮酪，冬服裘夏衣褐，披发左衽，善骑射，以锻铁著名。突厥共有十个氏族（姓），其可汗（国君）出自阿史那氏。突厥人原居跋斯处折施山（今新疆乌鲁木齐南山），后迁高昌（今新疆吐鲁番）北面的北山（今博格多山）。5世纪中叶，漠北柔然强大起来，占据高昌一带，突厥被迫迁至金山（今阿尔泰山）南麓，为柔然锻铁，被蔑称为"锻奴"。

阿史那土门担任酋长时，突厥族群逐渐强大。西魏大统十二年（546），土门帮助柔然讨平叛乱的铁勒诸部，势力大增。西魏废帝元年（552），土门大败柔然，柔然可汗阿那瓌自杀，土门于是自称伊利可汗，正式建立起突厥汗国，汗庭（牙帐）在于都斤山（即郁督军山，今蒙古杭爱山主峰鄂特冈 Otgon Tenger Uul 一带）。同时，土门又派其弟室点密率十大部落（号十姓部落）西征，进行扩张。

突厥木杆可汗统治时期（553—572），"西破嚈哒，东走契丹，北并契骨，威服塞外诸国"[1]，统治地域东起辽海，西至西海（今里海），北至北海（今贝加尔湖），南至塞北。北周、北齐都畏惧突厥，争相与之结好。突厥同时结交二国，趁机取利。

581年，杨坚以隋代周。同年，突厥佗钵可汗病死。经过"昆季争长，父叔相猜"[2]的纷争，沙钵略可汗摄图成为突厥汗国的大可

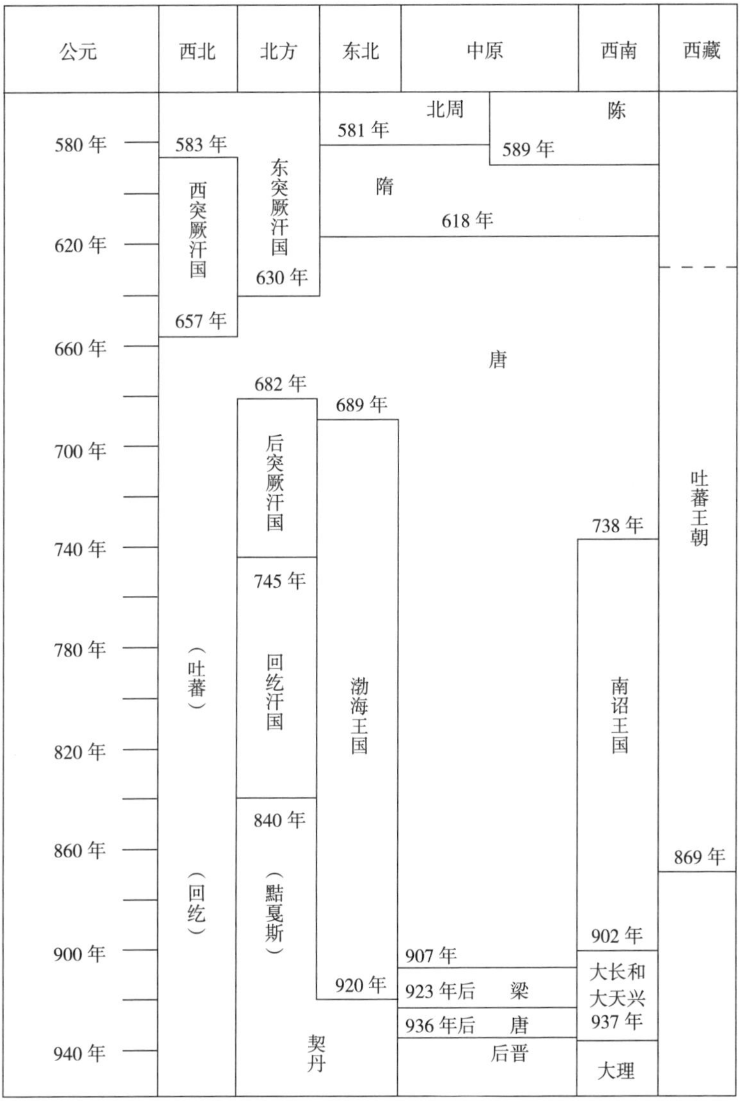

公元	西北	北方	东北	中原	西南	西藏
			581年	北周	陈	
580年	583年				589年	
	西突厥汗国	东突厥汗国		隋		
620年				618年		
	657年	630年				
660年				唐		吐蕃王朝
		682年	689年			
700年		后突厥汗国				
					738年	
740年	（吐蕃）	745年				
780年		回纥汗国	渤海王国		南诏王国	
820年						
		840年				869年
860年	（回纥）	（黠戛斯）				
					902年	
900年			920年	907年	大长和大天兴	
				923年后 梁	937年	
			契丹	936年后 唐		
940年				后晋	大理	

图 10-1　隋唐时期周边诸族的兴衰

汗，建牙于都斤山。此外，第二可汗庵罗居独乐水（今蒙古图拉河）、阿波可汗大逻便居沙钵略东北，室点密之子达头可汗玷厥居乌孙故地（今伊犁河流域），贪汗可汗居高昌北山。突厥实际上形成了五可汗分立的局面。开皇二年（582），沙钵略发阿波等部兵南侵。隋文帝采纳长孙晟"远交近攻，离强合弱"的建议，于次年将沙钵略击败。沙钵略回军途中袭击阿波，阿波兵败投奔达头。达头联合阿波、贪汗与沙钵略相攻击，突厥汗国正式分裂为东、西两汗国。史称东部为东突厥（或称北突厥、突厥第一汗国），西部为西突厥。

突厥东、西分裂以后，沙钵略腹背受敌，被迫向隋求和。开皇四年（584），沙钵略率众南迁，寄居白道川（今呼和浩特平原），接受隋朝统治。沙钵略之子都蓝可汗继位以后，势力渐强。隋文帝采用了长孙晟的离间计策，拒绝都蓝的请婚，而以宗室女安义公主嫁小可汗染干（称突利可汗），并令其南徙。开皇十九年（599），都蓝联合西突厥达头可汗进攻染干。隋朝发兵出塞进击都蓝；又于朔州筑大利城（今内蒙古和林格尔西北）安置染干，将夏、胜二州间（今内蒙古鄂尔多斯）水草丰美的牧区划给他，封染干为意利珍豆启民可汗。都蓝被部下所杀，达头被隋击败遁走。在隋朝的支持下，启民可汗成了突厥汗国的大可汗。同时，隋朝还让启民管辖内附的思结、仆固等铁勒部众，并兼管奚、契丹、室韦、霫等部族。大业三年（607），隋炀帝在榆林接受启民的朝见。大业五年（609），启民又朝炀帝于长安。终启民之世，突厥与隋保持着良好的关系。

大业五年，启民死，其子始毕可汗立。由于始毕部众渐盛，隋企图削弱始毕的力量，双方关系因此恶化。大业十一年（615），始毕围炀帝于雁门（今山西代县北），次年又寇马邑。隋末动乱，始毕凭着"控弦百万"的强大军事力量，操纵着北方的割据势力薛举、刘武周、梁师都、李轨及起义队伍首领高开道、窦建德等。唐高祖李渊在太原起兵，也曾向东突厥求援。

唐初，东突厥颉利可汗凭借士马雄盛，多次侵扰唐境。武德九年（626）八月，颉利乘唐太宗即位不久，局势不稳定，入侵至长安附近。唐太宗亲临渭水与东突厥结盟。贞观初，由于频年大雪，六畜多死；颉利的穷兵黩武使得人心离散；铁勒部的回纥、薛延陀等又相继反叛，东突厥势力急剧衰落。唐太宗利用东突厥内外交困之机，于贞观三年（629）遣李靖、李勣、张公瑾等率军与薛延陀夹击北突厥。次年俘获颉利，东突厥汗国灭亡。漠北诸部也相继归附唐朝。唐于其地设置羁縻府、州，由云中、定襄两都督府分管。高宗龙朔（661—663）年间，改置单于、瀚海两都护府统辖这一地区。

东突厥灭亡后，突厥部众由塞北不断南迁，唐朝将他们安置在河套以南地区。这些突厥人接受了汉人的农耕、纺织等技术，生产逐渐发展，力量也有所恢复。武后时期，唐（690—705年为武周）与吐蕃长期抗衡，突厥贵族趁机进行复国活动。阿史那泥孰匐和阿史那伏念先后叛唐，但均被讨灭。永淳元年（682），阿史那伏念的余党阿史那骨咄禄、阿史德元珍率残部占据黑沙城（今内蒙古呼和浩特北），反抗唐朝。骨咄禄自称"颉跌利施可汗"，建牙乌德鞬山（即于都斤山），以黑沙城为南牙，建立起了后突厥汗国（也称突厥第二汗国，682—745）。此后，后突厥连年入侵，唐军屡遭失败。天授二年（691），骨咄禄死，其弟默啜继为可汗。默啜东败奚、契丹，西降铁勒、突骑施、拔悉密等，拓境至铁门关（今乌兹别克斯坦南部布兹嘎拉山口），东西万余里，控弦上百万，与吐蕃相呼应。万岁通天元年（696），契丹李尽忠、孙万荣叛唐，默啜趁机与吐蕃结盟，进攻唐河西地区。由于吐蕃内部矛盾激化，唐蕃实现了和解，默啜转而助唐讨击契丹。次年，默啜向唐求河曲六州降户数千帐及粟种农器，武则天给予谷种四万斛、杂彩五万段、农器三千件、铁四万斤，极大促进了突厥社会的发展。默啜后期的军事活动重点转向了西域。唐又联合突骑施等部对默啜进行遏制。开元四年（716），默啜征讨漠北铁勒拔野古部，归途中被拔野古散卒袭杀。骨咄禄之子阙特勤于是尽杀默啜诸子及亲信，立兄默棘连为毗伽可汗。毗伽听从重臣暾欲谷的劝告，与唐言和，并多次请求和亲。大漠南北再次出现了相对稳定的局面。开元十九年（731），阙特勤卒，唐玄宗遣使吊祭，并亲自为撰碑文。开元二十二年（734），毗伽被大臣梅禄毒死，其子被立为伊然可汗。开元二十八年（740），伊然卒，其弟被立为登利可汗。不久，后突厥国内大乱，登利被杀。天宝元年（742），回纥、葛逻禄、拔悉密三部起兵攻杀篡位自立的骨咄叶护可汗，奉拔悉密酋长为颉跌利施可汗。后突厥余众又拥立乌苏米施可汗。天宝三载（744），乌苏米施可汗死于兵乱。次年，后突厥残部拥立的白眉可汗为回纥酋长骨力裴罗所杀，后突厥灭亡。突厥余部大多归附了回纥，一部分南迁灵武（今宁夏灵武）、丰州（今内蒙古巴彦淖尔），另一部分则迁往中亚。

突厥汗国是部落联盟国家。国君称大可汗，其妻称可敦（亦作可贺敦），大可汗以下常以兄弟子侄为小可汗，分领部落。其下有叶护、设（或作察、杀）、特勤、俟利发、吐屯等二十八等官，官职均为世袭。突厥汗国制定有刑法，规定反叛、杀人者死，伤人者以女或马赔偿，偷盗者十倍偿还。被征服族人反叛或本族人犯法者，都降为奴隶。征发兵马及收赋税时，刻木为契并附上金箭，用蜡加封盖印，作为凭信。近年的研究表明，古代突厥人与本居中亚、到处经商的粟特人（操东伊朗语）至少在精英层面已经形成了种族文化混融[3]，早期突厥碑铭都使用粟特语[4]，而后来的突厥文也是利用粟特文字造的。因此，古伊朗的拜火教在突厥人中间传播甚至为其操持也都是可能的[5]。迄今发现属于古突厥人的最重要的突厥文碑铭有《阙特勤碑》《毗伽可汗碑》《暾欲谷碑》等，前两碑发现于蒙古哈尔和林以北的和硕柴达木（Kocho-Tsaidam）地方，后者发现于蒙古乌兰巴托以东的巴彦朝克图（Bain-Tsokto）。这三块大碑是现代突厥学的奠基文物，也是研究北方族群和中亚历史的重要史料。其中《阙特勤碑》和《毗伽可汗碑》有汉文部分。

二、铁勒与薛延陀

铁勒是操突厥语各游牧部族的泛称，亦称丁零、敕勒，广泛分布于天山南北及漠北和中亚草原上。其习俗大致与突厥相同。隋代分布在漠北、西域的铁勒部落主要有薛延陀、契苾、回纥、同罗、浑、思结、斛薛、奚结、阿跌、白霫等。铁勒诸部长期受突厥汗国的压迫役使。突厥汗国分裂后，铁勒也分属两部。大业元年（605）铁勒立契苾部首领为易勿真莫何可汗，薛延陀部首领为也咥可汗（小可汗），起而反抗西突厥的统治。后又被西突厥射匮可汗征服。隋末突厥强盛，铁勒诸部分散，众渐寡弱。至唐武德（618—626）

初，有薛延陀、契苾（一作契苾羽）、回纥（一作袁纥）、都播、骨利干、多览葛、仆骨、拔野古、同罗、浑、思结、斛薛、奚结、阿跌、白霫，凡十有五种，皆散处碛北，薛延陀最为雄张。

薛延陀居金山（今阿尔泰山）西南，自言本姓薛氏，其先灭延陀而有其众，因号为薛延陀，姓一利咥。其俗大抵与突厥同。贞观二年（628），其酋夷男率部越金山而东，会唐太宗方图东突厥颉利，乃遣使间道册夷男为真珠毗伽可汗。遂遣使贡方物，建牙郁督军山（即于都军山，今蒙古杭爱山）。东至靺鞨（今松花江流域），西至西突厥，南沙碛，北俱伦水（今蒙古克鲁伦河），回纥等部莫不伏属。唐平东突厥，漠北空虚，夷男帅其部稍东，建庭都尉楗山北、独逻河（今图拉河）之南。其地东室韦（今大兴安岭），西金山，南突厥降部，北瀚海（今贝加尔湖）。胜兵二十万人，立其二子为南、北部。太宗恐其强大为患，诏拜其二子皆为小可汗。后与突厥降部交恶，内部嫡庶争立。

贞观十九年（645），夷男死，其子拔灼继立为颉利俱利薛沙多弥可汗。多弥趁唐太宗征高句丽之际南侵，被唐军击退。次年，回纥酋长吐迷度与仆固、同罗等部共同起兵击杀多弥，薛延陀余部所立可汗咄摩支在唐的打击下很快降唐，薛延陀汗国灭亡。唐太宗亲至灵州（今宁夏灵武）接见铁勒诸部酋领和使者，被诸部尊为"天可汗"。太宗还同意了铁勒诸部的请求，在回纥以南、突厥以北开通一条"参天可汗道"以方便往来，加强联系。又各因其地土，择其部落，在漠北分置铁勒各部为六府七州，拜其酋长为都督、刺史，给玄金鱼以为符信。又置燕然都护（后改名瀚海都护，治今蒙古哈拉和林）以统之。永徽（650—655）时，延陀部亡散者悉还，高宗为置嵲弹州处之。后突厥复兴以后，铁勒诸部在漠北者渐为所并，回纥、契苾、思结、浑四部一度徙于甘（今甘肃张掖）、凉（今甘肃武威）二州之地。以后，铁勒之一的回纥兴起，占据后突厥故地。开成五年（840），回鹘汗国灭亡，契丹据有大漠南北，铁勒一名遂逐渐消失。

三、回纥（回鹘）

其先匈奴之裔。俗多乘高轮车，元魏时亦号高车部，或曰敕勒，一作铁勒。回纥本铁勒十五部之一，称袁纥，亦曰乌护、乌纥。至隋称韦纥，臣于突厥。回纥首领世袭，姓药罗葛（亦作夜落纥、夜落隔等），部落由九个氏族（姓）组成，即可汗所出的药罗葛，以及胡咄葛、㖂罗勿、貂歌息讫、阿勿嘀、葛萨、斛嗢素、药勿葛、奚耶勿，因而常被称为九姓回纥。有众十万，半数为兵。其人骁强，随水草转徙，善骑射，常抄掠，地碛卤，畜多大足羊。

隋唐之际，回纥居于娑陵水（今蒙古色楞格河）流域，和其他铁勒诸部一道役属于突厥。唐初，附薛延陀，与相唇齿，树牙独乐水（今蒙古图拉河）上。贞观初，回纥与薛延陀共同反抗东突厥，并助唐攻灭之。贞观十九年（645），回纥又助唐灭薛延陀。次年，唐朝在漠北铁勒诸部置六府七州，以回纥为瀚海都督府。然回纥自称可汗，置官皆如突厥，又置内、外宰相，以及都督、将军、司马之号。后突厥复兴，回纥与契苾、浑、思结等部曾迁甘、凉之间，留居漠北的回纥余众则被后突厥所役属。天宝元年（742），回纥与葛逻禄、拔悉密一起攻杀后突厥乌苏米施可

图 10-2 回纥人像

汗。天宝三载（744），回纥酋长骨力裴罗联合葛逻禄破拔悉密，
自称骨咄禄毗伽阙可汗，徙牙乌德鞬山（今杭爱山）、嗢昆河（今
杭爱山、鄂尔浑河）之间，建立起回纥汗国。明年，灭后突厥，
尽有其地。回纥汗国的疆域"东极室韦，西金山，南控大漠，尽
得古匈奴地"[6]。唐朝册封骨力裴罗为骨咄禄毗伽阙怀仁可汗。此
后，回纥可汗由唐朝册封成为定制。

　　安史之乱爆发后，回纥可汗于至德二载（757）遣子率兵入援，
助唐收复了长安、洛阳，肃宗以亲女宁国公主嫁回纥葛勒可汗磨
延啜。宝应元年（762），回纥牟羽可汗移地建又出兵助唐讨平史
朝义。永泰元年（765），仆固怀恩叛唐，引吐蕃、回纥进攻长安，
唐派郭子仪与回纥盟于泾阳，并联军破吐蕃。同时，回纥还帮助安

西、北庭二都护府抵抗吐蕃，并派兵护送东来西往的使者、行旅，使西域与中原得以保持联系。贞元四年（788），回纥长寿天亲可汗娶德宗女咸安公主，并自请将族名汉字改为回鹘，意为助唐击敌，"回旋轻捷如鹘（即隼鸟，一种猎鹰）"。贞元六年（790）以后，回鹘与吐蕃、葛逻禄、黠戛斯长期对抗，削弱了吐蕃对唐朝的威胁。长庆元年（821），回鹘崇德可汗迎娶唐朝太和公主。大和六年（832）以后，回鹘内乱频仍，天灾不断，势力大衰。开成五年（840），邻族黠戛斯十万骑攻破回鹘都城，回鹘可汗为黠戛斯所杀，回鹘汗国崩溃，部众离散，逃离蒙古高原。

近可汗牙帐的十三部以特勤乌介为可汗，南下边塞。乌介辗转往来于天德（今内蒙古乌梁素海东南缘）、振武（今内蒙古托克托县南）间，侵扰不已。会昌二年（842）八月，乌介率众突入大同川，驱掠河东杂虏牛马数万，转战至云州（治今山西大同）城门，刺史张献节闭城自守。明年春正月，乌介可汗率众袭振武，太原节度使刘沔遣麟州刺史石雄、都知马使王逢帅沙陀朱邪赤心之部及契苾、拓跋党项三千骑为先锋，袭乌介牙帐，刘沔以大军续后。石雄探得太和公主所在，派使告公主驻车勿动，又凿城为十余穴，引兵夜出，直攻乌介牙帐。乌介大惊，弃辎重走。石雄乘胜追击，大破回鹘于杀胡山，乌介仅与数百骑遁去，石雄迎太和公主归。乌介弟遏捻收括残部，先仰食于奚（今内蒙古赤峰、河北承德间），后走依黑车子室韦（今内蒙古锡林郭勒盟一带）。黠戛斯击室韦，收回鹘残众还漠北。回鹘汗国彻底灭亡。

另有十五部在庞特勤率领下西奔，后分成几支：到吐蕃占领下河西地区的后来形成了甘州回鹘，此即今裕固族的祖先；到安西

（今新疆吐鲁番、库车等地）地区的形成了高昌回鹘，后来建立亦都护政权，一直存在至蒙元时期；更往西去的回鹘分支，到10世纪时与另一些操突厥语部族建立了黑汗王朝（哈拉汗国，Qarakhanids），也存在到了13世纪初。后两支成为今维吾尔族的先民之一。

回纥（鹘）汗国多采用突厥旧制，可汗以下有设（杀），大臣自叶护以下有二十八等。由于深受唐朝文化的影响，可汗下有外宰相六、内宰相三，还有都督、将军、司马等官。除回纥部外，汗国还包括仆固、浑、拔野古、同罗、思结、契苾、阿布思、骨伦屋骨思[7]等铁勒部落，因而被称为九姓铁勒或九姓乌古斯，亦称九姓回纥（回鹘）。各部仿唐朝制度，任命都督统治。

由于与唐朝保持着良好密切的关系，回纥汗国受唐文化的影响极为深远。回纥人已开始由游牧生活向定居生活转化，建立起城市和宫室，并开始从事农耕。回纥人原来信奉萨满教，有巫师。762年，牟羽可汗出兵助唐平叛，在洛阳接触到摩尼教，引起很大兴趣，即携摩尼师入回纥，尊摩尼教为国教。摩尼教本为粟特商胡所奉宗教，在其影响下，回纥重视商业活动，经常与唐进行大规模的绢马贸易。这种贸易带有酬谢性质，回纥从中获得了巨额财富。早期回纥人使用古突厥文，后来又用粟特字母来拼写自己的语言，创造了回鹘文。回鹘文对其他北方民族文化产生了重要影响，后来的蒙古文就是由回鹘文发展而来的。著名的《九姓回鹘可汗碑》是用粟特文、突厥文和汉文三种文字写成的，主要记述回纥建国后至保义可汗在位时的事迹、与唐朝的关系以及摩尼教传入回纥汗国的情况。此外重要的回纥碑铭还有用突厥文写的磨延啜碑（又名葛勒可汗碑）和磨延啜第二碑（又名塔里亚特碑）。

和　亲

中原王朝与边疆族群发展关系的方式之一。始自汉以宗室女嫁匈奴。至唐仍之。当时群臣献议，纷纭不一。或以为冒顿手弑其亲，而冀其不与外祖争强，岂不惑哉？然则汉高祖知其非久安计而为之者，以天下初定，纾岁月之祸耳。或以为贡子女方物，臣仆之职也；中夏异于诸族者，有父子男女之别也。婉冶之姿，毁节他族，垢辱甚矣。汉之君臣，莫之耻也。至隋混一宇内，唐承隋后，太宗以中华、夷狄爱之如一，故以和亲为礼仪使者，屡见不鲜。宪宗元和中，回鹘保义可汗再请婚，未报，寇边。礼部尚书李绛奏言：边忧有五；故宜听其婚，使守蕃礼，则三利：和亲则烽燧不惊，城堞可治，盛兵以蓄力，积粟以固军，其一；既无北顾忧，可南事淮右，申令于垂尽之寇，其二；北族恃亲戚，则西蕃怨越深，内不得宁，边衅长息，其三。帝虽不听，识者是之。

白居易《阴山道》摘句

阴山道，阴山道，纥逻敦（西北民族言水草丰美处）肥水泉好。

每至戎人送马时，道旁千里无纤草。

草尽泉枯马病羸，飞龙但印骨与皮。五十疋缣易一匹，缣去马来无了日。

养无所用去非宜，每岁死伤十六七。

缣丝不足女工苦，疏织短截充匹数。

藕丝蛛网三丈余，回鹘诉称无用处。

咸安公主（德宗女燕国襄穆公主，始封咸安，下嫁回纥武
义成功可汗）号可敦，远为可汗频奏论。……

谁知黠虏起贪心，明年马来多一倍。

回纥曾两次出兵助唐平安史之乱，因恃功，屡遣使以马和
市缯帛，连年来市，以马一匹易绢四十疋，动至数万马。唐廷
得马无用，甚苦之。乐天此篇即言此回鹘之马价事，诚足为后
世言邦交并财政问题者鉴戒。

四、黠戛斯与沙陀

黠戛斯，即古坚昆国（今俄罗斯联邦西伯利亚南部的哈卡斯
共和国），或称居勿。其种杂丁零，属匈奴西部。后世得其地者讹
称结骨，又作纥骨，亦称纥扢斯。居回纥西北三千里（约当今叶
尼塞河上游）。其人赤发、皙面、绿瞳，亦有黑发者。以畜牧业为
主，兼营渔猎和农业，手工业和商业也有所发展。黠戛斯人信萨满
教，称巫为"甘"，使用鄂尔浑——叶尼塞文（即古突厥文）。其
君曰"阿热"，遂姓阿热氏。有酋长三人共治其国。众数十万，胜
兵八万。本为强国，地与突厥等，突厥以女妻其酋豪。后隶薛延陀，
延陀以颉利发监其国。

唐初，黠戛斯役属于薛延陀汗国。贞观二十二年（648），首
领俟利发失钵屈阿栈朝唐，唐以其地置坚昆都督府，以失钵屈阿栈
为都督，隶燕然都护。景龙中，遣使献方物，因其为李陵后裔，中

宗称为同宗。景龙四年（710），黠戛斯被后突厥征服，受其役属。天宝四载（745），回纥灭后突厥，黠戛斯又受回纥汗国统治。乾元（758—760）中，为回纥所破，自是不能通贡使。后回鹘乃讹称坚昆为黠戛斯，意为黄赤脸，又讹为戛戛斯。然常与大食（阿拉伯帝国）、吐蕃、葛逻禄相依仗。回鹘稍衰，阿热即自称可汗。其母，突骑施女，为母可敦；其妻，葛禄叶护女，为可敦。与回鹘鏖斗二十年不解。

开成五年（840），回鹘汗国内乱，黠戛斯发兵杀其可汗、焚其牙，诸特勤溃奔逃散，黠戛斯遂自建汗国。其疆域东至骨利干（今俄罗斯联邦布里亚特共和国），南邻吐蕃，西连葛逻禄。曾占领安西、北庭，后退出。可汗牙帐初建于贪漫山南（今叶尼塞河上游萨彦岭），灭回鹘后徙牙牢山（今萨彦岭）之南，距回鹘旧牙马行十五日。黠戛斯汗国与唐朝关系密切，经常遣使进贡。会昌中，遣使上书言状，行三岁至京师，唐武宗大悦，诏阿热著宗正属籍。武宗曾命大臣绘制《黠戛斯朝贡图》（又称《王会图》），由宰相李德裕作序。会昌五年（845），唐册封黠戛斯可汗为宗英雄武诚明可汗。至大中元年（847），诏鸿胪卿李业持节册黠戛斯为英武诚明可汗。迄咸通（860—874）间，三来朝。

沙陀原称处月（Chöl Ört，突厥语为"草原之火"），本来是在西突厥内配为部落的粟特商胡群体，因居于草原与绿洲间的商路要冲沙陀（今新疆天山东段北部草原），故名沙陀突厥[8]。唐平阿史那贺鲁，在处月居地置金满、沙陀二羁縻州。后沙陀为吐蕃所逼，迁至北庭。贞元五年（789），依附吐蕃，被迁至甘州（今甘肃张掖）。吐蕃攻唐，常以沙陀为先锋。中唐以后，沙陀因西北政治动荡而沿商路渐次东迁。

元和三年（808），沙陀酋长朱邪尽忠与其长子朱邪执宜率部归唐，唐将其安置在盐州（今陕西定边），设阴山都督府，以执宜为兵马使。唐因其部众渐多，又虑其反复，于是迁沙陀至河东，以其部众分隶诸州。由于擅长骑射，沙陀成为宪宗、武宗时对藩镇用兵和宣宗时对抗党项、吐蕃、回鹘的重要力量。懿宗时，朱邪执宜之子朱邪赤心率骑兵助唐镇压庞勋之乱，并助唐抵御回鹘，唐赐其姓名李国昌，迁其官至鄜延、振武节度使。乾符三年（876）李国昌之子李克用袭据云州（今山西大同），被唐击败后逃入鞑靼部。

沙陀自西徂东，历经久远，反复多次叛服不定，故于内外蕃间变动不经。但是唐末黄巢之乱给沙陀提供了机会。广明元年（880），"巢攻潼关，入京师"，僖宗逃难入蜀，传诏召李克用率沙陀、鞑靼军入援。李克用在梁田陂击败黄巢军队，最终"进壁渭桥，遂收京师，功第一，进同中书门下平章事、陇西郡公；国昌为代北军节度使。未几，以克用领河东节度"。河东沙陀军事集团终于成了唐末强藩。

黄巢之乱平定后，李克用据河东，与朱温争斗。后梁建国后，李克用之子李存勖于923年灭后梁，建立后唐。此后的后晋和后汉两个政权也是沙陀人建立的。因其原本为中亚操东伊朗语的粟特人（昭武九姓），所以五代出身河东藩镇者多康、安、石、曹、米、何、史、毕、鱼等胡姓。

第二节 吐蕃及其他西部族群

一、吐 蕃

(一)吐蕃崛兴

吐蕃即今天藏人的先民,本为西羌的一支。"蕃"是藏语,为吐蕃人自称。吐蕃人原居雅隆河流域(今西藏山南地区),后来扩展到拉萨河流域。吐蕃有城居,能制造金、银、铜器等,主要从事高原畜牧,养牦牛、猪、犬、羊、马等,也从事高原农业,种植青

图 10-3 布达拉宫法王洞中的松赞干布、文成公主塑像

稞、豌豆、小麦、荞麦等。有烧炭、冶铁、制胶、毛织等手工业。吐蕃有截发、黛面、黑衣居丧的习俗，喜用赭红色涂面；信奉苯教（萨满教一类的原始宗教）。

隋朝时，吐蕃进入部落联盟社会。其君长称赞普，辅相称大论、小论。贞观三年（629）松赞干布继赞普位后，继承父祖的事业，征服了苏毗、羊同，统一了西藏高原。松赞干布建都逻些（今西藏拉萨），厘定法律、职官、军事制度，创立文字、历法，统一度量衡，建立起以赞普为中心的集权制国家。

吐蕃建国以后，积极向外扩展势力，击败青海高原上的吐谷浑和党项，并向唐求婚。贞观十四年（640），唐以宗女文成公主嫁松赞干布，双方结成了和亲关系。贞观二十二年（648），吐蕃出兵帮助唐朝使者王玄策平定中天竺内乱。永徽元年（650）松赞干布死后，连续两任赞普都是年幼继位，吐蕃的军政大权由世袭大相职务的禄东赞（噶氏）家族长期把持。大相禄东赞当政期间，抚服边地，规定赋税、法律，区分"桂"（武士）、"庸"（奴隶）等级，清查户籍，进一步推动了吐蕃社会、经济、政治制度的发展。此后吐蕃开始向青藏高原以外的地区扩展势力。龙朔三年（663），吐蕃攻占吐谷浑，直接威胁唐朝的河陇地区。咸亨元年（670），吐蕃败唐军于大非川（今青海共和县西切吉平原），最终吞并了吐谷浑。不久，吐蕃又攻陷唐安西都护府治所龟兹，迫使唐放弃安西四镇。同时，吐蕃陆续兼并唐剑南道管辖下的诸羌羁縻州。此后唐蕃为争夺西域进行了多次战争。长寿元年（692），武周大破吐蕃，收复安西四镇。圣历二年（699），吐蕃赞普都松芒赞击败禄东赞之子论钦陵，结束了噶氏家族长期专政的局面。

这一时期，吐蕃西北的勃律（今克什米尔巴基斯坦控制区）分裂成大、小二国，大勃律直接役属吐蕃，成为后来吐蕃北上争夺西域的通道。长安二年（702），吐蕃遣使与武周修好。景云元年（710），唐以金城公主嫁吐蕃赞普赤德祖赞，并把河西九曲之地作为金城公主的汤沐邑割给吐蕃，此后吐蕃便以此为基地进攻唐境，迫使唐朝加强河西陇右地区的防务。

赤德祖赞统治时期（704—754），对内改革官制，在新占领区设诸道节度使，整顿财政，强化军制；对外与突骑施共谋西域，但被唐击退。开元二年（714）、开元十七年（729），唐蕃先后举行了两次会盟，但不久又重新开始交战。天宝十载（751），唐与南诏关系恶化，南诏叛唐依附吐蕃，双方结成联盟。天宝十三载（754），赤德祖赞被弑，次年，其子赤松德赞继位。

安史之乱爆发后，唐调边兵入关平叛，河陇、西域兵力空虚，吐蕃趁机大举进攻，占有河西、陇右广大地区，并于广德元年（763）一度占领长安。因为河陇失陷，唐西域安西、北庭地区与中央政府的联系被切断。建中四年（783），唐蕃举行清水会盟，不久即被吐蕃破坏。贞元三年（787），吐蕃又制造了平凉劫盟事件。贞元五年（789）以后，吐蕃陆续占领了唐朝的西域地区。此时吐蕃西抗大食，北敌回鹘，南接天竺，东南控制南诏，国力达到了极盛。但贞元（785—805）以后，吐蕃由于长期的对外战争，内部矛盾激化，势力削弱；同时唐朝也调整了政策，与回鹘、南诏通好，使吐蕃陷于孤立。于是在长庆元年至二年（821—822），吐蕃与唐朝互派专使先后会盟于长安和逻些，唐承认吐蕃对河陇地区的占有，吐蕃保证不再扰边。长庆三年（823）所立的记录这次会盟的"唐蕃会盟碑"，至今还矗立在拉萨大昭寺前。此后双方使节往还，相互和好，吐蕃的经济文化也有所发展。

松赞干布

松赞干布（604—650），吐蕃王朝的创立者。本名弃宗弄赞，一作弃苏农。松赞干布为其尊号，意为"严正沉毅"。西藏山南地区琼结人。其父祖为部落首领，扩充势力至拉萨河流域。629 年继为赞普（蕃语意为"雄强丈夫"），迁都逻些，削平内乱，降服苏毗、羊同等部，统一青藏高原，在大相禄东赞的协助下建立集权统治。推广灌溉，发展农牧业生产，命吞米·桑布扎制定文字，颁行"大法令"以处理吐蕃社会各群体阶层间关系，创设行政制度和军事制度，统一度量衡和课税制度，从中原及泥婆罗（今尼泊尔）、天竺等地引进发达文化、技术，使吐蕃社会得到迅速发展。贞观八年（634），始遣使朝唐，唐太宗遣行人冯德遐往抚。复遣使赍币求婚。贞观十五年（641），唐以文成公主妻之，亲迎于河源（今青海共和）。高宗嗣位，擢驸马都尉、西海郡王，进封賨王。永徽元年（650）卒，高宗为举哀，遣使者吊祠。藏族民间以之为观音化身。

禄东赞

禄东赞（?—667），姓噶（Mgar，汉文史料亦作禄）氏。吐蕃大相。贞观十四年（640），赞普使之来迎文成公主，进对合旨。次年，唐擢为右卫大将军，使护文成公主至吐蕃。唐太宗伐辽东还，来贺。永徽元年（650），赞普卒，赞普孙年幼继位，国事皆委东赞。当政期间，抚服边地，规定赋税、法律，区分武士、奴隶等级，清查户籍，对吐蕃社会、经济、政治制度的创立和发展起了重大作用。晚年曾长期在吐蕃、吐谷浑边境经营。性明毅，用兵有节制，吐蕃倚之，遂为强国。乾封二年（667）卒，其子钦陵、赞婆等复专其国。

吐蕃有一套比较完备的制度。设置各级官府，赞普以下有大相（管行政）、都护（管属部、对外征讨）、内相（管内部事务）、整事（管司法）等各类官员，官员名字前常有"论"（宦族／王族）、"尚"（戚族／后族）字，其品阶有六等，用瑟瑟（翡翠）、金、镀金、银、铜、铁等六种臂章表示。在军事上吐蕃设立"如"（部）、"东岱"（千户府）等军政组织；有严酷的刑律"十善法律"。吐蕃人重战死，世代战死的家族被尊为高门。松赞干布时期，依据梵文创制了有三十个字母的拼音字母，即藏文；佛教传入，在王室的大力扶持下迅速发展，并与苯教发生冲突。赤松德赞任赞普时（755—797），佛教成为吐蕃的主要宗教，王朝开始设置"却论"（僧相），开创了僧人掌政的先河。赤祖德赞时（约815—836），还规定了一人出家为僧，七户平民供养的制度。

西藏山南琼结县木惹山下的藏王墓，是吐蕃赞普的王陵区，现存八座吐蕃王陵。编为五号的是松赞干布陵墓，位在琼结县城西半公里左右的雅砻河畔，巨大的封土堆显示出当年建墓的规模之大。藏王墓地形的选择和主墓前作左右两翼式的布局以及墓碑的形制和纹饰等，都一如唐制。这里的石狮与西安附近的乾陵石狮有许多共同之处，无论外形的塑造，还是花纹的雕琢，乃至摆设的位置，藏王墓都在模仿唐陵。现存藏文历史文献很丰富，有历史、教法史、寺志等。早期藏文文献主要为三类：敦煌本吐蕃历史文书、吐蕃简牍综录、吐蕃金石录。

吐蕃习俗

藏族古代社会风俗之一。其地气候大寒，多霆、电、风、雹，积雪，盛夏如中原春时，山谷常冰。人多老寿至百余岁者。以毡及毛皮为衣，好以赭涂面。妇人辫发而萦之。其器曲木而皮底，以毡为盘，捻麨为椀，实以羹酪，并而食之。接手饮酒。其人或随畜牧而不常其居，然颇有城郭。其都城号为逻些。屋皆平顶，高至数丈。其稼有小麦、青稞麦、荞麦、豆。其兽，牦牛、名马、犬、羊、豕，天鼠之皮可为裘，独峰驼日驰千里。其宝，金、银、锡、铜。其死，葬为冢，墍涂之。居父母丧，断发、黛面、墨衣，既葬而吉。重兵死，恶病终。以累世战没为甲门，败懦者垂狐尾于首以示辱，不得列于人。其宴异国宾客，必驱牦牛，令客自射牲，乃敢供馔。其俗重鬼右巫，事羱羝为大神。喜浮屠法，习咒诅，国之政事，必以僧人参决。多佩弓刀。饮酒不得及乱。妇人无及政。贵壮贱弱，母拜子，子倨父，出入前少而后老。其铠胄精良，衣之周身，窍两目，劲弓利刃不能甚伤。其四时，以麦熟为岁首。其戏，围棋、六博。其乐，吹螺、击鼓。其语颇有华言方音，其字似婆罗门（今印度）。其君臣自为友，五六人曰共命。君死，皆自杀以殉，所服玩乘马悉埋之。仍于墓上起大屋，立土堆，插杂木为祠祭之所。

（二）吐蕃与唐的和亲

贞观八年（634），松赞干布遣使至唐求婚，被拒绝，于是发兵进攻唐境，又遭失败。贞观十四年（640），吐蕃派大相禄东赞亲赴长安，再次请婚。唐太宗意识到吐蕃乃西边的一支重要力量，乃以宗女文成公主许嫁。次年正月，文成公主在江夏王李道宗和吐蕃迎亲使禄东赞的陪同下赴吐蕃和亲。松赞干布率迎亲队伍于柏海（今青海黄河上游鄂陵湖、扎陵湖一带）驻扎，他本人到河源王之国（今青海共和县恰卜恰镇）[9]亲迎，见李道宗执子婿之礼，将文成公主娶回逻些。

文成公主入吐蕃，携带着经史、佛经及工艺、医药、历法等书籍和佛像等，促进了汉文化在吐蕃的传播。文成公主的随行人员有相当数量的工匠，他们成为传播中原发达农业、手工业技术的使者，对吐蕃经济、文化的发展具有相当的贡献。唐高宗初年，应松赞干布的请求，唐又送去蚕种，并派善于酿酒、制碾硙与纸墨的工匠入蕃。大批的吐蕃贵族子弟来到长安国子监学习，许多唐朝的文士受聘到吐蕃管理文书。唐朝的服饰也传到了吐蕃。文成公主于永隆元年（680）病逝。作为汉文化的传播者，她一直受到吐蕃民众的爱戴。

文成公主死后第二年，吐蕃又求和亲，请尚武则天的女儿太平公主，被武则天拒绝。长安三年（703），吐蕃再次求婚，但赞普

图 10-4　大昭寺中的释迦牟尼像（传为文成公主带入西藏）

不久战死。新赞普赤德祖赞年少继位，由祖母没禄氏辅政。为稳定局势，吐蕃于景龙元年（707）向唐请婚。中宗封宗女为金城公主许嫁吐蕃。景龙三年（709），吐蕃遣大臣赞咄赴长安迎亲。次年，唐朝命左骁卫大将军杨矩护送金城公主。金城公主带着数万段缯帛和大量的工匠入吐蕃，并得到河西九曲之地作为汤沐邑。这次和亲进一步促进了唐蕃间经济文化的交流，使得大量的丝织品和先进的生产技术更广泛传入吐蕃，吐蕃的特产也陆续传至中原。开元十九年（731），唐应金城公主之请，赐《毛诗》《礼记》《春秋》等书。金城公主于开元二十八年（740）病逝于吐蕃。她在吐蕃三十年，在民众中有广泛的影响，缓解唐朝与吐蕃的矛盾，也促成双方在河源、赤岭两次会盟。

唐蕃古道

　　唐蕃古道，见于《新唐书·地理志四》"鄯州西平郡"条下的一条详细注释，其文略云：鄯城（今青海西宁）有土楼山，有河源军，西六十里有临蕃城，又西六十里有白水军、绥戎城（今青海湟源），又西南六十里有定戎城。又南隔涧七里故石堡城。又西二十里赤岭（今青海日月山），其西吐蕃，有开元中分界碑。自石堡城经尉迟川、苦拔海、王孝杰米栅，九十里至莫离驿（今青海倒淌河）。又经公主佛堂（今青海共和）、大非川（今青海共和县西切吉平原）二百八十里至那录驿（今青海兴海），吐浑界也。又经暖泉、烈谟海（今青海玛多），四百四十里渡黄河，又四百四十里至众龙驿（当在今青海称多附近）。又渡西月河，二百一十里至多弥国（今青海玉树）界。又经四百四十里至婆驿，五百三十里至悉诺罗驿（或说即今青海雁石坪）。又三百二十里至鹘莽驿（当在今唐古拉山口北）。又百余里至野马驿（今西藏安多），唐使入蕃，公主每使人迎劳于此。又四百里至阁川驿（今西藏那曲）。又经恕谌海（疑当作怒谌海，今西藏纳木错），一百九十里至突录济驿（今西藏当雄），唐使至，赞普每遣使慰劳于此。又经柳谷莽布支庄（今西藏羊八井），有温汤，涌高二丈，气如烟云，可以熟米。又经赞普祭神所，二百五十里至农歌驿（今西藏拉萨市堆龙德庆区马乡）。逻些在东南，距农歌二百里，唐使至，吐蕃宰相每遣使迎候于此。又经三百七十里至卒歌驿（今西藏扎囊县桑伊）。乃渡臧河（今雅鲁藏布江），经佛堂，一百八十里至勃令驿（今西藏山南市乃东区泽当镇）鸿胪馆，至赞普牙帐（今西藏琼结），其西南拔布海（今羊卓雍湖）。

（三）吐蕃据河陇及张议潮复瓜、沙

河陇指唐朝陇坻（今陕、甘交界之大陇山）以西地区。唐在这一地区置有河西、陇右二道，相当于今甘肃和青海北部、新疆东部地区。安史之乱爆发以后，吐蕃乘唐朝边防空虚，大举攻唐。至广德元年（763），尽有陇右之地，并一度进入长安，扶立金城公主之侄李承宏为唐帝。后来，吐蕃又相继攻陷凉、甘、肃、瓜、伊、沙诸州，奄有河西之地。在吐蕃统治下，河陇地区的汉人民众多沦为奴隶，甚至被迫改穿吐蕃服装。他们一直希望能回归唐朝。八九世纪之交，吐蕃王室与贵族之间的权力斗争日趋激烈。846（一说842）年，吐蕃赞普达磨（即朗达玛）死于内乱，王族与戚族相互争斗，吐蕃出现了两赞普并立的局面。统辖河陇地区的吐蕃贵族论恐热和尚婢婢互相混战，动摇了吐蕃在这一地区的统治。大中元年（847），河陇地区爆发了嗢末（奴部）暴乱并席卷吐蕃全境，唐遂于大中三年（849）出兵河陇，收复秦、原、安乐三州和石门等七关。

大中二年（848），沙州汉人趁吐蕃内外交困之际，在张议潮率领下举行起义。他们赶走吐蕃镇将，并乘胜攻取了瓜、伊、西、甘、肃、兰、鄯、河、岷、廓十州。大中五年（851），张议潮遣使奉瓜、沙等十一州图籍归唐。唐朝在沙州复置河西节度使，号归义军，以张议潮为河西节度使、十一州观察使。咸通二年（861），张议潮收复凉州。张议潮的活动使河西摆脱了吐蕃的统治，也解除了吐蕃对唐朝的威胁。吐蕃失去河陇以后，内部矛盾加剧，趋向瓦解。

白居易《缚戎人》摘句

缚戎人，缚戎人，耳穿面破驱入秦。

天子矜怜不忍杀，诏徙东南吴与越。……

自云乡管本凉原，大历年中没落蕃。

一落蕃中四十载，遣着皮裘系毛带。

唯许正朝服汉仪，敛衣整巾潜泪垂。

誓心密定归乡计，不使蕃中妻子知。……

忽闻汉军鼙鼓声，路旁走出再拜迎。

游骑不听能汉语，将军遂缚作蕃生。……

凉原乡井不得见，胡地妻儿虚弃捐。

没蕃被囚思汉土，归汉被劫为蕃虏。……

自古此冤应未有，汉心汉语吐蕃身。

乐天此篇盖和元微之（稹）而作。微之幼居西北边镇之凤翔，当时边将之拥兵不战，虚奏邀功，为所亲闻亲见，故此篇言之颇极愤慨。

二、吐谷浑

吐谷浑是鲜卑慕容部的一支，4世纪初西迁至青海地区，与氐、羌杂居。所居地域"东至迭川，西邻于阗，北接高昌，东北通秦岭，方千余里"[10]。吐谷浑原是其始祖的名字，后来成为姓氏和国名。吐谷浑人主要从事畜牧，饲养马、牛、羊、驼等，有良马号"青海骢"。喜射猎，食肉酪；也从事农业，种植大麦、青稞、豆、粟、蔓菁等。生产铜、铁、丹砂，善作兵器。居穹庐、毡帐，后期逐渐开始城居。

西魏大统元年（535），吐谷浑酋长夸吕自号可汗，居伏俟城（今青海湖西），与东魏、北齐通好，与西魏、北周和隋都有过多次战争。开皇十一年（591），夸吕死，子世伏立，遣使至隋求和亲。开皇十六年（596），隋文帝以光化公主许嫁世伏。大业五年（609），隋攻吐谷浑，可汗伏允遁走。隋以其地置西海、河源、鄯善、且末四郡。隋末动乱，伏允乘机收复河湟故地。唐初，吐谷浑累为边患。贞观九年（635），唐遣李靖西击吐谷浑，伏允大败，西奔鄯善，自缢而亡。其子慕容顺为可汗，封西平郡王。留居鄯善的吐谷浑后降吐蕃，被称为"阿柴"。慕容顺死后，唐扶立其子诺曷钵，封为河源郡王，号乌地也拔勤可汗。贞观十四年（640），唐又以弘化公主嫁诺曷钵，封他为青海国王。龙朔三年（663），吐蕃攻吐谷浑，诺曷钵率残部奔凉州。咸亨元年（670），吐蕃败唐军于大非川，并吐谷浑。咸亨三年（672），唐迁吐谷浑于灵州（今宁夏灵武），为置安乐州。后吐蕃东侵，吐谷浑又移居河东，后散处蔚州（今山西灵丘）等地，讹称吐浑、退浑。

吐谷浑采用中原王朝的官号，初置长史、司马、将军等，后又有王、公、仆射、尚书、郎中等官。其都城有小城、宫殿。其王宫服饰略同汉人，使用汉文。国无常赋，需要时向富室、商人征税以充国用。刑罚简略，杀人及盗马者处死，其余以物赎罪。原来信奉萨满教，后逐渐改宗佛教。吐谷浑商队十分活跃，东至长江、黄河下游地区，西至波斯，均是其活动的地区。近年在青海都兰一带发现上千座唐代大型墓葬，出土精美丝织品等文物，当属吐谷浑重要遗迹。又，中外文献史料记载，唐末五代在新疆东南若羌、且末一带有仲云（众熨、种榅、Cügül、Cüŋüda）部落。近代考察在这里发现古藏文木简，当亦属吐蕃治下吐谷浑小王国遗物，所谓仲云即吐浑／退浑之音讹。

三、党项

党项是诸羌的一支，故称党项羌。原居于今四川西北至青海河曲一带山谷中，主要从事游牧。党项以姓氏为部落，"俗尚武力，无法令，各为生业。有战阵则相屯聚。无徭赋，不相往来。牧养牦牛、羊、猪以供食，不知稼穑"。[11] 其大姓有细封氏、费听氏、往利氏、颇超氏、野辞氏、房当氏、米禽氏、拓拔氏等八姓，以拓拔氏最强。

隋时，拓拔部首领拓拔宁丛率部内附。开皇十六年（596），党项进攻会州（今甘肃靖远东北），被隋击败后大多降附。唐时，党项大酋长细封步赖、拓拔赤辞等先后率部降唐，其他部落纷纷响应，唐就地析置羁縻州数十个，以各部首领为刺史，隶松州都督府。其中拓拔赤辞为西戎州都督，赐姓李。吐蕃灭吐谷浑后，党项受其逼迫，向唐请求内徙，唐迁之于庆州（今甘肃庆阳）。留居原地的党项受吐蕃役属，被称为"弭药"。唐安史之乱后，由于吐蕃、党项、吐谷浑一度联合攻唐，唐遂拔散居灵、盐、庆州一带的党项迁至银州（今陕西米脂）以北、夏州（今陕西横山）以东地区。从此，党项居庆州者称东山部，居夏州者称平夏部，居夏州南山地区者称南山部。还有部分党项东进到石州（今山西离石）。唐末，平夏部拓拔思恭占据宥州，自称刺史，后助唐平定黄巢之乱，授夏州节度使，赐姓李，据有夏、绥、宁、宥四州，称"定难军"。此后，夏州李氏世为定难军节度使，历经五代，至宋宝元元年（1038），李元昊正式在夏州建立起西夏政权。

四、西突厥

西突厥本是突厥汗国的一个分支。土门担任可汗时，其弟室点密率十姓部落西征，与西域操突厥语的部落都六（即咄陆）、弩失毕、突骑施、葛逻禄等结成联盟，并统治着铁勒诸部及处月、处密、拔悉密等部。西突厥的居地大致是汉代乌孙人的故地，东邻东突厥，西至雷翥海（今咸海），南接疏勒（今新疆喀什），北抵瀚海（今巴尔喀什湖）。西突厥的习俗制度与东突厥大致相同。由于除了操突厥语的部落外，还杂居有操印欧语的商胡等部落，故语言与东突厥稍有差异。

突厥汗国分裂以后，西突厥有达头、阿波、贪汗三可汗，以达头可汗最强。开皇七年（587），阿波可汗与东突厥作战被俘，其子继位，称泥利可汗。泥利死后，其子立为泥橛处罗可汗。仁寿三年（603），隋与东突厥启民可汗联兵击达头，达头部众溃败，本人西奔吐谷浑后下落不明。达头之孙射匮可汗在隋朝的支持下进攻泥橛处罗可汗。大业七年（611），泥橛处罗率残部投隋，射匮可汗遂统一了西突厥诸部，建牙于龟兹（今新疆库车）北的三弥山，玉门以西诸国都处在他的控制之下。大业十一年（615），射匮可汗遣使到长安朝贡。

唐初，统叶护可汗在位，建牙于石国（今乌兹别克斯坦塔什干）北方的千泉，封西域各国国王为颉利发，每国派驻吐屯一人，督收赋税。统叶护与唐朝保持着朝贡关系，并向唐求婚，遭东突厥颉利可汗的阻挠而未成婚。贞观二年（628），莫贺咄杀统叶护可汗自立，称俟屈利俟毗可汗。西突厥弩失毕诸部不服，拥立统叶护之子为乙毗钵罗肆叶护可汗，并击败莫贺咄，成为西突厥的大可汗。乙毗钵罗肆叶护可汗死后，其侄泥孰被唐朝册封为吞阿娄拔奚利邲咄陆可汗。此后，西突厥可汗继位均由唐朝册封。贞观十年（636），沙钵罗咥利失可汗分西突厥为十部，每部各派一设统领，并授金箭一支作为号令，称十箭（或十设）部落。又依地域分十部为左、右两厢：左厢为五咄陆部，居碎叶川（今哈萨克斯坦斯坦楚河）以北，酋长称"啜"；右厢为五弩失毕部，居碎叶川以西，酋长称"俟斤"。次年，有大首领欲谷设自立为乙毗咄陆可汗，与咥利失以伊列水（今伊犁河）为界：乙毗咄陆居河北，建牙镞曷山（今阿拉套山），为北庭；咥利失居河南，建牙虽合水（即碎叶川）北，为南庭。贞观十九年（645），南庭为北庭所并。

贞观十四年（640），唐灭北庭控制下的高昌国，建西州、庭州，设安西都护府，开始了对西域的经营。唐扶植乙毗射匮可汗与乙毗咄陆对抗，并于贞观二十二年（648）征服龟兹，威震西域绿洲各国。贞观二十三年（649），唐置瑶池都督府，以阿史那贺鲁为都督。永徽二年（651），贺鲁控制了诸部，叛唐自立为沙钵罗可汗，建牙于双河（今新疆博乐、温泉一带）和千泉。显庆二年至三年（657—658），唐遣苏定方等征讨并俘获贺鲁，西突厥汗国灭亡。唐朝在西突厥故地分设昆陵、濛池二都护府：以阿史那弥射为昆陵都护、兴昔亡可汗，统五咄陆部；阿史那步真为濛池都护、继往绝可汗，统五弩失毕部。原西突厥所属诸部均分置羁縻府州，皆归安西都护府（702年后部分划归北庭都护府）管辖。后来西突厥别部突骑施兴起，取代阿史那氏统治了十姓可汗故地[12]。

近年在新疆、南西伯利亚、中亚等地发现了许多突厥石人墓、石圈墓等，当属西突厥遗物。

五、突骑施与葛逻禄

突骑施是西突厥五咄陆部之一，由黄、黑二姓组成。7世纪末，突骑施崛起。8世纪初，突骑施黄姓首领乌质勒赶走了西突厥竭忠事主可汗（即继往绝可汗之子）阿史那斛瑟罗，据有了西突厥故地。神龙二年（706），唐封乌质勒为怀德郡王。乌质勒死后，其子娑葛继位，与部将阙啜忠节不和。唐宰相宗楚客受忠节贿赂，支持忠节，娑葛遂袭击唐安西四镇，杀唐朝使者冯嘉宾，并击杀唐安西副都护牛师奖。经安西大都护郭元振申辩、劝解，娑葛复降，被封为钦化可汗，遂与唐朝连兵抵抗后突厥默啜向西域的扩张。然而，娑葛于景云元年（710）被后突厥军队擒杀。

不久，突骑施别部首领车鼻施啜苏禄在黑姓部众支持下兴起，自称可汗。唐以苏禄为左羽林大将军、金方道经略大使、忠顺可汗。苏禄"诡猾，不纯臣于唐"[13]，他根据自己在葱岭（今帕米尔高原）以西同大食抗争的成败与否，跟唐朝和战不一；唐朝则凭借自己在西域的强大军力，服则怀柔之，叛则攻伐之。苏禄还同时娶了唐交河公主、吐蕃及后突厥之女，并为可敦。开元十五年（727），苏禄与吐蕃联兵进攻唐安西四镇，不久退兵。开元二十六年（738），被其部将莫贺达干所杀，突骑施大乱。此后，突骑施黄、黑二姓相互仇杀，被兴起的葛逻禄所役属。

葛逻禄亦西突厥别部，或作歌逻禄、葛禄、割鹿。本为铁勒诸族，在北庭（今新疆吉木萨尔）西北、金山（今阿尔泰山）之西，跨仆固振水（今新疆乌伦古河），包多怛岭（一作多坦岭，今新疆塔尔巴哈台山），与车鼻部（今蒙古科布多）接。从事游牧，兼营农业。有三族：一谋落，或作谋剌；二炽俟，或作婆匐；三踏实力。永徽（650—655）初，高侃伐车鼻可汗，三族皆内附。显庆二年（657），以谋落部为阴山都督府（今哈萨克斯坦斯坦阿拉湖以北），炽俟部为大漠都督府（今新疆福海）；踏实力部初为玄池州（今哈萨克斯坦斯坦斋桑泊以南），长安二年（702）改府，即用其酋长为都督。后分炽俟部析置金附州。三族当东、西突厥间，常视其兴衰，叛附不常。后稍南徙，自号“三姓叶护”。兵强，甘于斗，庭州（即北庭）以西诸突厥皆畏之。

开元（713—741）初，再来朝。天宝（742—756）时，与回纥击走拔悉密可汗，立回纥怀仁可汗。于是，其在乌德犍山（即郁督军山，今蒙古杭爱山）者臣回纥，在金山、北庭者自立叶护，岁来朝。叶护顿毗伽擒突厥叛酋阿布思，进封金山郡王。至德后，寖盛，与回纥争强。大历（766—779）后，徙十姓可汗故地。然限回纥，故朝会不能自达于朝。贞元五年（789），葛逻禄与吐蕃联军击败回鹘，不久又被回鹘击败。开成五年（840），回鹘汗国被黠戛斯攻灭，残余部众或西奔葛逻禄。至 10 世纪中叶，葛逻禄地区诸突厥部族共同建立了黑汗王朝。直至 13 世纪初蒙古人进入中亚，葛逻禄（哈剌鲁）一直活跃在这一地区。

六、西域

古代的西域，特别是天山以南、塔里木盆地缘边各绿洲，是一个多种族、多语言、不同族群聚居的地方。西汉时这里有三十六国，至东汉更分为五十五国。由于地处交通要道，东西方各种文化在这里汇聚。19 世纪末、20 世纪初，英、法、德、俄、日、瑞典等国来中国西北进行考察活动，在塔里木盆地缘边和甘肃敦煌等地发现了许多古代民族留下的文字材料，结合文献记载，人们大致可以推知古代西域各族的文化面貌。现在看来，由汉至唐这近一千年间，塔里木盆地缘边各绿洲的族群基本上可分为三系：北部的焉耆龟兹系，操焉耆龟兹语（据研究属于印欧语系西支，又叫"吐火罗语"），使用印度婆罗米字母斜体记录当地语言的焉耆龟兹文；西南部的于阗疏勒系，操古和阗语（印欧语系伊朗语族东伊朗语支，又叫"和阗塞语"），使用印度婆罗米字母直体记录当地语言的和阗文；东南部的楼兰鄯善系，操当地俗语（类似印度西北俗语），使用佉卢文[14]。那里的民族、文化面貌变成今天这样，即突厥化和伊斯兰化（指操突厥语、信仰伊斯兰教的族群成为居民主流的过程），是 9 世纪中叶回鹘主体从蒙古高原西迁以后的事。不过，我们所划分的三系也并不具有空间上和时间上的绝对意义。例如，和阗地区早期可能是行用过佉卢文的，而在 3 世纪以后，楼兰鄯善地区可能也不再行用佉卢文了。这些地区的文化内容就更不易有清晰的区分，或者不如说，多种文化的交流融合正是西域文化的特点。

安西四镇

　　焉耆，唐代西域国名。在今新疆焉耆一带。其地横六百里，纵四百里，东为高昌，西为龟兹。引渠溉田，土宜黍、葡萄，有鱼盐之利。俗断发毡衣。喜游玩，二月初出野祀，四月望日游林，七月七日祀生祖，十月望日国王方始出游，至岁末乃止。其王姓龙。国有户口四千，军队二千人。常臣属于西突厥，并为其驱使。贞观六年（632），其王始遣使来朝，请开大碛道[15]以便利商旅使者往来，太宗许之。然此举妨害高昌从过境贸易中获取利益，遭到高昌袭击。贞观十四年（640），助唐破高昌。后复叛唐，与龟兹、西突厥结好。贞观二十二年（648），唐遣阿史那社尔讨击，其王奔龟兹东境抵御唐军，为社尔擒斩。唐平西突厥，置镇焉耆，为安西四镇之一。高宗上元（674—676）中，置焉耆都督府，不领蕃州。迄至天宝（713—741）间常朝贡。

　　龟兹，唐代西域国名。亦作丘兹、屈兹、屈支。在今新疆库车及附近地区。自焉耆（今属新疆）西南行二百里，度小山，过两条大河又步七百里乃至。地横一千里，纵六百里。其王姓白，居伊逻卢城（今新疆库车），北倚阿羯田山，亦曰白山，山常有火。有城郭屋宇，耕田畜牧为业。土宜麻、麦、粳稻、葡萄，有良马、犁牛，出黄金。俗善歌舞，学横写拼音文字及印度文字、计算方法，佛教尤为兴盛。依习俗，小孩出生后用木器压头欲其扁，断发齐顶。唯王不剪发而以锦蒙顶，着锦袍、金玉带，坐金狮子床。每年初，斗羊马骆驼七日，观其胜负以卜岁之丰歉。葱岭以东俗喜淫，龟兹、于阗设置女店，征收税钱。

唐高祖即位，其王遣使入朝。然而臣属于西突厥，职贡颇缺。太宗怒其佐焉耆叛唐，乃遣阿史那社尔讨伐之。贞观二十二年，社尔凡破其大城五，擒其王，立王弟，勒石纪功而还。显庆二年（657），西突厥平。明年，置龟兹都督府，领州九，仍以其王为都督；同年，徙安西都护府于其国，置龟兹镇，为安西四镇之一。后唐朝与吐蕃争战，安西屡有弃置。长寿元年（692），武威道行军总管王孝杰破吐蕃，克复龟兹、于阗等四镇，用汉兵三万守之。自是复于龟兹置安西府，迄于德宗贞元（785—805）年中为吐蕃所取。

于阗，唐代西域国名。或曰瞿萨旦那，亦曰涣那，曰屈丹，突厥称其于遁，诸胡称其豁旦。一并领有汉代戎卢、杆弥、渠勒、皮山等国故地，相当今新疆和田地区。其王姓尉迟，居西山城（今新疆和田），军队有四千人。国内有玉河，其人夜视月光盛处必得美玉。王居彩绘之室。俗多机巧，好事祆神，崇佛教。好为大言，然貌甚恭谨，相见皆跪。以木为笔，玉为印，凡得问候书信，必先置于顶，为礼后开启之。所得中原自汉武帝以来诏书符节，其王相传以授。人喜歌舞，精于纺织。求婚邻国公主，始有蚕。

于阗先臣于西突厥。贞观六年（632），遣使入献。后三年，遣子入侍。阿史那社尔平龟兹，长史薛万备劝于阗王入朝，会高宗立，授其王右骁卫大将军。上元（674—676）初，其王率子弟酋长七十人来朝。以击吐蕃有功，高宗以其地为毗沙都督府，析置十州，授其王都督。后数来朝及遣使贡献。安史作乱，王尉迟胜领兵赴国难，因请留宿卫。乾元三年（760），以胜弟曜同四镇节度副使，权知本国事。德宗初，曾遣内给事朱如玉往于阗求玉。于阗后陷于吐蕃。晚唐五代间，与沙州归义军政权联姻，并藉之通中原。

　　疏勒，西域国名。一名佉沙。西带葱岭（今帕米尔），环五千里。王姓裴，自号"阿摩支"，居迦师城（今新疆喀什），西突厥以女妻之。胜兵二千人。多沙碛，少壤土。俗尚诡诈。其人文身碧瞳，生子亦夹头取扁。俗祀祆神，有胡书文字。贞观九年（635），遣使献名马，自是朝贡不绝。高宗上元中，置疏勒都督府，领州十五。仪凤（676—679）时，吐蕃陷四镇，疏勒其一，旋克复。开元十六年（728），唐遣使册其王裴安定为疏勒王。天宝十二载（753），首领裴国良来朝。

第三节　南诏与其他西南部族

一、南诏

　　隋末唐初，在今云南大理洱海周围及哀牢山、无量山北部地区，杂居着许多乌蛮和白蛮部落。乌蛮原来主要从事畜牧，后来逐渐改营农耕；白蛮是农业部落，主要种植稻、麦、麻、豆、粟、稷等。这其中有六个势力较大的部落，即浪穹诏、施浪诏、邆赕诏、越析诏、蒙嶲诏和蒙舍诏，合称"六诏"[16]。除越析诏是磨些蛮外，其他五诏都是乌蛮部落。蒙舍诏因处于五诏之南，故又称南诏。

贞观二十三年（649），蒙舍诏首领细奴逻建立"大蒙国"，自称奇嘉王，遣使入贡于唐。不久，吐蕃积极向云南扩张势力，南诏以外的五诏都弃唐而依附吐蕃，唯有南诏依附唐朝。唐朝为对抗吐蕃，也积极扶持南诏。武则天时，细奴逻之子逻盛亲自朝唐。唐玄宗时，逻盛之孙皮逻阁在唐朝支持下统一六诏。开元二十六年（738），唐封皮逻阁为云南王，赐名蒙归义。次年，皮逻阁迁都大和城（今云南大理南太和村），建立起以洱海地区为中心、以乌蛮为主体，联合白蛮的南诏国。

南诏国建立以后，积极向两爨活动的滇池地区发展势力，遂与唐朝产生了矛盾。天宝七载（748），皮逻阁死，其子阁罗凤继位。因唐剑南节度使鲜于仲通、云南郡太守张虔陀欺压南诏，激化了唐与南诏的矛盾。天宝九载（750），南诏攻陷姚州，杀张虔陀。鲜于仲通率军进逼洱海，南诏遂叛唐而依吐蕃。天宝十一载（752），吐蕃封阁罗凤为"赞普钟"（意为小赞普），给金印，称东帝。天宝十三载（754），唐宰相杨国忠发兵十万征讨，为南诏所败。安史之乱爆发后，唐无力顾及西南，南诏乘机拓展疆域，控制了今四川西南部、云南及贵州西北部的广大地区。

大历十四年（779），阁罗凤死，其孙异牟寻继位，与吐蕃联兵攻唐剑南道，被唐击败，南诏伤亡惨重，乃迁都羊苴咩城（今云南大理）。吐蕃借此改南诏为属国，向其征发兵役、赋税，并派兵驻守其境，引起南诏不满。此时，唐剑南西川节度使韦皋不断争取南诏归唐，并促成南诏与吐蕃的关系破裂。贞元九年（793），异牟寻遣使分三道至成都，同意归唐。韦皋乃遣使与南诏会盟于点苍山，互约和好。贞元十一年（795），唐封异牟寻为南诏王。贞元十七年（801），南诏与韦皋联军大破吐蕃，解除了吐蕃对南诏的威胁。

异牟寻死后，南诏幼君相继，弄栋节度使蒙嵯巅掌握大权，开始向外积极扩张。大和三年（829），南诏攻陷成都，掳掠子女百工数万人。此后唐国力衰弱，吐蕃也趋于瓦解，南诏对唐的侵扰更加频繁。大中十三年（859），南诏王世隆自称皇帝，国号大礼。南诏不断攻唐，"再入安南、邕管，一破黔州，四盗西川"[17]，使唐为之虚耗。但南诏也因战争不断而导致内外矛盾激化。乾符四年（877），南诏遣使请和。乾宁四年（897），南诏王隆舜为臣下所杀。天复二年（902），权臣郑买嗣杀南诏王舜化贞，夺取政权，改国号为大长和国，南诏亡。后唐天成二年（927），东川节度使杨干贞杀大长和国王郑隆亶，立清平官赵善政，建大天兴国；不久又废赵善政，自立为王，称大义宁国。后晋天福二年（937），通海节度使段思平灭大义宁国自立，建国号大理，至南宋淳祐十二年（1252）为蒙古所灭。

南诏国王称"诏"。其初期的官制基本沿用唐朝的地方官制，分兵、户、客、法、士、仓六曹。后期改为三托九爽制，即乞托主马，禄托主牛，巨托主仓；幕爽主兵，琮爽主户籍，慈爽主礼，罚爽主刑，劝爽主官人，厥爽主工作，万爽主财用，引爽主客，禾爽主商贾。其相称清平官，与大军将共决国事。南诏地方有六节度、二都督、十睑（相当于州）。南诏的土地归王所有，官吏有分田，

图 10-5　大理三塔

平民每年要向国家缴纳粮食。南诏所有壮丁都是战士，出征时须自备征粮。南诏以汉字为官方文字，另有"白文"，即用汉字或对其笔画略加增损来记录语言。

南诏王曾多次派王室、贵族子弟赴成都或长安就学。阁罗凤爱慕汉文化，命儿孙拜被俘的唐西泸县令郑回为师。南诏王劝丰佑仰慕汉文化，放弃了世代相传的父子连名制度。不少南诏人精通汉文，擅长诗赋。南诏王隆舜、清平官杨奇鲲的诗被《全唐诗》所收录。南诏向汉人学习了不少工农业生产技术。大量的成都工匠被掳至南诏后，南诏的纺织技术大大提高，其织品甚至可与成都织品比美。南诏王劝龙晟（810—816）时，佛教开始盛行；劝丰佑的母亲出家，法名惠海。至今还耸立在点苍山麓的大理崇圣寺千寻塔即为南诏王劝丰佑（824—859）时所建。南诏王阁罗凤于766年所立的"南诏德化碑"至今保存在南诏故都大和城内。此外，南诏的狮子舞在唐代已传入中原；"南诏奉圣乐"是唐宫廷十四部乐之一；著名的《南诏图传》被誉为滇南瑰宝，和南诏的剑川石钟山石刻一样，具有很高的历史价值和艺术价值。

阁罗凤

阁罗凤（712—779），南诏第五代王。其父皮逻阁，世为蒙舍诏（今云南大理州巍山县）渠帅，开元中得唐扶持合并六诏，开元二十六年（738）以功受唐册为云南王，赐名蒙归义。天宝七载（748），归义卒，阁罗凤袭封云南王。天宝十载（751），剑南节度使鲜于仲通率兵出戎（今四川宜宾）、巂州（今四川西昌），为其所败。自是北臣吐蕃。吐蕃以之为弟，蕃语谓弟为"钟"，故称赞普钟，号曰东帝。会安禄山反，乘衅攻下巂州及会同军，西复降寻传蛮，遂领有今云南全境及四川西南、贵州西北部。又建立制度，修筑道路，设置城邑，以汉文教授贵族子弟，吸收中原先进文化。在位期间（748—779），南诏国势臻于鼎盛。永泰二年（766），于首府太和城（今云南大理南太和村）树"南诏德化碑"，表明叛唐为不得已，愿与唐恢复和好。大历十四年（779）卒。

二、西南僚与南蛮

隋唐时期在中国江汉以南和岭南地区，分布着许多部族，当时被统称为僚和蛮。僚人居于今广西、云贵和四川的部分地区，是百越的一支，分支很多。各部不相统属，盛行奴隶买卖。主要从事农业。其人椎髻徒跣，有住干栏、卧水底持刀刺鱼、鼻饮、死者竖棺埋葬、铸铜器等风俗。唐初，僚人与乌蛮、白蛮、爨等交错杂居：居今云南地区的僚人有金齿、芒蛮、白衣等，居今广西地区的僚人有西原蛮、黄峒蛮等，居今贵州的有葛僚、仡僚等。此外还有飞头僚、乌武僚等。岭南地区的僚人常与俚人合称俚僚。今四川东部有南平僚，女多男少，妇人执役，男子左衽露发，女子着筒裙。

在岭南地区，出身俚人望族的冼夫人在隋灭陈后，助隋抚定了岭南俚僚诸族，被册封为谯国夫人。隋在岭南先后置二十余郡。唐武德五年（622），冼夫人之孙冯盎又率众降唐。唐在岭南置岭南（广州）、桂管、容管、邕管、安南（交州）等五经略使，称岭南五管。在诸族聚居区置羁縻州县，大者为州，次者为县、洞，各以酋长统辖。安史之乱发生，岭南俚僚也续有反乱。至德元载（756），有西原黄峒蛮黄乾曜起义。广德元年（763），岭南溪洞俚僚首领梁崇谦等攻占容州，叛乱持续了十余年。贞元十年（794）后，黄乾曜之子黄少卿两次起兵，占据岭南十八州。直到乾符四年（877）唐与南诏和好，岭南俚僚的反乱才趋平息。

蛮人广泛分布在长江中上游地区。他们在地域上不相连接，语言也不相同，主要从事农业生产。其俗布衣赤脚，或椎髻或剪发，兵器以金银为饰。居于今湖南、湖北南部和四川东部的蛮人，有长沙、武陵蛮和廪君巴蛮的后裔，冉氏、向氏、田氏为其大姓；居于今贵州及广西的蛮人有牂柯蛮、东谢蛮、南谢蛮、西赵蛮等。

　　隋开皇九年（589），废沅陵郡置辰州，专管蛮人事务。唐武德三年（620），开州（今属重庆）蛮酋长冉肇则陷通州（今重庆万州），攻信州（今重庆奉节），被唐将李靖击败。唐平萧铣后，在蛮人聚居区置锦州（今湖南麻阳）、溪州（今湖南龙山）、巫州（后改溆州，今湖南黔阳）。贞观三年（629），东谢蛮酋长谢元深、南谢蛮酋长谢强入朝，唐于其地置应州、庄州。贞观二十一年（647），西赵蛮酋长赵磨附唐，唐于其地置明州。显庆元年（656），东谢蛮酋长谢无灵叛唐。宪宗元和中，辰、溆二州蛮因役急而叛。僖宗中和元年（881），石门蛮酋长向环陷澧州（今湖南澧县），自称刺史，并于昭宗时联合梅山峒僚人与唐对抗。

第四节　东北诸族

一、奚

　　奚是鲜卑宇文部的一支，南北朝时号库莫奚，隋唐时简称为奚。北魏以来，奚居于饶乐水（今内蒙古西拉木伦河）流域，东北接契丹，西邻突厥。奚分五部，每部有俟斤一人统领，以阿会部最盛。奚人主要从事游牧射猎，略知农耕，冬夏迁徙，居毡帐，环车为营。

　　隋代，奚向隋朝贡。贞观三年（629），奚遣使朝唐。贞观二十二年（648），唐在其地置饶乐都督府，隶营州都督府，以其酋长可度者为都督，封楼烦公，赐姓李。其下置九个羁縻州，各以酋长为刺史。万岁通天元年（696），奚与契丹叛唐附突厥，被并称"两蕃"。开元三年（715），复来附唐。唐玄宗封其酋长李大酺为饶乐郡王，仍为饶乐都督，并以宗室甥女固安公主嫁大酺。开元八年（720），大酺战死，其弟李鲁苏继位，唐封之为奉诚郡王，以东光公主妻之。天宝四载（745），唐朝又封奚酋长李延宠为饶乐都督、怀信王，以宜芳公主妻之。至德（756—758）以后，奚族每岁遣人至幽州贸易，并选三五十人至长安朝贡。

安史之乱后奚势转衰，先为回纥役属，后契丹强大，又被契丹统治。唐末，奚酋长玄诸率一部奚人脱离契丹，西迁妫州（今河北怀来）内附，号为西奚。后梁乾化元年（911），契丹耶律阿保机伐奚，奚五部降。后梁龙德三年（923），奚被编为六部，后来逐渐与契丹融合。

二、契丹

契丹也是鲜卑宇文部的一支，居于潢水（今内蒙古西拉木伦河）之南、黄龙（今辽宁朝阳）之北。原分八部，八部首领每三年推一人为盟主，同时又有一个军事首领称夷离堇。契丹从事游牧，平时各不相属，有战事则各部共同商决。其语言属阿尔泰语系蒙古语族，信奉萨满教，敬天神。

隋代，契丹役属于突厥。唐武德四年（621），契丹别部酋长孙敖曹附唐。贞观二年（628），担任契丹盟主的大贺氏首领摩会率部附唐。贞观二十二年（648），契丹首领窟哥率诸部内属，唐于其地置松漠都督府（今内蒙古林西县西樱桃沟古城），以窟哥为都督，封无极县男，赐姓李。其各部分置十羁縻州，各以酋长为刺史。万岁通天元年（696），因营州（今辽宁朝阳）都督赵文翙侵侮，松漠都督李尽忠与归诚州刺史孙万荣（孙敖曹曾孙）联兵叛唐，攻陷营州，杀赵文翙。李尽忠自号无上可汗，以孙万荣为将，进攻河北地区，屡次击败唐军。后武则天借奚与突厥的力量截击契丹后方，最终平定契丹。此后契丹依附于后突厥。

开元三年（715），契丹首领李失活率众内附，唐玄宗复置松漠都督府，以李失活为都督，封松漠郡王，并以甥女永乐公主嫁失活。随后，契丹内部矛盾日趋激化。开元八年（720），契丹贵族可突干杀首领娑固，立娑固从弟郁干为主。开元十八年（730），可突干又杀首领李邵固，推遥辇氏酋长屈烈为首领，结束了大贺氏的统治。后可突干及屈烈均为唐幽州节度使张守珪所杀。天宝四载（745），唐又以静乐公主嫁契丹首领李怀节。然因唐平卢、范阳节度使安禄山侵扰，李怀节叛唐，杀静乐公主，被安禄山击败。天宝六载（747），唐立契丹酋长楷洛为恭仁王、松漠都督。此后，契丹与唐保持朝贡和贸易，同时也受回纥（回鹘）役属。会昌二年（842），契丹在唐朝支持下击败回鹘，恢复了对唐的臣属关系。唐封契丹首领屈戍为云麾将军、守右武卫将军，赐"奉国契丹之印"。唐末，契丹夷离堇耶律氏的阿保机取代遥辇氏成为盟主，并于后梁贞明二年（916）称帝，年号神册，国号契丹。契丹建国后，先后吞并奚、室韦和渤海，在国内实行分治：把征服的渔猎部落编成新八部，隶于契丹八部；对境内的汉人和渤海人，则设州县进行统治。

三、室韦

室韦是东胡后裔，在契丹、靺鞨之北，居于俱轮泊（今内蒙古呼伦池）、望建河（今额尔古纳河）、那河（今嫩江）、啜河（今绰尔河）、猛越河（今洮儿河）、黑水（今黑龙江）一带，语言与契丹相同。

隋代室韦分为五大部分，即南室韦、北室韦、钵室韦、深末怛室韦、大室韦。南室韦在契丹北，从事原始的农耕和畜牧，饲养牛、猪、马等。北室韦在其北，以渔猎为主，捕食貂、獐、鹿，常凿冰取鱼，冬则穴居。再往北是钵室韦，生活方式与北室韦同。其西南是深末怛室韦，穴居，从事游猎。其西北是大室韦。

唐初，室韦尚处于部落社会的酋邦阶段，无君长，无赋役，大首领称莫贺弗。使用人拽木犁。有的部落男子娶妻，要在女家劳动三年；有的部落则实行抢婚。盛行集体围猎。唐代室韦部落有岭西室韦、山北室韦、黄头室韦、大如者室韦、小如者室韦、讷北室韦、骆驼室韦、蒙兀室韦等。

室韦先是受东突厥役属，后经常向唐朝贡，并接受唐朝授予的都督等官号。唐末动乱，室韦被契丹征服。后经西徙南迁，发展成蒙古族。

四、靺鞨与渤海国

靺鞨，先秦时称肃慎，两汉至魏晋时称挹娄，南北朝时称勿吉，隋唐时称靺鞨。本居白山黑水之间，北魏时击败扶余，进入松花江流域。靺鞨居地东濒海，西属突厥，南接高句丽，北邻室韦。其人以渔猎为业，也饲养家畜，养猪尤多，富者数万头，食其肉而寝其皮。靺鞨人采用耦耕法耕田，种植粟、麦、穄等。其屋宇皆依山水，掘地为穴，开口向上，以梯出入。其俗贵壮贱老，夏逐水草，冬居穴中。

北朝后期，勿吉（靺鞨）分数十部，主要有粟末、白山、伯咄、安车骨、号室、拂涅、黑水等七部，史书说其"邑落各自有长，不相总一"[18]。白山部分布在以长白山为中心的地区，较早臣服了高句丽，高句丽败亡，白山"其众多入唐"[19]。黑水部则分布在松花江下游和黑龙江流域，既没有臣服过高句丽[20]，也没有参与渤海建国，俨然自成势力。"黑水靺鞨最处北方，尤称劲健，每恃其勇，恒为邻境之患"，"唯黑水部全盛，分为十六部，部又以南北为称"。[21]简单说来就是靺鞨分为南、北两支，南支即参与建立渤海国的各部，北支即黑水靺鞨[22]；黑水靺鞨又分为南、北两部[23]。所以靺鞨族至少从隋唐时代起就形成了从南到北的三大族群，他们在历史上先后递兴：粟末靺鞨为首各部建立了渤海国，南黑水靺鞨即后来建立金朝的女真族[24]，而北黑水靺鞨应当就是后来建立清朝（后金）的满族的先民[25]。

唐高祖武德五年（622），黑水靺鞨酋长阿固郎赴长安朝见。开元十年（722），唐在黑水靺鞨居地置勃利州（今俄罗斯哈巴罗夫斯克），以其首领倪属利稽为刺史。开元十四年（726），置黑水都督府，仍以其首领为都督。开元十六年（728），赐都督姓名为李献诚，以云麾将军领黑水经略使，隶幽州都督。此后朝贡不绝。

粟末靺鞨则在隋开皇初即曾遣使入贡。大业元年（605），粟末靺鞨被高句丽击败，其酋长突地稽率众内附，被安置于柳城（今辽宁朝阳）一带。留居故地的粟末人则与白山、伯咄、安车骨、号室等部一道为高句丽所役属。唐武德中，于柳城置燕州，以突地稽为燕州总管。唐总章元年（668），灭高句丽，又将数万高句丽遗民及依附高句丽的粟末靺鞨迁至营州（今辽宁朝阳）一带。

武周万岁通天元年（696），契丹李尽忠据营州叛唐，唐朝塞外军政设施被迫撤离，营州陷入无政府状态。于是，高句丽灭亡以后被安置在营州地域达三十年的粟末靺鞨及高句丽余部趁机逃离监管，跑回粟末靺鞨故地即所谓"旧国"（今吉林敦化一带）割据自固。武后当时困于契丹，只得怀柔靺鞨，封其首领乞乞仲象为震（或作振）国公。震国建立之初，为了防备唐的进攻而依附突厥。中宗时，唐遣侍御史张行岌招慰，继立的仲象之子大祚荣遣子入侍，双方和解。先天二年（713），唐以其地为忽汗州，封大祚荣为渤海郡王、忽汗州都督，震国正式成为唐的藩属。大祚荣从此废弃靺鞨旧称，改称渤海。大祚荣子大武艺在位时（719—737），一度与唐交恶，出兵从海路进攻唐朝登州（今山东蓬莱）。其子大钦茂继位后，与唐恢复旧好。宝应元年（762），唐册封大钦茂为渤海国王。后来历代渤海王的继袭也都由唐朝册封，渤海与唐从此保持了长期的良好关系。唐亡以后，渤海继续向后梁、后唐朝贡，保持臣属关系。渤海与中原王朝的使节往返极为频繁，朝唐凡一百三十二次，朝后梁五次，朝后唐六次。后唐天成元年（926），渤海为契丹所灭。

渤海国的疆域，经大祚荣、大武艺、大钦茂几代人的经营，到大仁秀在位时（818—830）又南定新罗，北伐诸部，最终扩张到东濒日本海、东北至乌苏里江下游、北至那河（嫩江）、西至扶余川（今吉林伊通河）、西南至辽河的广大地区。在这一地域内，渤海设了五京、十五府、六十二州，史称其为"海东盛国"。

渤海首府初在东牟山下，天宝末迁至上京龙泉府（今黑龙江宁安西南渤海镇上京城遗址），贞元中一度迁至东京龙原府（今吉林珲春西八连城遗址），后又迁回上京。渤海居民以靺鞨（尤其是粟末靺鞨）为主，也有相当一部分高句丽人，此外有汉人及突厥人、室韦人、契丹人等。渤海后期，其人口达到了三百万左右。

渤海国仿唐建立了各种制度。在政治制度方面，中央设三省、六部、七寺及文籍院、胄子监、巷伯局等，地方则置京、府、州、县。也有品阶勋爵等制度。作为唐朝的一个羁縻府，渤海还接受唐朝中央政府派来的长史，其地位仅次于渤海王及其世子。在军事制度方面，渤海也仿唐十六卫制设置了十卫，后期又置左右神策军及左右三军。

由于铁器的使用和中原先进生产技术的影响，渤海的社会经济有了极大发展。水稻被大面积种植，并培育出著名的卢城稻。同时，柞蚕与桑蚕也大量饲养。畜牧业也有较大发展，率宾之马尤为出名。手工业方面，位城铁、熟铜、金银佛及龙州绸、显州布、沃州绵等均闻名遐迩。渤海都城上京城系模仿唐长安而建，周长三十二里，是当时东北地区最大的城市。渤海的交通极为发达，有朝贡道、营州道、契丹道、新罗道、日本道及黑水靺鞨道等六大交通干线。渤海与中原的经济往来也极为密切，双方以朝贡与回赠方式进行贸易。双方还在登州和青州（今山东益都）进行大规模的互市。唐在青州设渤海馆以接待渤海使臣和交通船舶。渤海与日本的海上贸易也相当活跃。

　　思想文化方面，汉字是渤海国的通行文字，儒学在渤海国占统治地位。渤海不断派学生到长安学习，并仿唐建立起较为系统的教育体制。渤海学生经常参加唐朝的科举考试。渤海王曾遣使求写《唐礼》及《三国志》《晋书》《十六国春秋》等。中原佛教在渤海得到了广泛传播。渤海的文学、绘画、音乐、雕塑等也深受中原文化的影响，并取得了相当的成就。渤海人的生活习俗也和汉人逐渐接近。

　　在渤海旧都敖东城南五公里的六顶山，发现了渤海宝历七年（780）的贞惠公主墓。墓碑上的汉文碑文以遒劲的楷书书写，完全模仿唐代碑志文体。墓的构造形式与集安的高句丽古墓一致。墓道里的一对石狮具有浓厚的唐代雕刻风格。吉林和龙东北二十五公里的龙头山也发现了渤海国大兴五十六年（793）的贞孝公主墓，其壁画和墓志都体现出唐文化的强烈影响。

第五节　隋唐五代的族际关系

　　隋唐五代是中国历史上多元一体国家进一步发展的重要历史时期。除了汉族之外，突厥、回纥、吐蕃、南诏、靺鞨、契丹等族群都曾对这一时期的历史产生过重要的影响。这一时期的族际关系错综复杂，也有许多明显的特点。

　　隋唐王朝与很多族群统治者进行和亲。对愿意与自己保持和好关系的族群，隋唐统治者往往把公主嫁给其首领，以巩固和维持双方的友好往来。和亲政策对缓解族群矛盾，加强族际联系，推动边疆地区经济、文化的发展，促进族群间的交流与融合，以及保持社会稳定与发展，都有积极意义。隋唐的和亲基本上是成功的，其中一个重要的原因是隋唐统治者较少种族偏见。唐太宗曾自豪地说："自古皆贵中华，贱夷狄，朕独爱之如一。"有这种族群平等、和睦相处的思想是隋唐时期能较好处理族际关系的关键。另外，隋唐强大的国力保证了其他族群也愿与中原王朝保持友好，以便在交往中获得更多的利益，而不敢采取武力掠夺的方式。这也是和亲在前期取得较好效果而后期没有发挥很大作用的原因。

隋唐时期在族际关系上最显著的特点是羁縻府、州的设置。唐代在周边民族的内附部落设置羁縻都护府、都督府、州、县，由各族群原来的首领担任都护、都督、刺史、县令，管辖原来部落的领地。唐让这些首领保持原有的称号与世袭权力，并自理内部关系。同时，羁縻府、州不必承担赋役。这是唐朝在周边地区实行的自治性较大的开明政策。这一政策顺应了周边族群大多已建立政权，经济、人口都有较大发展的客观情况，在不改变现状的情况下实现了帝国对边地的有效统辖。羁縻政策在当时是有利于多元一体国家维护中央集权统治的办法。它适应了唐代周边族群力量增强和帝国一统局面的相对稳定，对各族各地的经济、文化的发展也起到了重要作用。

隋唐统治者也经常利用远交近攻、离强合弱，服则怀柔、叛则攻伐，以夷制夷、以夷治夷等策略手段，使各族群总处于互相影响、互相牵制的多角关系之中。汉文化广泛深入地传播到边疆各族地区，促进了这些地区的进步；各族文化也渗透融入到汉文化中来，为汉文化增添了新的活力。族群成员也互相融入，形成了胡汉杂糅一体的隋唐文明，对隋唐社会结构、制度政策、思想文化等造成深远的影响，从而成就了多姿多彩、繁荣发达的盛唐时代。

第十一章

隋唐时代的中外关系与文化交流

中国与外部世界的陆路交往，至隋唐时代臻于极盛。丝路南、中、北三道全都投入使用，而且有的路段（如中道）比以往更加开通。陆路交通能与隋唐相比的只有蒙元时代，但在整个中外交通史上，那是一个主要以海路交通繁盛为特点的历史时期。隋唐制度渊源于汉魏，同时，隋唐时代又是中国文化史上少有的既善于继承，又能够兼收并蓄的时代。尤其是在宗教、艺术、器用乃至习俗等方面，我们可以看到，通过西域传来的印度、中亚、西亚文明以及通过南海传来的南亚文明，对唐代文化的影响既深且远。当然，隋唐时代也发生了许多族群冲突和战争，但从文化交流的角度看，这些冲突和战争恰恰提供了各族间接触的机会。在唐代，中国周边许多地区和国家深受汉文化的熏染；而几大文明激荡于西域，又对世界历史的演变产生了影响。

第一节　隋唐时代中外关系大势

一、亚洲大陆强权政治格局及其意义

（一）强权政治的形成

隋统一以前，突厥汗国是中国北方的霸主。隋用"远交近攻、离强合弱"之策，曾使突厥可汗俯首称臣。然而隋朝毕竟祚短，隋末丧乱，"时中国人避乱者多入突厥，突厥强盛，东自契丹、室韦，西尽吐谷浑、高昌诸国皆臣之，控弦百余万"。[1] 突厥霸权的存在和中国社会的统一，这是迄至唐朝建立时亚洲政治生活中的两个最主要方面。

然而，从 7 世纪中叶开始，亚洲大陆的政治格局发生了重大变化，这就是在传统的南北农牧分离的局面中，加入了冲出沙漠的大食人和走出高原的吐蕃人，他们内部统一起来的原因尽管有很大的不同，但都成了亚洲大陆上全新的、举足轻重的政治力量。唐、吐蕃、大食的政治关系构成了 7 世纪中叶至 8 世纪末叶亚洲强权政治史的主要内容，他们的活动盛衰影响着这一百六十多年亚洲大陆的政治发展。这一时期正是中亚突厥化、伊斯兰化的前夕，也是中国多元一体国家形成的重要阶段。这些就赋予了当时的强权政治特殊重要的历史意义。

（二）西域的"三方四角"关系

651 年，萨珊波斯被大食消灭；同年，大食遣使唐朝。唐朝亦于 657 年平定阿史那贺鲁，西突厥划入唐朝版图。8 世纪初，大食入侵中亚，唐、大食、吐蕃和突厥人（后突厥和突骑施）在中亚展开了激烈的角逐。开元、天宝年间，唐朝在西域的主要对手仍然是吐蕃。开元年间，唐朝与突骑施的角力显得突出一些，但仍然有吐蕃参与到突骑施一边与唐朝争战。在这种情况下，唐朝曾在开元二十二年至二十四年（734—736）与大食结成军事同盟，分头出兵草原，共同剪灭突骑施这一中亚绿洲的祸乱之源。

于是，亚洲大陆南部强权唐、吐蕃、大食三方与北部草原上的突厥人形成了一种复杂的"三方四角"关系：吐蕃力求与突厥连兵作乱，唐朝坚决要隔断"二蕃"，大食则想根绝祸源。很明显，在这样一种格局中，草原上操突厥语诸族只不过是强权政治的附庸，无论是和是战，突厥人都被阻隔在草原上。

唐朝和大食分别领有葱岭东、西，他们在西域和中亚同突厥人的斗争，在政治和文化上都具有新旧之争的性质。然而，840年回鹘西迁以后，操突厥语部族自己也开始逐步接受伊斯兰教。中亚的伊斯兰化实际上是指突厥人的伊斯兰化，因此，它必须以中亚的突厥化为前提。这在突厥人不能大规模进入绿洲乃至转向农耕定居的时代是根本办不到的。尽管有的突厥人可能在草原上就接受了伊斯兰教，但那同中亚的许多操伊朗语族群已经接受了伊斯兰教一样，只是运动的先声。因此，只有在8世纪末唐朝退出西域，中亚的强权政治时代结束以后，突厥人才有可能大规模进入中亚绿洲，并定居下来，使之变化成为所谓"突厥斯坦"（操突厥语族人群居之地）。

萨珊波斯

　　萨珊波斯（Sasanids，226—651），中古波斯（今伊朗）王朝之一，一作波剌斯。人数十万，有大城十余。王居苏剌萨傥那城（今伊拉克萨马腊），在达遏水（今伊拉克底格里斯河）西。俗尊右下左。祠天地日月水火，西域诸胡受其法，以祠祆。俗徒跣，丈夫剪发，戴白皮帽，衣不开襟，青白为巾帔，缘以锦。妇辫发垂后。赋税，每口出银钱四，又以之交易。断罪不为文书，决于廷。叛者就火祆烧铁灼其舌，疮白为直，黑为曲。劫盗囚终老，偷者输银钱。凡死，弃于山，服一月除。多善犬、马、大驴、骆驼。出金、银，产玻璃。人多任务巧，织锦、褐、氍毹。

　　贞观十二年（638），王伊嗣俟遣使献异兽。俄不君，为大酋所逐，奔吐火罗，半道为大食所杀。子卑路斯遣使告难，高宗以远不可师，谢遣。龙朔元年（661），唐遣使西域分置州县，因列其地疾陵城（今阿富汗毗邻伊朗之扎兰杰）为波斯都督府，授卑路斯都督。俄为大食所灭，王客死中国。于是，来华波斯人有入仕唐廷者，其子孙甚或被编入神策军中。1955年，在陕西西安曾发现神策军士波斯祆教徒苏谅妻马氏墓志，志文为汉文、婆罗钵文（Pahlavi，即中古波斯文）双体合璧。萨珊波斯来华最多者当为商人，其银币在中国发现至多。其人于长安等地建立祆祠，唐朝为置萨宝、祆正等官典守。景教（基督教聂斯脱里派）、摩尼教（祆教异端）等也先后经萨珊波斯传入中国，其器物形制及装饰纹饰艺术对唐代也有很大影响。

大　食

大食，唐宋时代用指古代阿拉伯帝国。本在波斯之西。男子鼻高，黑而髯；女子白皙，出则障面。有文字。日五拜天神。俱纷摩地那（今沙特阿拉伯麦地那）在国之西南，邻于大海（今红海）。其王移穴中黑石置之于国，有礼堂容数百人，王高坐为下说曰："死敌者升天上，杀敌受福。"故俗勇于斗。土多沙石，不堪耕种，唯食驼马等肉。隋大业（605—617）中，大食族中有孤列种（今译古莱氏）代为酋长，有二姓：一号盆泥末换（今译伊本·倭马亚），一号盆泥奚深（今译伊本·哈希姆）。奚深后有摩诃末（今译穆罕默德），勇健多智，从立为王。东西征发，开地三千里。后王克夏腊（今译叙利亚），取钐城（一作苫国，今叙利亚大马士革），号白衣大食，于是遂强。

永徽二年（651），其王瞰密莫末腻（译言穆民之长）始遣使朝贡，自言有国三十四年，历三主。俄灭波斯，破拂菻（东罗马，即拜占庭帝国），南侵婆罗门（今巴基斯坦、印度），吞并诸胡国（中亚细亚），地广万里，东距突骑施。天宝（742—756）中，白衣主末换昏虐，有呼罗珊木鹿（今土库曼斯坦马里）人并波悉林举兵讨之，应者悉令着黑衣。俄而众数万，即杀末换，求奚深种阿蒲罗拔（今译阿拔斯）为王，更号黑衣大食。天宝十载（751），应石国（今乌兹别克斯坦塔什干）王子召请，与唐将高仙芝战于怛逻斯（今哈萨克斯坦江布尔），唐军败绩，多种工匠被俘往大食，中国技术尤其是造纸术因得西传。至德（756—758）初，遣使朝贡。代宗取其兵平两京。随着大食商人东来，伊斯兰教也传到了唐朝。

二、隋唐中国与朝鲜半岛关系的演变

（一）由三韩到半岛三国的演变

这里要指出，把朝鲜半岛古代三国（高句丽、百济和新罗）称作三韩完全是一个历史误解。三韩是三国建立以前位于半岛南部的马韩、辰韩、弁韩三部，与之相对，半岛北部先后有古朝鲜和汉四郡（主要是乐浪、带方）。三国的情况则是：高句丽本是兴起于大陆东北的扶余秽貊系族群，313年前后灭乐浪、带方而据有其地；百济则是扶余族征服马韩建立的；唯有新罗为箕子后裔古朝鲜王（箕）准于秦汉之际被燕人卫满所逐，遂南奔建辰韩（秦韩）、并弁韩（伽耶）发展而来。一般说来，半岛三国中，新罗与唐朝中国交好。

（二）半岛三国的统一趋势

有关隋唐伐高句丽，过去多从中国作为大国的主动性着眼，说中国的统一形势对周边形成了威慑，其实这多半也是一种误解。实际上，这时候朝鲜半岛上的统一趋势也在发展，隋唐两代伐高句丽结局之所以不同，其根本原因就在于此。隋朝不想消灭高句丽，所以为其所逗；而唐朝被新罗统一要求所拉动，终于将高句丽彻底消灭。

新罗的兴起和发展正好与高句丽在半岛上的扩张形成对立，因而双方是不共戴天的世仇。新罗兼并伽耶，又和邻近的日本产生了利害冲突。新罗当然不愿也不能承受在同百济的对抗中南北腹背两面受敌，在这种情况下要想推动半岛的统一，在东亚地区唯有引起中原王朝一起行动才行。后来统一新罗的文武王（661—681）曾对这一战略意图有过清楚明确的陈述："往者新罗隔于两国，北伐西侵，暂无宁岁，战士曝骨积于原野，身首分于庭界。先王愍百姓之残害，忘千乘之贵重，越海入朝，请兵绛阙，本欲平定两国，永无战斗，雪累代之深仇，全百姓之残命。百济虽平，高句丽未灭，寡人承克定之遗业，终已成之先志。今两敌既平，四隅静泰。"[2] 这也就是史料中见到新罗在其半岛事务中处处拉唐朝一起行动的主要原因。

（三）统一新罗（668—935）的成立

显庆五年（660），百济被唐、罗联军一举攻灭。百济旧将福信和僧人道琛又据周留城反，并迎故王子扶余丰于倭国，立为王，展开复国运动。唐高宗曾就这种情况敕留镇唐将刘仁愿、刘仁轨："平壤军回，一城不可独固，宜拔就新罗。若金法敏（新罗王）藉卿留镇，宜且停彼；若其不须，即宜泛海还也。"[3] 可见，刘仁愿、刘仁轨等率唐军留守百济故地，完全是应新罗之请。龙朔三年（663）九月，唐、罗联军又在白江口[4] 击破百济和增援百济的倭兵，百济终归覆灭。

新罗在受到高句丽、百济乃至倭国夹击的不利条件下，紧紧抓住中原王朝这一关键，利用唐与高句丽的紧张关系，拉动其介入半岛事务，先灭百济，再平高句丽（见本书第四章第二节）；然后又利用唐朝中国人"务广德者昌，务广地者亡"[5]的和谐共存传统意识，一方面对半岛上的唐朝力量进行排挤，另一方面又适时向其求和效忠，使之感到新罗不像高句丽那样对自己形成威胁。双管齐下，软硬兼施，新罗最终达到了在朝鲜半岛上实现统一的目的。显然，从地区政治或朝鲜半岛的角度来看，唐初的介入不过是新罗精心策划的统一战略的一部分而已。在唐朝、高句丽、百济、新罗四角关系中，新罗后来居上，成了四方角逐中最大的赢家。

三、隋唐中国与日本关系的演化

（一）遣隋使概况

应该肯定，古代日本遣使中国的本来意图是发展邦交，即是作为外交使节派出的。尽管日本与中国的交往并不始于隋唐，但学界公认，中国发达的政治文化尤其是以律令制为代表的国家制度传入日本，主要是唐代日本遣唐使的功绩[6]。即使是此前的隋代中国已经统一，日本也曾派过四次遣隋使，然而通交之外，主要是来求取佛经，促进佛教的流通[7]。人们常引《日本书纪》推古三十一年（623）秋七月条的记载作为日唐关系之始，其文略云："秋七月，新罗遣大使奈末智洗尔，任那遣达率奈末智，并来朝。是时大唐学问僧惠斋、惠光，及医惠日、福因等，并从智洗尔等来之。于是，惠日等共奏闻曰：'留于唐国学者，皆学以成业，应唤。且其大唐国者，法式备定之珍国也，常须达。'"显然，所谓"大唐学问僧"等，都是遣隋使携来中国而滞留并经历了隋唐改朝换代者。但是，一般认为唐朝制度最早建立在 624 年，即所谓武德七年初定律令[8]。这些人 623 年已经回到了日本，而当时唐朝还处于削平隋末群雄的内战之中，"法式备定之珍国"尚无从谈起。《日本书纪》"常须达"云云显然为后人所加，而系统地学习唐朝制度也有待后来归国甚至更后的遣唐使。

（二）唐以前日本对华遣使特点

留心观察迄至隋代的日本对华遣使，可以看出一个重要特点，就是政治色彩很浓。隋代以前，见于文献记载的倭国遣使大多都与请求或接受册封有关，表现出明显的对地区政治积极介入的态势。这种进取态度的发展可以分成三个阶段：

（1）从一开始到邪马台国时期。这一时期日本主要表现出积极进入地区社会的愿望，满足于"汉委奴国王""亲魏倭王"一类的藩属关系和名号。

（2）统一以后的倭五王时期，相当于中国的南北朝时期[9]。这一时期倭王继续求取中国王朝的册封，借此提高自己的国内权威和国际地位。例如，刘宋时期倭王遣使奉表曾自称"使持节、都督倭、百济、新罗、任那、秦韩、幕韩六国诸军事"等，据研究就和其狐假虎威、推行对朝鲜半岛的扩张政策有关[10]。

（3）遣隋使时期。如前所述，尽管隋朝中国统一，但倭国却不再求取和接受册封。不仅如此，随着其国际地位和文明程度的提高，反而越加妄自尊大，欲与中国分庭抗礼。第二次遣隋使国书称"日出处天子致书日没处天子"，第三次遣隋使国书称"东天皇敬白西皇帝"，就是这种态度的明白表示[11]。

直到唐朝初期，日本对华遣使的这种政治色彩和傲慢态度都没有改变。

（三）唐初日本对华遣使概况

舒明二年（630）秋八月，倭国任命了以大仁犬上君三田耜（一作犬上御田锹）、大仁药师惠日为首的第一次遣唐使出使唐朝。次年，"太宗矜其道远，敕所司无令岁贡，又遣新州刺史高表仁持节往抚之。表仁无绥远之才，与王子争礼，不宣朝命而还"。[12] 据研究，所谓争礼，很可能就是要"天皇下玉（御？）座，面北接受唐使国书"的礼仪之争[13]。唐使因倭人"不平，不肯宣天子命而还"[14]，倭唐邦交遂告断绝。

后来发生了大化改新（645），又由于朝鲜半岛上新罗的斡旋，倭国才在绝交二十年之后，于653年派出了第二次遣唐使。从随行人员的情况来看，第二次遣唐使携来许多学问僧和留学生[15]，一般认为这是"承担着为大化新政权所构想的国家建设而向唐学习佛教、制度等的输入文化的任务"。史书记载其"奉对唐国天子，多得文书、宝物"，也使得此次出使带上了文化色彩。但是，此时倭国内部对唐朝文化的认识程度仍然存在很大差别。例如，就在此前两年即651年，新罗使者赴日时"着唐国服，泊于筑紫。（日本）朝廷恶恣移俗，诃责追还"[16]，这种心态同当年遣隋使所携国书自称"日出处天子"，以及"后稍习夏音，恶倭名，更号日本"[17]其实是一致的。可见这时倭国虽然有高向玄理等归国留学生的积极活动，自恃于本国自尊的王权保守派仍然保持着强大的影响。

更重要的是，就在第二次遣唐使派出的第二年即654年，在前次遣使尚未归国的情况下，倭国又急忙派出了第三次遣唐使。这一次遣唐使节和随从人员的官位比其他时期的遣唐使者明显偏高，没有携带留学生和学问僧，派遣又紧急，显然是纯粹为了某种政治使命；出任大使的高向玄理和副使药师惠日都是留学归国人员，因而有学者认为此行是应唐朝的邀请临时派出的[18]。这次遣唐使抵达长安时，有唐朝官员详细询问日本国地理等情报，归国之际"高宗降书慰抚之，仍云：'王国与新罗近，新罗素为高丽、百济所侵，若有危急，王宜遣兵救之。'"[19]这些都证明了这次遣唐使的政治性质。

此后于 659 年派遣的第四次遣唐使，更将当时倭国欲令智昏、狂妄自大的态度暴露无遗。《日本书纪》齐明五年（659）秋七月丙子朔戊寅条："遣小锦下阪合部连石布、大仙下津守连吉祥，使于唐国。仍以道奥虾夷男女二人，示唐天子。"有人认为，倭国居然在唐罗灭百济（660）的前夕遣使唐朝，而且向唐朝皇帝宣告虾夷国"每岁入贡本国之朝"，要显示自己是和中国一样使夷狄臣服的大国，"这一遣唐活动充分暴露出倭国外交的未熟练性及对国际形势的迟钝反应"。也有人认为："这是由于从中国输入华夷观念的大国沙文主义而建构起权威的缘故。"[20]其实，从到此为止的整个倭华关系史来看，更重要原因恐怕还是倭人盲目自尊，对中国国力和文化的先进性认识不足。否则，他们就不会在唐罗灭百济以后还悍然出兵帮助百济复国，从而在白江口之战（663）遭遇惨重彻底的失败。

（四）遣唐使派遣目的的变化

综上可见，白江口之战之前，尽管倭华邦交已有多年，但中国传统文化在倭国并没有得到正确的认识和应有的重视。是白江口战败擦亮了日本人的眼睛，让他们开始认真看待和学习发达的唐朝中国文化，转而建设自己的国家，把自己的事情办好[21]。当然日本的律令制国家建设也有一个过程，白江口战败之后，中经天武元年（672）的壬申之乱等曲折，直到大宝元年（701）制定《大宝律令》才告完成。

与此相应，遣唐使的派遣目的也开始发生转变。总章元年（668），唐朝与新罗攻灭高句丽，次年，日本派出了第五（七）次遣唐使[22]。有关史料记载极为简单，一般认为其远赴长安向唐"贺平高丽"[23]，同时也是在高句丽灭亡的情况下试探着与唐接触。然而，自669年以后直到701年派遣第六（八）次遣唐使，中间三十二年间日本却一直没有与唐朝交往，究其原因，主要是两国与新罗的关系发生了倒转。

早在657年，由于倭国在新罗与百济的争端中偏袒百济，新罗就断绝了同倭国的正式通交。但668年灭高句丽以后，唐罗双方由于高句丽南境的归属问题发生争执[24]，新罗于当年便立即遣使日本。以后直到700年的三十二年间，新罗共派遣日使二十九次，同时日本还派遣新罗使十一次，双方交往平均不到一年就有一次，其密切程度非同一般。显然，这一时期新罗出于对抗唐朝的目的，需要与日本交好；而日本却以为地区政治中又有机可乘，遂放弃了同唐朝改善关系的机会。然而随着7世纪末唐罗关系的逐渐恢复，罗日关系重新趋于冷淡，日本人终于醒悟过来。

就在修成《大宝律令》从而建成律令制国家的701年，在中断邦交三十二年以后，日本派出了第六次遣唐使。这次遣使突出显示了日本通交目的由政治向文化的转向[25]，因而《旧唐书·日本传》记载其文化色彩特别浓重："长安三年（703），其大臣朝臣真人来贡方物。朝臣真人者，犹中国户部尚书，冠进德冠，其顶为花，分而四散，身服紫袍，以帛为腰带。真人好读经史，解属文，容止温雅。则天宴之于麟德殿，授司膳卿，放还本国。"日本人的文化改造终于见到了效果，他们努力构建与唐朝同样的国家组织，致力于形成与中国同质的文化，而且得到了国际社会的承认。日本方面也颇以此自豪，《续日本纪》卷三庆云元年（704）秋七月甲申朔条："唐人谓我使曰：'亟闻海东有大倭国，谓之君子国，人民丰乐，礼义敦行。今看使人仪容大净，岂不信乎！'"

从此，诚心诚意学习中国文化成了以后历次遣唐使来华活动的主要目的。这就是近年在西安近郊收集到的《赠尚衣奉御井公墓志》中读到的情况："公姓井，字真成，国号日本，才称天纵，故能（衔）命远邦，驰骋上国。蹈礼乐，袭衣冠，束带（立）朝，难与俦矣！"

（五）和平外交对日本和东亚历史的意义

有日本学者评论说："白江战败以后产生的这种冲击余波，如同明治维新和二次大战以后一样，可以说是一个举国奔走引进'敌国'国家体制和文化的时期。"[26] 其实这两个时期还有一个很大的不同，就是白江战败以后，尤其是日本学习唐朝文化建成律令制国家以后，其国策由过去的地区政治进取转向了内敛、和平、发展。日本学者森公章的近作《"白村江"之后》第三章《律令国家"日本"的成立》第五节题为"转向消极外交"，其中作者谈了以下内容：放弃半岛外交，拒绝耽罗（今韩国济州岛）的援助请求，回避与唐朝通交，新罗的"朝贡"，唐风化的楷模，"小中华"观的形成。这些已经很能说明问题。遣唐使自第六次起虽然是倾力学习唐朝文化，却决不向唐朝要求册封，甚至甘心于等同"蕃国"[27]，相比从前，这都可以视为政治内敛的表现。

由遣唐使使命变化反映出来的日本国策转向和平、发展，还可以从当时东北亚地区政治关系的角度得到印证。

首先是不再派兵外出作战，在本书关照的这一时期，尽管文献记载曾有几次征讨新罗，看来都未成行[28]。

其次是对地区政局取退守防御态势，白江之战后、安史之乱时都是如此[29]。

再次是实行保守外交。

（1）对新罗方面，自 8 世纪起与新罗逐渐减少交往，779 年以后索性断绝了两国邦交。

（2）对唐朝，主要是文化学习，因而来的很多，去的极少。

（3）同渤海的交往，正与对唐朝相反，主要是渤海方面希望发展海上贸易，日本方面则极力加以限制。尤其是 8 世纪中期以后东北亚国际关系呈现稳定态势，因而渤日关系基本褪脱政治色彩，转为单纯的经济文化交流，以大首领为主的渤海使团造访日本更勤了，但却经常遭到日本方面的拒绝。日本官僚经常以文书不合礼仪、贡期不到甚至疫情等为借口，轻而易举地就把历经千辛万苦跨海而来的渤海贸易使团给打发了[30]。后来竟因此激起变乱，造成所谓"海贼"[31]。

可见，在某些学者描述为"小中华"的华丽外表之下，掩盖着的是日本闭关锁国的实质。不过，虽然这样一来日本在东北亚地区政治生活中的地位降低了，作用减小了，却为本国换来了难得的长期和平发展。如前所述，日本所谓的律令制国家及其颇具特色的传统文化，主要就是在这一时期建成的。

第二节　丝绸之路与文化交流

一、隋唐中外陆路交通的发展

南北朝后期，突厥与波斯共灭嚈哒，于是突厥与波斯成为紧邻。波斯仍奉行传统的贸易垄断政策，经突厥地方贩运丝绸的粟特人只好转而寻求同东罗马的直接贸易。6 世纪的东罗马史家米南德（Menander）所述东方丝绸转贩到罗马的路线，与隋代裴矩《西域图记》序中所记发自敦煌由北道至拂菻国的路线基本上是一致的。看来，在西突厥强盛时期，粟特人经营的丝绸贸易是通过突厥治下的中亚，经里海北岸、高加索北部山区而进入小亚细亚的[32]。这条路线避开了萨珊波斯的控制。1967 年，在高加索北部山区莫谢瓦亚·巴勒卡（Мошевая Балка）墓葬出土了大量产于粟特、中国和东罗马的丝织品，虽然断代为八九世纪，但也足以显示该地早先的繁荣与重要地位。

640 年，唐平高昌，设立西州，在这一地区以及伊州（今新疆哈密）、庭州（今吉木萨尔）实行同内地一样的州县制。648 年，唐平龟兹（今新疆库车），迁安西都护府于彼，统四镇都督府（龟兹都督府，其他三府疏勒、毗沙 / 于阗、焉耆后设），领州三十四，实行军、政两套并行的统治。唐平西突厥前后，在天山以北、葱岭以西广泛设置了羁縻都督府州，最远的波斯都督府设在疾陵城（Zarandj，今阿富汗西部边境扎兰杰附近，为塞斯坦首府）。唐朝军队驻守之地至少到了怛逻斯城（Talas，今哈萨克斯坦江布尔），而唐朝以西突厥右厢五弩失毕部设置的濛池都护府（先后隶属于安西大都护府和北庭都护府）的统辖范围则远达咸海北岸。唐朝就以这样三个层次的统治方式，对西域实施了有效的治理。

例如，据考古资料可知，早在先秦时期，就有一条沿东西延伸的山间牧场横穿天山的道路。不过，这条路长期以来一直掌握在牧民手中。游牧民以山间牧场为根据地，随时可以出击山南各绿洲，控制从吐鲁番到喀什的丝路中道。所以我们看到，在汉代，只是当匈奴西边日逐王归降之后，汉朝才实现了对西域南北两道所有绿洲小国的"都护"。唐平西突厥以后，这种状况有所改变。近年在新疆托克逊县城以西约五十公里的天山山区阿拉沟东口，发掘了当地称为"塔什吐尔"的一座古堡遗址。"塔什吐尔"是维吾尔语，意为石塔。经研究，这是唐代的一个烽燧遗址，周六十米，高约四米，用卵石砌成。这里曾出土唐代契约文书，记载着这一带的烽、铺、镇、游弈所、折冲府及戍守将士的姓名等。这些材料反映出唐代地方戍守的一整套系统，说明当时唐军已经有效地控制了这一地区。

唐朝在这样辽阔的地域内实现了政治统一，客观上为扩大中外接触交流创造了条件。今天，人们参照贞元（785—804）宰相贾耽《皇华四达记》中的边州入四夷路程[33] 和 9 世纪成书的阿拉伯地理学家伊本·忽尔达兹比赫《道里与诸国记》（Ibn Khordadhbih, *al-Masālik w-al-Mamālik*）所记呼罗珊大道，甚至可以将从唐朝的安西

（龟兹）直到阿拔斯朝（Abbasids，黑衣大食，750—1258）首都巴格达的道路按日程一站一站地数出来。文献之外，某些敦煌汉语写卷与和阗语写卷，吐鲁番出土的蒲昌府文书和阿斯塔那墓葬文书等，不仅指明了敦煌与伊州、西州以及更远地区的具体道路，而且提供了沿途馆驿、烽铺等详细情况。

类似这样的情况，据《皇华四达记》所述边州入四夷路程记载，唐朝中国有七条大路通向四面八方：一曰营州入安东道，二曰登州海行入新罗、渤海道，三曰夏州塞外通大同、云州道，四曰中受降城入回鹘道，五曰安西入西域道，六曰安南通天竺道，七曰广州通海夷道。这七条大道，除了第七条为海路，第二条半陆半海，其余全是陆路。

丝绸之路

古代世界以丝、丝织品和丝织技术为主要媒体，横贯欧亚大陆的东、西方经济文化交流通道，称为丝绸之路，简称丝路。

1877年，德国地理学家李希霍芬（F. von Richthofen）首次提出"丝绸之路"（Silk Road）一名。然而，中国古籍的记载和近代的考古发掘表明，这条交通道路早就存在。养蚕缫丝是中国人的发明，商代已有很大发展。至迟到春秋战国时期，大量的中国丝绸已经此路贩往印度、西亚乃至欧洲。古代东、西方其他各种交通往来也多经由此路。如汉代张骞通西域，东汉班超通西域并派甘英使大秦（罗马帝国）。北朝时期，"自葱岭（帕米尔）以西，至于大秦，百国千城，莫不款附，商胡贩客，日奔塞下"。唐朝的西部疆域超迈汉代，更保证了丝绸之路的畅通。

丝绸之路东起长安，西至地中海东岸转达欧洲，分为三段：东段自长安，经河西走廊或柴达木盆地，至敦煌；中段从敦煌玉门关或阳关（遗址在今甘肃敦煌城西古董滩），经塔里木盆地缘边或天山北麓，抵葱岭；西段则越葱岭往西，或经南部绿洲到南亚、西亚，或经北部草原直达欧洲。

近年国际丝绸之路研究的内涵已扩大为对整个古代东、西方交流途径的探讨，空间外延也由传统的绿洲道发展为包括草原道、南海道等在内的古代世界交通网络体系。

拂 菻

拂菻，中国古籍中指东罗马，即拜占庭帝国。古称大秦。居西海（今地中海）上，亦曰海西国。有迟散城（君士坦丁堡，今土耳其伊斯坦布尔），东南接波斯（今伊朗）。地方万里，城四百，胜兵百万。臣役小国数十，以名通者曰泽散（今埃及亚历山大港），东渡海二千里至驴分国（今幼发拉底河上游）。其言语、习俗，多同大秦。重石为都，尤绝高峻，广八十里，南临大海。有贵臣十二共治国。王出，一挈囊以从，有讼书投其中，还省枉直。国有灾异，辄废王更立贤者。衣锦绣，前无襟。无陶瓦，屑白石涂屋，坚润如玉。男子剪发，披帔而右袒。妇人不开襟，锦为头巾。俗喜酒，嗜吃饼。多幻人。有善医，能开脑出虫以愈目疾。凡西域诸珍异多出其国。

> 贞观十七年（643），王波多力遣使献赤玻璃、绿金精，
> 唐太宗下诏答赉。大食（阿拉伯帝国）遣大将军摩拽（今译穆
> 阿威叶）伐之，拂菻约和，遂臣属。乾封（666—668）、大足
> （701—702）间，再朝献。开元七年（719），因吐火罗大酋献
> 狮子、羚羊。不数月，又遣大德僧来朝贡。

二、中外经济文化交流的扩大

（一）经济交流的发展

在上述发达的交通条件下，隋唐时代的丝绸外贸达到了前所未
有的巨大规模。古代阿拉伯历史巨匠塔巴里（al—Tabarī，?—923）
《年代记》第二编中记载，709 年伐地（Baykand，地在今乌兹别克
斯坦布哈拉西南，阿姆河北岸）有一位老人用五万（一说五十万）匹
中国丝绸向阿拉伯占领军赎身，这个数目似有夸大，但在当时的背
景下，出现这种情况并非是不可能的。盛唐时期，从中原直接输送
到西域的主要是数量巨大的军资练（供作军费使用的绢帛）；经草原
地区转输的则是游牧民通过赐赉和互市等途径得到的绢帛。

同唐朝政治的密切联系，推动了中亚地区社会经济的发展。片
吉肯特（Pjandzhkent）出土的大量钱币中，以中国汉制的圆形方孔
钱为最多，这种钱中，又是仿唐式（有的就是"开元通宝"钱）占
了绝大多数。值得注意的是，正是唐代文献比较清楚地记载了粟特
诸王的世系，而这些国王的名称多数都在其铸币上找到了。唐式铸
币也传到了草原地区。近年在吉尔吉斯斯坦北部唐代新城（Novakat）
遗址发现的一批突骑施钱币，有关报道说："钱币的正面是菱形半

月印记，反面上有铭文'突厥人上帝'。"关于这类铭文的读法和意义，学界还有不同意见，但所谓"半月印记"，无疑就是"开元通宝"钱所常见的背月纹（多为弓背朝穿），传说是蜡制钱型造好后送到宫里被杨贵妃掐了一下留下的痕迹。"菱形"印记应是中国钱好（方穿）的遗迹，众所周知，中国钱称"孔方兄"。远在阿姆河下游的花剌子模（Khorezm，唐称火寻或货利习弥），其铸币中央也有菱形纹饰，很可能也是受到了中国唐代钱币的影响。

可以想见，中亚地区在接受唐钱形制的同时也接受了中国币制。因为，西域从前多用金银冲压币，至唐代改用"孔方"铸币，同时也接纳绢帛以进行大宗交易。

唐代，与传统的丝织品一道输出到国外的中国大宗商品还有瓷器、铜镜等。在乌兹别克斯坦的撒马尔干以及伊朗、伊拉克、约旦、叙利亚境内都发现了中国唐代的瓷器和铜镜。不过瓷器与丝绸不同，丝绸轻柔便于携带，瓷器较重而易碎，不宜陆运。所以考古发现表明，中国瓷器的外销主要与海路交通发展有关。

昭武九姓（粟特）

南北朝、隋唐时期对从中亚粟特地区到中原来的粟特人及其后裔的泛称。汉文史籍称其原住祁连山北昭武城，被匈奴击走，西迁中亚河中地区（今乌兹别克斯坦及毗连地区），枝庶封王，有康（Samarkand）、安（Bukhara）、石（Tashkent）、曹（Kaputana）、米（Maymurgh）、何（Kushanik）、史（Kishsh）、穆（Merv）、毕（Baykend）或鱼／火寻（Khorizm）

等著姓，皆氏昭武，故称昭武九姓。

土沃宜禾，出善马。人皆高鼻深目，多须髯。丈夫剪发或辫发。其王冠毡帽，饰金杂宝。女子盘髻，蒙黑巾，缀金花。人多嗜酒，好歌舞于道。生儿以石蜜啖之，置胶于掌，欲其长而口常甘言，手持钱如胶之粘物不脱。习旁行胡书，善为商贾，争分铢之利。男子年二十，即远之旁国，来适中夏，利之所在，无所不到。以十二月为岁首。尚佛法，祠祆神，出机巧技。十一月鼓舞乞寒，以水交泼为乐。

武德九年（626），始遣使来献。贞观五年（631），遂请臣属。自是岁入贡，献金桃、银桃，诏植苑中。永徽、显庆（650—661）间，唐平西突厥，乃于其地广置羁縻，隶安西都护。开元（713—741）初，康王乌勒伽与大食屡战不胜，来乞师，玄宗不许。至天宝末朝贡不绝，受册封。

粟特人在历史上以善于经商著称，长期操纵丝绸之路上的转贩贸易。在唐代，昭武九姓常被称为杂胡、兴生胡或兴胡（意即商胡）。从西域到中原内地，昭武九姓为了经商便利，到处建立自己的聚落，往往自有首领。安史之乱的头目安禄山、史思明为营州（今辽宁朝阳）杂胡，也是昭武九姓移民的首领。

昭武九姓胡的活动特点使他们在东西方文化交流中起了特殊重要的作用。祆教、摩尼教、西域音乐、舞蹈、历法之传入中原，中国丝绸、造纸术之传到西方，昭武九姓无疑为重要媒介。他们还在中原周边诸族的政治、经济、文化生活中起很大的作用，特别是把粟特文字、伊朗宗教带入突厥、回鹘诸汗国。其影响所及，回鹘文、蒙文、满文均可溯源于粟特字母。

图 11-1　玄奘译经图

图 11-2　西安慈恩寺大雁塔

（二）中国人游历域外

随着唐代国力强盛，中外交通路线的畅通，中国人到海外的更多了。西行求法高僧、使者、行人留下的许多行纪、报告和见闻录，大大充实了中国有关域外历史和地理的知识，有利于增进中国同其他国家和地区的联系、交往。

唐代自玄奘开始，赴印度的求法运动又在佛教徒中兴起。据义净《大唐西域求法高僧传》所记，仅太宗、高宗、武则天（684—705）三朝就有六十人。玄宗（712—756）以后，由于陆路交通受阻，加上中国内乱，唐朝僧侣赴印度的求法运动也就消沉下去了。在唐代西行求法僧侣中，以玄奘、义净最为著名。

玄奘，俗姓陈，名祎，法号玄奘。生于开皇二十年（600），一说生于仁寿二年（602）。洛州缑氏（今河南偃师缑氏镇附近）人。玄奘于贞观初经西域前往印度，在天竺那烂陀寺求学五年，以后又进行了长期的游历和讲学，足迹几乎遍及全印，在印度赢得了极高的荣誉。贞观十七年（643）春，玄奘带上多年搜集的佛经佛像，离开印度回中国，并于贞观十九年（645）正月回到长安。玄奘去印度取经的过程，直接沟通了唐朝与中亚、南亚的联系，特别是中国与印度的友好关系。玄奘归国后，全神贯注地从事译经工作。不仅将梵文译成汉文，还将汉文译成梵文，如《道德经》《大乘起信论》等。玄奘的译经事业为促进中印文化交流起了积极作用。

玄奘与弟子辩机合作，据他的口述，辩机笔录，将他的西行经过撰成《大唐西域记》共十二卷。他的弟子惠立、彦悰也将玄奘事迹撰成《大慈恩寺三藏法师传》。这两部书从不同的角度记述玄奘西行途中的所见所闻。其中包括玄奘亲身经历的一百一十国以及通过传闻得知的二十八国的详细情况，对于了解、研究中亚和南亚历史地理极为珍贵。由于书中对山脉河流、城镇方位、风俗人情、语言宗教等方面记述得翔实准确，以致后人在进行考古发掘和地名比定时，往往依赖它为指针。

与东晋法显、玄奘并称为"中国三大求法高僧"的义净（635—713），俗姓张，齐州（今山东济南）人。咸亨二年（671），他从广州搭海船抵达室利佛室，再由此前往印度。693年，义净带着梵文本经、律、论近四百部回到广州，695年夏抵达洛阳。

义净回国后，主持了大规模的译经活动。义净的西行和翻译佛经活动对唐朝的佛教产生了很大的影响。

除了在佛学和翻译方面的贡献外，义净在地理、外交方面也很有功绩。他在归国途中逗留室利佛室时，写出了《南海寄归内法传》《大唐西域求法高僧传》等书，这些著作记述了前往印度的僧人，其中二十余人从吐蕃道去印度，三十余人经广州出海去印度，这样海陆两途的情况在书中都有了记录。其中海道情况尤其重要。由于玄奘的《大唐西域记》记载了陆路的所见所闻，法显的《佛国记》详于陆路而略于海路，因此义净记述的有关南海各地的情况，就成为流传至今的关于南海各地的最早历史地理材料，为各国研究历史、地理和外交者所重视。书中有关于印度的珍贵史料，其中对医学记载颇多。

在有关域外的历史地理记载中，以杜环的《经行记》涉及最远。天宝十载（751）唐将高仙芝在怛逻斯战败，杜环成了阿拉伯人的俘虏，从而得以亲履西亚两河流域。762年，杜环随商舶东归，著有《经行记》，记载当时亚俱罗（今伊拉克库法一带）的风土民情，提到那里的中国人有京兆画工樊淑和刘泚、河东织匠乐、和吕礼等。该书有关大食、苦国（今叙利亚等地区）、伊斯兰教等的记载，是中国有关阿拉伯世界最早、最确切的记录。可惜该书早佚，遗文收在族人杜佑所撰《通典·边防典》中。

敦煌发现的新罗僧人慧超《往五天竺国传》（P. 3532 号文书）可以补充《大唐西域记》有关中印间陆路交通的记载，因为玄奘西行是在初唐，而慧超东返（727）已是盛唐，此时唐朝、吐蕃、大食、突骑施等几大文化的不同民族正在西域激烈角逐。日本《大正新修大藏经·史传部》收圆照撰《大唐贞元新译十地等经记》（通常简称《十力经序》），其中有《悟空行记》（788—789），部分反映了安史之乱以后至吐蕃占领以前唐朝治下的西域的情况。这一类的材料还很多，就隋唐至宋初的中西交通和西域民族史来说，大致形成了一套可以与正史文献记载参照比勘、互相补充的史料系统。

除了西行以外，唐人泛海东渡日本也是中国人到海外的一个重要方面。其中包括使节、商人等，传播佛教文化的鉴真则是这方面的杰出代表。

鉴真（688—763），俗姓淳于，武后垂拱四年（688）出生于扬州江阳县（今江苏扬州）一个笃信佛教的家庭，十四岁入扬州大云寺为沙弥，十八岁受菩萨戒，法名鉴真。二十岁时，鉴真北上游学两京，研讨律学，并在长安实际寺受具足戒。开元元年（713），南返故土，回到扬州弘法传道，很快就成为江淮知名的授戒大师，授戒弟子达四万多人。著名的高僧辩秀、祥彦、法进、灵佑等人，都是他的弟子。

佛祖释迦牟尼在生前曾对他的弟子们说过一句话："以戒为师。"佛教传入中国以后，戒律的传授在佛教界是极其神圣且重要的大事，"唐国诸寺三藏、大德，皆以戒律为入道之正门，若有不持戒者，不齿于僧中"[34]。而当时正积极学习唐朝文化的日本却没有传戒之人，于是日本的学问僧荣睿和普照等于开元二十一年（733）随遣唐大使丹墀真人广成来中国留学时，他们就同时负有邀请中国传戒师东渡日本传戒的任务。由于鉴真名满江淮，于是荣睿等于天宝元年（742）专程来到扬州，希望鉴真"东游兴化"，鉴真认为日本"诚是佛法兴隆，有缘之国也"，遂答应了僧人的请求[35]。

图 11-3　鉴真和尚像

　　由于当时唐朝严禁私自出海，加上路途遥远，风波不平，鉴真东渡日本成了一次漫长而艰辛的历程。到天宝七载（748），鉴真先后进行了五次东渡，都没有成功。但挫折并没有动摇鉴真东渡传法的决心，终于在天宝十二载（753）第六次泛海东渡，搭乘第十一次遣唐使的船队来到了日本。这时鉴真已是一位双目失明的六十六岁的老人。

　　鉴真作为传播唐朝文化的"使者"，将唐朝先进的文化带到了日本，从而对日本文化的发展起了重要作用。首先，鉴真将唐朝佛教界的戒律制度传到了日本，为日本建立了完备的受戒制度，成为日本律宗的开山祖师；其次，鉴真和他的弟子除律学之外，对于天台宗义也深有研究，他们带到日本去的经典中以《天台章疏》最为完备，因此，他们是天台宗传到日本的先驱者；同时，由于鉴真的博学，他在双目失明的情况下，仍在校订日本佛教经典以及医药学方面做出了重要贡献。此外，由于在出国前着意延揽了各方面的人才，鉴真和他的弟子们对日本天平文化在汉文学、雕塑、绘画、建筑等各方面都做出了突出贡献。其中特别值得提及的是鉴真与他的弟子们在 759 年（日本天平宝字三）营建的唐招提寺及寺中卢舍那佛，作为日本国宝，至今仍屹立在奈良市，提供了唐朝建筑影响日本的一个典型例证。779 年，日本真人元开撰成《唐大和上东征传》，较详细地记述了鉴真一行备尝艰辛东渡日本的事迹。

《大唐西域记》

有关唐玄奘西域取经见闻的旅行记录。由玄奘口授，弟子辩机笔录，共十二卷。此书记载了玄奘亲历或传闻得知的一百三十八个国家、地区和城邦，涉及地域包括今中国新疆和哈萨克斯坦、吉尔吉斯斯坦、乌兹别克斯坦、塔吉克斯坦、阿富汗、伊朗、巴基斯坦、印度、尼泊尔、孟加拉国、斯里兰卡等。内容极其丰富，有各地的地理形势、水陆交通、气候、物产、民族、语言、历史、政治、经济生活、宗教、文化、风俗习惯等。特别是对各地宗教寺院的状况和佛教的故事传说做了详细的记述。记事谨严有据，文笔简洁流畅。

此书对古代中亚及南亚的历史和考古研究有着非常重要的参考价值。考古学家曾根据书中提供的线索，发掘和鉴定了许多有重要价值的历史遗址和文物。印度著名的那烂陀寺遗址，就是据此书提供的线索发掘和复原的。此书现存版本较多，还有英、德、法等国文字译本。较好的整理本为中华书局 1985 年出版的季羡林等《大唐西域记校注》。

玄奘译经

贞观十九年（645），僧人玄奘自印度留学取经归来，唐太宗命宰臣出迎，见之与谈论，大悦，诏将梵本六百五十七部于弘福寺翻译。命宰相房玄龄等广召硕学沙门五十余人，组成译场，相助整比。译经工作组织严密，有译主、笔受、润文、证梵本、证义、校勘、正字等多项分工。玄奘自为译主，笔受、证义者也都是名僧。以直译为主而间取意译，既避免以词害意，又便于理解。高宗时为太后追福，造慈恩寺及翻经院，送玄奘及所译经像、诸高僧大德入住。显庆元年（656），又令宰臣润色玄奘所定之经，国子博士、弘文馆学士等助加翻译。共译出佛经七十五部，一千三百三十五卷。通过这次译经活动，玄奘培养了一批弟子，弘扬了佛教法相宗（唯识宗）和因明学即逻辑推理理论。

慧　超

慧超（704—780），新罗僧人。一作惠超。幼年入唐，开元七年（719），拜梵僧金刚智为师。后附舶经南海赴天竺礼佛迹，遍访五天竺。开元十五年（727），取陆路经西域归唐。精通梵、汉，译经多种。建中元年（780），卒于长安。所著《往五天竺国传》三卷，记其遍游天竺及西域的经历，为研究当时中西交流及西域史地之重要史料。原书残佚，散见于唐慧琳《一切经音义》等书。近代于敦煌出土原书残卷，被收入《大正新修大藏经·史传部》。日人桑山正进编有《慧超往五天竺国传研究》（京都大学人文科学研究所，1992），为目前较好的刊本。

（三）隋唐中原文化西传

从考古发现来看，古代西域于阗（今新疆和田）地区受到了突厥、羌藏、印度等各种文化的影响，但在唐、五代以至宋初，却以汉文化在于阗影响最大。于阗国王族姓尉迟（Vióa），唐初入居长安的著名画家尉迟跋质那和尉迟乙僧父子便是此族。于阗国采用唐朝制度，例如，在古和阗文文献中有这些常见的汉语借词：世尊（sai tcūna）、圣君（ói-ku）、都头（ttu tteva）、夫人（hvü ói'na）、宰相（tsai syàm）、刺史（tsī si）、长史（cam ssi）、判官（pan kuam）、节度使（tcer tu si）等。和阗文的书仪公式也都模仿唐制，如平阙（顶格空格）、押署、用印等。英国探险家斯坦因在策勒县北丹丹乌里克（Dandan Uliq）地方发现的一份大历三年（768）六城质罗刺史阿摩支行判的汉文牒文，押署汉文姓名"尉迟信"。

于阗在790年落入吐蕃的统治。至860年驱逐吐蕃势力，尉迟家重新恢复王统，与中原地区及沙州（敦煌）归义军政权关系密切。于阗王李圣天（Vióa Sambhava）习染中原文化，他及其后几王都有汉语年号。于阗王族与归义军政权统治者瓜沙曹氏几代结为姻亲。在天尊四年（970）李圣天给舅舅曹元忠的信上，还钤有"书诏新铸之印"，文末有汉文"敕"字，并有和阗文 Paran，意亦为"敕"。

敦煌本慧超《往五天竺国传》中提到，开元十五年（727）慧超经过龟兹、于阗时，见两地均有汉人主持的佛寺。敦煌出土

P.2889 号文书上也见到有"持经僧法律惠善于阗开元寺"的记录。这些情况显示了佛教自中原向西域的反馈。就汉地佛教西传来说，20 世纪 50 年代初，在中亚吉尔吉斯斯坦发掘出了唐朝碎叶城遗址，同时发现了武周时期（690—705）在那里修建的大云寺，正殿奉祀着释迦和垂脚弥勒。据杜环在《经行记》里说，751 年他经过碎叶时，还见到大云寺依然存在。大云寺是武则天下令在两京、诸州设立以藏《大云经》（*Mahāmeghasūtra*）的，因该经中有女主受命的内容。

汉文文书流传得更远。1933 年，片吉肯特以东的穆格山城堡遗址出土了一批 8 世纪初期的粟特文书，其中杂有三件汉文文书残片。北高加索莫谢瓦亚·巴勒卡墓葬中也出土了几件汉文文书，从字迹判断，与唐代敦煌、吐鲁番文书相近。这大概是目前所知西传最远的汉文文书。由于材料太少，现在还很难断言这些文书为什么出现在这样遥远的西方。

中国药物如人参、茯苓、当归、远志、乌头、附子、麻黄、细辛等都进入了印度，被称为"神州上药"。中国名僧义净在印度期间，经常用中药为人治疗，受到印度人的欢迎。在医学方面，中国和阿拉伯也不断互相交流，取长补短。中医体系中的脉学，大约在唐时传入阿拉伯。被阿拉伯人称为"学术界的领袖和王子"的著名学者阿维森纳（Abu Ali Husain b. Abdullan b. Sina，980—1037）所著《医典》（*al-Kanun*），是阿拉伯的医学经典著作，它大体上取代了古罗马著名医学家盖伦的著作，是 12 世纪至 17 世纪中东和西欧的主要医书，影响阿拉伯及欧洲的医学教育达数百年之久。在《医典》中，就记载有脉学，其中许多脉象是采自王叔和的《脉经》。此外，反映在《医典》中的中国医学成就还包括，关于糖尿病的症状和病因以及药物、食疗等疗法，麻疹的预后，用水蛭吸毒以及一些中国药物等医药知识。

（四）外来文化在唐代的影响

其实，唐代文化本身就是一种中外、胡汉混合的文化，其中既有蕃胡华化，亦有华人胡化。长安、洛阳等中原地区，以传统的汉文化为主，但也掺进了许多外来文化的因素；河朔地区，由于隋末丧乱及突厥诸汗国的活动等原因，胡人多播迁此地，遂致胡化。史家以为，唐代政治史上的许多重大问题和事件（如府兵之废、安史之乱、藩镇割据、宦官专权等）都与文化交流中的矛盾冲突有关[36]。尽管唐朝统治者努力在差异中求一统，而不是鼓励在一统中发展差异的做法，在一定程度上削弱了外来文化的启示作用及其为唐代文化带来的活力，人们仍然可以看到，正是多种文化的交流汇聚，才形成了绚丽多彩的唐代文明。

1. 乐曲

唐代乐舞深受西域乐舞的影响，唐代乐府伶工也多原籍外国世家，如白（龟兹王姓）明达，米（Màymurgh）嘉荣、米和朗，曹（Kaputànà/Kepud）保、曹善才、曹纲祖孙三代，康（Samarkand）昆仑、康乃，安（Bukhàrà）叱奴、安万善、安辔新等。唐代最流行的西域音乐为龟兹乐。立部伎的安乐、太平乐、破阵乐、庆善乐、大定乐、上元乐、圣寿乐、光圣乐，凡八部，自破阵舞以下，皆擂大鼓，杂以龟兹乐；坐部伎有燕乐、长寿乐、天授乐、鸟歌万岁乐、龙池乐、破阵乐，凡六部，自长寿乐以下，皆用龟兹乐。开元、天宝（742—755）之际，长安、洛阳时尚胡化，以致"女为胡妇学胡

图 11-4 敦煌壁画"胡旋舞"

妆，伎进胡音务胡乐"，"城头山鸡鸣角角，洛阳家家学（一作教）
胡乐"。

据研究，唐大曲（舞曲）发展出诸宫调，诸宫调后来演变成元
曲。唐代大曲虽久已失传，但传到日本的唐乐中，可考出为西域舞
乐者仍不少。还有，隋代借龟兹乐人苏祗婆的琵琶七调以正七声，
其调本出印度而受西域影响。唐宋以后音乐，随处可见此七调痕
迹，如元曲中经常见到的《般涉》。

2. 舞蹈

唐代健舞出于西域的有胡腾、胡旋、柘枝三种，开元、天宝
以后盛行于长安，后来遍及全国各地。有学者认为，唐代软舞中可

能也有从西域传来的。此外，还有从康国等地辗转传来的泼寒胡游戏，游戏时舞苏莫遮（一种假面舞）。泼寒胡戏在中国"渐渍成俗，因循已久"，开元元年（713）玄宗曾下令"无问蕃汉，即宜禁断"。今天云南西双版纳傣族以及缅甸有泼水节，据说此习俗是从波斯经印度传过来的。唐代还流行打马球，那也是从波斯传来的。

3. 绘画

西域流寓唐代长安的画家以于阗人尉迟跋质那和乙僧父子最为著名，人称大、小尉迟。乙僧善画外国人及佛像，论者以为"气正迹高，可与顾（恺之）、陆（探微）为友"。乙僧所传为凹凸画技（晕染法）。与乙僧同时，曾蜚声于长安画坛的吴道子，其人物画也受到凹凸画法影响。新疆发现的洞窟壁画，大都有凹凸画的风味。人们比较中国敦煌壁画和印度阿旃陀壁画，能够发现不少相同之处。可以相信，唐代中原出现的凹凸画法，是从印度经西域传来的。

4. 金银器

据研究，较早的唐代金银器中有两种风格：一种形制及纹饰较接近萨珊波斯工艺，可能是输入品或中国仿制品。仿制品常常是器形为萨珊式，但装饰花纹的风格却是唐代中国的；除了中国匠人仿制萨珊金银器外，可能也有波斯工匠来中国制造。另一种则兼收中国传统瓷器、铜器、漆器的器形和纹饰，常见的器类为碗、盘、盒之类。在唐代，随着金银器工艺的发展，后一种器物越来越盛行，外来纹样逐渐同中国传统装饰图案融为一体，使中国金银器装饰达到了成熟完美的地步。

图 11-5　章怀太子墓壁画：马球图

5. 铜镜

古代世界的铜镜，大体上可分为两大系统：西亚、埃及、希腊、罗马的铜镜，往往为圆形，附有较长的柄；中国的铜镜亦为圆形，但无柄，只在镜背中央设钮，以穿绦带。唐代中期以后，开始出现有柄铜镜，这是中国铜镜在形制方面的一次大变化。镜上的花纹题材和风格，除反映当时新的工艺美术外，有的也吸取了中亚和西亚的因素。

6. 釉陶

中国境内曾发现波斯釉陶器，在江苏扬州即出土过一件绿釉陶壶，此外在当地唐城遗址中、晚唐地层中还屡次发现波斯釉陶器的碎片。另一批出土于福建福州莲花峰的刘华墓中。刘华是南汉（917—971）南平王的次女，闽国（909—945）第三主王延钧的夫人，葬于长兴元年（930）。其墓中随葬了三件孔雀蓝釉陶罐。这种陶罐的器形、釉色和腹部贴饰的文饰，都与伊朗发现的9世纪至10世纪的所谓伊斯兰式釉陶罐相同。这些釉陶器，无疑都是从伊朗输入的，而且还可能都是从海路输入的。

7. 历算

从高宗朝（649—683）末到玄宗朝（712—756）的这七八十年间，唐朝天文历法深受天竺僧人瞿昙（Gautama）、矩摩罗（Kumàra）、迦叶（Kàóyapa）三家影响。唐代几度修历（麟德历、大衍历），基本不脱印度天文历法的影响。特别是玄宗开元六年（718）前后瞿昙悉达（Gautama Siddhartha）译出九执（曜）历，对唐代及后世影响深远。不仅如此，九执（九曜）之名还可能因与占星术有关而深入民间。占星术不仅流行于印度，也广泛流行于中亚、西亚诸国。粟特语的七曜日名称即以胡名、波斯名、梵名同时显示于唐代及以后的具注历上。

《隋书·经籍志》已经著录了印度天文、数学等书。《开元占经》介绍了印度数目字。

8. 医药

随着中外交流的发展，外来药物也在唐朝大量出现。据美国学者谢弗（E. H. Schafer）的研究，隋唐时代外来药物主要有：质汗药（从印度传来，主治金疮伤折、瘀血内损等症）、底也迦（从拂菻国传入，是西亚地区的一种解毒药）、豆蔻（从爪哇等地传入，主益气安神）、肉豆蔻（从东南亚等地传入，主治腹泻等消化功能紊乱）、郁金（从印度等地传入，主治血积下气，作为生肌止血的药物）、胡桐树脂（从中亚、西亚地区传入，主治毒热，并用作催吐剂）、阿勃参（一种阿拉伯植物的汁液，用来治疗疥癣）、阿魏（出自西亚及南亚，既可刺激神经，帮助消化，还可作为杀虫剂）、婆罗门皂荚（又称波斯皂荚，主治便秘）、芦荟（从波斯传入，用于治疗小儿诸疳症）、干陀木皮（从印度传入，用于暖胃）、胡黄连（从波斯传入，用于治疗肠道疾病及痔疮）、沉香（从东南亚传入，主治心腹痛、霍乱、疮肿等症）、龙脑香（从东南亚、南亚及波斯等地传入，用于治疗风湿等症）、苏合香（自西域传入，主治中风、惊痫等症）、安息香（从西亚传入，主治中风昏厥、产后血晕）、乳香（自阿拉伯传入，主治胸腹疼痛、痈肿诸疮）、没药（自阿拉伯输入，用作镇痛剂）、丁香（从东南亚传入，用于治疗牙痛、杀虫及痔疮）、木香（从西域传入，用于治疗心痛）、藿香（自东南亚传入，主治感受暑湿、头痛发热、胸闷腹胀、呕吐泄泻等症）等[37]。1970年，考古工作者在陕西西安南郊出土了两瓮唐代窖藏文物计一千多件，其中有许多金银器物和金石药品。据发掘报告，出土的药物计有丹砂7,081克、钟乳石2,231克、紫石英2,177克、白石英505克、琥珀10块、颇黎（玻璃）16块、金屑787克、密陀僧16斤和珊瑚等9种[38]。这些药物多与养生有关，而且多属于舶来品。

随着外来药物的大量传入与流行，在唐代也出现了一些专门探讨外来药物药性的医学著作，较著名的有郑虔的《胡本草》七卷和李珣的《海药本草》。原书均已佚失，据推断，前者可能主要是收录从陆路传入的药物，而后者则主要收录海路传来的药物。

隋唐时期也有大量印度、波斯和阿拉伯的医学著作传入中国。例如《隋书·经籍志》《新唐书·艺文志》和《通志·艺文志》都著录了西域医书名目。其中以印度医书为最多，仅《隋书·经籍志》记载，就有《龙树菩萨药方》四卷、《婆罗门诸仙药方》二十卷、《婆罗门药方》五卷等。印度医学对中国医学产生了较大影响。如隋末唐初名医、被后人尊称为"药王"的孙思邈，在所编医书《千金要方》中就引入了印度的医学理论，在该书卷二七中还附有天竺按摩法一章；在他编写的另一本医书《千金翼方》中则收入了印度方剂多种。大抵是来华印度佛教徒往往兼精医术，以此取信于中国人，印度医学也因而传入。

9. 制糖

中国蔗糖的制造至少始于北魏以前。到了唐代，技术水平已经有了一定的基础，有了曝和熬或者煎两种制法，但糖的质量不及印度。于是贞观二十一年（647），利用中印度摩揭陀国遣使通好的机会，唐太宗遣使者到印度去学习制糖技术（熬糖法）。取得经验回来后，中国造的糖"色味愈西域远甚"，意思就是在颜色和口味方面远远超过了印度。以后，中国改进的熬糖法又传回印度，现代印度语里称白砂糖为 cīnī，其基本含义就是"中国的"[39]。据宋人王灼《糖霜谱·原委第一》载，唐朝大历年间（766—779），又有一名怪僧名邹和尚者，教人用另一种方法制作沙糖，即把甘蔗藏于地窖，使甘蔗汁受湿蒸后自溢，遇冷而凝结成糖霜。据研究，邹和尚可能是波斯人，由此看来，在制糖方面中国还曾向波斯学习[40]。另据《马可·波罗游记》记载，元世祖忽必烈（1260—1294）时，还有埃及开罗人到中国福建教熬糖术。

10. 胡风胡俗

有唐一代，许多胡俗在中国浸染成习。贞观（627—649）年间，太子承乾在东宫使奴婢近百人学胡人唱歌，椎髻，剪彩色绸缎当舞衣。承乾还特别喜欢突厥话和突厥人的服饰。他又选一些长相像胡人的人，让他们穿上羊皮大衣、编上辫子，五个人算一家，搭起毡帐，并且做了五面狼头大旗，让这些人摆出战阵打斗。承乾自己也扎上彩旗、搭起圆顶帐篷住下来，令各部杀羊煮肉，用随身携带的腰刀割肉吃。承乾亲自装成可汗死去的样子，让大家号哭，学突厥人那样抓破脸、骑马绕行吊丧。

椎髻即堆髻，白居易《时世妆》有"元和妆梳君记取，髻堆面赭非华风"句。堆髻在唐代陶俑及敦煌、西域壁画中经常能够见到，赭面则是吐蕃风习。贞观中，就有男子"胡着汉帽，汉着胡帽"的情况；开元以来，"太常乐尚胡曲，贵人御馔尽供胡食，士女竞衣胡服"。慧琳《一切经音义》卷三七："胡食者即饆饠、烧饼、胡饼、搭纳等是。"饆饠就是今天新疆所谓抓饭，印度称为 pilau 或 pilow。胡饼，日本圆仁大师入唐求法（841）在长安还见到过，他说："时行胡饼，俗家皆然。"[41] 长安是汉文化中心尚且如此，唐代河朔之地本来就尚攻战、不崇文教，遂致安史之乱后，"天下指河朔若夷狄然"[42]。诚然，文化交流的结果是融合成了统一的中国文化，但却可以说，抽去外来文化的因素，就无所谓唐代文明。

天　竺

天竺，西域国名。即汉代身毒国，或曰婆罗门地（今印度）。居葱岭（今帕米尔）南，幅员三万里，分东、西、南、北、中五天竺，皆城邑数百。南天竺（治今卡纳塔克邦腊姆杜格）濒海；北天竺（治今旁遮普邦贾朗达尔）距雪山（今锡伐利克山），四周有山为壁，南面一谷，通为国门；东天竺（治今孟加拉国博格拉）际海，与扶南（今柬埔寨）、林邑（今越南中、南部）接；西天竺（治今巴基斯坦信德省凯浦尔）与罽宾（今阿富汗东部）、波斯（今伊朗）接；中天竺居四天竺之会，都城曰茶镈和罗城（一名曲女城，今印度北方邦卡瑙季），滨迦毗黎河（一作禅连河，今恒河）。有别城数百，皆置长；别国数十，置王。

中天竺王姓乞利哐氏，亦曰刹利，世有其国，不篡杀。武德（618—626）中，国大乱。嗣王尸罗逸多（即戒日王）因讨四天竺，皆北面臣之。贞观十年（636），唐僧玄奘至其国，取经而归。贞观十五年（641），尸罗逸多自称摩伽陀王，遣使朝贡，太宗遣使赍玺书慰问。贞观二十二年（648），王玄策使之，会其王死国乱。玄策发吐蕃、泥婆罗兵破茶镈和罗城，俘篡位者归京师（今陕西西安）。后遣使朝贡不断。开元二年（714），南天竺请以战象及兵马讨大食及吐蕃等，玄宗乃名其军为怀德军，赐其国寺名归化，册其王尸利那罗僧伽为南天竺国王。天宝（742—756）中，五天竺累遣使来。

第三节　外来宗教流行中国

唐前期国力强盛，政治开明，社会开放，为各种宗教的流行传播创造了良好的环境。隋唐中国除儒释道三教之外，还流行有不少外来宗教，如祆教（拜火教）、摩尼教和景教，总称"三夷教"；印度的婆罗门教、阿拉伯人的伊斯兰教也先后进入了中国。

一、祆教（拜火教）

祆教是公元前 6 世纪琐罗亚斯德（Zoroaster/Zarathushtra，约前 628—前 551）在波斯东部创立的宗教，主张善恶二元论，崇拜阿胡拉·马兹达（Ahura Mazda），以波斯古经《阿维斯塔》（*Zend Avesta*）为经典，人称琐罗亚斯德教（Zoroastrianism），传入中国称祆教。"祆"字的意思是指外国（胡）天神。因其主要仪式是在祭司穆护（Magus）指导下礼拜"圣火"，所以又被称为拜火教或火祆教。该教在古代波斯和萨珊波斯时期均被定为国教。中亚操东伊朗语的粟特人大概很早就信了祆教。《魏书·西域传》记载，康国"有胡律，置于祆祠，将决罚，则取而断之"，这是最早见于典籍的祆字。

拜火教早就被中亚东来的移民聚落带进了中国境内，这已为近年在太原、西安等地发掘的虞弘墓等古迹文物所证明。虞弘墓最早出土了有鸟身祭司的拜火教葬具。其墓志曰："公讳弘，字莫潘，鱼国尉纥驎城人。"[43] 据考释，虞弘本当姓鱼，以国为姓，如《隋书·虞庆则传》："本姓鱼，其先仕于赫连氏，遂家灵武，代为北边豪杰。"赫连氏指十六国时期由匈奴铁弗部酋长赫连勃勃以统万城（今陕北靖边红墩界下城子）为中心建立的夏政权（407—431），可见很早就有鱼国人在北方部族中活动。墓志又说虞弘的祖上"派枝西域"，为"鱼国领民酋长"；"父君陀，茹茹国莫贺去汾达官，使魏"；弘"年十三，任莫贺弗，衔命波斯、吐谷浑"。由此可知，虞弘家族是从西域东迁而来，所谓"鱼国领民酋长"也就是由鱼国来的移民聚落首领，与出土墓志、文书中常见的康国大首领、本蕃大首领等同属一类。茹茹即柔然。鲜卑拓跋部南下以后，柔然兴起于蒙古高原，势力扩张，西面到达焉耆，影响远及中亚北部草原。墓志反映出，虞弘家族和同时代往来东、西兴贩贸易的许多粟特人一样，也经常在不同的部族和国家间充当使者。

虞弘字莫潘，为拜火教里高级祭司 mßbad 的音译，该名称源出于古代波斯的 *magupati，本意为穆护首领（祭司长）[44]。墓志中的鱼国城名尉纥驎为 Gurgàndj/Ürgenč 的音译，即古代 Khwàrazm 的首府[45]。Khwàrazm 地在阿姆河下游三角洲，唐代译称货利习弥、火寻等，迄蒙古征服仍称花剌子模，此后渐以 Khīwa 知名[46]。虞（鱼）字古音可拟测为 *ŋǐwa[47]，应即 Khwàrazm/Khīwa 一名的音译。所以，鱼国其实就是唐代的火寻、蒙元时代的花剌子模。柔然在西域与嚈哒对立，要想通使波斯，不得不绕道更远的鱼国／火寻，这可能是虞弘为柔然出使波斯的重要原因，绕行之地是他的故乡（鱼国），往来路线为他所熟悉。

祆教最初只是在中亚移民聚落内部流行，所以中原民众对他们的宗教活动了解不多。随着入华粟特人的逐渐汉化，中原人也渐渐对祆教有了更多的认识。北魏、北齐在京邑与诸州均置萨甫。萨甫即隋唐时代的萨宝，是朝廷以商胡首领管理外来宗教活动的官员。西安发现的北周安伽墓的墓主人安伽就是"同州萨宝"，其墓门额上也发现了刻绘的祆教祭祀图：中部为承载于莲花三驼座上的火坛，骆驼站立于覆莲座上，背驮仰覆莲上承圆盘，盘内置薪火，火焰升腾；鸟身祭司卷发，深目，高鼻，络腮胡须，戴口罩，胁下生双翼，长尾上扬，双手持 Baresman/Barsom[48] 伸向供案。西安北郊发现的北周史君墓的墓主为北周凉州萨保，也出土了许多与拜火教有关的精美浮雕，内容非常丰富。

隋代萨保（萨宝）为视正九品，唐代为视正五品，并设萨宝府官员[49]。仪凤二年（677），又为流寓长安的波斯王建波斯胡寺，有别于商胡的祆祠。但唐朝禁民祈祭火祆，祆教经典也没有汉译流传，看来主要是由来华西域胡人奉行的。但是，由于祆教原为波斯国教，又为粟特人所信奉、传播，在多种宗教信仰并存的中亚地区最为流行，因此祆教在唐代中国有着深厚广泛的移民基础。

唐武宗会昌五年（845）灭佛，祆教一并遭到排斥。然而武宗死后，禁令放松。1955 年冬，在西安西郊土门村发现用汉文与婆罗钵文（Pahlavi）合刻的《苏谅妻马氏墓志》，是研究唐代祆教的重要资料。研究表明，当萨珊波斯朝被阿拉伯人消灭以后，波斯王室及贵族流寓长安，后来有的被编入左右神策军中，马氏和她的丈夫苏谅就是这些人的子孙。墓志有"咸通十五年"（874）字样，显然属于开禁后祆教复盛的时代[50]。

拜火教祭坛上供奉的是圣火，祠庙的装饰图案有渲染气氛和宣传教义的作用，如九十世纪敦煌的祆祠或火祆庙举行的赛祆活动，甚至还得到官方的支持[51]。迄至唐末，敦煌出土《唐光启元年沙、伊州地志残卷》上还见有"祆庙中有素书形象"等字样。20世纪90年代，又有学者考证出敦煌写本P. 4518（24）的白画图像亦为祆教神祇。历五代两宋，祆教在中国仍有残存。元曲中有"祆神急"等曲目，陈垣《火祆教入中国考》认为可能已同中国旧俗中的火神相混了。

二、摩尼教

摩尼教创于3世纪，是教主摩尼（Mani，约216—276）以拜火教为基础，杂糅基督教、巴比伦古代宗教、希腊不可知论（Gnostic）学说以及佛教教义等而成的混合、折中的一种宗教。拜火教虽然提倡善恶二元论，但确信善神最后胜利，有一元论趋势。摩尼教则是主张善恶（光明与黑暗）互斗的彻底的二元论。在萨珊波斯，摩尼教曾一度受到庇护（Shàpur I世在位时期，241—272），但旋即被当作异端而被禁止（Bahràm I世在位时期，273—293），摩尼被磔死，门徒被逐出国外。然而，拜火教的排他性使摩尼教不易于在伊朗语民族之外流传，摩尼教的折中性却在其传播中发挥了巨大作用，使其一度在亚洲、非洲及欧洲部分地区广为流行。

学界传统认为，摩尼教于武周延载元年（694）正式传入中国。近年研究表明，摩尼教在中原民间流传的时间要比这早得多[52]。东来途径显然经过中亚，看来仍以粟特人为主要中介。20世纪初在中国西北探险，发现的摩尼教经典多用粟特文写成，亦有回鹘文、汉文等译本及婆罗钵文抄本。8世纪中叶，摩尼教传到漠北，成为回纥（回鹘）人热心提倡的国教，以至于后来摩尼师在回纥汗国竟能

图 11-6　泉州华表山草庵摩尼光佛

左右国政。回纥人的信仰又促进了摩尼教在中原的传播。虽然玄宗曾将摩尼教作为邪教禁断，但回纥曾两次派兵助唐平定安史之乱，所以代宗于大历三年（768）应回纥之请下令建摩尼教大云光明寺，该教反而在长安、洛阳、太原以及长江流域益发流行起来。840 年回鹘失国以及 845 年武宗会昌灭佛，影响了摩尼教的公开存在，但它在中原民间比祆教要深入得多。从五代历宋、元、明，称摩尼教为"明教"。在宋代，该教——吃菜事魔（摩）教——仍成为底层民众起义（如方腊起义）的动员力量。

今福建泉州南郊外三十余里的畲店村华表山（石刀山）上还保留着元代修建的草庵一座，规模不大，有楼阁僧舍，全部以花岗石砌成。庵中正厅奉祀摩尼光佛一尊，高一点五四米。佛跌坐，发披

图 11-7 大秦景教流行中国碑

肩上，下巴有两道长须，背后有佛光，用青冈石刻成，外妆金身。草庵前，有一块自然大岩石壁立于此，石上勒着四行十六个大字"清净光明、大力智慧、无上至真、摩尼光佛"。有人依据这些材料，判断草庵为元代中国摩尼教的遗迹。总之，元、明时代，摩尼教便逐渐与其他教派合流，到清代便不复独立存在了。

在新疆吐鲁番地区，由于回鹘西迁后一段时间内仍宗奉摩尼教，因而遗留了一些摩尼教寺院、石窟遗址，特别是在一些壁画以及插图写本经卷中保留了精美的摩尼教图画，长期以来成为国际学界进行相关研究的重要资料。近年的研究显示，回鹘汗国崩溃后残余部众亦有散入契丹，其摩尼教信仰和习俗对契丹社会及文化都有所影响，如耶律阿保机的降生和升天神话，契丹始祖起源的青牛白马说，契丹人的木叶山崇拜和敬日崇东习俗等[53]。

三、景教

基督教聂斯脱里[54]派（Nestorianism）在中国叫作景教，约在贞观九年（635）经中亚传来。在东传过程中，不免受到伊朗及中亚文化的影响。例如，该教经典本来用叙利亚语，但在高昌故地（吐鲁番）却发现既有叙利亚语，也有婆罗钵语、粟特语和突厥语的福音书和教论。该地某些寺院的壁画也说明景教曾在当地流行。敦煌曾发现汉文《景教三威蒙度赞》及《尊经》，前者赞美圣"三位一体"，后者列举了著名的景教僧景净译出的三十余种经书的名称。当然，就该教入华而言，最著名的还是建中二年（781）立于长安的"大秦景教流行中国碑"。该碑碑文为景净所述，碑底左右侧共有七十位景教僧名，其中六十二位都有叙利亚文和汉文对照。显然，景教在汉人中有一定流传，而且，从长安、洛阳到今宁夏、四川等地方都曾有过大秦寺。

在阳玛诺（Emmanuel Diaz S. J.，字演西，葡萄牙耶稣会士，1574—1659）所著《唐景教碑颂正诠》中，著录了明末福建泉州府城仁风门外三里左右东湖岸边的一方古十字架碑刻，从文献记载来看，有可能是唐朝末年的遗物。北京西南房山区有一座十字寺，该寺地处山麓，环境优雅，门上横书"古刹十字禅林"几个大字。1919年，在寺里发现了两处石刻十字架图案，其中一个十字架的各角间有铭文，释读为："仰望它，寄希望于它。"有人据该寺所保存辽穆宗庆历十年（960）的一件碑文内容推测，这些十字架（或者其中之一）在立碑以前可能就已经存在了。从十字架的样式来看，应是属于景教遗物。

唐武宗会昌五年（845）毁佛，景教亦受波及，一时在中原绝迹，但仍在北方草原一些部族中流行。至蒙元时期，景教与当时传来的天主教方济各会（Franciscan Order）被统称为也里可温教。

四、婆罗门教

婆罗门教是印度古代宗教之一，也是世界上最古老的宗教之一，源于约公元前 2000 年的吠陀教，约形成于公元前 7 世纪。该教以《吠陀》为最古经典。信仰多神，奉梵天（Brahmà）、毗湿奴（Visnu）、湿婆（Siva）为三大主神，并认为他们是三相神，分别代表宇宙的"创造""护持"和"毁灭"。4 世纪前后，婆罗门教吸收佛教、耆那教等教义和民间信仰演化而成印度教，也叫"新婆罗门教"。八九世纪间经商羯罗改革，逐渐形成现代宗教的雏形，但基本教义与婆罗门教类同。

婆罗门教传入中国也很早。据《唐大和上东征传》记载，天宝九载（750），广州"有婆罗门寺三所，并梵僧居住。……江中有婆罗门（指印度）、波斯、昆仑（指东南亚）等舶，不知其数；并载香药、珍宝，积载如山"。泉州发现过许多印度教石刻、石雕，有的学者推测，8 世纪唐朝的泉州港为广州的辅助港口，印度教很有可能自占城[55]入广州，然后传到泉州的。也有人认为是从爪哇向泉州发展的。

泉州发现的印度教遗迹主要有三处：一是西南门外的"石笋"遗址，二是泉州西北幼师校内的祭坛遗址（已被填埋建楼），三是南门汽车总站内的"番佛寺"遗址。研究者认为，石笋应是北宋以前的遗物。清乾隆本《泉州府志·古迹》载："石笋，在临漳门外，山川坛西。石卓立二丈许，江在其下，故名笋江。北宋大中祥符四年（1011），郡守高惠连击断石笋。明朝成化郡守张岩补之，今存石笋有断裂痕。"实际上，石笋是男性生殖器崇拜的象征，在印度教中属于早期即婆罗门教的内容，湿婆的神像之一就是男性生殖器石像。"番佛寺"遗址收集到的石刻较多。这些精美的雕作，从其纯粹的异国风格来看，可能直接出自外国工匠之手。不过，宋代泉州石雕技艺已经很发达，如果有印度教徒提供粉本、画稿之类，本地工匠也能造出这些石雕。因此，在泉州印度教石刻的某些装饰部分才又出现了"双凤朝牡丹"之类中国传统花纹。泉州番佛寺毁于元末。

五、伊斯兰教

伊斯兰教兴起于7世纪初的阿拉伯半岛，到了8世纪中叶迅速发展为跨亚、非、欧三大洲的世界性宗教。中国旧称伊斯兰教为大食法、大食教度、天方教、清真教、回回教、回教等。伊斯兰（al-Islam）系阿拉伯语音译，原意为"顺从""和平"，指顺从和信仰宇宙间独一的最高主宰安拉及其意志，以求得现在与未来的和平与安宁。信仰伊斯兰教的人统称为穆斯林（Muslim，阿拉伯语"顺从者"之意）。

长期以来，许多学者对伊斯兰教传入中国的初始年代进行了广泛、深入的研究。其中代表性的说法有：隋开皇年间说、唐武德中说、贞观初年说、永徽二年说、8世纪初年说等五种。但由于缺乏确切的证据，目前尚无定论。据说，先知穆罕默德有一条训教（Hadith）："学问即使远在中国亦当求之。"由此看来，伊斯兰教传入中国，当与大食人尤其是大食商人东来有关。中国有关伊斯兰教的记载，要数杜环《经行记》最早。有人研究《经行记》的记载，认为"基本上已将伊斯兰的信仰、礼拜、封斋、宰牲、饮食等重要功课都涉及到了，生动具体而正确，在此以前和以后实所少见"[56]。

尽管现在发现中国最早的清真寺属于宋代，但据史料记载，760年在扬州发生的一次变乱中，遇难的大食、波斯商胡有数千人；黄巢乱军攻陷广州，大食人、波斯人、拜火教徒、基督教徒、犹太教徒遇害者达十二万人，一说为二十万人。这些数字容有夸大之处，却在一定程度上反映出聚居广州的大食人数量之多。据其宗教仪轨，穆斯林须履行拜功，即每日朝天方（麦加）礼拜五次；三人以上必须行聚礼，即每周五到清真寺礼拜。住唐大食人既多，必然要有聚礼场所。所以，可以肯定唐代中国已经建有清真寺。

唐朝后期回鹘西迁，其中有部众徙居中亚楚河流域，后来参与建立黑汗王朝或黑韩王朝（Qarakhanids）。黑汗王朝跨葱岭东、西，从10世纪中叶至13世纪初存在达两个半世纪。10世纪中，萨图格博格拉汗当政，他首先皈依了伊斯兰教；其子穆萨继位后，在苏菲派教士的帮助下，960年宣布伊斯兰教为国教，约二十万帐操突厥语部族人皈依了伊斯兰教。黑汗王朝是中国历史上第一个以伊斯兰教为国教的边疆族群政权，也是世界上第一个操突厥语族群建立的伊斯兰王朝。以后，随着黑汗王朝的扩张，以于阗、龟兹等地为代表的西域佛教文明渐次凋敝，伊斯兰教覆盖了佛教的第二故乡西域。

不过，伊斯兰教在中原地区的传播，主要还是与元代回族在中国的形成有关。蒙古兴起以后，通过三次西征建立了横跨欧亚大陆的庞大帝国，其中也包括了部分伊斯兰世界。在忽必烈征服南宋的过程中，许多信奉伊斯兰教的阿拉伯人、波斯人、中亚人等被组成"西域亲军"，参加了在中国的征战。战后，这些人就地屯聚，分驻各地，尤以西北居多，其他散处西南和中原，后来还有一部分被迁往江南。此外，蒙古人还把一大批有技艺的穆斯林工匠遣送至中国各地，其中绝大部分也在当地定居。蒙古人把尚未改宗伊斯兰教的西迁回鹘后裔称畏兀儿，已经改宗的仍称回鹘，音讹为回回。以后又加以引申，统称西域穆斯林诸族及其来华后裔为"回回"，归类为色目人。回回穆斯林对建立元朝有功，所以社会地位仅次于蒙古人，而高于汉人、南人。由于穆斯林人口急剧增加，加之社会地位较高，因此伊斯兰教在元代中国迅速传播、发展，并逐渐形成了"大分散、小集中"的局面。到了明朝末年，开始出现了伊斯兰教经典的汉译本。

第四节　造纸术的外传

一、造纸术初传周边

纸是古代中国对人类文明的重大贡献之一。纸作为书写材料早就传出去了。但是，造纸术的传出却要晚些。就日本"和纸"的制作而言，是在6世纪末，由高句丽僧人昙征从中国传去的。今天，和纸已成为工艺品，以楮为原料，所以又称纸为楮先生、楮夫子。1972年在吐鲁番阿斯塔那墓区出土一份断代为620年的文书，上面除高昌官吏的名字外，还有"纸师隗头六奴"；另一份文书写有"当上典狱配纸坊驵（驱）使"字样。纸师、纸坊的存在是当地造纸的最明确证据。中亚穆格山出土8世纪初的粟特文书，几乎全都是用羊皮纸和木简写的，可见当时当地还不会造纸。目前得到普遍公认的说法，造纸术传到中亚、西亚是在751年怛逻斯战役之后。

二、西传伊斯兰世界

751年7月，唐军和阿拉伯军分别应中亚地方王公之请出兵怛逻斯（今哈萨克斯坦江布尔），双方对峙五日，高仙芝率领的唐朝军队终因参战的葛逻禄部众前阵倒戈而溃败。被俘虏到阿拉伯国家的唐朝士兵中有不少工匠，从而促成了中阿之间第一次技术转移。据阿拉伯文献记载，怛逻斯战役被俘的中国士兵里有造纸工匠，正是他们在撒马尔干建立了伊斯兰世界的第一座纸坊。

在中国纸和造纸术传入阿拉伯世界之前，西亚和埃及使用皮革（Jild, adIm）和纸草（papyrus）作为书写材料。5世纪以后，阿拉伯人还使用一种特殊的羊皮纸，阿拉伯语把这种纸叫作"窝拉格"（waraq，本意为树叶），这个词后来就成了阿拉伯语对纸的称呼。阿拉伯人大量而普遍造纸、用纸是在阿拔斯朝鼎盛时期，这显然是和当时文化的昌盛分不开的。794年，哈里发哈仑·拉施德（Hàrun al-RashId，786—809）派驻呼罗珊（Khuràsàn，今伊朗东北部及其以东、以北地区）的总督法德勒·本·叶海亚（al-Fadl b. Yahyà）在巴格达按撒马尔干的模式开办了伊拉克境内第一家纸厂。以后，帖哈麦（Tihama）、也门、大马士革、提贝利亚（Tiberias）、特里波利、哈马（Hamat）等地陆续建立起了纸厂，其中叙利亚的大马士革在数百年中都是向欧洲供应纸张的主要产地，欧洲人把这里生产的纸称为 charta damascena。

在纸坊广泛建立的前提下，795 年以后，阿拉伯世界开始出现了以抄书为业的书坊。在这一点上可以说，阿拉伯发展起灿烂的中世纪文明，而且为欧洲"文艺复兴"保存了古典文化成果，这是与造纸术这一中国人的伟大发明分不开的。确实，人类有文字的历史已经好几千年了，但在造纸术传开之前，各种书写材料留下的记载加到一起也还是少得可怜。大概，除了中国之外，即使是在文明发达的地区，人们也很难单凭文字记载构拟出上古（中世纪以前）历史的连续性完整画面。

三、造纸术发展及传到西方

造纸术在 9 世纪传入埃及，而后有长足的发展。在埃及法尤姆发现的 800—1388 年的大量阿拉伯古纸中，最早的纸质文书属于 796—815 年。10 世纪以后，摩洛哥的首府非斯成了造纸业中心，造纸术由此传入欧洲的西班牙、意大利等国。

西班牙境内的造纸业最初还是掌握在阿拉伯人手里。基督教国家里第一个见于记载的纸厂，是 1189 年在比利牛斯山北麓法国境内的埃罗（Hérault）城附近兴建的。1276年，在蒙地法诺（Montefano）建立了意大利第一家纸厂。1391年，德国纽伦堡和科隆开设了纸厂。波兰境内克拉科夫的纸厂建于1491年。1498年，奥地利维也纳开始设厂造纸。英国到1494年才有第一家纸厂的兴建。其他欧洲国家则要到16至17世纪时才开始造纸。上述欧洲各国造纸都是采用中国式的手工业生产方式和技术设备，但直到17世纪以前，欧洲的造纸工艺和质量都还不及中国宋代的水平。墨西哥1575年有了造纸生产，美国直到1690年才在费城兴建了第一家纸厂，加拿大开始自行造纸已是1803年的事了。到19世纪，中国造纸术已经传遍了世界五大洲。

第五节　隋唐东亚与汉字文明

在世界文化史上，亚洲东部中国、朝鲜、日本、越南的古代文化别具特色。研究者认为，汉字表达的种种文化模式、以儒教为主的政治思想和伦理道德、中国佛教以及至唐代臻于完善的律令制度，这四点构成了东亚文明的主要特征。而且，不言而喻，这些文化特征都是以汉字为基础并以汉文为传播媒介而形成的。

一、汉字汉文流行

（一）朝鲜半岛

考古发现表明，早在汉代，朝鲜半岛就行用汉文。韩国古代

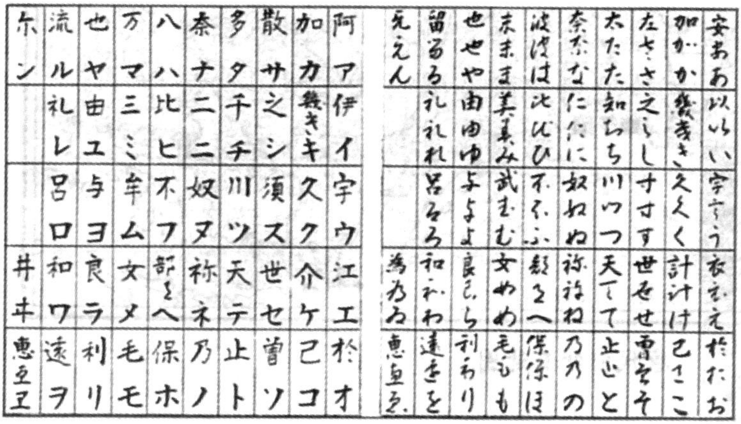

図 11-8　日文假名与汉字关系

没有其他文字，汉字就成了半岛人群表达和记述的工具。7世纪开始，半岛上产生了所谓"吏读"（或作"吏道""吏头""吏吐"），即用汉字的音表示韩语里的助词、助动词等，夹在汉文中间，作为帮助阅读汉文的工具。15世纪中叶，李氏王朝的世宗和郑麟趾等人，在中国学者黄瓒的帮助下，参考中国韵书，研究创制了"谚文"，这是今天韩国拼音文字的滥觞。然而，直到中日甲午战争（1894）以前，汉文一直作为韩国的正式文字流行。例如，一千七百零九卷的《李朝实录》全都是用汉文写成的。

（二）日本

隋唐以前，文献史料有关中日文化交流的记载不多。《三国志·魏书·倭传》曾记载，女王国"王遣使诣京都（洛阳）、带方郡、诸韩国，及（带方）郡使倭国，皆临津搜露，传送文书赐遗之物诣女王，不得差错"[57]。有人据此推断，既然曹魏带方郡的汉文文书乃至以后册封"亲魏倭王"的诏书能够送达女王，那么当时女王左右应有能识汉文甚至书写汉文信件的人员[58]。一般认为，晋武帝太康六年（285），王仁从百济到日本，教皇子稚郎子以《论语》《千字文》，是日本人学习汉文的开始。据《宋书·蛮夷传》记载，宋顺帝升明二年（478），倭王武遣使中国，使臣带来的表文纯属汉文。从和歌山县隅田八幡神社所藏人物画像镜、熊本县船山坟所出铁刀和琦玉县稻荷古坟所出铁剑的铭文看来，当时日本也用某些汉字作为音标，但文字仍然全为汉文。8世纪以后，日本受梵文启发，利用草体汉字造平假名，用楷体汉字偏旁造片假名，这种音节文字和汉字一道沿用至今。

（三）越南

越南古代也和韩国一样，曾经长期使用汉字汉文。直到13世纪与世纪之交，越南人才创造出"字喃"（意即"越南字"），仍是以汉字为素材，运用形声、会意、假借等造字方式来表达越南语。直到近代，越南才有了用拉丁字母书写的越南文。

二、文明文化传播

（一）统一新罗

韩国历史上继三国时代之后，从新罗灭百济、高句丽（668）起，到其灭亡（935）止大约二百七十年的时间，称为统一新罗时代。新罗自建国起，一直以今庆尚北道的庆州为都城。新罗都城的规划以宫城月城为顶端，采取纵横交错如棋盘状的条坊制，现在有的地方还残存着里坊的围墙。这种整齐的规划制度，是模仿中国隋大兴城即唐长安城建制构造的（参见本书第八章第三节）。新罗国学里以儒家经典作为考试科目。"新罗号君子国，知《诗》《书》"，所以唐玄宗曾特别派经学家邢璹前往充使。唐代的文学、医学、天文历法都曾传入新罗，绘画、雕塑、音乐也有影响。

隋唐时代，外国人求法往往来华，不一定去印度。隋初有新罗僧人智明、圆光、昙育及惠文等来中国研习佛法，先后学成归国。佛法演至隋唐，宗派大兴。新罗入唐学问僧很多在华得到各宗大师的传承，归国开宗。新罗所传中国佛教的宗派，可考者有四：天台宗、法相宗、华严宗、禅宗。韩国现存庆州石窟庵的石佛和菩萨像，与唐代的造像风格十分接近。

（二）日本

1. 制度

自盛唐时代起，日本遣唐使都挑选博通经史、娴习文艺和熟悉唐朝情况的人担任。645 年六月，中大兄皇子等拥立孝德天皇，仿中国建年号大化，迁都难波（今日本大阪）。次年，设教官，以留唐回国的学问僧僧旻、留学生高向玄理为博士，参与革新。在日本政治史上，大化革新和明治维新（1868—1889）是两次划时代的进步。明治维新是模仿西方政治社会制度，大化革新则是模仿中国唐代的典章制度。行班田制，造户籍，修京师官署、郡国驿站，都是模仿唐朝的做法。从考古发掘可以看出，日本建于 7 世纪后半至 8

世纪后半的难波京、藤原京、平城京、长冈京、平安京，其平面均作长方形，以南北中轴线纵贯城市正中，于轴线北端置宫城，轴线左右两侧对称布置里坊。这显然是模仿了唐长安城的设计特点。不仅如此，平城京（今日本奈良）和平安京（今日本京都）许多宫殿、大门和街道的名称也是袭用唐长安城的，如太极殿、朱雀门、朱雀街等。文武天皇大宝元年（701）颁布《大宝律令》；养老二年（718）修成《养老律令》，几乎全是抄袭唐朝的律令制度。考试任官，一准唐制。《大宝律令》的官制一直沿用到明治维新。明治初年有二官八省，现在日本内阁各部还称"省"，就是承袭《大宝律令》而来。

2. 儒学

有人认为，佛教之外，中国精神文明对日本影响最深的就要推儒家思想了。唐朝的教育制度传到日本，于是唐代的教育内容和精神也就支配了日本。京都设大学，各国设国学，学校教授经书：《礼记》《左传》为大经，《毛诗》《周礼》《仪礼》为中经，《周易》《尚书》为小经，并兼习《孝经》《论语》。经书成为士大夫的必读书。如菅原氏自清公、是善至道真，三世皆通经史，为文章博士，成为儒学世家，连所作诗文也都是宣扬忠孝仁爱、纲常名教的。道真（卒于903）被民间视为天满天神，到处为他建庙塑像，他的庙也被称为圣庙，将其与孔子齐名。另外如三善清行，也是饱读儒家典籍，曾经有《上封事》一篇万言长文，列举意见十二条，主张谨祭祀、复学田、抑僧侣等，都是儒家思想的表现。名儒吉备真备两次游唐，留学十七年，在日本首倡行释奠礼，用大衍历。后来，宋明理学也都传入日本。尽管明治维新以后，日本风靡欧美学术，但直到现代，日本研究中国文化的仍为数不少。实际上，离开中国传统文化，明治以前的日本将没有文化可言；否定中国文化的价值，也就等于否定日本自身的文化价值。

3. 图书

自隋唐以后，中国历朝均有大量汉籍输入日本，成为中外文化交流的重要一环，有学者据此提出"书籍之路"的概念。这条"书籍之路"还涉及东亚的韩国、越南等，但以日本为最突出。据研究，隋唐时期汉籍传入日本的途径主要有五条：（1）遣唐使求书。（2）入唐日本人获得的私人馈赠。（3）渡日唐人随身携带。（4）中国商船的载运。（5）新罗人、渤海人的传播。有唐一代，传入日本的汉籍数量惊人。日本贞观十七年（875）编撰的《日本国见在书目》，辑入典籍一千五百七十九部，一万七千三百四十五卷，约当《隋书·经籍志》的一半，《旧唐书·经籍志》的三分之一强，而这只是皇室图书馆（冷然院）化为灰烬之后编撰的残存书目[59]。

4. 文学

由于采用汉文，中国文学史上的形式、风格乃至思想内容随时影响到日本，并启发日本文学。日本现有最早的史书是《古事记》（712 年成书）和《日本书纪》（720 年成书），其中有些神话传说就有不少中国成分。日本最古的汉文诗集是《怀风藻》《凌云集》《文华秀丽集》《经国集》，都成于唐中叶，深受六朝到唐初骈体文的影响。最古的和歌《万叶集》，日本人比作中国的《诗经》；五七调的确立，系仿中国五七言诗；长歌系仿乐府古诗；诗歌题材或仿刘伶《酒德颂》，或仿李白《月下独酌》等。此外，如游宴、赠答、和歌、题咏、送别等，大抵皆袭取唐朝诗人意境。日本最有名的长篇小说《源氏物语》桐壶卷，就受到了白居易《长恨歌》的启发。

5. 艺术和习俗

日本书法、绘画皆源于中国，多为隋唐时代传入。随着历法的传入，中国的许多节令风俗也传到了日本。与节令有关的某些饮食、服饰、器用也为日本所采纳。奈良东大寺正仓院所保存的许多文具、衣饰、屏风、乐器等都来自唐朝，或为仿唐作品。奈良朝始铸铜钱，元明天皇和同年间（8世纪初）所铸的"和同开珎（宝）"，就是模仿"开元通宝"的形式。

6. 佛教

日本奈良时代（710—794）的所谓古京六宗，均为唐代中国的宗派。如唐初道昭、智达、智通来从玄奘受学，其后又有智风、玄昉来从智周受学，归国后分为南寺、北寺，两传法相之学而成立专宗。日僧道光先入唐学南山律，后中国鉴真法师赴日传法，日本成立了律宗。

平安时代（都平安京，即今日本京都，794—1192）初期，日僧入唐求法之风极盛，归国携去大量经典。有学者曾统计过所谓入唐八大家请去经典的情况：

最澄　230部，460卷，多系天台章疏。

空海　216部，461卷，多系真言宗典籍。

常晓　31部，63卷，真言宗。

圆行　69部，123卷，真言宗。

圆仁　584部，794卷，密教经典杂以他宗章疏。

惠远　180卷，多系密教。

圆珍　441部，1,000卷，密教。

宗叡　134部，143卷，密教。

　　最澄和空海是日本最早的两位名僧。最澄于贞元二十年（804）入唐，先在天台从道邃（天台第十祖）传教，后在越州就龙兴寺顺晓学密教。明年赍经论归国，反对古京之佛教，提倡天台宗。著述甚多，法门极盛，入唐八大家中的圆仁、圆珍都是其弟子。空海与最澄同来中国，在长安青龙寺从惠果受两部密法，元和初（806）归国创真言宗。世人称空海为弘法大师，入唐八大家中的常晓、圆行、惠远、宗叡都是他的法裔。显然，最澄和空海在日本平安时代所弘扬的都是自成体系的中国佛教。空海还编写了《文镜秘府论》和《篆隶万象名义》，是关于中国文学批评和文字学的重要著作。

　　圆仁（794—864）838年入唐，847年归国，在唐期间适逢武宗会昌毁佛事件。他著有《入唐求法巡礼行记》，是研究唐代社会、政治、经济、宗教、文化及中日两国关系的重要史料。圆仁示寂后，866年，清和天皇赐予他"慈觉大师"谥号，同时赐其师最澄为"传教大师"。在日本佛教史上，僧人被赐予大师称号者以此为最早。

　　研究者认为，吸收外来文化，最重要的是在于选择消化。日本模仿盛唐教育制度而不兴道教；抄袭中国典章而不用宦官；效法宋明社会礼俗而不学缠足，殊不失为明智。看日本运用、消化中国文化的成就，可以给我们创造新的现代文化以不少启示。

第六节　唐代中外海路交通与交流

一、海路交通的发展

　　唐代对外海路交通正处在中国古代海上交通大发展的前夕。众所周知，唐代著名高僧义净往印度求法，历二十五年（671—695），来回都是乘船走的海路。不仅如此，据研究，唐代中国已能造大海舶，其结构多达五层。而且，唐朝的中国人已经可以直接横渡印度洋，抵达波斯湾和阿拉伯半岛南部。有人认为，674—676 年，有达奚弘通泛海西行，从赤土（今马来半岛西部吉打 Kedah 以南）经三十六国而抵达虔那。有的学者将虔那比定为阿拉伯半岛南部的 Bandar Hisn Ghorah。达奚弘通著有《海南诸番行记》一卷，原书已佚，《玉海》卷一六引《中兴书目》保存了弘通西航的事实。有人认为，762 年杜环从波斯湾启程归国，搭乘的就是中国商船。段成式《酉阳杂俎》（成书于 850—860）中的"拨拔力国"，有学者考证就是东非索马里海岸的柏培拉。由此可见，古代中国人西航的海路，到唐中期已经基本开通，以后的发展主要是规模的扩大。

　　唐代通南海的航路被贾耽记作"广州通海夷道"。这条海上航线从广州出发，越过南中国海，横穿马六甲海峡，到达当时南海中的大国室利佛室（今印度尼西亚苏门答腊）；经过马来半岛西岸，到达师子国（今斯里兰卡）、印度。由印度再驶向阿曼湾，抵达波斯湾头的重要商埠巴士拉，最终可从巴士拉到阿拉伯帝国的首都报达（即巴格达）。

　　在东亚，唐朝与新罗之间的海路自登州（今山东蓬莱）出发，东北海行，过大谢岛（今山东长山岛）、龟歆岛、末岛、乌湖岛（今北城隍岛）三百里，北渡乌湖海（今老铁山海峡），至马石山东之都里镇（今旅顺口附近石岚子）二百里。东傍海壖，过青泥浦（今大连西南小平岛）、桃花浦、杏花浦、石人汪（今石城岛）、橐驼湾（大洋河口）、乌骨江（今鸭绿江口附近）八百里。乃南傍海壖，过乌牧岛、浿江口（今朝鲜大同江口）、椒岛，得新罗西北之长口镇（今朝鲜长渊唐馆浦）。又过秦王石桥、麻田岛、古寺岛（今韩国江华岛）、得物岛（今韩国大阜岛），千里至唐恩浦口（今韩国忠清南道唐津）。乃东南陆行，七百里至新罗王城（今韩国庆州）。此外，据日本僧人圆仁的《入唐求法巡礼行记》记载，唐与新罗之间的海路尚有自明州（今浙江宁波）或扬州出海，经黑山岛至今韩国全罗南道的灵岩。由于陆路遥远难行，因此唐与新罗的经济、文化交流主要是走海路进行。

日本与唐朝中国之间也有多条海上航线：北路自难波（今日本大阪），经筑紫（今日本福冈）、壹岐岛、对马岛，沿朝鲜半岛西海岸北上，再傍辽东半岛东岸西南下，最后横渡渤海湾，到唐登州登陆；南岛路自难波，经筑紫、多（今日本种子岛）、夜久（今屋久岛）、吐火罗（今宝诸岛）、奄美（今大岛），横渡东海，到长江口登陆；南路自难波，经筑紫、值嘉岛（今日本五岛），横渡东海，到长江口登陆。在 7 世纪时，日本遣唐使所使用的航线一直是北路；自 8 世纪开始，由于日本与新罗关系恶化，主要采用南岛路和南路。

二、陶瓷之路

唐五代是中国陶瓷史上一个大发展时期。表明这种状况的一个重要事实就是，至迟从9世纪下半期起，中国陶瓷已输出到海外。韩国和日本都发现过唐代长沙窑青瓷壶，日本不仅发现了唐三彩，还发现了日本制陶工匠仿制的"奈良三彩"。

在南海航路沿岸的许多国家都出土过唐代瓷器：在马来西亚的彭亨，发现过唐代四耳青瓷尊；在印度尼西亚也出土有唐代越窑、长沙窑和三彩陶器；印度东南海岸的阿里卡美都（Arikamedu）村，发现过唐末五代的越窑青瓷；巴基斯坦卡拉奇东郊的班波尔（Banbhore）是古代印度河口的重要海港，这里发现了晚唐时期的越窑青瓷壶和长沙窑碗。专家认为，长沙窑是专为出口而生产的，所以使用的颜色、图案等和一般的中国陶瓷不同，而且在中国国内很少见到。这种瓷器在班波尔出土，有助于查清9世纪时经印度西去的陶瓷之路的路线。

在波斯湾的阿拉伯的重要港口尸罗夫（SIràf），出土了大量的中国陶瓷碎片。其中唐代的白瓷和越窑青瓷，正是阿拉伯古典作家及旅行家苏莱曼（Sulaymàn al-Tàjir）的中国游记所记述的中国瓷器。伊拉克的萨马拉（Samarra）遗址是阿拔斯哈里发朝在838—883年的都城，在这个遗址中发现了来自中国的白瓷、青瓷和三彩陶器的碎片。对其中青瓷的分析表明，属于越窑产品。在北非埃及首都开罗附近的福斯塔特遗址，考古学家在这里发现了许多中国陶瓷碎片。有人从这些瓷片中捡出了六百多片越窑青瓷，还有不少唐代白瓷和三彩陶器碎片。现代考古不仅在埃及、波斯等地发现了唐三彩，而且发现了仿唐三彩的埃及三彩（多彩陶器）和波斯三彩。

三、唐朝与阿拉伯的经济文化交流

6世纪下半叶，阿拉伯半岛上发生了具有深远历史意义的大事：570年左右，在商业重镇麦加，从事转贩贸易的古莱士（Quraysh，唐代汉文史籍作"孤列氏"）部落的哈希姆（Hàshim，唐代汉文史籍作〔盆泥〕奚深）家族诞生了伊斯兰教的创始人穆罕默德（Muhammad，约570—632）。在622—632年的十年间，走出沙漠的阿拉伯人在穆罕默德所创教义的指引下，完成了半岛的统一事业。

632年，阿拉伯人在建立帝国的过程中攻陷了底格里斯河口附近的乌剌（Ubullah，今伊拉克巴士拉附近）。阿拉伯作家巴拉祖里（al-Balàdhuri，卒于892）、迪纳瓦里（al-DInawari，卒于895）等记述说，乌剌是一个"中国港口"。《新唐书·地理志七》下附贾耽《皇华四达记》广州入南海路程记载，由乌剌乘小舟沂流而上，二日至末罗国（Basrah，即巴士拉），又西北陆行千里，到达阿拔斯哈里发王朝（唐称黑衣大食）的国都报达（Baghdàd，即巴格达）。乌剌以"中国港口"见称，这反映了当时中国与西亚及阿拉伯世界往来的密切程度。

现在看来，阿拉伯人与中国官方正式通好，当以《旧唐书·西域传》所记永徽二年（651）大食王噉密莫末腻[60]遣使为最确。唐代称阿拉伯为"大食"，来自波斯人对邻近阿拉伯部塔伊部（Tayyi'）的称呼 Tačik。倭马亚王朝（唐称白衣大食）及其派驻呼罗珊的总督不断通好中国，使节、商队络绎于途。20世纪60年代在陕西西安西窑头村晚唐墓中出土三枚倭马亚朝金币，这是迄今所知中阿交流往来最早的实物证据。

750年，阿拔斯朝（黑衣大食）取代倭马亚朝（白衣大食）。从阿拔斯朝的首都（曾三迁，但主要在巴格达）到外省的驿路四通八达，从而为物资运输和商旅往来提供了便利。在巴格达的市场上，有些从外地转运来的货物，甚至超过了原产地的数量。著名的阿拉伯学者贾希兹（al-JahIz，意为"鼓眼睛"，776—868）在其编纂的《商务观察》（*KitÑb al-Tabbassur bil-tijÑra*）中开列从中国输到巴格达的货物，有丝绸、瓷器、纸、墨、鞍、剑、香料、麝香、肉桂以及孔雀等。伊本·忽尔达兹比赫也列举过中国输往阿拉伯世界的商品名目，计有白绸（harIr）、彩缯（firand）、金花锦（Kimkhàw，即销金缎）、瓷器、麻药（silbani）、麝香、沉香木、马鞍、貂皮（sammur）、肉桂、姜。当时，唐朝的长安和阿拔斯朝的巴格达是世界上两大文明中心。双方的交往不仅在两国关系史上，而且也在世界中古史上构成了光辉的篇章。

四、蕃客来华与住唐

商业的发达导致阿拉伯人在海上势力的增长。8世纪以后，阿拉伯人取代犹太人、波斯人、印度人而取得了印度洋上的优势，并且把这一优势一直保持到15世纪末葡萄牙人东来为止。因此，8世纪中叶以后，中阿交往中海路的重要性渐渐超过陆路。来华的大食人多侨居在广州、泉州以及江浙沿海港埠，并往往和波斯人聚居一处。此外，在沿海商埠通往长安、洛阳的交通冲要如洪州（今江西南昌）等地，也有不少阿拉伯、波斯侨民。他们自立蕃坊，自有蕃长管勾公事。唐朝在广州先后设置过市舶使、市舶中使（即由宦官担任的市舶使）、监舶使、押蕃落使、结好使等职，负责处理与侨民、外商的交往事宜。现在人们所知唐代最早的市舶使是开元二年（714）的周庆立。唐廷重视对蕃商的贸易，岭南节度使、广州刺史负有招徕蕃商、鼓励贸易的责任。834年，唐文宗还颁布诏令，命岭南、福建、扬州等处节度使、观察使等对蕃客常加存问，除舶脚（海关税）、收市（工商税）、进奉外，任其自由往来贸易，不得重加税率。由于有种种便利条件，侨居或定居于唐代沿海商埠的阿拉伯人、波斯人往往数以千万计。

在众多来华的大食人中，现在只有屈指可数的人物在文献中留下了名字。有一位阿曼人、伊巴底叶派教长阿卜·乌拜达（Abu 'Ubayda 'Abdallàh b. al-Qàsim），在 758 年以前曾从事对中国的沉香木贸易，这是迄今所知最早的留有名姓的来华大食商人。851 年编定《中国印度闻见录》（KitÑb 'AhbÑr al-Sin wa'l-Hind）的佚名作者记述了商人苏莱曼等人东来的见闻，其中有关中国的丝、酒、醋、糖、茶、瓷器等物产的记述和有关行政、司法、市舶等报道，至今仍常常为人们所引述。

唐代入华的大食人、波斯人等，有些与汉人通婚，定居下来。这些久居不归的蕃客，被称为"住唐"。住唐的蕃客开办蕃学，受汉文化熏染日深者或取科第。唐宣宗大中元年（847），曾任岭南节度使的卢钧向朝廷推荐大食人李彦升。大中二年（848），彦升以进士及第。在唐代，试进士须通五经、明时务，进士登第，最为荣耀。彦升以阿拉伯人而膺礼部选，可见其学力已非一般。又有李珣（约 855—930），字德润，其先人李苏沙是波斯商人，曾献沉香亭材料给唐敬宗。珣虽土生波斯，但旅居在中国西南梓州（今四川三台）多年，勤奋学习中国文化，所吟诗句，往往动人。五代前蜀王衍（918—925 在位）时，李珣曾以秀才预宾贡，其妹舜弦为王衍昭仪。他兼通医理，又卖香药，仍不失波斯人本色。其著作有：《琼瑶集》，已佚；《海药本草》，为宋代唐慎微《证类本草》、明代李时珍《本草纲目》所引用。李珣词尚存有五十四首，风格朴素，多写南海风光，具有浓烈的江南水乡气息和民间特色，如其《南乡子》："烟漠漠，雨凄凄，岸花零落鹧鸪啼。远客扁舟临野渡，思乡处，潮退水平春色暮。"

第七节　晚唐五代西北民族迁徙及其历史影响

一、晚唐动荡的亚洲大陆

9 世纪 20 年代到 10 世纪 10 年代这九十年间，亚洲大陆上的政治格局发生了很大变化。首先是阿拔斯哈里发朝的东部相继出现了各式各样的小王朝；接着，840 年，漠北继后突厥（682—745）而兴的回鹘汗国（744—840）被黠戛斯打散，余部迁到河西和西域；846（一说 842）年，吐蕃赞普朗达玛遇刺身亡，吐蕃王国开始分裂、崩溃，内讧和暴乱一直持续到 10 世纪中，最后形成若干地方势力长期割据的局面；907 年，在党争宦祸、藩镇割据、民变动乱中衰疲不堪的唐王朝灭于朱温，中原于是进入了五代十国时期。总之，从前几大势力维持的均衡局面被打破了，亚洲大陆上出现了力量重新组合的多元并立形势。这种形势持续了约四百年，直到蒙古征服时代才告结束。

二、西迁回鹘的文化

（一）回鹘文

20 世纪 50 年代，在蒙古乌兰浩木地区发现了八行古回鹘字铭文，表明回鹘人在漠北已经采用粟特字母创造了自己的文字。迁到西域的回鹘人，曾用回鹘文来书写各种文书，包括佛典及摩尼教、景教经典。回鹘文对契丹小字、蒙古文的产生都有影响，蒙古文字母又被满族人借用而创制了满文。金帐汗国、察合台汗国和帖木耳帝国都曾用回鹘文作官方文字。直到清初，还有用回鹘文刻《金光明经》的。

（二）摩尼教——佛教

回鹘人在漠北信摩尼，西迁后一度造成摩尼教势力在西域的发展。然而不久，回鹘便渐染佛教。在这种转变中，他们把摩尼教的思想也带入佛教之中，如回鹘佛教中用摩尼教诸神之名来称诸天和恶魔，梵天（Brahma）称 Äzura，帝释（Indra）称 Khormuzta 等。Äzura 是伊朗神 Zurvan 之音转，Khormuzta 是 Ormuzd 的音转。管恶魔的称作 Šamnu，这也来自摩尼教。回鹘文佛典中有译自原典的，有译自藏文的，也有许多译自汉文的。著名的《大慈恩寺三藏法师传》也有了回鹘文译本。

（三）文学、艺术及观念

西域回鹘的混合文化并不限于佛教方面，其他还有大约是与摩尼教一起传来的《伊索寓言》的节译，用于占卜的《圣经》文句摘选，以及中原地区的易卜知识。唐朝统治西域期间产生的融合中原与西域两种画风的艺术，到回鹘西迁以后表现得更明显了。甚至在后来回鹘人参与建立的黑汗王朝（Qarakhanids，约 10 世纪中至 13 世纪初），好些可汗还自称"桃花石"（Tabghach），有人认为即"唐家子"的音转。巴托尔德（V. V. Barthold，俄籍德裔突厥学家，1869—1930）肯定这表现了操突厥语族人对中国国家观念的一种爱好。

三、回鹘西迁的历史影响

（一）突厥人的伊斯兰化和中亚的突厥化

回鹘西迁的更重要的意义在于操突厥语族群大规模转向定居，从而开始了突厥语诸族伊斯兰化和中亚的突厥化历史进程。这个历史进程很值得研究，因为在此以前，突厥语民族显然比定居中亚的操伊朗语民族文明程度要低，或者说文化成就要少得多。突厥人转向定居，不但没有被征服地区民族的较高文化所征服，反而将这些较高文化的民族同化了，其原因何在？也许就因为，操突厥语诸族的伊斯兰化是稍早于中亚突厥化而与后者相继发生、进行的。巴托尔德曾经写道，在当时，突厥语民族要想获得定居地区的文化成果，接受伊斯兰教是一个便利途径。这就是说，突厥人是先接受较发达的文化以后，才去进行"征服"的。换句话说，正是突厥人在接受外来文化方面的主动性，使他们保持了自己的民族优势。

（二）操突厥语族群的迁徙活动

据研究，还在漠北回鹘西迁之前，就有一些九姓乌古斯（Toquz Oghuz，即九姓回纥／回鹘）部落在回鹘汗国的扩张活动中向西发展。这些部落迁到了锡尔河下游，在那里同当地的操伊朗语部族接触交流，从而获得了明显不同的新特征，形成了被当时的西方作者不再归于"九姓"而称作虎思或乌古斯（Ghuzz/Ughuz）的部族。10世纪，乌古斯人和黑汗人都改宗了伊斯兰教。10世纪至11世纪，很可能是由于北方契丹人活动对草原上钦察人（Qipchaq，散布在欧亚草原上的铁勒部落与原来斯基泰文化族群的混血种）形成排挤造成的压力，中亚的乌古斯人开始大规模向西、向南迁徙。留在中亚的乌古斯人形成了今天土库曼人的祖先。

南迁乌古斯人的历史作用，并不仅限于他们的著名首领塞尔柱（Seljük，约10世纪与11世纪之交）的后裔曾从哈里发手里夺取世俗统治权而以巴格达为中心建立过一个庞大的塞尔柱帝国（1055—1157）。虽然中世纪的欧洲向东方进行了长达近二百年（1096—1291）的十字军战争，但迁徙的乌古斯人汇合起来对欧洲历史造成重大影响却是在那场旷日持久的战争结束之后。乌古斯人的一个部落在小亚细亚半岛（今土耳其）发展起来，1299年，其首领奥斯曼（Othman）宣布独立，奥斯曼帝国（1299—1922）的名称便由此而来。

（三）奥斯曼帝国的历史作用

奥斯曼帝国在近五百年中成了所有伊斯兰国家的领袖。更重要的是，1453年，奥斯曼帝国攻占君士坦丁堡，消灭了"千年王国"东罗马（拜占庭帝国，395—1453），由此引起了一系列世界性变化：奥斯曼人占据着东部地中海，控制了通往黑海和东方的商路，过境的亚欧商人必须缴纳大量捐税。无休止的战争和海盗活动，也妨碍着地中海海上贸易的正常发展，意大利诸城与东方的贸易受到严重影响。因而，西欧国家开始寻求直接通向东方的新航路。众所周知，1492年，哥伦布是为了去印度而意外发现新大陆的，由此导致的欧洲史上的"地理大发现"活动扩大了世界市场，增加了流通商品，开始了移民拓殖，使西欧发生"物价革命"[61]。欧洲的商业中心也逐渐由地中海区转移到大西洋沿岸。凡此种种，为欧洲近代科学文化的发展创造了条件。

附

录

大事年表

公元	中国纪年	大事
581 年	隋开皇元年	二月，杨坚称帝，是为隋文帝，国号隋，建都长安。 铸五铢钱，统一钱币。颁行《开皇律》。
582 年	二年	于长安故城东南营建新都大兴城。颁均田及租调新令。
583 年	三年	迁都大兴城。 隋军败突厥，突厥分裂为东、西两部。 废郡，行州、县二级制。
584 年	四年	凿广通渠。
585 年	五年	诏诸州置社仓。 东突厥沙钵略可汗称臣于隋，南迁入塞。
588 年	八年	十一月，以晋王广为统帅，伐陈。
589 年	九年	正月，隋军克建康，俘陈叔宝，陈朝亡。 废行台，置并、扬、益、荆四总管府。
590 年	十年	诏府兵入州县户籍。令丁男年五十，免役收庸。
599 年	十九年	东突厥突利可汗内附，隋以其为启民可汗，筑大利城处其部落。
600 年	二十年	废太子杨勇，改立杨广为太子。 日本使者小野妹子抵隋。
604 年	仁寿四年	七月，文帝去世，太子广继位，是为隋炀帝。 是岁，除妇人、奴婢、部曲之课。
605 年	大业元年	营建东都。开通济渠。疏浚邗沟。
606 年	二年	迁都洛阳。
607 年	三年	遣羽骑尉朱宽、海师何蛮使流求。 颁《大业律》。改州为郡，改部分台、省、府、寺官名。 炀帝北巡至榆林，启民可汗来朝。
608 年	四年	开永济渠。

公元	中国纪年	大事
609 年	五年	炀帝亲征吐谷浑，置西海、河源、鄯善、且末四郡。伊吾吐屯设内附，以其地置伊吾郡。高昌王曲伯雅朝见炀帝于张掖。大索貌阅。 全国郡一百九十；县一千二百五十五；户八百九十万余，口四千六百余万。
611 年	七年	炀帝将攻高句丽，集百万大军于涿郡，又强征百万民夫运粮械。邹平县民王薄起义于长白山。刘霸道、孙安祖、窦建德、张金称、高士达、翟让、杜伏威等相继起义。
612 年	八年	二月，炀帝渡辽水，一征高句丽。七月，战败，撤兵。
613 年	九年	四月，炀帝二征高句丽，围辽东城，不下。六月，杨玄感起兵反炀帝于黎阳，围逼东都，炀帝被迫撤兵。八月，玄感兵败被杀。
614 年	十年	炀帝三征高句丽。高句丽遣使请和，炀帝撤兵。
615 年	十一年	八月，炀帝北巡，被东突厥始毕可汗围困于雁门。九月，解围，还东都。
616 年	十二年	炀帝幸江都宫，以越王侗等留守洛阳。 李密加入瓦岗军。瓦岗军大败隋将张须陀于河南荥阳。
617 年	十三年	翟让推李密为魏公，据洛口。四月，瓦岗军进逼东都，与王世充相持。 五月，李渊起兵于太原。七月，进军关中。十一月，攻占长安，立代王侑为帝。
618 年	唐武德元年	三月，江都兵变，推宇文化及为首，杀炀帝，立秦王浩为帝，引众西返关中。 五月，李渊废隋恭帝侑，称帝，国号唐，是为唐高祖。隋朝亡。东都群臣立越王侗，改元皇泰，史称皇泰主。 九月，李密为王世充所败，降唐。宇文化及杀杨浩，称帝于魏县，国号许。十一月，窦建德定都乐寿，国号夏。
619 年	二年	二月，初定租庸调法。 四月，王世充废皇泰主，称帝，国号郑。
621 年	四年	七月，窦建德被杀于长安，部将刘黑闼复起义于河北，武德六年被俘。

公元	中国纪年	大事
623 年	六年	三月，唐诏分天下户为上、中、下三等。 八月，杜伏威余部在辅公祐率领下起义，国号宋，都丹阳。
624 年	七年	四月，唐颁行《武德律》及均田、租庸调法。
626 年	九年	六月，李世民伏兵玄武门，杀太子建成及齐王元吉。八月，李世民即位，是为唐太宗。 东突厥深入，逼长安，唐太宗亲临渭水，与颉利可汗结便桥之盟，突厥退兵。
627 年	贞观元年	分全国为十道。
628 年	二年	诏各地置义仓。 薛延陀首领夷男受唐封为真珠毗伽可汗，建汗庭于漠北。
629 年	三年	松赞干布即吐蕃赞普位。
630 年	四年	李靖俘颉利可汗，东突厥亡。日本遣唐使抵唐。
635 年	九年	各乡置乡长。诏天下户分为九等。 李靖大破吐谷浑，其主慕容伏允及子先后为左右所杀，唐立伏允孙诺曷钵为可汗。 景教僧侣阿罗本将景教传入唐。 东突厥阿史那社尔附唐。
636 年	十年	府兵军府改名折冲府，以折冲都尉为长，果毅都尉为副。
637 年	十一年	颁贞观律令格式。
638 年	十二年	高士廉等撰《氏族志》成，又称贞观《氏族志》。
640 年	十四年	八月，侯君集克高昌，唐以其地置西州。九月，置安西都护府于交河城，置庭州于可汗浮图城。
641 年	十五年	文成公主入吐蕃，与松赞干布和亲。
642 年	十六年	魏王李泰等撰《括地志》成。
645 年	十九年	玄奘取经还，抵长安。 太宗征辽东，无功而还。 铁勒九姓大首领率众降唐。
646 年	二十年	《大唐西域记》成书。
647 年	二十一年	于铁勒诸部置羁縻州府。

公元	中国纪年	大事
648 年	二十二年	黠戛斯内附，唐置坚昆都督府。 唐赴天竺使者王玄策俘摩揭陀国王阿罗那顺而归。 契丹内附，唐置松漠都督府。 奚内附，唐置饶乐都督府。 阿史那社尔平龟兹，唐始置安西四镇。
649 年	二十三年	五月，太宗去世。六月，太子治即位，是为唐高宗。 是岁，蒙舍诏首领细奴逻建大蒙国，自称奇嘉王，遣使入贡于唐。
651 年	永徽二年	瑶池都督阿史那贺鲁叛唐，统西突厥十姓之地。 大食第三任哈里发奥斯曼遣使来唐，唐与大食的官方联系始于此。 唐颁《永徽律》。
653 年	四年	长孙无忌等撰修《律疏》成。 睦州女子陈硕真起义，自称文佳皇帝，不久，失败。
655 年	六年	废王皇后，立武则天为皇后。
656 年	显庆元年	《五代史志》（即《隋书》诸志）修成。
657 年	二年	苏定方擒阿史那贺鲁，西突厥亡。唐以其地分置昆陵、濛池二都护府，并隶安西都护。
659 年	四年	诏改《贞观氏族志》为《姓氏录》。 颁《新修本草》，此为世界上第一部官修药典。
660 年	五年	苏定方破百济，擒其王。
661 年	龙朔元年	以萨珊朝波斯王子卑路斯为波斯都督府都督。
663 年	三年	吐谷浑为吐蕃所破，其可汗诺曷钵率众内附，居于凉州。
668 年	总章元年	高句丽内乱，唐遣李勣等攻灭之，俘其王高藏，以其地置安东都护府。
670 年	咸亨元年	吐蕃陷龟兹拨换城，唐废安西四镇。
671 年	二年	义净自广州浮海赴天竺学佛学。
679 年	调露元年	裴行俭平西突厥阿史那匐延都支，重建安西四镇，以碎叶代焉耆。

公元	中国纪年	大事
682 年	永淳元年	后突厥阿史那骨笃禄崛起，回纥受其压迫，西徙甘、凉二州之间。
683 年	弘道元年	高宗去世，太子显即位，是为中宗，武则天执政。
684 年	嗣圣元年 光宅元年	二月，中宗被废，弟李旦立，是为睿宗，武则天执政。 九月，徐敬业于扬州起兵反武则天，三个月后兵败被杀。
686 年	垂拱二年	唐军为吐蕃所败，安西四镇再度失守。
687 年	三年	唐大将黑齿常之败后突厥骨咄禄于黄花堆。
690 年	天授元年	武则天废睿宗，称帝，改国号为周。
692 年	长寿元年	武则天遣王孝杰等大破吐蕃，夺回安西四镇。
694 年	延载元年	摩尼教由波斯人佛多诞传入唐。
696 年	万岁通天元年	契丹李尽忠与孙万荣等叛唐，陷营州，攻略河北诸州。唐诏山东近边诸州置武骑团兵，以御契丹。
698 年	圣历元年	置武骑团兵于河南、河北，以抗突厥。 靺鞨首领大祚荣建震国于东牟山、奥娄河。
699 年	二年	突骑施首领乌质勒遣子朝唐。
702 年	长安二年	始置武举。 分安西都护府天山以北之地为北庭都护府，治庭州，辖西突厥十姓部落。
703 年	三年	遣使括户。
705 年	神龙元年	正月，张柬之、崔玄暐等人发动政变，杀张易之、张昌宗，逼武则天退位，复立中宗李显。二月，复国号唐。
707 年	三年	七月，太子李重俊发动政变，失败被杀。
709 年	景龙三年	金城公主和亲于吐蕃赞普赤德祖赞。
710 年	四年	六月，中宗去世，韦后临朝，立子重茂为帝。睿宗子隆基与太平公主发动政变，杀韦后及安乐公主，逼重茂逊位，拥立睿宗。 刘知幾撰成《史通》。
712 年	先天元年	八月，李隆基即位，是为唐玄宗。

公元	中国纪年	大事
713 年	二年	以河北诸州刺史统领团结兵。 以靺鞨大祚荣所部为忽汗州，大祚荣为都督，封渤海郡王，其地始专称渤海。
721 年	开元九年	令监察御史宇文融主持括户。
722 年	十年	吐蕃夺小勃律九城，小勃律首领没谨忙联合唐军大破吐蕃，唐封其为小勃律王。
723 年	十一年	纳张说建议，募兵宿卫，号长从宿卫。改政事堂名为"中书门下"，下设五房。
724 年	十二年	僧一行制成铜黄道游仪。
725 年	十三年	长从宿卫改称彍骑。 僧一行与梁令瓒制成铜铸水运浑仪。南宫说等人以僧一行之术实测子午线 1° 之长。
733 年	二十一年	改全国十道为十五道，各置采访使。
734 年	二十二年	以裴耀卿为江淮河南转运使，于运河沿线置仓，分段转运江淮粟米。 唐蕃会盟于赤岭，各树界碑。
737 年	二十五年	募诸色征行人及客户为长征健儿。 定令一千五百四十六条，共二十七篇，三十卷，是为《开元二十五年令》。
738 年	二十六年	封南诏皮逻阁为云南王，赐姓名为蒙归义。 《唐六典》成书。
742 年	天宝元年	全国兵数为五十七万四千名，边兵占四十九万。
744 年	三载	葛逻禄、回纥两部败拔悉密部颉跌伊施可汗。回纥部骨力裴罗自称骨咄禄毗伽阙可汗。
745 年	四载	后突厥为回纥所灭。 玄宗敕改波斯（景教）寺为大秦寺。
746 年	五载	敕天下度僧尼，并令祠部给牒。 封回纥骨力裴罗为奉义王、怀仁可汗。
747 年	六载	八月，安西四镇节度副使高仙芝破小勃律。

（续表）

公元	中国纪年	大事
749年	八载	诏停折冲府上下鱼书，府兵制遂废。 陇右节度使哥舒翰攻拔吐蕃石堡城。
750年	九载	安禄山身兼范阳、平卢、河东三节度使。 安西节度使高仙芝袭破石国。 南诏背唐，附吐蕃。
753年	十二载	十二月，鉴真抵日本。
754年	十三载	唐相杨国忠征兵全国，令剑南节度留后李宓进攻南诏，大败于大和城。 是岁，全国户九百零六万九千一百五十四，为唐朝之盛。
755年	十四载	十一月，安史之乱爆发。唐诏令军事要冲置防御使。十二月，叛军陷洛阳。唐监军边令诚奉诏杀封常清、高仙芝于军中。 吐蕃赞普弃松德赞即位。
756年	十五载	正月，安禄山称帝于洛阳，国号燕。六月，叛军陷潼关。玄宗奔蜀，至马嵬驿，军士哗变，杀杨国忠，玄宗被迫缢杀杨贵妃。太子李亨走灵武。叛军陷长安。七月，李亨即位于灵武，是为肃宗。
757年	至德二载	正月，安禄山为其子安庆绪所杀。九月，唐军与回纥军克长安。十月，唐军克洛阳，安庆绪逃往邺郡。 置左右神武军，至此北衙始有六军。
758年	乾元元年	唐以鱼朝恩为观军容使，总监郭子仪等九节度使大军数十万围安庆绪于相州（邺郡）。 置度支、盐铁、都团练使；废采访使，更置观察使。
759年	二年	三月，史思明增援安庆绪，败九节度使兵于邺城。旋杀庆绪，还范阳。四月，自称大燕皇帝，九月，攻占洛阳。
761年	上元二年	三月，史思明为其子史朝义所杀。
762年	宝应元年	四月，玄宗、肃宗相继去世，张皇后谋立越王系。宦官李辅国、程元振幽张皇后，杀越王系，拥立太子李豫，是为唐代宗。 八月，浙东袁晁起义。

公元	中国纪年	大事
763 年	二年	正月，史朝义自缢，余党降唐，安史之乱结束。 十月，吐蕃攻占长安十余日，代宗奔陕州。十二月，代宗返长安，神策军扈从，入为禁军。
764 年	广德二年	始税青苗地头钱。吐蕃取凉州。
766 年	大历元年	吐蕃取甘州、肃州，唐河西节度使徙治凉州。 南诏王阁罗凤立"南诏德化碑"于其都大和城。
776 年	十一年	吐蕃取瓜州。
779 年	十四年	五月，代宗去世，太子李适即位，是为唐德宗。
780 年	建中元年	正月，废租庸调制，行两税法，时全国土户一百八十万，客户一百三十万。
781 年	二年	正月，成德李惟岳、淄青李正己、魏博田悦三镇叛唐。二月，山南东道梁崇义亦叛。六月，唐以淮西节度使李希烈讨梁崇义。
782 年	三年	四月，卢龙节度使朱滔叛。十一月，河北三镇相约称王，又邀淄青李纳自称齐王。十二月，李希烈自称建兴王，联合四镇叛。
783 年	四年	正月，唐蕃会盟于清水，第三次议界。 十月，长安发生泾卒之变，拥前卢龙节度使朱泚为秦帝，德宗出奔奉天。 始征茶税。
786 年	贞元二年	四月，李希烈为部将所杀，"二帝四王之乱"平。
788 年	四年	诏定户等，规定三年一定，以为例程。 回纥改称回鹘。
790 年	六年	吐蕃攻占北庭。
791 年	七年	吐蕃攻占西州。
793 年	九年	异牟寻同意归唐。
795 年	十一年	异牟寻封南诏王。
796 年	十二年	六月，置左右神策军护军中尉，以宦官为之。

公元	中国纪年	大事
801 年	十七年	贾耽绘《海内华夷图》，撰《古今郡国县道四夷述》成。 杜佑撰《通典》成。 骠国王子舒难陀率乐队及舞蹈家抵长安。
804 年	二十年	日本学问僧空海抵长安留学。
805 年	二十一年	正月，德宗去世，子李诵继立，是为顺宗。八月，宦官俱文珍、节度使韦皋等逼顺宗让位于太子纯，改元永贞，是为唐宪宗，史称"永贞内禅"。 二王八司马被贬，革新失败。
807 年	元和二年	李吉甫撰《元和国计簿》成，总计全国方镇四十八，州府二百九十五，县一千四百五十三，每岁国家财赋倚办止于东南八道四十九州，一百四十四万户，比天宝税户四分减三。
808 年	三年	牛僧孺、李宗闵等应直言极谏科，指陈时政，宰相李吉甫恶之，贬主考官，抑牛僧孺等人，启牛李党争之端。 沙陀朱邪尽忠背吐蕃附唐，中途被执杀，子执宜率余众至灵州，唐置其于盐州，以执宜为阴山都督府兵马使。
812 年	七年	魏博节度使田季安卒，军中拥立田兴，田兴归命于朝。
813 年	八年	李吉甫撰《元和郡县图志》成。
814 年	九年	淮西节度使吴少阳卒，子元济自领军务后，后唐发诸道兵讨之。
815 年	十年	裴度为相，继续讨伐淮西。
817 年	十二年	十月，唐邓随节度使李愬雪夜袭蔡州，擒吴元济，淮西平。
818 年	十三年	发五道兵讨淄青李师道。
819 年	十四年	平定淄青，成德、卢龙两镇节度使自请入朝，藩镇割据局面暂时平定。
820 年	十五年	正月，宪宗为宦官陈弘志等所杀，子李恒即位，是为穆宗。
821 年	长庆元年	卢龙、成德二镇复叛。
822 年	二年	魏博镇叛，河北三镇又恢复独立状态。
823 年	三年	唐蕃会盟碑立。
824 年	四年	正月，穆宗去世，子李湛立，是为敬宗。

公元	中国纪年	大事
826 年	宝历二年	十月，敬宗为宦官刘克明等所杀，弟李昂立，是为文宗。
829 年	大和三年	南诏攻占成都，掠男女工匠数万而去。
835 年	九年	十一月，文宗与李训、郑注等谋杀宦官，失败，宦官大杀朝臣，史称"甘露之变"。
837 年	开成二年	新罗在唐留学生达二百余人。
838 年	三年	日僧圆仁来唐求法。
840 年	五年	正月，文宗去世，弟李炎立，是为唐武宗。 回鹘为黠戛斯所灭。回鹘族人被迫迁徙：其西迁葛逻禄者，与邻近部落建哈剌汗国；西南迁西州、龟兹者，称西州或高昌回鹘；西迁甘州者，称甘州回鹘；亦有南迁附唐及迁入吐蕃者。
844 年	会昌四年	平定泽潞刘稹之叛，史称会昌伐叛。
845 年	五年	武宗下令废佛，同时罢萨宝府，禁毁祆教、景教、摩尼教祠寺，僧徒并令还俗。史称会昌废佛。
846 年	六年	三月，武宗去世，皇叔李忱立，是为宣宗。 李德裕罢相，从此牛党当权，牛李党争结束。
848 年	大中二年	张议潮率沙州人民起义，逐吐蕃守将，自摄州事，遣使上表唐朝廷。
851 年	五年	八月，张议潮遣兄议潭入朝，献沙、瓜等十一州图籍。宣宗以议潮为河西节度使。
859 年	十三年	八月，宣宗去世，子李漼即位，是为懿宗。 十二月，浙东民裘甫起义，占领象山。
860 年	咸通元年	裘甫攻占剡县，自称天下都知兵马使，改元罗平，铸印曰天平。八月，起义失败，裘甫被杀。
868 年	九年	七月，徐泗戍卒庞勋起义于桂州，卷旗北归。十月，庞勋攻占徐州。 王阶刻印《金刚经》，此为现存所标年代最早的雕版印刷品。
869 年	十年	九月，庞勋被袭毙，叛乱平息。
873 年	十四年	七月，懿宗去世，子李儇立，是为僖宗。

公元	中国纪年	大事
874 年	乾符元年	王仙芝与尚让等起义于长垣，仙芝自称"天补平均大将军兼海内诸豪都统"。
875 年	二年	五月，黄巢起义于冤句，以应仙芝。
876 年	三年	王仙芝、黄巢分兵作战。
878 年	五年	二月，王仙芝战死于黄梅，尚让引余众与黄巢汇合，推黄巢为黄王，号"冲天大将军"。 是岁，义军受阻，遂挥师南下，由浙趋闽。
879 年	六年	九月，黄巢攻占广州。冬，义军大举北伐。
880 年	广明元年	十一月，义军克东都。十二月，僖宗与宦官田令孜等奔蜀，义军入长安，黄巢称帝，国号大齐。 沙陀李克用兵逼晋阳，后为唐军所败，与其父李国昌逃入鞑靼。
881 年	中和元年	唐赦李国昌、李克用罪，用以镇压义军。僖宗至成都，田令孜总领禁军，遂专制朝政。
883 年	三年	四月，黄巢放弃长安东撤。 李克用任河东节度使，自此据太原。朱温任宣武节度使，自此据汴州。
884 年	四年	六月，黄巢牺牲于狼虎谷，起义失败。 秦宗权称帝于蔡州，遣军四出攻略。
885 年	光启元年	僖宗返京。冬，李克用、王重荣攻逼长安，僖宗奔凤翔。
887 年	三年	李茂贞据凤翔。
888 年	文德元年	三月，僖宗去世，弟李晔立，是为昭宗。
891 年	大顺二年	王建攻占成都，据有西川。
892 年	景福元年	唐以杨行密为淮南节度使。
893 年	二年	唐以钱镠为镇海军节度使。 王潮攻占闽五州之地。
896 年	乾宁三年	唐以马殷为湖南节度使。 李茂贞攻长安，昭宗奔华州，依韩建。
898 年	光化元年	昭宗还长安。

公元	中国纪年	大事
900 年	三年	十一月，神策中尉刘季述、王仲先等废昭宗，立其子李裕。
901 年	天复元年	正月，昭宗复位，杀刘季述等。二月，封朱温为梁王。冬，宰相崔胤召朱温入关，谋诛宦官，宦官劫昭宗走凤翔，依李茂贞。朱温兵围凤翔。
902 年	二年	唐封钱镠为越王，封杨行密为吴王。 南诏权臣郑买嗣杀其王舜化真，建大长和国，蒙氏所建的南诏亡。
903 年	三年	李茂贞势蹙，被迫送昭宗出凤翔。朱温拥昭宗还京，废神策军中尉，以朝臣为枢密使。唐封王建为蜀王。
904 年	四年	正月，朱温逼迁昭宗于洛阳。八月，朱温遣人杀昭宗，立其子李柷，是为哀帝。
905 年	天祐二年	唐以刘隐为清海军节度使。 朱温贬逐朝臣，旋杀被贬朝官三十余人于白马驿，投尸于河，史称"白马之祸"。 杨行密卒，子杨渥立，军政大权旁落大将徐温、张颢之手。
907 年	后梁开平元年	四月，朱温逼哀帝禅让，自即帝位，改名朱晃，是为后梁太祖，改国号为梁，史称后梁，都开封。唐朝亡。 后梁封马殷为楚王；钱镠为吴越王。任高季兴为荆南节度使。 契丹耶律阿保机统一八部。 王建称帝，国号蜀，史称前蜀。
909 年	三年	后梁迁都洛阳。封王审知为闽王。
912 年	乾化二年	六月，朱温次子友珪杀朱温自立。
913 年	三年	二月，朱温第三子友贞发动政变，友珪自杀，友贞即位，是为末帝。复都开封。
916 年	贞明二年	契丹首领耶律阿保机称帝，是为辽太祖耶律亿，建契丹国。
918 年	贞明四年	刘岩改国号为汉，史称南汉。
920 年	六年	后梁陈州人毋乙、董乙起义，数月后失败。
	契丹神册五年	辽太祖颁行契丹大字。

公元	中国纪年	大事
921 年	六年	五月，辽太祖定法律，正班爵。
923 年	后唐同光元年	晋王李存勖称帝于魏州，是为后唐庄宗，国号唐，史称后唐。十月，庄宗攻入开封，后梁末帝自杀，后梁亡。冬，后唐都洛阳。
925 年	三年	后唐灭前蜀，以孟知祥为西川节度使。
926 年	四年	正月，孟知祥入成都。 十月，王延翰称王，建闽，仍称臣于后唐。 渤海为契丹所灭。
	契丹天显元年	七月，阿保机死，皇后摄政，次年次子德光即位，是为辽太宗。
930 年	长兴元年	后唐并盐铁、户部、度支三使为三司使一职。
932 年	三年	后唐令国子监依西京石经本校定九经，雕版印制，官府大规模刻书自此始。
934 年	应顺元年	孟知祥称帝，国号蜀，史称后蜀，都成都。
936 年	清泰三年	夏，河东节度使石敬瑭上表，以幽蓟十六州为代价，换取契丹援助，叛后唐。九月，契丹军南下，大败后唐军。十一月，辽太宗册封石敬瑭为帝，国号晋，史称后晋。闰十一月，石敬瑭攻入洛阳，末帝从珂自杀，后唐亡。
937 年	后晋天福二年	后晋迁都开封。 徐知诰废吴帝杨溥，自即帝位，国号大齐。
938 年	三年	徐知诰改名李昪，改国号为唐，史称南唐。 石敬瑭割幽蓟十六州给契丹。
	契丹会同元年	辽太宗诏以皇都为上京，升幽州为南京，南京为东京。
942 年	七年	后晋高祖石敬瑭卒，侄石重贵继位，史称出帝或少帝。
945 年	后晋开运二年	南唐灭闽。
946 年	三年	十二月，辽兵攻下开封，俘后晋帝石重贵北迁，后晋亡。
947 年	四年	二月，河东节度使刘知远称帝于太原。六月，复都开封，国号汉，史称后汉。

公元	中国纪年	大事
	辽天禄元年	正月，辽太宗耶律德光入汴京，改国号辽。四月，辽太宗北返，至栾城卒。耶律倍子阮即位镇阳，是为世宗。
948 年	后汉乾祐元年	正月，后汉高祖刘知远卒，子承佑继位，是为隐帝。
950 年	三年	郭威自邺城起兵，攻入开封，隐帝被杀，后汉亡。
951 年	后周广顺元年	正月，郭威称帝于开封，是为后周太祖，国号周，史称后周。刘知远弟刘崇称帝于太原，改名旻，国号汉，史称北汉。 南唐灭楚。
954 年	显德元年	正月，后周太祖郭威卒，养子柴荣继位，是为后周世宗。十月，世宗大阅禁军，置殿前军，以殿前都点检、副都点检统之。
955 年	二年	世宗下令废佛寺三万余所，僧尼括为编户，销铜佛像，铸为钱币。后周败后蜀，得秦、阶、成、凤四州。
957 年	四年	世宗令大臣汇编律令为《大周刑统》。
958 年	五年	南唐主李璟献江北、淮南十四州于后周，称臣，去年号。
959 年	六年	后周世宗趁辽内乱，亲征，取瀛、莫、易三州及瓦桥、益津、淤口三关。
960 年	七年	正月，陈桥兵变，拥立殿前都点检赵匡胤，是为宋太祖，国号宋，废恭帝，后周亡。

帝系表

一、隋帝系表

次序	谥号	姓名	在位	其他称号	陵寝	世系
1	文帝	杨坚	581—604 年	高祖	太陵	
2	炀帝	杨广	604—618 年			文帝子
3	恭帝	杨侑	617—618 年	代王		炀帝孙

二、唐帝系表

次序	庙号	姓名	在位	其他称号	陵寝	世系
1	高祖	李渊	618—626 年	太武皇帝、神尧皇帝、神尧大圣大光孝皇帝	献陵	
2	太宗	李世民	626—649 年	文皇帝、文武圣皇帝、文武大圣大广孝皇帝、文祖	昭陵	高祖子
3	高宗	李治	649—683 年	天皇大帝、大弘孝皇帝	乾陵	太宗子
4	则天皇后	武曌	684—690 年称制；690—705 年称帝，国号周	则天皇后、天后、大圣天后、顺圣皇后、大圣皇帝、则天皇太后	乾陵	高宗皇后，武周天圣帝
5	中宗	李显（李哲）	705—710 年	孝和皇帝、大和大圣大昭孝皇帝、应天皇帝、和帝	定陵	高宗子
6	睿宗	李旦（李旭轮、李轮）	710—712 年	大圣贞皇帝、玄真大圣大兴孝皇帝	桥陵	高宗子
7	玄宗	李隆基	712—756 年	明皇、上皇天帝、至道大圣大明孝皇帝	泰陵	睿宗子

次序	庙号	姓名	在位	其他称号	陵寝	世系
8	肃宗	李亨（李嗣升、李浚、李玙、李绍）	756—762 年	宣皇帝、孝感皇帝、文明武德大圣大宣孝皇帝	建陵	玄宗子
9	代宗	李豫（李俶）	762—779 年	睿文孝武皇帝	元陵	肃宗子
10	德宗	李适	779—805 年	神武孝文皇帝、德祖	崇陵	代宗子
11	顺宗	李诵	805 年	至德弘道大圣大安孝皇帝	丰陵	德宗子
12	宪宗	李纯（李淳）	805—820 年	圣神章武孝皇帝、宪祖	景陵	顺宗子
13	穆宗	李恒（李宥）	820—824 年	睿圣文惠孝皇帝、文武孝德皇帝	光陵	宪宗子
14	敬宗	李湛	824—826 年	睿武昭愍孝皇帝	庄陵	穆宗子
15	文宗	李昂（李涵）	826—840 年	元圣昭献孝皇帝	章陵	穆宗子
16	武宗	李炎（李瀍）	840—846 年	至道昭肃孝皇帝	端陵	穆宗子
17	宣宗	李忱（李怡）	846—859 年	圣武献文孝皇帝	贞陵	宪宗子
18	懿宗	李漼（李温）	859—873 年	昭圣恭惠孝皇帝	简陵	宣宗子
19	僖宗	李儇（李俨）	873—888 年	惠圣恭定孝皇帝	靖陵	懿宗子
20	昭宗	李晔（李杰、李敏）	888—904 年	圣穆景文孝皇帝	和陵	懿宗子
21	哀帝	李柷（李祚、李祝）	904—907 年	哀皇帝、昭宣光烈孝皇帝、景宗	温陵	昭宗子

三、五代帝系表

次序	朝代	谥号	姓名	在位	其他称号	陵寝	世系
1	后梁	太祖	朱晃（朱温、朱全忠）	907—912 年	神武元圣孝皇帝	宣陵	
2	后梁		朱友珪	912—913 年			太祖子
3	后梁	末帝	朱友贞	913—923 年			太祖子
4	后唐	庄宗	李存勖（亚子、亚次）	923—926 年	光圣神闵孝皇帝	雍陵（伊陵）	李克用子
5	后唐	明宗	李嗣源（邈佶烈）	926—933 年	圣德和武钦孝皇帝	徽陵	李克用养子
6	后唐	闵帝	李从厚	933—934 年			明宗子
7	后唐	末帝	李从珂	934—937 年	废帝		明宗养子
8	后晋	高祖	石敬瑭	936—942 年	圣文章武明德孝皇帝	显陵	后唐明宗女婿
9	后晋	出帝	石重贵	942—947 年	少帝		高祖侄
10	后汉	高祖	刘知远	947—948 年	睿文圣武昭肃孝皇帝	睿陵	
11	后汉	隐帝	刘承佑	948—951 年		颖陵	后汉高祖子
12	后周	太祖	郭威	951—954 年	圣神恭肃文武孝皇帝	嵩陵	
13	后周	世宗	柴荣	954—959 年	睿武孝文皇帝	庆陵	后周太祖内侄、养子
14	后周	恭帝	柴宗训	959—960 年			世宗子

四、突厥及东突厥第一汗国（东突厥）可汗世系表

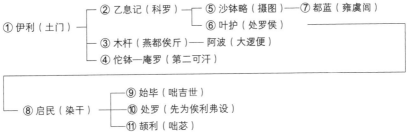

（东突厥自沙钵略可汗始）

① 伊利（土门）——
- ② 乙息记（科罗）—— ⑤ 沙钵略（摄图）—— ⑦ 都蓝（雍虞闾）
  - ⑥ 叶护（处罗侯）
- ③ 木杆（燕都俟斤）—— 阿波（大逻便）
- ④ 佗钵—庵罗（第二可汗）

⑧ 启民（染干）——
- ⑨ 始毕（咄吉世）
- ⑩ 处罗（先为俟利弗设）
- ⑪ 颉利（咄苾）

五、东突厥第二汗国（后突厥）可汗世系表

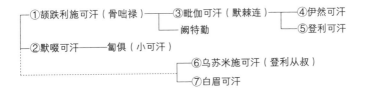

- ① 颉跌利施可汗（骨咄禄）—— ③ 毗伽可汗（默棘连）—— ④ 伊然可汗
  - ⑤ 登利可汗
  - 阙特勤
- ② 默啜可汗—— 匐俱（小可汗）
  - ⑥ 乌苏米施可汗（登利从叔）
  - ⑦ 白眉可汗

六、西突厥可汗世系表

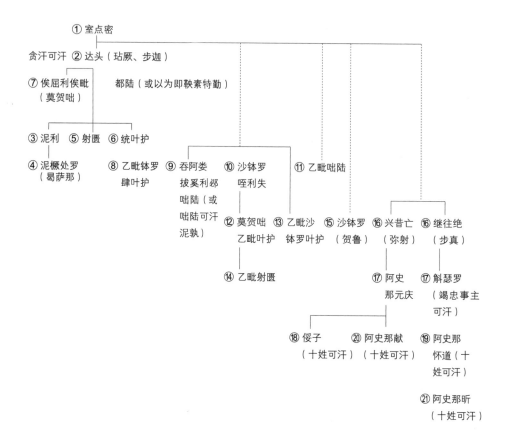

七、回纥可汗表

	君长名	唐封可汗名号	在位时间
漠北立国前	卜可汗（牟羽可汗）		传说中的祖先
	1. 时（特）健俟斤		隋末唐初
	2. 菩萨		627—？年
	3. 吐迷度		？—648 年
	4. 婆闰		648—661 年
	5. 比粟毒		661—680 年
	6. 独解支		680—695 年或 680—715 年
	7. 伏帝匐		695—719 年或 715—719 年
	8. 承宗		719—727 年
	9. 伏帝难		727 年
漠北回纥汗国时期	10. 骨力裴罗	怀仁	？—747 年
	11. 磨延啜	英武威远	747—759 年
	12. 移地健牟羽	英义建功	759—779 年
	13. 顿莫贺达干	武义成功　长寿天亲	779—789 年
	14. 多逻斯	忠贞	789—790 年
	15. 多逻斯之弟		790 年
	16. 阿啜	奉诚	790—795 年
	17. 骨咄禄	怀信	795—805 年
	18. 俱录毗伽		805—808 年
	19.	保义	808—821 年
	20.	崇德	821—824 年
	21. 曷萨特勤	昭礼	824—832 年
	22. 胡特勤	彰信	832—839 年
	23. 嗢馺特勤		839—840 年
	24. 乌介特勤		841—844 年、847 年之间
	25. 遏捻特勤		？—848 年
	26. 庞特勤	怀建	？—？

八、吐蕃赞普表

君长名	在位时间
1. 松赞干布（弃宗弄赞） Srong btsan sgam po（Khri srong btsan）	629—649 年或 629—或 650 年
2. 芒松芒赞 Mang srong mang btsan 敦煌文书中作 Khri mang srong（mang btsan）	650—676 年
3. 弃都松（器弩悉弄、都松芒布结） Khri vdus srong	676—704 年
4. 赤德祖赞（弃隶蹜赞） Khri lde gtsug btsan	704—754 年
5. 赤松德赞（乞黎苏笼猎赞） Khri srong lde btsan	755—797 年
6. 牟尼赞普（足之煎） Mu ne btsan po	797—798 年
7. 赤德松赞（弃猎松赞） Khri lde srong btsan 798—804 年别名赛那累（Sad na legs）	798—815 年
8. 赤祖德赞（可黎可足，年号彝泰） Khri gtsug lde btsan 815—838 年别名热巴巾（Ral pa can）	815—836 年
9. 达磨（朗达玛） Glang darma	841（？）—846（一说 842）年

九、吐谷浑可汗表

1.	吐谷浑（？—317 年）	13.	度易侯（481—490 年）
2.	吐延（317—329 年）	14.	伏连筹（490—529 年）
3.	叶延（329—351 年）	15.	呵罗真（529—530 年）
4.	碎奚（351—375 年）	16.	佛辅（530—534 年）
5.	视连（375—390 年）	17.	可沓振（534—535 年）
6.	视黑（390—400 年）	18.	夸吕（535—591 年）
7.	乌纥提（400—405 年）	19.	世伏（591—603 年）
8.	树洛干（405—417 年）	20.	伏允（603—635 年）
9.	阿豺（417—426 年）	21.	慕容顺（635 年）

10.	慕璝（426—436 年）	22.	诺曷钵（635—688 年）
11.	慕利延（436—452 年）		（下略）
12.	拾寅（452—481 年）		

十、南诏世系表

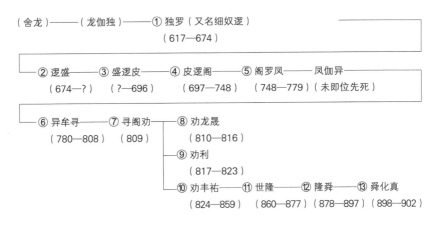

十一、渤海世系表

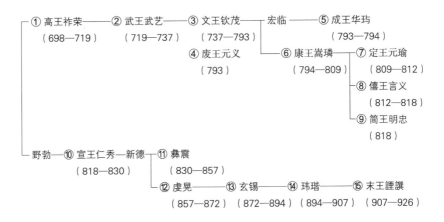

注 释

第一章 隋·统一国家的再建

1. 参见〔宋〕司马光编著，〔元〕胡三省音注：《资治通鉴》卷一七四，中华书局，1982年（以下简称《通鉴》），第5408—5409页。

2. 〔北魏〕杨衒之：《洛阳伽蓝记》，范祥雍校注，上海古籍出版社，1978年，第117—119页。参见卷二《城东》"景宁寺"条略云："孝义里东是洛阳小市。北有车骑将军张景仁宅。景仁，会稽山阴人也。景明（500—504）年初，从萧宝夤归化，拜羽林监，赐宅城南归正里，民间号为吴人坊，南来投化者多居其内。近伊、洛二水，任其习御。里三千余家，自立巷市，所卖口味，多是水族，时人谓为鱼鳖市也。景仁住此以为耻，遂徙居孝义里焉。时朝廷方欲招怀荒服，待吴儿甚厚，寋裳渡于江者，皆居不次之位。景仁无汗马之劳，高官通显。永安二年（529），萧衍遣主书陈庆之送北海（王）入洛阳，僭帝位。庆之为侍中。……北海寻伏诛。其庆之还奔萧衍，为司州刺史，钦重北人，特异于常。朱异怪复问之，曰：'自晋、宋以来，号洛阳为荒土，此谓长江以北尽是夷狄。昨至洛阳，始知衣冠士族，并在中原。礼仪富盛，人物殷阜，目所不识，口不能传。所谓帝京翼翼，四方之则。如登泰山者卑培塿，涉江海者小湘、沅。北人安可不重？'庆之因此羽仪服式，悉如魏法。江表土庶，竞相模楷，褒衣博带，被及秣陵。"

3. 陈寅恪：《隋唐制度渊源略论稿》，中华书局，1977年，第43、126—127页。

4. 陈寅恪：《唐代政治史述论稿》上篇，上海古籍出版社，1982年，第15页。

5. 陈寅恪：《唐代政治史述论稿》上篇，第16、48—49页；〔英〕崔瑞德编：《剑桥中国隋唐史》，中国社会科学出版社，1990年，第4页。

6. 陈寅恪：《李唐氏族推测之后记》，《金明馆丛稿二编》，上海古籍出版社，1982年，第303页。陈先生的这一说法和他的下述观点是一致的："其真能于思想上自成系统，有所创获者，必须一方面吸收输入外来之学说，一方面不忘本来民族之地位。此二种相反而适相成之态度，乃道教之真精神，新儒家之旧途径，而二千年吾民族与他民族思想接触史之所昭示者也。"（见氏撰《冯友兰中国哲学史下册审查报告》，《金明馆丛稿二编》，第252页）

7. 杨隋、李唐先世郡望均因宇文泰施行"关中本位政策"而被改易，参见《唐代政治史述论稿》上篇，第15—16页。

8. 参见〔唐〕李延寿：《北史》卷六三《苏绰传》附《子威传》，中华书局（以下引正史均为中华书局本），1983年，第2229—2250页。并请参见陈寅恪：《隋唐制度渊源略论稿》，第16—20页。

9. 《北史》卷七二《高颎传》称其"自言渤海蓨人也。其先因官北边，没于辽左"（第2487页）。谭其骧认为其族属可能出于高句丽，参见缪钺：《东魏北齐政治上汉人与鲜卑之冲突》附记，《读史存稿》，生活·读书·新知三联书店，1982年，第93页。

10. 张伟国：《关陇武将与周隋政权》，中山大学出版社，1993年，第124—125页。

11. 参见《隋唐制度渊源略论稿》，第1页。

12. 参见《隋唐制度渊源略论稿》，第1—2页。

13. 具体内容可以参考《唐律疏议》卷一二至卷一四《户婚律》。

14. 王素：《三省制略论》，齐鲁书社，1986年，第162页。

15. 此为严耕望先生的意见，转引自张伟国：《关陇武将与周隋政权》，第138页。严耕望是已故港台著名学者，所撰《唐仆尚丞郎表》《唐代交通图考》等都很有参考价值。

16. 殿最即考绩之优劣，详见《唐六典》卷二"考功郎中员外郎"条；《新唐书》卷四六《百官志一》，第1190—1192页。

17. 《北齐书》卷八《幼主纪》，第113—114页。

18. 陈寅恪：《隋唐制度渊源略论稿》，第85页。

19. "牒"在唐代泛指公文书，这里指身份证明。

20. 《隋书》卷二《高祖纪》，第35页。

21. 陈寅恪：《隋唐制度渊源略论稿》，第140页。

22. 据《隋书》卷二四《食货志》，大索貌阅以后，"新附一百六十四万一千五百口"（第681页）；唐杜佑《通典》卷七《食货七》，北周灭北齐，"有户三百三万二千五百二十八，口二千八百六十八百八十"，北周自身"有户三百五十九万，口九百万九千六百四"（中华书局，1988年，第147页），这些应当就是隋统一前所掌握的人口数。

23. 参见《隋书》卷二五《刑法志》，第710—712页；同书卷二四《食货志》，第680—681、684、691页；陈寅恪：《隋唐制度渊源略论稿》，第112—113、143—144页。

24. 东汗国在史书中仍被称作突厥，也常称作北突厥、东突厥，与西突厥（583—657）相对，并与后来复兴的东突厥（学界又称之为后突厥或突厥第二汗国，682—745）相区别。参见〔后晋〕刘昫等：《旧唐书》卷一九四下《突厥传下》，第5179页；〔宋〕王溥：《唐会要》卷九四"北突厥"条，中华书局，1990年，第1687—1692页。本书以下行文东汗国采东突厥之称，突厥第二汗国则采后突厥之称，以作为区分。

25. 《通鉴》卷一七六，陈长城公至德三年（585），"突厥沙钵略既为达头所困"条，第5482—5483页。

26. 山阳渎，即"邗沟"，运河从山阳（今江苏淮安）至江都（今江苏扬州）段。

27. 〔南朝宋〕刘义庆编：《世说新语》下卷（上）《任诞篇》，第五十三条。

28. 〔南朝梁〕萧子显：《南齐书》卷五六《幸臣传》。

29. 参见〔清〕赵翼：《廿二史劄记》卷一四"南北朝通好以使命为重"条。

30. 参见〔唐〕房玄龄等：《晋书》卷八二《习凿齿传》，第2154—2158页；《通鉴》卷六九，魏文帝黄初二年（221），"蜀中传言汉帝已遇害"条臣光曰，第2187页；陈寅恪：《唐代政治史述论稿》上篇，第15页；田余庆：《东晋门阀政治》，北京大学出版社，1996年，第240页。

31. 〔宋〕欧阳修：《正统论下》。

32. 《通鉴》卷六九，第2187页。

33. 元朝情况比较特殊，世祖、顺帝一头一尾各三十五年；中间八个皇帝一共三十八年，这主要是蒙古人自身社会还处在帝位继承制尚不完善的阶段。

34. 例如，大和五年（831）幽州逐帅，唐文宗召宰相议，"（牛）僧孺对曰：'陛下以范阳得失系国家休戚耶？且自安、史之后，范阳非国家所有。前时刘总向化，以土地归阙，朝廷约用钱八十万贯，而未尝得范阳尺布斗粟上供天府，则今日志诚之得，犹前日载义之得也。陛下但因而抚之，亦事之宜也。且范阳国家所赖者，以其北捍突厥，不令南寇。今若假志诚节钺，惜其土地，必自为力。则爪牙之用，固不计于逆顺。臣固曰不足烦圣虑。'上大喜曰：'如卿之言，吾洗然矣。'"（《旧唐书》卷一八〇《杨志诚传》，第4675—4676页）

35. 《新唐书》卷二二二《南蛮传中》，第6295页。

36. 《隋书》卷四〇《王谊传》，第1169页。

37. 仁寿宫即唐代九成宫，为皇家避暑之地，在今陕西凤翔，现已进行考古发掘，出土文物相当丰富。

38. 参见〔宋〕李昉等：《文苑英华》卷六四六，同书卷六八三存目《为李密移郡县书》；《旧唐书》卷五三《李密传》，第2215页。

39. 参见王小甫：《总论：隋唐五代东北亚政治关系大势》，收入拙编《盛唐时代与东北亚政局》，上海辞书出版社，2003年，第5—8页。

40. 参见《隋书》卷四《炀帝纪》下；《新唐书》卷一《高祖纪》。

41. 参见汪篯：《汪篯隋唐史论稿》，北京大学出版社，1992年，第279页以下。

42. 《隋书》卷八五《宇文化及传》，第1888页。

43. 《隋书》卷六一《郭衍传》，第1470页。

44. 由前述周隋唐三代皇室姻亲表可以看出，李唐三世女系均为鲜卑，即李昞妻独孤氏，李渊妻窦（纥豆陵）氏，李世民妻长孙氏。单就种族而言，说唐初皇室为胡人血统也不过分。

45. 《唐大诏令集》卷一一四。

46. 汪篯：《汪篯隋唐史论稿》，第288页。

47. 参见《剑桥中国隋唐史》，第4页。

48. 建德之窦姓与李渊妻窦氏同，为鲜卑化匈奴即东部鲜卑纥豆陵氏，其部下刘黑闼当出自匈奴屠各氏。

49. 参见《册府元龟》卷三三六《宰辅部·依违门》。

50. 陈寅恪：《记唐代之李武韦杨婚姻集团》，《金明馆丛稿初编》，第248—249页。

第二章 唐朝的建立与贞观之治

1. 《新唐书》卷一《高祖纪》，第19—20页。

2. 参见〔唐〕温大雅：《大唐创业起居注》，上海古籍出版社，1983年。

3. 参见《新唐书》卷二一五上《突厥传上》，第2480页；〔唐〕吴兢：《贞观政要》卷二《任贤篇》；〔唐〕刘肃：《大唐新语》卷七《容恕篇》。

4. 以匈奴借指突厥，单于借指可汗，这是唐代人的习惯，尤其是在文学语言和碑志行文中更是如此。

5. 《通鉴》卷一八五，第5792页。

6. 参见陈寅恪：《论唐高祖称臣于突厥事》，《寒柳堂集》，上海古籍出版社，1982年，第97—108页。

7. 参见陈寅恪：《论唐高祖称臣于突厥事》，《寒柳堂集》，第106页。

8. 《通鉴》卷一九〇，第6247页。

9. 《寒柳堂集》，第108页。

10. 陈寅恪：《论隋末唐初所谓"山东豪杰"》，《金明馆丛稿初编》，第217—226页。

11. 参见《贞观政要》卷九《安边第三十六》；《旧唐书》卷八〇《褚遂良传》。

12. 参见侯仁之主编：《黄河文化》，华艺出版社，1994年。此书对作为中国传统文化的代表黄河文化的中心在历史上的迁徙原因有专门的论证，可以参看。

13. 《通鉴》卷一九一，唐高祖武德九年（626）六月"癸亥，立世民为皇太子"条臣光曰。

14. 〔宋〕黎靖德编：《朱子语类》卷一三六《历代类三》，王星贤点校，中华书局，1994年，第3245页。

15. 陈寅恪：《论韩愈》，《金明馆丛稿初编》，第296页。

16. 陈寅恪：《论韩愈》，《金明馆丛稿初编》，第287页。

17. 陈寅恪：《赠蒋秉南序》，《寒柳堂集》，第162页。

18. 《新唐书》卷九五《高俭（士廉）传》，第3842页。

19. 陈寅恪：《唐代政治史述论稿》上篇，第79页。

20. 《隋书》卷二四《食货志》："梁初，唯京师及三吴、荆、郢、江、湘、梁、益用钱。其余州郡，则杂以谷帛交易。交、广之域，全以金银为货。"（第689页）后周"河西诸郡，或用西域金银之钱，而官不禁。"（第691页）吐鲁番出土64TAM35: 28号文书《武周如意元年（692）里正李黑收领史玄政长行马价抄》：

    1. 史玄政付长行马价银钱贰文，准铜

    2. 钱陆拾肆文。如意元〔年〕八〔月〕十六日里〔正〕

    3. 李黑抄。其钱是户内众备马价，李黑记。

    由这份文书可知，当时银钱一文换铜钱三十二文。这份文书以铜钱为本位，可见当时西域铜钱流通正在发展，而前此书文书中多见以银钱计价。

21. 汪篯：《唐太宗·八·唐太宗中晚年的政治》，《汪篯隋唐史论稿》，第108—117页。

22. 黄永年：《唐代河北藩镇与奚契丹》，《文史探微》，中华书局，2000 年，第 263—291 页。

23. 《新唐书》卷二一五上《突厥传上》。

24. 《旧唐书》卷五六《梁师都传》。

25. 参见〔日〕谷川道雄：《世界帝国的形成》，讲谈社，1987 年。

26. 其实，唐朝胡汉并存的统治方式除了谷川所说的"两个世界"以外，在具体实践中还有一个介于州县制与小邦国王之间的过渡形式，这就是安西四镇。安西四镇才是胡汉并存的统治方式具体表现的地方。高宗显庆年间唐平西突厥，遂在安西地区设立羁縻州（上元年间又增置四镇都督府），同时又在这一地区设四镇镇抚，这就形成了一套胡汉结合、军政并行的统治制度。参见王小甫：《唐、吐蕃、大食政治关系史》，北京大学出版社，1992 年，第 8 页。

27. 陈寅恪：《唐代政治史述论稿》上篇，第 131 页。

28. 参见王小甫：《唐、吐蕃、大食政治关系史》第二章。

29. 参见陈寅恪：《唐代政治史述论稿》下篇，第 132—133 页；王小甫：《总论：隋唐五代东北亚政治关系大势》，收入拙编《盛唐时代与东北亚政局》，第 3—33 页。

30. 参见王小甫：《新罗北界与唐朝辽东》，《史学集刊》2005 年第 3 期，第 41—47 页。

第三章　唐初国家权力的强化

1. 参见《唐六典》卷二"吏部郎中员外郎""司封郎中员外郎""司勋郎中员外郎"条；同书卷五"兵部郎中员外郎"条。

2. 参见《唐律疏议》卷五《名例律》"同职犯公坐条"，第 110—111 页。

3. 参见王永兴：《唐勾检制度研究》，上海古籍出版社，第 1991 年。

4. 参见《唐六典》卷二"考功郎中员外郎"条；《唐令拾遗·考课令第十四》。

5. 有关唐代使职的主要史料有《新唐书》卷四九《百官志四下》，外官"节度使""都督"等条；《唐会要》卷七七至卷七九《诸使》上中下，卷八四"租庸使""两税使"条，卷八五"户口使"条，卷八七《转运》，卷八八《盐铁》等。有关研究参见陈仲安：《唐代的使职差遣》，《武汉大学学报》1963 年第 1 期；何汝泉：《唐代使职的产生》，《西南师大学报》1987 年第 1 期；宁志新：《唐朝使职若干问题研究》，《历史研究》1999 年第 2 期。

6. 近年学界有关隋唐三省制及三省间关系的研究请参见王素：《三省制略论》，第 162 页以下；谢元鲁：《唐代中央政权的决策机构与活动》，《文献》1998 年第 4 期；袁刚：《隋唐三省体制析论》，《北京大学学报》1994 年第 1 期。

7. 《唐六典》卷九"中书令"条："（隋）文帝废三公府寮，令中书令与侍中知政事，遂为宰相之职。"《通典》卷二一《职官典三》"宰相"条："隋有内史、纳言，是为真宰相。"研究者认为，隋文帝改定三省制之后，"秦汉以来的个人开府宰相制的残余彻底荡除"了（王素：《三省制略论》，第 162 页）。有关唐代宰相的重要史料有《新唐书》卷六一至卷六三《宰相年表》一至三，同书卷七一上至卷七五下《宰相世系表》一上至五下。

8. 关于这两个差遣衔称的发展演变，参见《中国大百科全书·中国历史》隋唐五代史分册，"同中书门下平章事"条，第 380—381 页。

9. 〔清〕黄本骥编：《历代职官表》，上海古籍出版社，1980 年。此书用附的方法，将历代职掌近似的职官列在一起，虽然未必准确，但有助于理解。

10. 参见《中国大百科全书·中国历史》隋唐五代史分册，"翰林院"条，第 180 页。

11. 隋炀帝时期和唐玄宗天宝年间一度改州为郡，州、郡名称相应改变，如陈州淮阳郡、宋州睢阳郡、凉州武威郡、沙州敦煌郡等。有关地名可以参考唐李吉甫《元和郡县图志》和《唐书·地理志》等。

12. 参见《唐律疏议》卷二六《杂律》"犯夜"条及疏议所引《宫卫令》，第 489—490 页；《唐令拾遗·宫卫令第十五》。

13. 参见〔日〕加藤繁：《唐宋时代的草市及其发展》，《中国经济史考证》第一卷，商务印书馆，1962 年，第 310—336 页。又，唐长孺也认为"非官方市镇的草市"早在东晋南朝已经出现，见氏著《魏晋南北朝隋唐史三论》，武汉大学出版社，1992 年，第 131—134 页。

14. 有关唐代选举制度的主要史料有：《唐六典》卷二"吏部尚书侍郎""考功郎中员外郎"条；同书卷四"礼部尚书侍郎"条；同书卷八"弘文馆"条；同书卷二一"国子监"条；同书卷二六"崇文馆"条；《唐令拾遗·学令第十》《选举令第十一》；《新唐书》卷四四至卷四五《选举志》上、下。

15. 秀才科正式停于永徽二年（651）。参见刘海峰：《再论唐代秀才科的存废》，《历史研究》1999 年第 1 期。后来则以"秀才"指进士，参见刘海峰：《科举制的起源与进士科的起始》，《历史研究》2003 年第 6 期。至明清则俗称州县学生员为秀才。

16. 〔五代〕王定保：《唐摭言》卷一"散序进士"条，古典文学出版社，1957 年，第 4 页。

17. 〔清〕黄宗羲：《明夷待访录·取士下》，中华书局，1981 年，第 16 页。

18. 参见吴宗国：《唐代科举制度研究》第四章第二节《科目》，辽宁大学出版社，1997 年，第 69—78 页。

19. 〔清〕黄宗羲：《明夷待访录·取士下》，第 16 页。吴宗国认为唐代还有"科目选"，为吏部主持的选官制度的一部分，有资格限制且登朝授职，和礼部主持获取出身资格的科举考试有区别，参见氏著《唐代科举制度研究》第五章，第 97—98 页。

20. 《唐六典》卷五"兵部郎中员外郎"条。参见《新唐书》卷四四《选举志上》，第 1170 页。

21. 参见《新唐书》卷四四《选举志上》。

22. 陈寅恪：《唐代政治史述论稿》上篇，第 18—19 页。

23. 参见万绳楠：《武则天与进士新阶层》，《中国史研究》1994 年第 1 期，第 97 页。

24. 兵部武选有"三奇五等"要求，内容与此不同，见《唐六典》卷五"兵部尚书侍郎"条。

25. 《通典》卷一五《选举典三》，第 359 页。

26. 制即诏，天授元年（690）避武则天名讳（曌音照）改，参见《唐六典》卷九"中书令"条。

27. 《旧唐书》卷四三《职官志二》，第 1715 页。

28. 参见《唐六典》卷五"兵部郎中员外郎"条。

29. 参见《唐六典》卷二"吏部郎中员外郎"条。

30. 《通鉴》卷二〇三胡注所引。

31. 参见《唐六典》卷三"户部郎中员外郎"条。

32. 陈寅恪：《隋唐制度渊源略论稿》，第 150—151 页。

33. 参见杨际平：《唐前期的杂徭和色役》，《历史研究》1994 年 3 期，第 76 页。

34. "别差科"即临时摊派。参见《唐律疏议》卷一三《户婚律》"差科赋役违法及不均平"条。敦煌出土有唐代的"差科簿"。

35. 前引杨际平文，第 84 页。

36. 参见《唐律疏议》卷一六《擅兴律》"拣点卫士征人不平"条。

37. 《唐律疏议》卷九《职制律》"刺史县令等私出界"条疏曰：州、县有境界，折冲府有地团。

38. 《唐律疏议》卷一六《擅兴律》"拣点卫士征人不平"条疏议曰：征人，谓非卫士，临时募行者。

39. 参见《唐六典》卷三"户部郎中员外郎"条。

40. 陈寅恪：《论唐代之蕃将与府兵》，《金明馆丛稿初编》，第 268 页。

41. 《通鉴》卷一八五，第 5792 页。

42. 《旧唐书》卷五〇《刑法志》，第 2134 页。

43. 今本《唐律疏议》有五百零二条，乃后人刊印时误将《职制律》及《斗讼律》中各一条歧分为二所致。

44. 唐令尚基本保存在当时日本参考唐令所制定的《养老令》当中，传世文献及敦煌遗书中也有若干佚文，日本仁井田陞之辑成《唐令拾遗》（东京大学出版会，1933 年版，1983 年重印）三十三篇，较《唐六典》所述多出了《学令第十》《封爵令第十二》《禄令第十三》《乐令第二十》《捕亡令第二十八》《假宁令第二十九》等六篇。近年日人池田温等又编成《唐令拾遗补》(东京大学出版会，1997)。唐格、唐式则只在个别文献史料中有部分引用，敦煌遗书中也有少量发现(如《水部式》)；日本尚有《延喜式》等传世法规文献，但迄今未见唐令那样的辑佚工作。

45. 钱穆：《国史大纲》，商务印书稿，1994年，第385、386、421页。

第四章　武则天革唐为周

1. 《新唐书·李义府传》："其祖尝为射洪丞，因客永泰。"二人均入《新唐书》卷二二三《奸臣传》。
2. 陈寅恪：《记唐代之李武韦杨婚姻集团》，《金明馆丛稿初编》，第248—249页。
3. 《通鉴》卷二〇〇，高宗显庆五年(660)冬十月条，第6322页。
4. 《通鉴》卷二〇一，第6343页。
5. 《新唐书》卷四《则天皇后纪》，第81—82页。
6. 参见王涤武：《武则天时代》，厦门大学出版社，1991年。
7. 陈寅恪：《金明馆丛稿初编》，第247页。
8. 如《旧唐书·职官志一》所见，所有官称一律以九品排序，各品之内再以朝班(爵、职、卫、散、勋)序列。这种做法，就是要以政治地位来确定社会地位，从而冲消世族门阀的社会影响。
9. 陈寅恪：《记唐代之李武韦杨婚姻集团》，《金明馆丛稿初编》，第250页。
10. 参见《剑桥中国隋唐史》，第328—329页。
11. 参见《剑桥中国隋唐史》，第8页。
12. 参见《剑桥中国隋唐史》，第9—10页。
13. 参见陈寅恪：《唐代政治史述论稿》上篇，第48—49页；《记唐代之李武韦杨婚姻集团》，《金明馆丛稿初编》，第248—249页。
14. 参见陈寅恪：《唐代政治史述论稿》中篇《政治革命及党派分野》，第87页。
15. 参见陈寅恪：《唐代政治史述论稿》上篇，第19页。
16. 参见《剑桥中国隋唐史》，第244页。
17. 参见汪篯：《武则天》，《汪篯隋唐史论稿》，第118页以下。
18. 参见两《唐书·刘祎之传》，及《新唐书·元万顷传》。
19. 黄约瑟：《试论垂拱四年李唐宗室反武之役》，收入《唐代文化研讨会论文集》，台湾文史哲出版社，1991年，第597、601页。
20. 〔唐〕崔融：《拔四镇议》。
21. 《通鉴》卷二〇四，第6449页。
22. 参见黄约瑟：《试论垂拱四年李唐宗室反武之役》，表二，收入《唐代文化研讨会论文集》，第593—595页。
23. 《新唐书》卷二〇九《酷吏传》序，第5903页。
24. 《通鉴》卷二〇三，第6437页。
25. 参见《唐会要》卷五五"匦"条。
26. 《剑桥中国隋唐史》，第296页。
27. 黄约瑟：《试论垂拱四年李唐宗室反武之役》，收入《唐代文化研讨会论文集》，第607页。
28. 《尚书·牧誓》有"牝鸡之晨，惟家之索"句，显然不利于女主当政。
29. 陈寅恪：《唐代政治史述论稿》上篇，第48—49页。
30. 据《新唐书·则天武皇后传》记载，载初年间，造了十二个字，即曌(照)、兲(天)、埊(地)、囝(日)、囜(月)、〇(星)、桇(君)、忠(臣)、𡔈(人)、𤏡(载)、𡌛(年)、𤔡(正)；太后自己改名为曌，改诏书为制书。或说还有一些新字，参见《资治通鉴》卷二〇四，则天后天授元年(690)"凤阁侍郎河东宗秦客"条下胡注，第6462—6463页。又，武则天当政期间还几次大规模改官称，主要有龙朔二年(662)改，咸亨元年(670)复旧，光宅元年（684）改，神龙元年（705）复旧，详情可参见《唐六典》相关条目有关沿革的注文。

31. 《旧唐书》卷六《则天皇后纪》；《通鉴》卷二〇八，中宗神龙元年十一月壬寅条。

32. 参见王溧武：《武则天时代》结束语《武则天时代的历史地位》第一节"七大历史贡献"，第523—553页。

33. 《剑桥中国隋唐史》，第290页。

34. 陈寅恪：《记唐代之李武韦杨婚姻集团》，《金明馆丛稿初编》，第251、254页。

35. 陈寅恪：《记唐代之李武韦杨婚姻集团》，《金明馆丛稿初编》，第259页。

36. 参见王小甫：《新罗北界与唐朝辽东》，《史学集刊》2005年第3期，第41—47页。

37. 陈寅恪：《唐代政治史述论稿》下篇，第139—140页。

38. 《通鉴》卷二〇六，则天后神功元年（697）"武懿宗军至赵州"条记载，孙万荣灭亡前曾哀叹："今欲归唐，罪已大。归突厥亦死，归新罗亦死。将安之乎！"（第6521页）可见契丹起事对各方关系与时机都曾有所考虑。

39. 《通鉴》卷二〇五，第6505、6506页。

40. 参见《通鉴》卷二〇五，则天后万岁通天元年（696）冬十月条，第6510页；同书卷二〇六，则天后神功元年"武懿宗军至赵州"条，第6521—6522页。

41. 《旧唐书》卷三八《地理志一》"范阳节度使临制奚、契丹"（第1387页），《新唐书》卷六六《方镇表三》"平卢军节度使兼押两蕃、渤海、黑水四府经略处置使"（第1836页），"两蕃"即指奚、契丹。

42. 参见［日］松井等：《契丹勃兴史》，第12—16页；李松涛：《试论安史之乱前幽州防御形势的改变》及《唐代平卢军与环渤海地域》两文，收入拙编《盛唐时代与东北亚政局》。

第五章　唐朝的全盛

1. 肃宗死于宝应元年（762）四月，而次年（广德元）正月史朝义自杀，叛乱才最终平定。

2. 《旧唐书》卷一〇六《王琚传》，第3251页。

3. 参见陈寅恪：《柳如是别传》，上海古籍出版社，1982年。

4. 《新唐书》卷一二四《姚崇传》，第4283页。

5. 参见《通鉴》卷二〇三，第6421页。

6. 参见《唐会要》卷六〇。

7. 参见《唐会要》卷七五。

8. 参见《通鉴》卷二一一，第6717—6718页。

9. 《通鉴》卷二一一，第6716页。

10. 参见《通鉴》卷二一二，第6763—6764页。

11. 参见《剑桥中国隋唐史》，第11、15、21、23、350等页。

12. 参见陈寅恪：《唐代政治史述论稿》，第48—49、111—112页。

13. 参见《剑桥中国隋唐史》，第410页。

14. 参见《通鉴》卷二一〇以下，如第6679—6680、6681、6717、6718、6726等页。

15. 中国传统，皇家用品谓之"御"，为皇帝做事谓之"尚"。在吐蕃史中则"尚"为后族，"论"为宦族。

16. 《通鉴》卷二一一，第6702页。

17. 《通鉴》卷二一一，第6695页。

18. 《旧唐书》卷九九《张嘉贞传》，第3093页。

19. 宇文融和裴耀卿、牛仙客均为开元年间著名的"计臣"，即经济改革专家。

20. 和籴属于国家统一收购，一般高出市价二三倍，有如今日之"农产品补贴"。

21. 参见《旧唐书》卷一〇五《宇文融韦坚杨慎矜王铁传》；有关研究参见陈寅恪：《隋唐制度渊源略论稿》七《财政》。

22. 参见刘后滨:《唐代中书门下体制研究公文形态·政务运作与制度变迁》,齐鲁书社,2004年。

23. 参见《中国大百科全书·中国历史》隋唐五代史分册,"翰林院"条。

24. 参见《剑桥中国隋唐史》,第376页。

25. 参见宁志新:《唐朝使职若干问题研究》,《历史研究》1999年第2期。其主要观点为:(1)使职差遣至盛唐普遍化、固定化、系统化。(2)总共有350种左右,分五大职能系统:财经、军事、行政监察、宫廷服务、礼法杂类。(3)使府僚佐自辟,但奏荐的范围、数额、官品、迁转均受制于中央。(4)产生的原因:官制本身有缺陷,使职差遣灵活专门,社会变化需要。

26. 唐代选拔府兵及职役人员时,未被选上的成丁叫白丁。

27. 《新唐书》卷五〇《兵志》,第1327页。

28. 段为丝、绵物品计量单位,每十段物品杂而计之。据《唐六典》卷三"金部郎中员外郎"条:"凡赐物十段,则约率行给之:绢三匹、布三端、绵四屯;若杂采十段,则丝布二匹、纰二匹、绫二匹、缦四匹;若赐蕃客锦彩率十段,则锦一张、绫二匹、缦三匹、绵四屯。"

29. 参见《剑桥中国隋唐史》,第413页。

30. 陈寅恪:《唐代政治史述论稿》上篇,第28页。

第六章 安史之乱及其社会影响

1. 陈寅恪:《金明馆丛稿初编》上篇,第237、296页。

2. 突厥的王(可汗)族为阿史那氏,后族为阿史德氏,世为婚姻部落。有如契丹之耶律氏与萧(述律)氏。

3. 19世纪末,毗伽可汗、阙特勤和暾欲谷的墓碑均在蒙古高原被发现并解读,参见森安孝夫和敖其尔(A. Ochir)主编:《蒙古国现存遗迹、碑文调查研究报告》,中央欧亚学研究会出版,1999年。

4. 《新唐书》卷二一五下《突厥传下》,第6067页。

5. 敦煌出土古藏文《大事记年》牛年(737)条下说:"是年,唐廷败盟。"而《通鉴》卷二一四则说:"自是,吐蕃复绝朝贡。"

6. 参见《通鉴》卷二一五,第6847—6851页;《旧唐书》卷三八《地理志一》,第1385—1389页。

7. 其设置时间,《旧唐书》卷四一《地理志四》说是"永徽(650—655)后",《通典》卷一七二《州郡典二》说是与开元二十一年(733)分"贞观十道"为十五道、置采访使同时。

8. 游牧族群之间设置"瓯脱"或"斡脱"地作为分界,本即空地,双方都不得进入,有人认为"斡耳朵"(宫帐、禁地)一词即由此而来;唐初于沿边安置突厥降户及设羁縻府州,也是此意。

9. 今辽宁西部的朝阳,自古即为"华戎所交一都会",有如西北的敦煌,却离中原内地更近。

10. 陈寅恪:《以杜诗证唐史所谓杂种胡之义》,《金明馆丛稿二编》,第52页。

11. 参见〔唐〕姚汝能:《安禄山事迹》,曾贻芬校点,上海古籍出版社,1983年,第1页。

12. 《新唐书》卷二二五上《逆臣传上》,第6414页。

13. 据研究,近年西安发现的史君墓(以及安伽墓)出土葬具上鸟身祭司手持奉火者即是,参见葛乐耐等:《中国北方西安新发现粟特墓的拜火教场景》,第276—277页。

14. 参见〔唐〕姚汝能:《安禄山事迹》,第3—4、6、7、34页。

15. 《旧唐书》卷一九五《回纥传》,第5204页。

16. 参见《通鉴》卷二二二,代宗广德元年(763),"史朝义屡出战"条《考异》,第7140页。

17. 有的学者认为,节度使听命中央的称"方镇",割据一方的称"藩镇"。

18. 胡三省注:长安城西面北来第一门曰安远门,本隋之开远门也。

19. 陈寅恪:《唐代政治史述论稿》上篇,第27页。

20. 《新唐书》卷一四八《史孝章传》,第4790页。

21. 陈寅恪:《唐代政治史述论稿》上篇,第28—29页。

22. 《旧唐书》卷一〇三《王忠嗣传》,第3199页。

23. 《新唐书》卷五十《兵志》，第 1328 页。

24. 《通鉴》卷二一六，第 6888—6889 页。

25. 《唐大诏令集》卷六五。

26. 〔明〕王夫之：《读通鉴论》卷二二。

27. 〔唐〕姚汝能：《安禄山事迹》卷上。

28. 参见《通鉴》卷二一六"故事"条胡注，第 6917 页。

29. 参见田余庆：《东晋门阀政治》，北京大学出版社，1996 年，第 240、362 页。

30. 参见〔清〕赵翼：《廿二史劄记》卷二〇"方镇出境即仰度支供馈"条。

31. 参见《唐会要》卷八四，户口数。

32. 参见《通典》卷七《食货典七·历代盛衰户口》。

33. 传统社会为加强控制，多强迫邻里互相担保。

34. 〔唐〕独孤及：《毗陵集》卷一八。

35. 参见《新唐书》卷一五三《颜真卿传》；《旧唐书》卷一二三《第五琦传》。

36. 《旧唐书》卷一二三《第五琦传》，第 3517 页。

37. 参见《通鉴》卷二二五，第 7261 页。

38. 汉代，管理铸钱的为水衡都尉所属之上林均输、钟官、辨铜令三官，后代借指造币之官。

39. 《旧唐书》卷四八《食货志上》，第 2100 页。

40. 《新唐书》卷五四《食货志四》，第 1387 页。

41. 参见《唐会要》卷八三《租税上》所收建中元年（780）正月五日赦文，同年二月十一日起请条，其中（当为大历十四年，779）八月宰相杨炎上疏，第 1535—1537 页。

42. 有说两税即因夏、秋二税得名，也有说为户、地两税。

第七章　中晚唐政治与五代十国

1. 陈寅恪：《唐代政治史述论稿》中篇，第 111 页。

2. 陈寅恪：《论唐代之蕃将与府兵》，《金明馆丛稿初编》，第 276 页。

3. 张国刚：《唐代藩镇的历史真象》，《文史知识》1986 年 9 期。

4. 参见《廿二史劄记》卷二〇"方镇骄兵"条。

5. 《通鉴》卷二四八，第 8010 页。

6. 参见《通鉴记事本末》。

7. 有关的评价见韩愈的名篇《平淮西碑》。

8. 陈寅恪：《唐代政治史述论稿》中篇，第 104 页。

9. 原书已佚，近人从其文集中辑出有关讨平回鹘的文字，称为《会昌伐叛集》，参见岑仲勉：《李德裕〈会昌伐叛集〉编证上》，《岑仲勉史学论文集》，中华书局，1990 年，第 342—461 页。

10. 如白居易作《时世妆》，韩愈之"诃诋释迦"等，均是排斥外来文化的表现，参见陈寅恪：《论韩愈》，《金明馆丛稿初编》，第 293—294 页。

11. 近年的研究认为，"会昌法难"与安史之乱以后中原社会兴起的排斥外来文化的意识有很大关系，事实上，毁佛之前已禁止三夷教。参见林悟殊：《唐朝三夷教政策论略》，载荣新江主编：《唐研究》第四卷，北京大学出版社，1998 年。

12. 参见《通鉴》卷二四八，第 8029—8030 页。

13. 随着开元中期政权结构及其运作方式的变化，宦官组织及其活动方式也发生了相应的变化，进而影响到整个中央权力的分配。参见唐长孺：《唐代的内诸司使》，《山居存稿》，中华书局，1989 年。

14. 《新唐书》卷二〇七《宦官传》，第 5858 页。

15. 参见《廿二史劄记》卷二〇"中官出使及监军之弊"条。

16. 安史之乱中，九节度围安庆绪于相州，鱼朝恩为观军容使，军令不一，以致溃围。

17. 参见《廿二史劄记》卷二〇 "唐代宦官之祸" 条，第 424—425 页。

18. 到了宋代，枢密院专掌军事，称为 "枢府"，与专掌行政的中书门下即 "政府" 对称而分管文武。这种变化始于五代军兴，常用武官参掌枢密。

19. 或说牛李专指牛僧孺、李宗闵，而李德裕无党。近年研究显示，中国古代的政治文化精英很早就萌生了群体意识。就门阀士族而言，谓其缺乏官僚自觉或尚可，谓其无党（群体认同）似不可。

20. 参见胡如雷为《中国大百科全书·中国历史》所撰 "唐" 条。最近有学者提出："那个时代，似乎从裴度到李德裕，代表的是一种强化皇权，以重建国家秩序为主的思路，但是李逢吉、牛僧孺、李宗闵等似乎是另一种比较现实主义的，以维持局面为主的策略。过去关于牛李党争的旧说，如陈寅恪关于牛党重进士、李党重门第的说法，虽然曾经影响很大，但现在已经受到很多质疑，如傅璇琮指出，这是 ‘两种不同政治集团、不同政见的原则分歧’。" 见葛兆光：《重建国家权威与思想秩序——八至九世纪之间思想史的再认识》，载《中国学术》第一辑，商务印书馆，2000 年，第 109 页，注 3）

21. 陈寅恪：《唐代政治史述论稿》中篇，第 112 页。

22. 参见《廿二史劄记》卷二〇 "唐宦官多闽广人" 条。

23. 陈寅恪：《唐代政治史述论稿》中篇，第 111 页。

24. 杜牧的《樊川文集》里就有一些关于群体、阶层矛盾激化的记录。

25. 参见陈寅恪：《唐代政治史述论稿》，第 151—152 页。

26. 参见〔唐〕杜牧：《上李太尉论江贼书》，《樊川文集》卷一一。

27. 《廿二史劄记》卷二〇 "方镇骄兵" 条。

28. 参见《通鉴》卷二五一，第 8124 页。

29. 参见《通鉴》卷二五二，第 8168—8169 页。

30. 《新唐书》卷二二五下《黄巢传》。

31. 《通鉴》卷二五二，第 8180 页。

32. 这主要是指均平赋役负担，即 "以贫富为差"，和后来一些民变均平财产的绝对平均主义不同。

33. 例如黄巢入长安后，原唐朝四品以下官的情留用。

34. 传称其为 "突厥别部处月／朱邪种"，居金山（今阿尔泰山）之阳、蒲类（今新疆巴里坤湖）之东沙陀碛。近年研究表明，该部很可能是一个突厥化的粟特商胡群落，参见王小甫：《唐、吐蕃、大食政治关系史》，第 250 页。

35. 奉国军为蔡州军号。注意唐末以 "军" 授节与从前以 "镇" 授节的区别。

36. 毕师铎据本传与黄巢同为曹州冤句人，而且善骑射，或许即中亚毕国（Baykent）胡人后裔。

37. 参见《通鉴纪事本末》卷三七 "杨行密据淮南" 条。

38. 参见《通鉴纪事本末》卷三七 "藩镇之乱" 条；卷三八 "诸镇相攻" 条。

39. 〔元〕脱脱等撰：《辽史》卷一《太祖纪上》，第 10 页。

40. 如陈述（玉书）：《契丹社会经济史稿》，生活·读书·新知三联书店，1978 年；陈述《契丹政治史稿》，人民出版社，1986 年；蔡美彪：《契丹的部落组织和国家的产生》，《历史研究》1964 年第 5—6 期；〔日〕松井等：《契丹勃兴史》，刘凤翥译，邢复礼校，收在《民族史译文集》第 10 辑，中国社会科学院民族研究所，1981 年。

41. 〔日〕松井等：《契丹勃兴史》，第 2、27 页。

42. 关于崇拜光明是摩尼教的主要特征和回鹘奉摩尼的情况，参见林悟殊：《摩尼教入华年代质疑》及《回鹘奉摩尼教的社会历史根源》，前文收在氏著《摩尼教及其东渐》，中华书局，1987 年，第 58 页，后文收在同书第 87—99 页。

43. 参见王小甫：《契丹建国与回鹘文化》，《中国社会科学》2004 年第 4 期，第 186—202 页。

44. 参见刘浦江：《契丹族的历史记忆——以 "青牛白马" 说为中心》，收入《漆侠先生纪念文集》，河北大学出版社，2002 年，第 160—162 页。

45. 《辽史》卷三二《营卫志中》"部族" 上："涅里相阻午可汗，分三耶律为七，二审密为五，并前八部为二十部。三耶律：一曰大贺，二曰遥辇，三曰世里，即皇族也。二审密：一曰乙室已，二曰拔里，即国舅也。"可见无论契丹分部如何，迄遥辇部落联盟时期，耶律氏都未与回鹘述律氏结成婚姻。有关研究可参见金毓黻：《辽部族考》，转引于王民信：《契丹外戚集团的形成》，第74—75页。

46. 回鹘人在契丹社会政治生活中所居重要地位由《辽史》的下述记载即可见一斑：太祖"四年秋七月戊子朔，以（述律）后兄萧敌鲁为北府宰相，后族为相自此始"（第4页）；"拜敌鲁北府宰相，世其官"（第1223页）。

47. 参见杨志玖：《阿保机即位考辨》，《史语所集刊》第17期，1948年4月。

48. 参见王小甫：《契丹建国与回鹘文化》。

49. 契丹国名屡有改易：947年灭后晋，改国号为"辽"；983年（辽圣宗统和元年）复改国号为"大契丹国"；1066年（辽道宗咸雍二年）以后，又称"大辽"。习惯上自916年契丹建国至1125年为女真所灭，统称为辽朝。

50. 上京临潢府（今内蒙古赤峰巴林左旗南）为契丹故地，中京大定府（今内蒙古赤峰宁城西）在奚王牙帐，东京辽阳府（今属辽宁）统渤海故地，南京析津府（今北京西南）、西京大同府（今属山西）统原属中原王朝的幽蓟（燕云）十六州。

51. 《辽史》卷二《太祖纪下》，第15页。

52. 《辽史》卷二《太祖纪下》，第19页。

53. 《辽史》卷二《太祖纪下》，第19、21页。

54. 陈寅恪：《唐代政治史述论稿》上篇，第25—44页。

55. 《新唐书》卷二一九《北狄契丹传》，第6172页。

56. 《旧唐书》卷一八〇《杨志诚传》，第4675—4676页。

57. 参见《旧五代史》卷二六《后唐武皇纪》下，第360页。诸史记云州之会的年代不同，参见《旧五代史》正文夹注，并请参前引〔日〕松井等：《契丹勃兴史》，第34页。

58. 除了沙陀之外，西北民族很少入主中原建立政权，他们在中国历史上所起的作用也不完全相同，这个问题值得另做专门研究。

59. 实际是十四帝，或计入后唐追尊的太祖李克用，见《新五代史》。

60. 语见〔明〕施耐庵：《水浒全传》引首。

61. 参见钱穆：《国史大纲》。

62. 山后九州：云、应、寰、朔、蔚、新、妫、儒、武；山前七州：幽、蓟、檀、顺、涿、莫、瀛，均在今山西、河北部。又据全祖望《燕云失地考》的说法，石敬瑭贿略契丹不只十六州。

63. 后梁、后晋、后汉各一姓；后唐三姓：明宗李嗣源本名邈佶烈，为李克用养子，末帝从珂本姓王，为李嗣源养子；后周二姓：郭、柴。

64. 《通鉴》卷二六五，第8643页。

65. 参见〔明〕王夫之：《桑维翰论》。

66. 参见《通鉴》卷二九四，第9585页。

67. 《通鉴》卷二九二，第9527页。

68. 参见《旧五代史》卷一二六《冯道传》，第1661—1665页。

69. 《廿二史劄记》卷二二"张全义冯道"条。

70. 陈寅恪：《赠蒋秉南序》，《寒柳堂集》，第162页。

71. 《新唐书》卷二一八《沙陀传》，第6157—6158页。

72. 如契丹述律后曾对后晋使者说："南朝汉儿争得一向卧邪？自古闻汉来和蕃，不闻蕃去和汉，若汉儿实有回心，则我亦何惜通好。"（《新五代史》卷七二《四夷附录一》，第896页）

73. 参见邓小南：《祖宗之法——北宋前期政治述略》第二章《走出五代》一"五代宋初统治人群中民族色彩的淡出"，生活·读书·新知三联书店，2006年，第92—93页。

第八章　隋唐时代的经济发展

1. 此前在 4 世纪初发生永嘉之乱，引发北方五胡乱华，兵燹不绝，拥有发达文化和生产技术的中原民众大批南迁，改变了南方的居民构成，推动了中国南方的开发和经济发展。

2. 《通典》卷七《食货七·历代盛衰户口·丁中》。

3. 参见史念海：《论唐代贞观十道和开元十五道》，《唐代历史地理研究》，中国社会科学出版社，1998 年，第 373—467 页；宁可主编：《中国经济通史·隋唐五代经济卷》，经济日报出版社，2000 年，第 6—9 页。中国地理上的南北界线习惯上取秦岭、淮河一线，本文同此，参见葛剑雄：《中国人口发展史》，福建人民出版社，1991 年，第 341—343 页。

4. 参见葛剑雄：《中国人口发展史》，第 343—344 页。

5. 《全唐文》卷三一四，李华《润州丹阳县复练塘颂并序》。

6. 《通典》卷二《食货二·田制下》。

7. 《新唐书》卷一六六《杜佑传》，第 5088 页。

8. 〔宋〕沈括：《长兴集》卷二《万春圩图记》。

9. 〔唐〕韩愈：《送陆歙州诗序》，见《韩昌黎文集校注》第四卷，上海古籍出版社，1986 年，第 231 页。

10. 参见〔日〕桑原陟藏：《历史上所见的南北中国》，收入《日本学者研究中国史论著选译》第一卷，中华书局，1992 年，第 61 页，注 68。

11. 近年张传玺先生的研究表明，对曲辕犁（即江东犁）的作用及在历史上的普及程度不宜估计过高，参见氏著《秦汉问题研究》，北京大学出版社，1985 年，第 266—270 页。

12. 《全唐诗》卷六一一，皮日休《茶中杂咏·茶人》，中华书局，1960 年。

13. 《吐鲁番出土文书》第 6 册，第 223 页。

14. 《新唐书》卷五二《食货志二》，第 1361 页。

15. 〔唐〕陆贽：《陆宣公集》卷二二《均节赋税恤百姓第六条论兼并之家私敛重于公税》，浙江古籍出版社，1988 年。

16. 参见张泽咸：《唐代工商业》，中国社会科学出版社，1995 年，第 135—136 页。

17. 中国硅酸盐学会主编：《中国陶瓷史》，文物出版社，1987 年，第 181 页。本节以下有关陶瓷工艺及瓷器的介绍，除特别注明外，主要参考了该书。

18. 宿白：《隋唐城址类型初探（提纲）》，收入《纪念北京大学考古专业三十周年论文集》，文物出版社，1990 年，第 279、283 页。

19. 参见宿白：《隋唐城址类型初探（提纲）》，收入《纪念北京大学考古专业三十周年论文集》，第 279、284 页。

20. 参见中国社会科学院自然科学史研究所主编：《中国古代建筑技术史》，科学出版社，2000 年，第 67—73 页。

21. 参见刘敦桢主编：《中国古代建筑史》（第二版），中国建筑工业出版社，1987 年，第 128—134 页。

22. 《全唐文》卷二九九，张嘉贞《石桥铭序》。

23. 〔唐〕张鷟：《朝野金载》卷五。

24. 《旧唐书》卷一一《代宗本纪》，第 298 页。

25. 《文苑英华》卷九七三。

26. 《文苑英华》卷八〇〇，李华《杭州刺史厅壁记》。

27. 《全唐诗》卷三〇〇，王建《寄汴州令狐相公》。

28. 《全唐诗》卷三〇一，王建《夜看扬州市》。

29. 参见〔日〕加藤繁：《唐宋时代的草市及其发展》，收入《中国经济史考证》第一卷，商务印书馆，1962 年，第 315—317 页；唐长孺：《魏晋南北朝隋唐史三论》，第 133 页。

30. 《全唐诗》卷二九九。

31. 《全唐文》卷七五一。

32. 《五代会要》卷一五《户部》条。

33. 参见《中国经济通史·隋唐五代经济卷》，第429—431页。但张泽咸在其《唐代工商业》一书中认为，"飞钱"并不是在货币经济发展基础上出现的，也不是商业繁荣的成果，见该书第356页。

34. 《太平广记》卷八四"奚乐山"条。

35. 参见《房山石经题记汇编》，书目文献出版社，1987年。

36. 关于唐代市舶司的设立地点释疑，可参考张泽咸：《唐代工商业》，第490页，注2。

37. 《韩昌黎文集校注》第四卷《送郑尚书序》，第284页。

38. 《全唐文》卷七五，文宗《太和八年疾愈德音》。

39. 《通鉴》卷二五九，昭宗景福元年（892）。

40. 〔唐〕陆贽：《陆宣公集》卷一八《论岭南请于安南置市舶中使状》。

41. 有学者认为这是藩镇割据引起的，北方赋税多被本地藩镇截留，参见郑学檬：《中国古代经济重心南移和唐宋江南经济研究》，第10—12页。

42. 《全唐文》卷八三《授裴休荆南节度使制》。

43. 《旧五代史》卷四《太祖纪》，第63页。

44. 参见郑学檬：《中国古代经济重心南移和唐宋江南经济研究》，第13—19页。

45. 《大唐六典》卷三"户部郎中员外郎"条。

46. 吴宗国：《唐代科举制度研究》，第270—273页。

47. 吴宗国：《唐代科举制度研究》，第275—277页。

第九章　隋唐时代的文化成就

1. 本书有关唐代文学的介绍主要参考了袁行霈、罗宗强主编：《中国文学史》第二卷第四编《隋唐五代文学》，高等教育出版社，1999年。

2. 参见陈寅恪：《元白诗笺证稿》第五章《新乐府》，上海古籍出版社，1982年，第117页以下。

3. 语见苏轼：《潮州韩文公庙碑》。"八代"指骈文流行的东汉、魏、晋、宋、齐、梁、陈、隋八个朝代，意思是韩愈倡导古文对文体发展有激浊扬清之功。

4. 参见陈寅恪：《论韩愈》，《金明馆丛稿初编》，第293—294页。

5. 如"蝇营狗苟"，"不塞不流，不止不行"，"弱肉强食"，"痛定思痛"，"人主出奴"，"大放厥词"等。

6. 参见陈寅恪：《元白诗笺证稿》第一章《长恨歌》，第1—4页。

7. 《隋书》卷二《高祖纪下》，第38页。

8. 参见谢保成：《隋唐五代史学》，厦门大学出版社，1995年，第15页。

9. 《旧唐书》卷七三《令狐德棻传》，第2598页。

10. 谢保成：《隋唐五代史学》，第2、27—28页。

11. 〔唐〕刘知幾：《史通》卷十《自叙》。

12. 〔唐〕刘知幾：《史通》卷十《辨职》。

13. 参见〔南宋〕王应麟编：《玉海》卷五一。

14. 参见仓修良主编：《中国史学名著评介》第一卷有关《通典》的评介。

15. 梁启超：《中国历史研究法补编》第二章《过去之中国史学界》。

16. 参见王仲荦著，郑宜秀整理：《敦煌石室地志残卷考释》，上海古籍出版社，1993年。

17. 参见胡道静：《中国古代的类书》，中华书局，1982年，第5—8页。

18. 隋代又有《江都集礼》一百二十卷，开皇二十年（600）晋王杨广令扬州博士潘徽与诸儒所撰。只是《隋书·经籍志》将其著录在经部论语类之末，而且不著撰人，并衍为一百二十六卷。参见谢保成：《隋唐五代史学》，第24页。

19. 参见《续谈助》卷四所引，转引自谢保成：《隋唐五代史学》，第8—9页。

20. 姚振宗《隋书经籍志考证》卷三〇（《二十五史补编》）怀疑其为隋代道藏目录。

21. 两唐志均有《碧玉芳林》四百五十卷，孟利贞撰。利贞，高宗时人，见《旧唐书·文苑传》上。

《新唐书·艺文志三》子部类书类又有"《东殿新书》"二百卷，许敬宗、李义府奉诏于武德内殿修撰。其书自《史记》至《晋书》删其繁辞。龙朔元年上，高宗制序"。按其内容，疑非类书。又《旧唐书·经籍志》下集部总集类有"《文馆词林》一千卷，许敬宗撰"（新志收在集部文史类，题作《文馆辞林》），今有残卷存世。有人认为当属类书，参见汪辟疆：《目录学研究》，商务印书馆，1934年，第59页，注3。

22. 《旧唐书·玄宗纪下》，开元二十五年（737）"九月壬申，颁新定令、式、格及事类一百三十卷于天下"。同书《刑法志》："二十二年，户部尚书李林甫又受诏改修格令。林甫迁中书令，乃与侍中牛仙客、御史中丞王敬从，与明法之官前左武卫胄曹参军崔见、卫州司户参军直中书陈承信、酸枣尉直刑部郎俞元杞等，共加删缉旧格式律令及敕，总七千二十六条。其一千三百二十四条于事非要，并删之。二千一百八十条随文损益，三千五百九十四条仍旧不改，总成《律》十二卷，《律疏》三十卷，《令》三十卷，《式》二十卷，《开元新格》十卷，又撰《格式律令事类》四十卷，以类相从，便于省览。二十五年九月奏上，敕于尚书都省写五十本，发使散于天下"。因疑新志玄宗《事类》一百三十应即《格式律令事类》一百三十卷，其卷数适为律疏、令、式、新格、事类卷数之和。诚如是，则原题当仿李林甫总撰的另一部政书《唐六典》为"玄宗御撰"。

23. 清儒章宗源、姚振宗均有《隋书经籍志考证》，收入《二十五史补编》。

24. 《旧唐书》卷四六《经籍志上》，第1962页；《新唐书》卷五七《艺文志一》，第1422页。

25. 《旧唐书》卷四六《经籍志上》，第1965页。

26. 昔梁启超撰《清代学术概论》，开宗明义就说："确能成为时代思潮者，则汉之经学，隋唐之佛学，宋及明之理学，清之考据学，四者而已。"

27. 参见汤用彤：《隋唐佛教史稿》绪言及第四章《隋唐之宗派》，中华书局，1982年，第2—3、105—107，及200—223页。

28. 黎锦熙：《佛教十宗概要》，京城印书局，1935年。

29. 陈寅恪：《论韩愈》，《金明馆丛稿初编》，第288页。

30. 葛晓音：《诗国高潮与盛唐文化》自序，北京大学出版社，1998年。

31. 陈寅恪：《冯友兰中国哲学史下册审查报告》，《金明馆丛稿二编》。

32. 陈寅恪：《金明馆丛稿初编》，第296页。

第十章 隋唐五代的周边诸族

1. 《北史》卷九九《突厥传》，第3287页。

2. 《北史》卷九九《突厥传》，第3292页。

3. 参见［法］魏义天：《粟特商人史》（*Étienne de la Vaissière, Sogdian Traders: a History*. Translated by James Ward, Leiden; Boston: Brill, 2005）第七章《突厥粟特文化环境》，第199页以下。

4. 如20世纪50年代在蒙古高原发现的布古特碑，以及在新疆昭苏种羊场调查发现的"小洪那海石人"等。

5. 参见王小甫：《拜火宗教与突厥兴衰——以古突厥斗战神研究为中心》，收入《未名中国史（2001—2007）》，北京大学出版社，2009年。

6. 《新唐书》卷二一七上《回鹘传上》，第6115页。

7. 一作骨伦屋骨恐，或说即葛逻禄（Qarluq）。

8. 参见《新唐书》卷二一八《沙陀传》。西突厥别部处月/沙陀为粟特商胡移民部落，其内分诸部当于迁徙混杂中衍生，这些都有进一步系统深入研究的价值，参见王小甫：《唐、吐蕃、大食政治关系史》，第250页。

9. 唐初封吐谷浑王为河源郡王，"国"指其都城。文成公主入藏于此等候迎亲，于当地供奉所携佛像（现供养在拉萨大昭寺），此地遂得名"公主小昭堂"。见补充内容"唐蕃古道"。

10. 《南史》卷七九《河南王传》，第1977页。

11. 《隋书》卷八三《党项传》，第 1845 页。
12. 今哈萨克斯坦南部及吉尔吉斯斯坦北部。这一带因有七条河水流入巴尔喀什湖，故又被称为七河地区（Semirechi'e）。
13. 《新唐书》卷二一五下《突厥传下》，第 6067 页。
14. Kharosthi，最早起源于古代犍陀罗，是公元前 3 世纪印度孔雀王朝阿育王时期的文字，最早在印度西北部和今巴基斯坦一带使用，1 世纪至 2 世纪在中亚地区广泛传播。楼兰至尼雅一带发现的佉卢文语言中含有许多土著因素，即接近古代龟兹、焉耆等地的"吐火罗语"。4 世纪中叶随着贵霜王朝的灭亡，佉卢文也随之消失了。18 世纪末佉卢文早已经成了一种无人可识的死文字，直至 1837 年才被英国学者普林谢普探明了佉卢文的奥秘。佉卢文在中国新疆地区有不少发现。
15. 从敦煌经罗布泊北边白龙堆直通天山南路焉耆一带的道路。
16. 诏是当地土语，有"王"及地区两层含义。
17. 《新唐书》卷二二二中《南诏传下》，第 6292 页。
18. 《北史》卷九四《勿吉传》，第 3123—3124 页。关于靺鞨七部的地域分布，参见干志耿：《靺鞨族及黑龙江流域的靺鞨遗存》，《探赜索隐集》，黑龙江人民出版社，1993 年，第 29—30 页；张泰湘：《渤海国的族属问题》，《东北亚研究东北考古研究（三）》，中州古籍出版社，1994 年，第 258—259 页。
19. 《新唐书》卷二一九《北狄黑水靺鞨传》，第 6178 页。
20. 《金史》卷一《世纪》说黑水靺鞨"南接高丽，亦附于高丽，尝以兵十五万众助高丽拒唐太宗，败于安市"（第 1 页）。显然是对《新唐书》卷二一九《黑水靺鞨传》的误读。传云："帝（唐太宗）伐高丽，其北部反，与高丽合。高惠真等率众援安市，每战，靺鞨常居前。"（第 6178 页）然而据两《唐书·高丽传》，所谓"北部"是指高丽北部傉萨高延寿，与之相应的南部傉萨则是高惠真。靺鞨当时并无北部、南部之说，而且黑水靺鞨也不可能"南接高丽"。
21. 《旧唐书》卷一九九下《北狄靺鞨传》，第 5358—5359 页。
22. 干志耿认为："实际上，靺鞨已形成两大集团，一为渤海都督府所辖，一为黑水都督府所辖。"见上引氏著：《靺鞨族及黑龙江流域的靺鞨遗存》，第 29 页。
23. 《旧唐书》卷一九九下《北狄室韦传》记载，望建河（今黑龙江上游额尔古纳河）"又东经南黑水靺鞨之北，北黑水靺鞨之南，东流注于海"（第 5385 页）。
24. 《金史》卷一《世纪》："五代时，契丹尽取渤海地，而黑水靺鞨附属于契丹。其在南者籍契丹，号熟女直；其在北者不在契丹籍，号生女直"；"太祖败辽兵于境上，获耶律谢十，乃使梁福、斡答剌招谕渤海人曰：'女直、渤海本同一家。'盖其初皆勿吉之七部也"。（第 1—2 页）女直即女真，避辽兴宗讳改。
25. 关于满族的发祥地，学界意见不一致。参见王钟翰：《满学研究中的几个问题》，收入北京大学中国传统文化研究中心编：《文化的馈赠——汉学研究国际会议论文集》史学卷，北京大学出版社，2000 年，第 34—35 页。

第十一章　隋唐时代的中外关系与文化交流

1. 《通鉴》卷一八五，第 5792 页。
2. 参见《三国史记》（影印本）卷六《新罗本纪第六·文武王》，景仁文化社，第 72 页。
3. 《通鉴》卷二〇〇，唐高宗龙朔二年（662）秋七月丁巳条，第 6329 页。
4. 据《（新增）东国舆地胜览》卷一八的记载，当年唐将苏定方伐百济，曾于扶余扶苏山下以白马钓江中蛟龙平息风浪，故江曰白马，韩国人至今称之。汉文史料略作白江。日本史料中称为白村江，未知何故。从有关地志的记载可知，白江（《三国史记》卷七作"白沙"，显为形近而误）或白马江专指锦江中从扶余扶苏山到江景拐弯处这一段；而所谓"白江口"也和"熊津江口"一样，并非指江水的入海口，而是指两段江水的连接处，那里往往有渡口作为分界的标志。

5. 《隋书》卷八一《东夷传》史臣曰，第 1829 页。

6. ［日］木宫泰彦《中日交通史》："日本中古之制度，人皆以为多系日本自创，然一检唐史，则多知模仿唐制也。"（商务印书馆，1932 年，第 195 页）转引自武安隆编：《遣唐使》前言，黑龙江人民出版社，1985 年，第 1 页。

7. 参见［日］藤家礼之助：《日中交流二千年》，北京大学出版社，1982 年，第 81—83 页。

8. 参见《通鉴》卷一九〇，唐高祖武德七年（624）"三月初定令"、"夏四月庚子朔"（颁新律令）、"初定均田租庸调法"等条，第 5978—5980、5982—5983 页。

9. 参见沈仁安：《倭国王武上表文考》，《日本史研究序说》，香港社会科学出版社，2001 年，第 174—175 页；《倭五王遣使除授考》，同前引，第 180—182 页。

10. 参见沈仁安：《倭五王遣使除授考》，第 189—190 页；《四、五世纪日朝关系的若干问题》和《早期日朝关系初探》，均收入上引《日本史研究序说》，第 192—217 页。

11. 参见汪向荣、夏应元编：《中日关系史数据汇编》，中华书局，1984 年，第 46、51 页。

12. 《旧唐书》卷一九九上《东夷倭国传》，第 5340 页。

13. 参见沈仁安：《唐日关系的若干问题》，《日本史研究序说》，第 231 页。

14. 《新唐书》卷二二〇《东夷日本传》，第 6208 页。

15. 《日本书纪》白雉四年（653）夏五月条。

16. 《日本书纪》白雉二年（651）是岁条。

17. 《新唐书》卷二二〇《东夷日本传》，第 6208 页。

18. 参见夏应元：《遣唐使初期中日韩关系及倭国对外政策》，载《东亚的古代文化》，大和书房，1996 年冬，86 号。

19. 《唐会要》卷九九"倭国"条。

20. 参见［日］堀敏一：《隋唐帝国与东亚》，云南人民出版社，2002 年，第 47 页。

21. 参见［日］鬼头清明：《日本古代国家的形成与东亚》第二部第三章第四节《白村江战败的历史意义》，校仓书房，1976 年，第 172 页以下；［日］鬼头清明：《白村江东亚的动乱与日本》，教育社，1986 年，第 182 页以下；［日］西岛定生：《日本历史的国际环境》，东京大学出版会，1985 年，第 120 页以下；［日］森公章：《"白村江"以后》，讲谈社，1999 年，第 14—15 页。

22. 此前有两次送唐使，分别在 665 年和 667 年，后一次仅送到百济。虽然送使一般不计入遣使次数（前引藤家礼之助书，第 90 页），但派遣如此密集主动，显然与百济灭亡之后、高句丽灭亡之前的东北亚政局有关。

23. 《新唐书》卷一四五《东夷日本传》，第 6208 页。

24. 参见王小甫：《新罗北界与唐朝辽东》，《史学集刊》2005 年第 4 期。

25. 参见［日］森公章：《"白村江"以后》第三章第六节《两种对唐观》，第 212 页以下。

26. 参见［日］上垣外宪一：《日本文化交流小史——从东亚传统文化着眼》，中央公论新社，2000 年，第 49 页。

27. 参见［日］森公章：《"白村江"以后》，第 214—215 页。

28. 参见马一虹：《八世纪中叶之渤海与日本的关系——以 762 年渤海第六次遣日本使为中心》，收入《国学院大学大学院纪要（文学研究科）》第 29 辑抽印本，1998 年，第 261—281 页；［日］滨田耕策：《渤海国兴亡史》，吉川弘文馆，2000 年，第 49—53 页。［高丽］金富轼：《三国史记》卷八《新罗本纪八》记载，新罗圣德王三十年（731）夏四月有"日本国兵船三百艘越海袭我东边，王命将出师，大破之"（景仁文化出版社，1994 年，第 98 页）。但日本史书对此却毫无记载，存疑。

29. 参见［日］西岛定生：《日本历史的国际环境》，第 120 页以下；《（新订增补）续日本纪》（普及版）卷二一，淳仁天皇天平宝字二年（758）十二月戊申条，吉川弘文馆，1997 年，第 257—258 页。

30. 参见［日］滨田耕策：《渤海国兴亡史》，第 90—104、107—108、124—126、132—133、147—152、162—165、178—180、187—193 等页；［日］古畑彻：《环日本海诸"地域"间交流史中的渤海国》，收入日本唐代史研究会编：《东亚史中的国家和地域》（唐代史研究会报告第八集），刀水书房，1999 年，第 434—438 页。

31. ［日］古畑彻：《环日本海诸“地域”间交流史中的渤海国》，第 439—440 页；［日］滨田耕策：《新罗王权与海上势力——特别有关张保皋的清海镇与海贼》，收入上引《东亚史中的国家和地域》，第 464 页。

32. 参见［法］魏义天：《粟特商人史》(Étienne de la Vaissière, Sogdian Traders: a History. Translated by James Ward, Leiden; Boston: Brill, 2005)，第 249—258 页。

33. 佚文收在《新唐书》卷四三下《地理志七下》，第 1146—1155 页。

34. ［日］真人元开：《唐大和上东征传》，第 38 页。

35. ［日］真人元开：《唐大和上东征传》，第 40 页。

36. 参见陈寅恪：《唐代政治史述论稿》。

37. ［美］谢弗：《唐代的外来文明》，吴玉贵译，中国社会科学出版社，1995 年，第十章《香料》、第十一章《药物》。

38. 参见见陕西省博物馆文管会写作小组：《从西安南郊出土的医药文物看唐代医药的发展》；耿鉴庭：《西安南郊唐代窖藏里的医药文物》，并载《文物》1972 年 6 期。

39. 参见季羡林：《文化交流的轨迹：中华蔗糖史》，经济日报出版社，1997 年，第 59—105 页。

40. 参见季羡林：《一张有关印度制糖法传入中国的敦煌残卷》，《历史研究》1982 年 1 期。

41. ［日］释圆仁：《入唐求法巡礼行记》第三。

42. 《新唐书》卷一四八《史孝恪传》，第 4790 页。

43. 本文所引虞弘墓志，均见张庆捷：《虞弘墓志考释》，载荣新江主编《唐研究》第七卷，北京大学出版社，2001 年，第 145—176 页。

44. 参见［英］玛丽·博伊丝：《拜火教徒，其宗教信仰与习俗》，第 65、78 等页。

45. 参见［德］斯普勒：“奥鞬”，《伊斯兰百科全书》(网络光盘版) 第 2 卷辞条 (B. Spuler, "Gurgàndj", The Encyclopaedia of Islam, II: 1141b)，WebCD edition, Brill Academic Publishers, 2003.

46. 参见［英］博思沃斯：“花剌子模”，《伊斯兰百科全书》(网络光盘版) 第 4 卷辞条 (C. E. Bosworth, "Khwàrazm", The Encyclopaedia of Islam, IV: 1060b)，WebCD edition, Brill Academic Publishers, 2003.

47. 参见郭锡良：《汉字古音手册》，北京大学出版社，1986 年，第 111 页。

48. 拜火仪式上主持祭司手里握持的枝条或草束。

49. 参见《通典》卷四〇《职官典》，《旧唐书》卷四二《职官志》。

50. 参见张广达：《再读晚唐苏谅妻马氏双语墓志》，载袁行霈主编《国学研究》第 10 卷，北京大学出版社，2002 年，第 1—22 页。

51. 参见荣新江：《粟特祆教美术东传过程中的转化》，《中古中国与外来文明》，第 307 页以下。

52. 参见林悟殊：《摩尼教入华年代质疑》，《摩尼教及其东渐》，中华书局，1987 年，第 46—63 页。

53. 参见王小甫：《契丹建国与回鹘文化》，《中国社会科学》2004 年第 4 期，第 186—202 页。

54. 聂斯脱里 (Nestorius，约 380—451)，生于叙利亚，428 年为东罗马君士坦丁堡大主教，提出“基督二性二位”说。431 年被斥为异端，435 年被革职流放。

55. Champa，音译占婆，盛唐以前中国史籍称林邑，在今越南中部。

56. 参见白寿彝：《从怛逻斯战役说到伊斯兰教之最早的华文记录》，收入氏著《中国伊斯兰史存稿》，宁夏人民出版社，1983 年，第 99—103 页。

57. ［晋］陈寿：《三国志·魏书》卷三〇《乌丸鲜卑东夷传》，中华书局，第 856 页。

58. 参见［日］上垣外宪一：《日本文化交流小史——从东亚传统文化着眼》，中央公论新社，2000 年，第 12 页。

59. 王勇等：《中日“书籍之路”研究》，北京图书馆出版社，2003 年，第 7—9 页。

60. AmIr al-mu'minIn，意为“信士们的长官”，指第三位正统哈里发奥斯曼 `Uthman，644—656 年在位。

61. 16 世纪时，因美洲殖民地廉价金银大量流入欧洲而引起的商品价格急剧上涨。

参考书目

〔宋〕司马光编著，〔元〕胡三省音注：《资治通鉴》卷一七七至卷二九四（隋唐
　　五代纪），中华书局，1982 年。

〔唐〕李隆基撰，李林甫注：《大唐六典》，三秦出版社，1991 年。

〔唐〕吴兢撰：《贞观政要集校》，谢保成集校，中华书局，2003 年。

刘俊文撰：《唐律疏议笺解》，中华书局，1996 年。

〔日〕仁井田陞著，〔日〕池田温等编：《唐令拾遗补》，东京大学出版会，1997 年。

〔美〕爱德华·谢弗著：《唐代的外来文明》，吴玉贵译，陕西师范大学出版社，
　　2005 年。

The Cambridge History of China. Volume 3, Sui and T'ang China, 589—906, Part I,
　　edited by Denis Twitchett, Cambridge University Press, 1979.〔英〕崔瑞德编：
　　《剑桥中国隋唐史，589—906 年》，中国社会科学出版社，1990 年。

陈寅恪：《寒柳堂集》，上海古籍出版社，1982 年。

陈寅恪：《金明馆丛稿初编》，上海古籍出版社，1982 年。

陈寅恪：《隋唐制度渊源略论稿》，上海古籍出版社，1982 年。

陈寅恪：《唐代政治史述论稿》，上海古籍出版社，1982 年。

陈寅恪：《元白诗笺证稿》，上海古籍出版社，1982 年。

甘怀真：《皇权、礼仪与经典诠释——中国古代政治史研究》，台北财团法人喜玛
　　拉雅研究发展基金会，2003 年。

高明士：《隋唐贡举制度》，台北文津出版社，1999 年。

高明士：《唐代东亚教育圈的形成　东亚世界形成史的一侧面》，台湾"国立编译
　　馆中华丛书编审委员会"，1984 年。

高明士主编：《中国史研究指南 2 魏晋南北朝史·隋唐五代史》，台湾联经出版事
　　业公司，1990 年。

李斌城主编：《唐代文化》（全三卷），中国社会科学出版社，2002 年。

李伯重：《唐代江南农业的发展》，农业出版社，1990 年。

宁可主编：《中国经济通史·隋唐五代经济卷》，经济日报出版社，2000 年。

齐东方：《唐代金银器研究》，中国社会科学出版社，1999 年。

唐长孺等编：《汪篯隋唐史论稿》，中国社会科学出版社，1981 年。

王仁波主编：《隋唐文化》，学林出版社、中华书局（香港）有限公司，1990 年。

王寿南：《唐代藩镇与中央关系之研究》，台湾嘉新水泥公司文化基金会，1969 年。

王小甫：《唐、吐蕃、大食政治关系史》，北京大学出版社，1992 年。

王小甫：《唐朝对突厥的战争》，华夏出版社，1997 年。

王小甫等编著:《古代中外文化交流史》,高等教育出版社,2006 年。

王小甫主编:《盛唐时代与东北亚政局》,上海辞书出版社,2003 年。

吴宗国:《唐代科举制度研究》,辽宁大学出版社,1992 年。

吴玉贵:《中国风俗通史·隋唐五代卷》,上海文艺出版社,2001 年。

向达:《唐代长安与西域文明》,生活·读书·新知三联书店,1979 年。

张荣芳:《唐代京兆尹研究》,台湾学生书局,1987 年。

张荣芳:《唐代的史馆与史官》,台湾东吴大学,1984 年。

郑学檬:《中国古代经济重心南移和唐宋江南经济研究》,岳麓书社,1996 年。

张泽咸:《唐代工商业》,中国社会科学出版社,1995 年。

谭其骧主编:《中国历史地图集》第五册(隋·唐·五代十国时期),地图出版社,1982 年。

唐长孺等主编:《(中国大百科全书·中国历史)隋唐五代史》,中国大百科全书出版社,1988 年。